MW01635702

Buch

»Ich bin der nervöseste Mensch in diesem nervösen Jahrhundert«, gestand der österreichische Thronfolger Erzherzog Rudolf kurz vor seinem tragischen Tod einem Freund. Der Selbstmord von Mayerling, typisch für die überspannte und zugleich morbide Stimmung der Gründerzeit, erschütterte das Reich der Habsburger bis in die Grundfesten.

Frederic Morton beschränkt sich im vorliegenden Buch aber nicht nur auf die Darstellung der Tragödie um den populären, fortschrittlich gesonnenen Thronfolger, auf dem so viele Hoffnungen ruhten. Vielmehr versucht er, das Bild einer ganzen Epoche einzufangen. So begleitet er neben hochrangigen Adligen auch verschiedene herausragende Wiener Persönlichkeiten durch den turbulenten Winter 1888/89: die Musiker Gustav Mahler, Anton Bruckner, Johannes Brahms und Johann Strauß; den Schriftsteller Arthur Schnitzler; den Zionisten Theodor Herzl; den Maler Gustav Klimt; den Psychoanalytiker Sigmund Freud. Er begnügt sich darüber hinaus nicht nur mit der anschaulichen Schilderung einer glanzvollen Oberfläche, sondern zeigt auch die sich dahinter verbergenden Schattenseiten, nämlich das Elend des Proletariats in den Vorstädten. In den Schicksalen dieser Armen spiegelt sich indirekt immer die »große Geschichte«. So ist Frederic Morton das faszinierende Porträt einer Epoche gelungen, die zwar versunken ist, deren Walzerklänge aber immer noch leise zu uns herüber klingen.

Autor

Frederic Morton, 1924 als Fritz Mandelbaum in Wien geboren, emigrierte 1939 nach England und 1940 in die Vereinigten Staaten. Dort arbeitete er zunächst als Bäcker und besuchte die New School for Social Research, wo er mit der deutschsprachigen Exilkultur in Berührung kam. Später Studium der Literaturwissenschaften an der Columbia University, das er aber wegen wachsenden literarischen Erfolgen abbrach. Morton erzielte seinen Durchbruch mit dem Bestseller »Die Rothschilds«. Sein Roman »Ewigkeitsgasse« ist im C. Bertelsmann Verlag erschienen.

FREDERIC MORTON

HERBSTWALZER

Chronik um Erzherzog Rudolf

Aus dem Amerikanischen von
Karl Erwin Lichtenecker

GOLDMANN VERLAG

Die Originalausgabe erschien unter dem Titel »A Nervous Splendour – Vienna 1888/89« bei Little, Brown & Co. in Boston/Toronto. Die deutsche Übersetzung erschien 1981 erstmals unter dem Titel »Schicksalsjahr Wien 1888/89« im Verlag Fritz Molden, Wien.

Der Goldmann Verlag
ist ein Unternehmen der Verlagsgruppe Bertelsmann

Made in Germany · 9/89 · 1. Auflage

Umschlaggestaltung: Design Team München
Umschlagbild: Fritz L'Allemand, 1812–1866:
»Galadiner im Schloß Schönbrunn«, Wien, Kunsthistorisches Museum
(Photobusiness-Artothek, Planegg)
Satz: IBV Satz- und Datentechnik GmbH, Berlin
Druck: Elsnerdruck, Berlin
Verlagsnummer: 9484
CV · Herstellung: Gisela Ernst
ISBN 3-442-09484-4

Für M. C. M.
Für Felicia und Lester Coleman, für so vieles,
und für meine Eltern –
meine beiden liebsten Wiener

1

Am Freitag, dem 6. Juli 1888, stieg in der kaiserlich-königlichen Reichs-Haupt- und Residenzstadt Wien der Zuckerpreis von 40 auf 42 Kreuzer. Am Nachmittag desselben Tages schwangen die Tore der kaiserlichen Residenz, der Hofburg, auf. Eine Kutsche rollte heraus, durchquerte den Burghof und hielt auf die Ringstraße zu. Dort blieben mehrere Spaziergänger stehen, als hätten sie auf das Pferdegetrappel auf dem Kopfsteinpflaster gewartet.

Man promenierte auf der Ringstraße stets in der Hoffnung, daß man etwas zu sehen bekäme. Man ging langsam, man schlenderte. Wer hierher kam, tat es, um gleichsam mit Stil zu warten. Der vier Kilometer lange Ring war selbst irgendwie ständig bereit für ein Ereignis. Die parkähnlichen Promenaden zu beiden Seiten der breiten Fahrbahn waren von Blütenduft erfüllt und prangten im dichten Laub der Linden und Platanen. Hinter den Bäumen erhoben sich die Prunkbauten der Kaiserstadt: Parlament und Rathaus, die Zwillingskuppeln der beiden großen Museen, die Universität, die Hofoper, die Börse, geschmückt mit Spitzbögen, Türmchen, Säulen, Loggien – Bild auf Bild. Eine Stilimitation folgte der anderen: Neo-Gotik, Neo-Klassik, Neo-Renaissance, Neo-Barock – alles noch recht neu, ohne Patina und beinahe noch nicht Wirklichkeit.

Hier war eine große Tradition zur Attrappe geworden. Es war eine ausgedehnte Bühnendekoration aus Putz, mit dem man Steinfassaden vortäuschte. Aus der Architektur vergangener Jahrhunderte war hier ein theatralischer Traum gezaubert, eine Fata Morgana aus Portalen und Pedimenten, die nun den mittelalterlichen Stadtkern umschloß. Es war eine Fata Morgana, die darauf harrte, sich entweder in nichts aufzulösen oder von mächtiger Hand magisch berührt zur Wirklichkeit zu werden. So wartete sie, während der Zuckerpreis stieg.

Es mußte einfach etwas geschehen. Mochten hier Kinder schreien oder Rosse wiehern – die Geräusche wurden immer von einer seltsamen und erwartungsvollen Stille geschluckt. Die Prachtstraße war wie ein schicksalsträchtiger Hintergrund. Man suchte stets nach einem Geschehen im Vordergrund, das eindrucksvoll genug war, diese Riesenbühne zu füllen. Die überwölbten Fassaden priesen nicht nur die Vergangenheit der Monarchie, sondern feierten auch etwas unmittelbar Bevorstehendes – eine alles wandelnde, verklärende Zukunft. Wo aber war die Personifizierung dieser Zukunft? Wo der Held, der dieser heroischen Szenerie Leben einhauchen konnte? Die Spaziergänger blieben stehen und sahen der Kutsche nach. Hier entfernte sich jemand, der vielleicht soviel Glanz, soviel Erwartung rechtfertigen würde.

Die Kutsche war allerdings nicht groß. Kein Herold ritt voran. Keine prunkvolle Leibwache folgte. Ihre Räder waren nicht goldbemalt. Sie gehörte also nicht zum Wagenpark des Kaiserhauses. Ihre Tür trug keinen Wappenschmuck wie die Karossen der Adeligen. Es war nur ein Fiaker, eine private, schwarze Pferdekutsche, deren Kutscher die Zügel hielt. Er hieß Bratfisch und war noch etwas mehr auf sein Äußeres bedacht als die meisten seiner Kollegen. Er trug den Schnurrbart länger, seine Krawatte künstlerischer geschlungen und den Zylinder noch schwungvoller. Und er pfiff zum Getänzel der Hufe, zum unruhigen Rollen der gummibereiften Räder. Er pfiff nur alte Wienerlieder über längstvergangene traurige, liebe kleine Dinge: den alten Kastanienbaum beim Tor, die engen Gasserln, die Quelle im Wienerwald; Lieder über die mittelalterlichen Festungswälle, die die Stadt einst umschlossen und beschützten, just dort, wo nun die Ringstraße ihren Glanz zur Schau stellte.

Er pfiff mitreißend. Aber das war es nicht, warum die Spaziergänger hinsahen. Schließlich unterhielten auch andere Fiaker ihre Fuhren gelegentlich mit einem Liedchen. Aber andere Fiaker hatten sich an die Verkehrsbestimmungen zu halten; sie durften ihre Pferde an Straßenkreuzungen nur im Schritt gehen lassen. Nicht so Bratfisch. Er fuhr einfach durch, dank seines Fahrgastes. Jener Fahrgast, der ihn nicht für eine Stunde oder einen Tag mietete, sondern für das ganze Jahr, lehnte im Dunkel des Rücksitzes.

Er war ein junger, sehr schlanker Mann in einer einfachen Reitjacke. Sein Bart verbarg zur Hälfte ein schmales, straff gespanntes, gutgeschnittenes Gesicht. Das Gesicht eines Menschen, dem vielleicht bewußt war, daß man auf ihn wartete. Das Gesicht eines jungen Mannes, von allzu langem Warten gezeichnet.

Nächsten Monat würde er dreißig sein. Die Prachtstraße, auf der er dahinrollte, war ebenso viele Jahre in Bau gewesen. Und im Grunde hatte man sie für ihn gebaut. Schließlich war er der Kronprinz, Rudolf, von Gottes Gnaden geboren, um dereinst Kaiser von Österreich, Apostolischer König von Ungarn, König von Böhmen, von Dalmatien, Kroatien, Slavonien, Galizien, Lodomerien und Illyrien, König von Jerusalem, Erzherzog von Österreich, Großherzog von Toscana und Krakau, Herzog von Lothringen, von Salzburg, Steyer, Kärnten, Krain und der Bukowina, Großfürst von Siebenbürgen, Markgraf von Mähren, Herzog von Ober- und Nieder-Schlesien, von Modena, Parma, Piacenza und Guastalla, von Auschwitz und Zator, von Teschen, Friaul, Ragusa und Zara, gefürsteter Graf von Habsburg und Tirol, von Kyburg, Görz und Gradiska, Fürst von Trient und Brixen, Markgraf von Ober- und Nieder-Lausitz und in Istrien, Graf von Hohenembs, Feldkirch, Bregenz, Sonnenberg, Herr von Triest, von Cattaro und auf der windischen Mark, Großwojwod der Wojwodschaft Serbien und Erbe noch weiterer dreißig Titel und Würden zu werden.

All diese Länder warteten auf den schlanken Mann im Fiaker. Sie erstreckten sich von den Bauernhöfen der Schweizer Grenze bis zu den Minaretten in Montenegro. Obwohl sie ihm erst zu einem späteren Zeitpunkt zufallen sollten, war doch einzig und allein er es, dem sie zufallen konnten. Unter den großen Staaten Europas stellte Rudolfs künftiges Erbe eine gewisse Kuriosität dar. Seine künftigen Untertanen verband weder eine gemeinsame Sprache noch eine gemeinsame Religion noch eine gemeinsame geographische Lage oder Tradition. Sie hatten nur eines gemeinsam: seinen Namen.

Habsburg. Das österreichische Kaisertum war eine dynastische Fiktion – ehrwürdig, zerbrechlich, einmalig. In seinem Babel sprachen dreizehn Millionen Deutsch. Zehn Millionen sprachen Ungarisch. Fünf Millionen sprachen Tschechisch. Drei Millionen sprachen Slowakisch, und Millionen andere sprachen verschiedene slawische oder arabische Sprachen. Nur ein einziger unter all diesen bunt zusammengewürfelten Völkerschaften war wahrhaft ein

Österreicher: der Kaiser, Franz Joseph I., dessen Person sie alle vereinte.

Rudolf wartete darauf, der nächste Österreicher zu werden. Und Österreich, jene vielfarbige Idee, die sich über die Donauländer ausgebreitet hatte, umgab ihn, während er wartete – während er die Ringstraße entlangfuhr. Aus allen Märchenwinkeln der Monarchie kamen Besucher auf die Ringstraße. Nach Wien zu fahren, das bedeutete für die meisten, auf dieser Prachtstraße entlangzuwandern, um sich die Stadt anzusehen, ja nur einfach dazusein. Exotische Erscheinungen mischten sich hier unter die Spaziergänger in abendländischer Kleidung. Während Bratfisch vorbeiflitzte, schlurfte ein Muselmann – aus dem Protektorat Bosnien – in rotem Fes und spitzen weißen Pantoffeln dahin, der verzierte Teekessel und eingelegte Schnupftabakdosen feilbot. Koptische Priester mit Mitren und Bärten, die dunkelgrünen Kutten mit violetten Schärpen zusammengehalten, gingen hier neben chassidischen Juden in Kaftan und breitkrempigem Filzhut. Ein Bauer aus den Karpaten nahm die weiße Fellmütze ab, ehe er es wagte, diese Traumstraße zu überqueren – ein Ausdruck balkanesischer Unterwürfigkeit. Und kaum einer dieser Fremden in Wien hätte zu erraten vermocht, wer da im Fiaker an ihnen vorbeifuhr.

Die Soldaten aber wußten es, und ihre behandschuhten Hände flogen salutierend an den Mützenrand. Das schillernde Leben der Ringstraße wurde größtenteils vom Militär bestimmt. Der Ring zog Offiziere aus der ganzen Monarchie an; manche waren in Wien stationiert, andere kamen aus entlegenen Garnisonen hierher auf Urlaub. Alle trugen sie voll Stolz die Uniformen ihrer Regimenter: Husarenmajore in himmelblauen Waffenröcken, denen die roten Hosen wie angegossen paßten, Tiroler Standschützenleutnants in Silbergrün... Keine dieser Uniformen wies pompöse Goldtressen auf oder wurde von einer Pickelhaube à la Preußen gekrönt. Fast alle österreichischen Regimenter trugen, wie auch der Kronprinz, eine enge, taillierte Uniform von einfachem, aber elegantem Schnitt. Das war nicht die Bekleidung eines mordbereiten Kriegers oder eines Angebers, sondern weit eher die eines Florettfechters, Tänzers oder Liebhabers. Auf fast magische Weise ließ diese Uniform den Bauch verschwinden und das Kinn kraftvoller erscheinen und verwandelte jeden Soldaten in einen Protagonisten. Bei der Pariser Weltausstellung von 1900 gewann Österreich dann auch den ersten Preis für die schönste Uniform der Welt (es war die der k. u. k. Artillerie). Aber schon zwölf Jahre vorher, eben im Juli 1888, war die österreichische Uniform in all ihren Varianten bereits genauso schön.

Diese Vielfalt bot einen hübschen Anblick, komplizierte aber auch das politische Leben. Die Habsburger (die Vorfahren des jungen Mannes in der dahineilenden Kutsche) herrschten schon seit langer Zeit über viele Nationen. Im Juli 1888 aber begann das Wort *Nation* allmählich die Bedeutung von *Nationalismus* anzunehmen. Und diese empfindlichen neuen Nationalisten schrien im Parlament, schürten in den Zeitungen und knurrten zornig in den Wirtshäusern. Franz Joseph versuchte diese Spannungen zu steuern; Rudolf dagegen wollte sie lösen. Einstweilen aber mußte er noch warten. Inzwischen wurde der Zucker teurer, und Bratfisch ließ die Hufe der Pferde im Takt mit seinem Pfeifen tanzen. So trabten sie den Ring dahin, schneller und schneller.

Die ganze Straße entlang sahen die Spaziergänger der Kutsche nach. Fuhr dieser Fiaker denn nicht viel zu schnell? Warum hatte es der Kronprinz immer so eilig? Man wartete bereits auf ihn – aber verstand *er* sich aufs Warten? Seine Vorfahren hatten das gekonnt verstanden. Sechshundert Jahre lang hatten die Habsburger – wahre Virtuosen der Bedächtigkeit – ihr Reich geduldig und getreulich verwaltet. Das waren noch solide Majestäten – Herrscher mit der Gründlichkeit und Genauigkeit eines guten Handwerkers. Nur einige unter ihnen hatten sich Extravaganzen erlaubt oder sich auffällig profiliert. Die meisten besiegten oder übertrumpften nie ihre Gegner – sie lösten die Probleme durch geschickt eingefädelte Heiraten. Sie waren genial im Schließen von Ehekontrakten, die dem Hause Österreich neue Länder zubrachten. Die umständlichen Heiratsprozeduren der Habsburger hatten mehr Länder auf längere Zeit erobert als alle Reiterattacken Napoleons.

Die Habsburger hatten es verstanden, sich den bizarren Einfällen und der Faszination der Dekadenz zu verschließen, die andere Dynastien an den Rand des Abgrundes geführt hatten. Ihr Geheimnis bestand in einer Art Unscheinbarkeit. Unauffällig und geduldig. Intrigenreich, fleißig, seltsam bescheiden, unermüdlich, anständig, bieder und beharrlich, waren die Habsburger im Jahr 1273 aus der heutigen Schweiz gekommen. Intrigenreich, fleißig, seltsam bescheiden, unermüdlich, anständig, bieder und beharrlich – so regierte Franz Joseph auch noch 1888. Rudolf nun sollte die Habsburgerkrone ins zwanzigste Jahrhundert tragen.

Aber würde er? Die Spaziergänger starrten der Kutsche nach. Würde er, in einer Kutsche von einem pfeifenden Bratfisch zu immer größerer Eile angetrieben? Auf sich wild drehenden Rädern, während der Zuckerpreis stieg? Viel zu schnell flog er an den Renaissancekolonnaden der Hofoper vorbei und vorbei auch an den Kuppeln des Palais Schwarzenberg.

Hier lenkte Bratfisch seine Rosse von der Ringstraße südwärts. In der Ferne sah man die armseligen Massenquartiere der Arbeiter aus den neuen Textilfabriken dieser Gegend. Magere Schafe blökten auf nur spärlich mit Gras bewachsenen sandigen Wiesen. Hinter Rudolf lagen die Profite der Industrialisierung – magisch in trügerischen Prunk pseudoantiker Ringstraßenpalais verwandelt. Vor ihm lagen der Ruß und das Unkraut des Fortschritts.

»Ich werde darüber nachdenken lassen«, pflegte Kaiser Franz Joseph zu sagen, wenn er mit gewichtigen Problemen konfrontiert wurde. Dann befahl er den klügsten und erfahrensten Männern seines Reiches, sich eine hübschere Fassade einfallen zu lassen, um das Problem zu verbergen. Ganz anders der Kronprinz: Für ihn war ein Problem etwas, dem man sich stellen mußte, um es zu lösen. »Die zahlreichen Armen sehen mit Recht ihren Feind in den wenigen, die ihre Substanz verzehren«, hatte er mit fünfzehn seinem Erzieher, dem Feldmarschalleutnant Josef Latour, geschrieben, und an seinen Freund Moritz Szeps mit vierundzwanzig: »Ein ungeheurer Wandel muß kommen, eine gesellschaftliche Umschichtung...«

Nun, mit neunundzwanzig, hatte Rudolf gelernt, daß die Dinge, die im Kommen waren, auf den richtigen Zeitpunkt warten mußten – vielleicht sogar bis zur Zerstörung der Monarchie; und auch, daß es ungehorsam von ihm wäre, die sich abzeichnenden Veränderungen zu beschleunigen. Seine hochtönenden Titel und schillernden Privilegien schlossen nicht das Recht ein, etwas Wesentliches zu unternehmen. Das hatte er schon längst gelernt. Nach einiger Zeit hatte er auch vortäuschen gelernt, das Unerträgliche hinzunehmen.

Am Tag seiner Geburt hatte ihm sein Vater den Orden vom Goldenen Vlies verliehen und ihn zum Oberstinhaber des Infanterie-Regimentes Nr. 19 ernannt. In diesem Frühjahr 1888 hatte Kaiser Franz Joseph einen weiteren inhaltslosen Ehrentitel für ihn bereit:

Er beförderte seinen Sohn zum Generalinspekteur der Infanterie. Erst vor zwei Wochen hatte die alljährliche Konferenz des Oberkommandos stattgefunden. Viele Offiziere von niedrigerem Rang als Rudolf hatten daran teilgenommen, doch er war nicht einmal eingeladen worden. Er gab vor, das zu akzeptieren. Sein Souverän wollte ihm offenbar noch nicht zugestehen, ein ganzer Mann zu sein – gut denn, so würde er den prinzlichen Eunuchen spielen. Noch eine Weile war er bereit, es zu tun.

Rudolf war vom Nervenzentrum der Monarchie abgeschnitten, und zwar vom Kaiser. Das Verhältnis zwischen Vater und Sohn war steif und förmlich. »Korrektheit« bestimmte die Beziehung. Rudolf akzeptierte das nicht nur, sondern fand offenbar auch nichts dabei, seiner Umgebung davon Mitteilung zu machen. Erst drei Tage vorher, am 4. Juli, hatte er an seinen früheren Erzieher geschrieben: »Lassen Sie mich bitte wissen, wann Seine Majestät der Kaiser nach Ischl zurückkehrt. Sicher erfahren Sie davon einige Tage früher als ich.« Er war der Thronfolger. Trotzdem – oder vielleicht eben deshalb – hatte man ihn nie mit echten Machtvollkommenheiten ausgestattet, außer mit der beinahe okkulten, daß bei seinem bloßen Erscheinen die Hacken zusammengeschlagen und die Hüte gelüftet wurden. Er gab vor, auch das zu akzeptieren.

Schließlich verlangsamte sich die rasende Fahrt des Fiakers. Bratfisch hielt seine Rosse vor dem Südbahnhof an. Die Amtskappe des Fahrdienstleiters hob sich. Polizisten standen stramm. Rudolf nahm die Bewegung um ihn her mit leichter Verbeugung zur Kenntnis. Halb verborgen hinter dem Kohlentender erspähte er eine Gestalt: den unvermeidlichen »Geheimen«, der sich zweifellos eine Notiz darüber machte, daß Seine Allerhöchste Kaiserliche Hoheit immer noch allein war. Auch das nahm Rudolf hin. Unter Bücklingen des Bahnhofspersonals ließ er sich zu seinem Abteil geleiten.

Der Zug bewegte sich nur langsam, aber Rudolf durchblätterte schnell die Zeitungen aus seiner Reisetasche, schnell genug, um auf der kurzen Reise alle Seiten zu überfliegen. Den Wirtschaftsspalten auf den hinteren Seiten der *Neuen Freien Presse* konnte man entnehmen, daß der Zuckerpreis tatsächlich um zwei Kreuzer gestiegen war. In den Kleinanzeigen auf der nächsten Seite schwelte Leidenschaft in Kleingedrucktem. *An mein innigstgeliebtes Herz: Hast Du mich schon ganz vergessen? Bitte schreib doch! Gruß und Kuß von Deiner R.* In der Spalte daneben pries ein Arzt sein »diskretes« Wartezimmer für Patienten mit intimen Leiden an. Stanley war immer noch irgendwo in Afrika verschollen, auf der Suche nach Livingstone. In Triest hatte eine amerikanische Korvette den ganzen Hafen durch Hissen einer elektrisch beleuchteten Flagge in Erstaunen versetzt. Anlaß war der 4. Juli – der amerikanische Unabhängigkeitstag.

Der Kronprinz konzentrierte sich vor allem auf die Auslandsberichte. Seit Jahren schon befaßte er sich eingehend mit der politischen Szene Europas. Andere Reiche erlangten neuzeitliche Größe weit rascher als Österreich: Im Osten wußte der russische Koloß sehr wohl, wie man das sich eben erst entwickelnde völkische Bewußtsein ausnutzen konnte; St. Petersburg überschüttete die Balkanslawen innerhalb und außerhalb der Grenzen des Habsburgerreiches mit Propaganda. So war es Rußland gerade erst geglückt, den österreichfreundlichen Alexander Battenberg vom Thron Bulgariens zu stürzen. Im Süden war es Italien schon längst gelungen, mit der Gewinnung der Lombardei und Veneziens einen weiteren Schritt zu seiner Vereinigung zu machen. Nun ging man in Rom noch weiter und schickte Agitatoren in den südlichen Teil Tirols, das alte habsburgische Kronland. Im Westen wurde Englands Vorherrschaft auf den Weltmeeren durch den Suez-Kanal-Vertrag neuerlich bestätigt, der die Verwaltung des Kanals in die Hände einer Gesellschaft legte, bei der die Regierung Ihrer Majestät das entscheidende Wort zu sprechen hatte. Von Paris aus schweißte der dynamische General Boulanger ganz Frankreich zusammen. »Der Mann zu Pferd« – wie ihn ein Bewunderer erfindungsreich genannt hatte – schien dazu bestimmt, unter seiner diktatorischen Führung die Dritte Republik in einer geschlossenen Phalanx zu vereinigen. Im Norden war in Deutschland vor weniger als einem Monat der ehrgeizige junge Wilhelm II. zum Kaiser gekrönt worden. Nun war er begierig, ein größeres und noch größeres Reich aufzubauen.

Für Rudolf war Wilhelm II. ein Zeitgenosse, ein verbündeter Fürst und schon seit seinen Knabenjahren ein rotes Tuch. An diesem Wochenende berichteten die Zeitungen über eine Rede, die der neue Deutsche Kaiser gehalten hatte. Als er sich auf seiner Jacht, der *Hohenzollern*, zu einer Reise nach Rußland einschiffte, hatte Wilhelm eine eher herablassende Herzlichkeit für den österreichischen Kronprinzen bekundet.

Einstweilen mußte Rudolf auch das noch hinnehmen.

Einstweilen… Dieses Wort beherrschte sein ganzes Leben. Einstweilen fehlten ihm die Macht und der Einfluß, irgend etwas zu ändern – und das galt auch für die Tätigkeit und Unbeweglichkeit Österreichs gegenüber anderen Ländern. Einstweilen mußte er sich sogar die Überheblichkeit des Deutschen Kaisers gefallen lassen.

Am Vortag hatte er Wilhelm ein Exemplar des kürzlich veröffentlichten ersten Bandes des Werkes *Die österreichische Monarchie in Wort und Bild* zugehen lassen. Rudolf war nicht nur der Herausgeber, sondern zeichnete auch für das erste Kapitel als Autor verantwortlich. Zufällig war dieses Kapitel der Landschaft gewidmet, durch die der Zug eben fuhr – dem Wienerwald. Rudolfs persönliche Widmung an Wilhelm (»Meinem lieben Freund und Cousin«) war ein ebenso wirksames Tarnmanöver wie die Platitüden, auf die er sich in seinem Beitrag beschränkt hatte. Darin besang er die Lieblichkeit des Wienerwaldes, des Voralpenlandes, die Poesie der sanften Hügel und waldigen Hänge, ebenjener Waldeshöhen, deren Panorama nun an seinem Coupé-Fenster vorbeizog. Sein Kapitel verbreitete sich über die Schwarzföhre, in deren Zweigen der Frühlingswind rauschend seine Melodie erklingen läßt; über die Waldesstille; die einsame Süße eines Vogelliedes hier und dort. Und auch von der geringen Zahl jagdbaren Wildes war die Rede.

Davon, daß der Autor dieser Zeilen sich hier, in Mayerling, tief im Herzen des Wienerwaldes, ein Jagdschlößchen gekauft hatte, las man kein Sterbenswort. Das Schlößchen war im Herbst des vergangenen Jahres vom Kronprinzen und von der Kronprinzessin feierlich eingeweiht worden – im Beisein kaiserlicher Leibjäger und beim Klang von Zigeunergeigen. Rudolf aber standen viele weit bessere Reviere zur Verfügung. Nach dem Ankauf von Mayerling war hier von Büchsenknall und Hundegekläff nicht viel zu hören. »Was wollen Sie, man muß einen Winkel haben, wo man Ich sein kann«, erklärte er einem Freund, der sich über die Begeisterung des Kronprinzen für den abgelegenen kleinen Landsitz wunderte. »Wenn mir das ›Krippelg'spiel‹ einmal zu viel wird, flüchte ich da hinaus…« Nun wurde es ihm sehr oft zuviel. Nicht selten »flüchtete« er allein nach Mayerling, wie er es an diesem Julinachmittag tat. Oft auch in diskreter Gesellschaft. Er war nicht eben der treueste Ehemann noch der fröhlichste Erzherzog, noch stand er anderen Kronprinzen an Launen und »kleinen Geheimnissen« nach. Überall sonst spielte er brav seine ihm aufgezwungene Rolle. Nicht hier. In diesem

Herbst hatte die Regierung seines Vaters ein großartiges Programm zur Erneuerung und Verjüngung des Reiches ausgearbeitet. Rudolf hielt von all der Großartigkeit nicht viel, und hier, in diesem Winkel des Wienerwaldes, konnte er alldem entkommen. Hier in Mayerling tat er, was die Öffentlichkeit nichts anging.

In Baden stieg Rudolf aus. Hacken wurden zusammengeschlagen, Amtskappen gelüftet. Er ließ sich unter Verbeugungen und Ehrenbezeigungen an einem weiteren vermutlichen »Geheimen« vorbeigeleiten, sprang dann in einen mit nur einem Pferd bespannten Landauer, der schon für ihn bereitstand. Er kutschierte, natürlich viel zu schnell, durch das Helenental, vorbei an den Ruinen Rauhenfels und Rauhenstein, und schon nach einer halben Stunde knirschten die Räder über die Kiesauffahrt eines eher einfachen, Meierhofähnlichen Gebäudes – sein Jagdschloß in Mayerling. Während der Nacht hörten die wenigen Bedienten kaum mehr als den Regen, der inzwischen eingesetzt hatte, und das Rauschen der Schwarzföhren.

2

Überall in der Monarchie regnete es an diesem Wochenende. In Wien vertrieb ein kalter Nieselregen die Spaziergänger von der Ringstraße. In dem elenden Wetter wirkte ein noch unfertiges Areal im anspruchsvollsten Teil der großen Prachtstraße noch trister als gewöhnlich. Gegenüber dem Rathaus war, von Gerüsten verdeckt, von Zeltplanen verhüllt, ein riesiges Etwas im Entstehen.

Das Ding sah aus wie ein Riesenschmetterling beim Ausschlüpfen: das neue Burgtheater. Seit sechzehn Jahren hatte man daran gebaut. Und doch hatte man die ursprünglich für September geplante Eröffnung schon wieder verschieben müssen. Das Burgtheater war der einzige noch unvollendete Repräsentationsbau am Ring. Dieser großartige Nachzügler schien die Lage der Habsburgermonarchie widerzuspiegeln. Mit seiner Fertigstellung, irgendwann in diesem Herbst, würde die Stadt vielleicht ihren Anschluß an die neue Zeit manifestieren.

Daß es in Österreich in dieser Hinsicht viel nachzuholen gab, war 1888 bereits eine Binsenweisheit. Doch wo Rudolf echte und grundlegende Reformen anstrebte, begnügte sich sein Vater oft mit bloßen kosmetischen Korrekturen. Im Jahr 1857 hatte der junge Franz Joseph dem allgemeinen Wunsch nach Erneuerung ein für ihn typisches Zugeständnis gemacht. Damals hatten alle großen europäischen Hauptstädte ihre Befestigungen längst abgeschafft gehabt. Nun befahl der Kaiser, die uralten Mauern und Basteien seiner Reichs-Haupt- und Residenzstadt zu schleifen. Ihr Abbruch und der Bau der Ringstraße an der Stelle des alten Befestigungsgürtels waren nur eine kosmetische Korrektur, freilich von monumentalem Ausmaß. Von Anfang an hatte Franz Grillparzer, der scharfsichtige Dramatiker, das Unternehmen mit einer gewissen Skepsis betrachtet:

»Wiens Wälle fallen in den Sand;
Wer wird in engen Mauern leben!
Auch ist ja schon das ganze Land
Von einer chinesischen umgeben.«

Grillparzer war 1872 gestorben, sein Mißtrauen aber lebte in Rudolf und einigen wenigen einsichtigen und weltoffenen Köpfen weiter. In ganz Europa und Amerika lieferten sich die Mächte einen Wettlauf ins neue Jahrhundert. Und Österreich? In Österreich fiel Nieselregen auf die Prachtbauten der Ringstraße, die seit sechzehn Jahren immer noch nicht fertig waren.

In Österreich tanzten Widersprüche immer noch eine figurenreiche Quadrille. Zwar konnte sich der Kronprinz über alle Verkehrsregeln hinwegsetzen; aber wenn es um dringend nötige Reformen ging, mußte er geduldig stillhalten. In Österreich stand dem Herrscher unbegrenzte Macht über eine begrenzte Monarchie zu. In Österreich machte das Parlament die Gesetze; andererseits hatte nach Paragraph 14 der Verfassung der Kaiser das Recht, Gesetze zu erlassen, wenn das Parlament nicht tagte – und Seine Majestät konnte jede Parlamentssitzung jederzeit auflösen. In Österreich war es möglich, daß Franz Joseph, ein »latenter Absolutist«, jederzeit aus dem verträumten Reich der Legende in die rauhe Wirklichkeit der Politik trat, um die Legislative zu entlassen oder einen Ministerpräsidenten seines Amtes zu entheben. In Österreich sah man den uralten Privilegien allmählich ihr Alter an, und doch behielten sie auf fast magische Weise ihren ungetrübten Glanz. In Österreich wehten die Banner einer feudalen Krone noch immer über Untertanen verschiedener Nationalitäten, die sich bereits mit einer Aufsässigkeit wehrten, die schon recht republikanisch war.

Wie lange mochte dieses anachronistische Durcheinander noch andauern?

Darüber machten sich Männer wie Rudolf Gedanken – und auch Sorgen. Im Kreis um Franz Joseph aber hoffte man, daß sich viele dieser Probleme zu Beginn der Herbstsaison in der kaiserlichen Reichs-Haupt- und Residenzstadt Wien in Wohlgefallen auflösen würden. Die »chinesische Mauer« Wiens – kurz alles, was die Stadt isoliert, veraltet und provinzlerisch erscheinen ließ – würde angesichts einer Reihe höchst progressiver Veranstaltungen von selbst verschwinden, die bereits in den Zeitungen stolz angekündigt wurden. In Kürze würde der Kronprinz eine moderne, neue Gewerbe-Ausstellung eröffnen. Und der neue Deutsche Kaiser, Wilhelm, wurde erwartet, um Franz Joseph seine Ehrerbietung zu erweisen. Dieser Staatsbesuch würde Wien zu einem internationalen Zentrum allerersten Ranges machen. Schließlich würde man auch das vierzigjährige Regierungsjubiläum Franz Josephs festlich begehen – eine bedeutende historische Feier. Und als Höhepunkt der Saison sollten schließlich die Zeltplanen vom letzten Prunkbau der Ringstraße fallen. Nach sechzehn Jahren würde der Riesenschmetterling endlich aus seinem Kokon schlüpfen. Im Glanz seiner elektrischen Bühnenbeleuchtung und ausgestattet mit allen Raffinessen moderner Technik würde das neue Hofburgtheater des kommenden Jahrhunderts würdig sein. Wien bereitete sich darauf vor, diesen Anlaß mit einem Gepränge zu feiern, das das Spektakel bei der Eröffnung aller anderen Ringstraßengebäude weit übertreffen sollte. Dann endlich würde die große Saison ihr Wunder wirken: Der Ring würde vollendet sein und Österreich in die neue Größe seiner glorreichen Zukunft treten.

Oder etwa nicht?

Im neuen Burgtheater, das als Symbol für diesen befreienden Schritt nach vorn zu verstehen war, werkte ein junger Mann, der gleichen Generation wie Rudolf zugehörig. Manchmal pfiff er bei der Arbeit, wenn auch nicht so wehmütig-sentimental wie Bratfisch. Manchmal fluchte er auch, wenn ihm ein Tropfen Farbe ins Gesicht fiel. An jenem verregneten Wochenende im Juli 1888 hatte er schon monatelang an diesem Projekt gearbeitet. Hoch oben über einem riesigen Stiegenhaus und so dicht unter dem Dach, daß er das Trommeln der Regentropfen deutlich hören konnte, lag er rücklings auf einem Gerüstbrett und führte den Pinsel beim schwachen Schein einer »elektrischen Laterne«.

Es war nicht Michelangelo, der den Noah an die Decke der Sixtinischen Kapelle pinselte – es war der damals noch völlig unbekannte Maler Gustav Klimt, der eben ein Deckenfresko, *Der Thespiskarren*, vollendete.

Er konnte die Wirkung seiner Arbeit nicht beurteilen. Das Fresko war für die Betrachtung von der Treppe her gedacht, doch machte das Gerüst derzeit noch die Sicht von unten unmöglich. Aber wie Klimt seine Arbeit noch nicht richtig sehen konnte, so vermochte er auch nicht daran zu glauben. Er konnte überhaupt nicht an vorprogrammierte Großartigkeit glauben – auch nicht an die der Ringstraße, auf der quasi die Generalprobe einer glorreichen Vergangenheit stattfand. Und natürlich ebensowenig an diese Deckenfresken, die die Höhepunkte in der Entwicklung der dramatischen Kunst darstellen sollten – also ein überzeichnetes Klischee nach dem anderen. Gustav Klimt, sein Bruder Ernst und sein Freund und Mitarbeiter Franz Matsch hatten den Auftrag erhalten, den Triumphzug des Dramas durch die Jahrtausende darzustellen, der nun – als natürliche Folgerung – in der Eröffnung des neuen Burgtheaters seinen absoluten Höhepunkt finden sollte.

Es war eine höchst ehrenvolle Routinearbeit für drei unbekannte Wiener Maler, die noch nicht dreißig Jahre alt waren. Für Gustav Klimt im besonderen war es eine mühselige, langweilige Schinderei. Genau wie der Kronprinz fühlte er sich für die Ausschmückung eines bereits überlebten Stiles mißbraucht, während jede Faser seines Wesens nach der Schaffung von etwas Neuem drängte.

Er hatte für den *Thespiskarren* einen Entwurf gezeichnet, mit zwei wie Blumen miteinander verschlungenen Mädchen, die einander küßten. Doch Baron von Wilbrandt, der für die künstlerische Ausgestaltung des Theaters verantwortlich war, hatte den Entwurf sofort abgelehnt. Klimts vollendetes Fresko zeigte die beiden jungen Frauen züchtig Seite an Seite stehend.

Später sollte Klimt wegen der Sinnlichkeit seiner Porträts, in denen er die Linien des weiblichen Körpers erotisch hervorhob und verzerrte, berüchtigt und berühmt werden. Jetzt aber konnte er dieser Neigung nur andeutungsweise frönen, indem er seine Aktdarstellungen ein wenig längte; und er schuf auch die Figuren in seinen fünf Freskenpaneelen etwas flexibler, als es die Natur zuläßt.

In den Pinselstrichen an der Decke des neuen Burgtheaters zeichnete sich bereits das – vorläufig noch gefesselte – Regen eines Giganten ab. Kaum ein Jahrzehnt später sollte Klimt den Angriff auf alle Traditionen der Galerien und Museen Wiens anführen und allem Pomp und prüdem Posieren mit der Peitschenschnur Erotik ein Ende bereiten. Art Nouveau und Jugendstil sollten in Gustav Klimt ihre radikalste Verkörperung finden. Sein Werk sollte der Mittelpunkt einer Bewegung sein, die noch viele Jahrzehnte später die Wohnungen des Weltraum-Zeitalters mit Tiffany-Lampen und traumhaften Poster dekorierte.

Noch andere junge Menschen seines Kalibers lebten damals in dieser Stadt – Männer, deren Namen später fanfarenhell erklingen sollten, wenn auch von deren vergeblichem Ringen in jenem Sommer 1888 noch nichts zu merken war. In dem reichgeschmückten, barockisierten Bollwerk Wien gloste und schwelte mehr schöpferische Dämonie als in den progressivsten europäischen Großstädten. Die offiziellen Machthaber dieser Stadt waren von der Zwangsvorstellung besessen, die alte Kaiserglorie in alle Ewigkeit erhalten zu müssen. Die wahre Größe in den Straßen Wiens aber war meist so »inoffiziell« wie eine Guerilla-Einheit.

Größe war auch die frühreife Sorge des im Regen stehenden Sohnes eines Schuhhändlers im Wiener Judenviertel. Der fünfzehnjährige Arnold Schönberg achtete nicht darauf, ob sein einziger guter, hellbeiger Sonntagsmantel vom Regen durchweicht wurde. In kommenden Jahzehnten sollte seine kühne Handhabung von Chromatik und Harmonie sogar Gustav Klimts verwegene Farbgebung und Linienführung noch übertreffen. Er sollte die Musik seiner Zeit nicht nur revolutionieren, sondern sie sogar neu schaffen. Die von ihm entwickelte Atonalität sollte der neuen Musik des zwanzigsten Jahrhunderts ihre Richtung geben. An diesem verregneten Juliwochenende des Jahres 1888 war Arnold noch weit davon entfernt, ein neuer Meister zu sein. Er war ganz verehrungsvoller Schüler. Er stand vor dem gedeckten Pavillon des Ersten Kaffeehauses im Prater. Hineinzugehen konnte er sich nicht leisten. Eine Tasse Kaffee dort zu trinken hätte ihn mindestens zwanzig Kreuzer gekostet. Also stand er so nahe wie möglich vor dem Pavillon, um trotz des

Regens die Musik hören zu können, die vom Orchesterpodium des Pavillons zu ihm herüberklang. Einst hatte Beethoven hier sein letztes öffentliches Konzert als Pianist gegeben. Und jetzt eben leitete die Militärkapelle von einem Walzer zur Fidelio-Ouvertüre über. Schönberg schob sich noch ein wenig weiter vor. Für ihn war dies die einzige Möglichkeit, bedeutende Musikstücke gratis zu hören. Es war ihm völlig gleichgültig, daß das Wasser an ihm herunterlief, während er andächtig lauschte. Näher konnte er eben an wahre Größe noch nicht herankommen.

Größe ging überhaupt in diesem Sommer wie eine hypnotische Krankheit in Wien um. Ein anderer Musiker drängte sich noch näher an Beethoven heran – rein körperlich näher zum für ihn größten Komponisten aller Zeiten –, obwohl Beethoven im Jahre 1888 schon seit mehr als fünfzig Jahren tot war. Anton Bruckner gelang es in diesem Sommer, seinen Zwicker mit dem Leichnam des Olympiers zu teilen.

Einige Tage vor jenem regnerischen Juliwochenende hatte Anton Bruckner die Pferdetramway bestiegen, die ihn hinaus zum Währinger Friedhof brachte. Er setzte sich über den Protest eines Polizisten hinweg und stürmte geradewegs in die Kapelle, in der sich Wissenschaftler über einen geöffneten Sarg beugten. Beethoven war gerade exhumiert worden. Man wollte anatomische Messungen an ihm vornehmen, ehe man seinen Leichnam mit erheblicher Verspätung in einem Ehrengrab auf dem Wiener Zentralfriedhof beisetzte. Bruckner drängte sich an den arbeitenden Spezialisten vorbei, klemmte sich den Zwicker auf die Nase und griff mit beiden Händen nach Beethovens Schädel. Ein Arzt versuchte ihn daran zu hindern, aber Bruckner hatte auch mit vierundsechzig Jahren noch die unbeirrbare Begeisterung eines Knaben.

»Na, is net wahr?« sagte er in seiner oberösterreichischen Mundart zu dem Totenkopf. »Is net wahr, liaber Herr von Beethoven, daß, wann S' heut' no' lebat'n, mir erlaub'n tat'n, daß i' Ihna angreif'? Und jetz woll'n ma de Herrn da des vabiat'n!«

Nun, man verbot es ihm tatsächlich, wenngleich mit sanfter Gewalt. Auf dem Heimweg merkte er, daß sein Zwicker nur noch eine Linse hatte. »I' glaub, die is mir 'n Sarg von Beethoven 'neig'fall'n, wie i' mi' so stark vor'beugt hab'«, berichtete er seinem Freund Carl Hruby und schien über diesen Verlust sogar glücklich.

Ganz sicher konnte er freilich nicht sein. Das Glas war ihm auch möglicherweise schon daheim aus dem Zwicker gefallen. Seine Haushälterin, die resolute Kathi Kachelmayer, veranstaltete eine ihrer grimmigen Suchaktionen in Bruckners Vier-Zimmer-Wohnung in der Heßgasse. Ihr war die hoffnungslose Unordnung verhaßt, die alle ihre Ordnungsbestrebungen zunichte machte. Verzweifelt kämpfte sie sich durch Haufen von Manuskripten, Partituren, Büchern, Zeitschriften und weiß Gott was noch alles durch, unter denen das Klavier, die kleine Orgel und selbst der Schreibtisch begraben lagen. Sie durchwühlte ähnliche Berge von Papier im Schlafzimmer, wo stetig wachsendes Chaos sich sogar über das einzige Möbelstück, das Bett, ausbreitete. Vergeblich – die Linse blieb verschwunden. Die Kachelmayerin war wütend, Bruckner strahlte in stiller Freude.

Sonst war ihm in diesen Tagen nur wenig Freude gegönnt. Er war im Grunde ein Bursche vom Land, den eine unbegreifliche Begabung in eine schwierige und bedeutende Großstadtkarriere gestürzt hatte. Er besaß die Fähigkeit, die kompliziertesten harmonischen Gebäude zu errichten und sie mit der demütigen Inbrunst einer Dorfmesse zu erfüllen. Manche bewunderten seine Kompositionen, von vielen aber wurden sie ignoriert oder sogar boshaft belächelt. Allgemeiner Anerkennung erfreute er sich nur als Orgelvirtuose, und damit verdiente er sich auch seinen Lebensunterhalt. Gerade eben überarbeitete er seine Dritte Symphonie und vollendete seine Achte, womit er wieder einmal riskierte, Haß und Verachtung der hierarchischen Wiener Musikwelt auf sich zu ziehen. Aber das machte ihm nichts aus; jedenfalls nicht in einer so guten Woche wie dieser anfangs Juli. In solchen Zeiten war er von Freude erfüllt wie ein bäuerlicher Meßdiener, für den der Tod ein ebenso wundersames Mysterium ist wie die Schönheit eines jungen Mädchens. In solcher Stimmung dankte er dem Schöpfer für seine überreichen Gaben. Die Gläser seines Zwickers mit den von ihm verehrten Gebeinen teilen zu dürfen! Bedeutete das nicht, an ihrer Größe teilzuhaben? Und noch einen Trost hatte er: Bald schon würde er sich nach Bayreuth begeben und dort mit Richard Wagner, auch einem guten Freund, Gedankenaustausch pflegen, der in der ewigen Gnade Gottes in seiner Gruft schlummerte.

In jenem Juli 1888 schien ein Mit-Wagnerianer, einer der wenigen Anhänger Bruckners, eine Ausnahme zu bilden. Es sah so aus, als habe er – zumindest vorübergehend – die Jagd nach der eigenen Größe aufgegeben, die so viele in dieser Stadt in Atem hielt. Der Mann mochte auch seine guten Gründe dafür haben, sich nun eine Zeitlang Ruhe zu gönnen. Hugo Wolf war in einem abgelegenen Waldtal der Steiermark geboren und hatte doch schon einen Teil des ehrgeizigen Traumes verwirklicht, der begabte junge Leute aus der Provinz nach Wien trieb. Freilich teilte noch niemand in der großen Stadt die Meinung der Musikwissenschaftler späterer Generationen: daß Hugo Wolf der größte Meister des modernen Liedes und als solcher Schubert und Schumann ebenbürtig sei. Aber es war ihm immerhin schon gelungen, eine kleine Gruppe von Anhängern und Förderern zu gewinnen. Mäzene verschafften ihm Sommerquartiere, wie etwa das in Mayerling im Jahr 1880. Damals wohnte Hugo Wolf nur einige hundert Meter von Rudolfs späterem Jagdsitz entfernt. Eben den Flegeljahren entwachsen, rollte er in Mayerling seine ersten Zigaretten, aß seine vegetarischen Müsli, durchwanderte die Föhrenwälder, schlief mit einem Mädchen namens Vally Franck und schrieb das *Mausefallensprüchlein*, ein Lied, dessen Thematik erschreckend prophetisch war – wenn man die späteren Geschehnisse in Mayerling bedenkt. Das *Mausefallensprüchlein* besingt eine romantische Idylle mit einem süßen kleinen Mäuslein – die sich tragisch wendet, als sich eine Katze dazugesellt.

In diesem Juli 1888 war der kaum einen Meter sechzig große Hugo Wolf noch keine dreißig Jahre alt, und ein Zeitgenosse beschrieb ihn als »einen wahren Dynamo von einem Mann, untersetzt, breitschultrig, mit dem starken Nacken eines jungen Fauns, und doch so leichtfüßig und zart, so graziös in seiner Haltung, wie Puck, der Elf aus dem Sommernachtstraum«.

In den vorangegangenen Monaten hatte er die erste Reihe der Lieder vollendet, in denen er die Verse Eduard Mörikes vertonte. Es war Hugo Wolfs erster großer Zyklus und vielleicht sogar die erste Sammlung solcher Lieder, die nicht nur schöne Worte mit schöner Musik begleiteten, wie dies Schubert getan hatte, sondern bei denen die Musik sich dienend den subtilsten Absichten der Dichtung unterordnete. »Wolfs Gesetz der dichterischen Vorherrschaft des Jahres 1887« sollte ein Musikkritiker späterer Tage diese für einen Komponisten revolutionierende Auffassung nennen. Aber auch

Hugo Wolf selbst vermutete, daß er im vergangenen Jahr einen Wendepunkt erreicht hatte. »Soeben habe ich ein neues Lied aufgeschrieben«, teilte er einem Freund mit, »ein Götterlied sag' ich Ihnen! Was ich jetzt schreibe, das schreibe ich für die Nachwelt... Wie weit werde ich damit kommen? Was mag mir wohl die Zukunft noch vorbehalten? Diese Frage quält mich und beschäftigt mich im Wachen und im Träumen. Bin ich ein Berufener?«

Nach dem ungeheuren schöpferischen Anlauf des Frühlings jedoch schien er nun sozusagen im Leerlauf durch den Juli des Jahres 1888 zu gleiten. Wie gewöhnlich war er beinahe mittellos. Ein paar Freunde bezahlten ihm den Aufenthalt im Schloß Bellevue, einem schon etwas schäbigen Schloßhotel auf einem der Hügel im Wienerwald.* Wenn es, wie an diesem ersten Juliwochenende, regnete, schien Wolf mit nichts anderem beschäftigt als mit der Reparatur eines alten Klaviers. Bei Sonnenschein wanderte er durch die Wälder. Selbst seine engsten Freunde nahmen an, er ruhe sich während einer schöpferischen Pause bloß einmal aus.

Sie irrten sich gründlich. Dieser Sommer war von einer Intensität, die keiner ahnte. Hugo Wolf pflegte – und verbarg zugleich – eine große Leidenschaft. Die Frau in seinem Leben war Melanie Köchert, die Gattin seines großzügigsten Förderers. Das chiffrierte Inserat in der *Neuen Freien Presse* vom 5. Juli, jener Zeitung, die Rudolf auf der Fahrt nach Mayerling las, war von Melanie Köchert an Hugo Wolf gerichtet.

An mein innigstgeliebtes Herz: Hast Du mich schon ganz vergessen? Bitte schreib doch! Gruß und Kuß von Deiner R.

R. bedeutete Rinnbach, wo die Köcherts in den Salzburger Bergen ihr Sommerhaus hatten. *»Schreib doch!«* war eine Bitte, der Hugo Wolf bereits entsprochen hatte. Melanie war es gewesen, an die er sich wendete, wenn er Lieder wie Mörikes *Nimmersatte Liebe* komponierte: »... Und schöpfst du an die tausend Jahr' / Und küssest ewig, ewig gar, / Du tust ihr nie zu Willen...«

Wolf schrieb ihr aber auch privat. Er sandte Melanie einen Brief an ein Postfach in Rinnbach. Seine Zeilen von Wien in die Salzburger Berge kreuzten sich im Sommerregen mit einer anderen außerehelichen Botschaft, die den umgekehrten Weg nahm.

* Bei einem Urlaub, den Sigmund Freud genau sieben Jahre später hier verbrachte, kam ihm die entscheidende Inspiration für seine *Traumdeutung*. Heute weist eine Erinnerungstafel auf dieses Ereignis hin.

Dieser andere Brief, geschrieben am 5. Juli, wurde nicht – wie der von Hugo Wolf – mit der Post befördert. Ein Kurier, der den schnellsten Zug nahm, trug ihn in einer Tasche, die mit dem Allerhöchsten Emblem versiegelt war. Diese Botschaft war Teil einer der erhabensten Liebesbeziehungen der Weltgeschichte.

»Meine liebe gnädige Frau«, schrieb der Kaiser und Apostolische König Franz Joseph von Bad Gastein an Frau Katharina Schratt, die k. u. k. Hofschauspielerin, »...das Wetter könnte wohl schöner, aber auch viel schlechter sein, und so muß man sich zufriedengeben.« Dann fahren Seine Majestät im gleichen biederen bürgerlichen Ton fort zu erzählen, er sei in seiner »gewöhnlichen Wohnung bei Straubinger recht gut untergebracht«. Er berichtet, wie er um fünf Uhr früh (später als sonst, aber schließlich sei er auf Urlaub) aufstehe, sich bis sieben mit Staatspapieren beschäftige, dann allein zur hochgelegenen Helenenburg hinaufklettere, wo er mit der Kaiserin frühstücke, dann wieder hinunterklettere, um von neun bis zum Mittagessen zu arbeiten, dann wieder allein hinaufsteige – meist in leichtem Regen –, um dort saure Milch zu trinken und anschließend einen Spaziergang zu machen, dann wieder am Abend ins Tal klettere, um im Hotel Straubinger zu schlafen – und im übrigen verbleibe er der gnädigen Frau ergebenster... Franz Joseph.

Das war der Märchenherrscher, dessen Paläste in Wien, Budapest und Prag zusammen mehr als zehntausend Gemächer zählten, der Feldmarschälle ernannte und Ministerpräsidenten mit einer Handbewegung wegzuwischen vermochte, der durch seinen Befehl den Glanz und den Prunk der Ringstraße erstehen ließ und dessen Arbeitsalltag von einer wahren Wolke von Palatinen, Hofmeistern, Adeligen und Adjutanten umgeben war.

Alldem zum Trotz, oder vielleicht eben deshalb, hatte Franz Joseph ein paradoxes Verhältnis zu menschlicher Größe. Sein öffentliches Leben verlief sozusagen begleitet von einem ständigen Trommelwirbel staatsmännisch-majestätischer Größe. Und just diese pompöse Größe wollte er aus den kargen Stunden seines Privatlebens ausklammern. Der Kaiser schlief auf einem einfachen eisernen Bett, aß gekochtes Rindfleisch, trank Bier – und selbst die große Liebesaffäre seines Lebens bestand in einer kleinbürgerlichen Schwärmerei für eine Dame vom Theater. So wie Hugo Wolf einer extravaganten Liaison bedurfte, um seinen Geist und seine Kunst gegen ein Milieu armseliger Improvisation abzuschirmen, so brauchte Franz

Joseph eine fast schon gemütliche Bindung als Gegengewicht, um so sein Leben auf allerhöchster Ebene erträglich zu machen.

Was die Sehnsucht des Monarchen nach einer simplen Idylle komplizierte, war seine Gemahlin. Er hatte ein superbes Gedicht von einer Frau geheiratet, eine ständig durch Abwesenheit glänzende Kaiserin. Mit fünfzig zählte Elisabeth immer noch zu den großen Schönheiten Europas. Sie war neurasthenisch und stets auf der Flucht, ewig auf Wanderschaft, eine Frau, die heute an irgendeinem Adriastrand ein Gedicht von Heine analysierte und morgen schon verschleiert die Seitengäßchen eines Mittelmeerhafens durchstreifte. Abstrakt gesehen, bewunderte Franz Joseph seine Gemahlin; im konkreten Leben aber gab sie ihm nichts, dessen er bedurfte.

Frau Schratt aber vermochte das, dank ihrer ansprechenden Einfachheit. In ihr besaß das Burgtheater eine höchst fähige Schauspielerin des Komödienfaches. Außerhalb des Theaters war sie zwar nicht faszinierend, aber liebenswert spontan – auch in Gegenwart Allerhöchster Persönlichkeiten. Wenn der Kaiser Schnupfen hatte, buk sie für ihn allerliebsten Kuchen in Form von Taschentüchern. Sie kochte für ihn Gulyas und fütterte ihn mit dem Kulissenklatsch, den er liebte. Ihre »Seelenfreundschaft« (wie er ihre Beziehung nannte) war ihm nicht nur Balsam und Trost, sie lag auch in politischer Hinsicht richtig, eben *weil* es eine Mésalliance war. Hätte sich Franz Joseph nach einer standesgemäßeren Freundin umgesehen – einer Prinzessin oder Hofdame etwa –, so hätte man seine Zuneigung als den Triumph einer Hofkabale über eine andere ausgelegt. Frau Schratt aber stand erfreulicherweise ganz außerhalb aller derartigen Spekulationen. Sie war ganz einfach Seiner Apostolischen Majestät gelebte Bürgerliche. Die Schauspielerin vermenschlichte das Los des Regenten, indem sie ihm häusliche Proportionen gab.

Freilich hätte Franz Joseph sie jederzeit durch einen diskreten Allerhöchsten Wunsch auch körperlich besitzen können. Dennoch versagte er sich das. Er zog es vielmehr vor, sie mit der ganzen Glut einer nicht erfüllten Liebe anzubeten. Er bezeugte ihr seine Bewunderung in zahllosen Briefen, die von unterdrückter Leidenschaft sprachen und dabei eines gewissen naiven Humors nicht entbehrten. Er wußte, er durfte die Frau, die er begehrte, nie besitzen; ebenso wie er offenbar in irgendeinem Winkel seines Bewußtseins zur Kenntnis genommen haben mußte, daß das märchenhafte Reich, über das er regierte, nicht von Dauer sein konnte.

So wanderte denn der Kaiser und Apostolische König – völlig an zwei Unmöglichkeiten hingegeben – in diesem Juli in den Gasteiner Alpen umher. In seinem einfachen grünen Lodenmantel ging er allein die steilen Wiesenraine hinan und nickte unterwegs Schäfern und Bauern zu, die sich nicht mehr wunderten, Seine Majestät zwischen Kuhfladen herumstapfen zu sehen.

An ebenjenem Juliwochenende sah sich ein anderer Untertan Franz Josephs dem gleichen Regen ausgesetzt und mußte sich überdies mit einer recht neuzeitlichen Verunsicherung herumschlagen. Wieder und wieder grübelte er darüber nach, ob er auch verdiene, er selbst zu sein. Anders ausgedrückt: Er hätte gerne gewußt, ob er Größe verdiente.

Im Alter von dreiundsechzig Jahren besaß Johann Strauß ein Ansehen, das selbst den Ruhm des Kaisers übertraf. Bei internationalen Beliebtheitsumfragen stand er nur hinter der englischen Königin Victoria zurück. Er war die erste Pop-Berühmtheit der Welt, Komponist, Violinvirtuose und Dirigent, der riesige Menschenmengen mitzureißen verstand – von Bosnien, wo die Bauern seinen Schnurrbart imitierten, bis nach Boston, wo er zur Hundertjahrfeier der Unabhängigkeit Amerikas einen Chor von zwanzigtausend dirigiert hatte. Die Kontinente tanzten Walzer zu seiner Geige. Es war, als sei er der Zeremonienmeister eines neuartigen, ausschweifenden Festes, das nicht nur den Erdball in Bann hielt, sondern gleichzeitig auch die Beschleunigung der Welt in die Moderne hinein ausdrückte. Ganz ohne Mithilfe der Massenmedien war Strauß zum Idol der Massen geworden – ein Erfolg, den ihm nicht einmal die Beatles nachmachen sollten.

Im Juli 1888 hatte er Aufenthalt in seiner Villa in Schönau im Wienerwald genommen, nur etwa zwanzig Kilometer südöstlich von Mayerling. Die köstliche junge Adele war seit kurzem seine dritte Frau. Eben hatte er den *Kaiserwalzer* komponiert, ein symphonisches Zauberwerk im Dreivierteltakt zu Ehren des herannahenden vierzigjährigen Regierungsjubiläums seines Kaisers. Und er war auch gerade (vom Textdichter des *Zigeunerbaron*) auf fünfzigtausend Kronen geklagt worden, wie sich das eben für einen berühmten Komponisten gehörte. Sein Arbeitszimmer in Schönau war von Rosenrabatten umgeben, Pfaue stolzierten in seinem Garten umher, und doch rang er wie auch andere Wiener mit dem Phantom der

»wahren Größe«. Sein eigener Name stand symbolisch für das Genie, das noch zu Lebzeiten anerkannt wurde. Und doch glich er in einem Hugo Wolf, diesem noch im Dunkel ringenden Geist: Johann Strauß kämpfte um seine »wahre Berufung«.

Jeder sagte, daß er unvergleichlich sei. Er selbst zweifelte an seiner Unvergleichlichkeit. Und wenn er zwar unvergleichlich war, dies aber in einem zweitrangigen Genre? Er sehnte sich nach Erstrangigkeit, obwohl er mehr als sechzig Jahre gelebt hatte, ohne dies je ausgedrückt zu haben. Jetzt war die Zeit dafür gekommen – jetzt oder nie. Im Sommer 1888 verbrachte er fast jede Nacht mit diesem Versuch. Wenn es ihm gelang, würde er es verdienen, Johann Strauß zu sein.

Bei Tag zeigte er allen seine geistreiche, charmante, liebenswerte Maske. Aber nachdem die Sonne gesunken war, nachdem die Bewunderer, die Journalisten, die Schmeichler, seine Agenten und seine Kartenfreunde sich verlaufen hatten, wurde er ein anderer. Er verwandelte sich wieder in sein feurig-strebendes wahres Selbst. Dann erst ging er zum Klavier, auf dem schon die Kerzen brannten.

Dieser schöpferische Genius voll Beschwingtheit und Licht brauchte für sein Werk Dunkelheit und Regen. »Regen, nichts als Regen«, schrieb er einmal an einen Freund, »...unendlich wohltuend. Je schlimmer es wird, desto besser ist mir zumute... Ich will keinen Sonnenschein, wenn ich arbeite.« Regen bei Nacht aber war am besten. Bei Nacht hoben sich seine schweren Augenlider, seine schwarzen Augen funkelten, und sein schwarzgefärbter Schnurrbart geriet in Unordnung, sein ebenso schwarz gefärbtes Haar stand zu Berge. Seine Finger griffen wild die Oktaven, sein Bleistift raste über das Papier.

Das Ringen des Genies muß in diesem Juli 1888 besonders stürmisch gewesen sein: Johann Strauß, der ungekrönte König der Operette, wagte nun endlich, was er in seinem ganzen bisherigen Schaffen ersehnt und doch immer wieder aufgeschoben hatte. Er schrieb den *Ritter Pazman*, seine letzte, seine erste, seine einzige Oper.

Zwei andere Wiener entzogen sich zwar dem Regen, nicht aber der unwiderstehlichen Jagd nach der Größe. Beide waren sie gegen Ende Zwanzig, Zeitgenossen von Kronprinz Rudolf, Hugo Wolf und Gustav Klimt. Beide lebten immer noch im elterlichen Haus. In diesem Sommer aber waren sie auf Reisen im Ausland, wo das Wetter besser war. Anfang Juli 1888 trafen einander diese beiden ehrgeizigen, überassimilierten jüdischen Dandys aus Österreich an einem der fashionablen Strände Südenglands. »Ich kam nach Brighton, wo ich flüchtig Theodor Herzl sprach«, vermerkt Arthur Schnitzler in seiner Autobiographie.

Es konnte wohl kein sehr fröhliches Zusammentreffen gewesen sein. Schnitzler litt unter seinen hochgespannten literarischen Ambitionen. Im Jahr 1888 aber waren für den späteren Autor des *Reigen*, für den großartigen Dramatiker der Jahrhundertwende alle Hoffnungen dieser Art nur ein böser Traum. Hier war er nun, ein Nichtstuer im Maßanzug, dessen Vater, der berühmte Arzt, seine Englandreise finanzierte. Hier stand er, ein unbekannter Arzt mit einem Bücherbord voller Romanentwürfe, unveröffentlicher Erzählungen, unaufgeführter Stücke. Hier stand er, der geschrieben hatte: Es gebrach »mir überdies, wie ich zu fühlen glaubte, an der nötigen Spannkraft..., die rechte Freiheit zu dichterischer Betätigung aufzubringen..., Leistungen wurden gefordert – und noch immer war ich unfähig oder wenigstens nicht in der Lage, mich mit solchen auszuweisen..., während ich mich in meinem Tagebuch weitläufig und schonungslos über allen Zwiespalt und Jammer ausließ...«

Welch ein Kontrast zu dem blendenden Literaten und Journalisten Theodor Herzl! Einst hatten die beiden gemeinsam an der Universität Wien studiert, aber Herzl hatte mit »zwanzig Schritten Vorsprung vorneweg gezogen«. Schnitzler beneidete Herzl um seinen »ironischen Schmiß«, um seinen scheinbar mühelosen und eleganten Lebensstil (Herzl hatte einmal auf einer Gesellschaft nur so im Vorbeigehen Schnitzlers Krawatte in Ordnung gebracht); vor allem aber beneidete er Herzl um seinen Erfolg als Feuilletonist in den Wiener Blättern. Hatte Herzl nicht sogar schon zwei Sammelbände seiner Essays herausgebracht?

Neid beruht zumeist auf Unwissenheit. Schnitzler konnte nicht ahnen, daß Herzl erst vor wenigen Monaten in *seinem* Tagebuch gegen »diese dauernde, zeitverschwendende Reisefeuilleton-Schreiberei« aufbegehrt hatte. »Als Journalist bin ich zwar arriviert, aber ich habe gleichzeitig das Gefühl, daß es, wie ich fürchte, mit mir vorbei ist... Wenn ich jetzt versage, so bin ich ein geschlagener und gebrochener Mann, ärmer denn je, denn den Mut der Jugend habe ich verloren.«

Herzl fühlte sich gesellschaftlich frustriert. In den neunziger Jahren sollte er als Messias des Zionismus gefeiert werden; im Jahr 1888 aber waren ihm die meisten seiner jüdischen Freunde und Bekannten verhaßt. Für ihn war die sogenannte gute jüdische Gesellschaft das Elendsquartier der Tagesmode. »Gestern eine große Soirée bei Treitels«, schrieb er während eines Aufenthaltes in Berlin an seine Eltern. »Dreißig oder vierzig miese Juden. Nicht gerade ein tröstlicher Anblick...« Und vom Strand in Ostende wußte er zu berichten: »Obwohl eine Menge Budapester und Wiener Juden hier sind, sind doch die übrigen Badegäste recht angenehm.«

Nein, er hatte wahrlich nicht die Gesellschaft, die ihm angemessen schien, und in dieser Hinsicht hatte ihn seine Karriere (so beneidenswert sie Schnitzler auch erscheinen mochte) bitter enttäuscht. Der Name, den er sich bisher als Journalist gemacht hatte, war eine Stufe, über die er längst hätte hinauskommen müssen. Es war seine Berufung, seine Zuschauer von der Bühne des Lebens her zu blenden; ihnen durch die Größe seines Witzes die Welt aus einem neuen, bisher unbekannten Blickwinkel zu zeigen. Er brannte darauf, das zu sein, was Oscar Wilde gerade zu werden begann. Aber die Theaterdirektoren, auf die es ankam, lehnten seine Lustspiele entweder rundweg ab oder verschoben ihre Aufführung auf unbestimmte Zeit. Erst vor zwei Wochen hatte er endlich ein positives Schreiben vom Hofburgtheater erhalten. Sein Einakter *Der Flüchtling* war angenommen worden; Frau Schratt sollte darin sogar die Hauptrolle spielen. Aber die Direktion des Burgtheaters ließ gleichzeitig durchblicken, daß es bis zur Aufführung noch lange dauern könne. Das Burgtheater könne im Spielplan eines Jahres nur wenige Einakter unterbringen, und eine Reihe anderer kurzer Stücke sei gleichfalls schon angenommen, der Aufführungstermin aber noch nicht festgelegt. Auch würde die Übersiedlung des Burgtheaters in das neue, noch unvollendete Haus sicherlich weitere Terminverschiebungen mit sich bringen. Würde also Herr Dr. Herzl so freundlich sein, sich in Geduld zu fassen? Dr. Herzl versuchte es. Inzwischen mühte er sich weiter in der journalistischen Tretmühle ab. Dreimal die Woche mußte er für diverse Sonntagsbeilagen tiefschürfende und gewichtige Reiseschilderungen produzieren. Der kultivierte Mittelstand hatte für derlei einen beachtlichen Appetit entwickelt. Den mußte Herzl mit endlosen An- und Abreisen – und stets unter Termindruck – zu befriedigen suchen.

Und doch ließ er es nicht zu, daß diese Belastung den perfekten Sitz seines Fracks, die gepflegte Pracht seines blauschwarzen Bartes oder die weltmännische Sicherheit beeinträchtigte, mit der er Schnitzler in Brighton Tee eingoß. Auch die Schärfe des Witzes war ungemindert, mit der er in seinem Sonderbericht an die *Neue Freie Presse* John Drews Schauspielertruppe, die eben in London *Der Widerspenstigen Zähmung* aufführte, der Lächerlichkeit preisgab (»Übrigens spielt keiner von ihnen so schlecht, daß es amüsant wäre.«). Auch ließ Herzl nicht zu, daß der Druck, unter dem er stand, etwas an dem flotten, fröhlichen Wunderkind-Ton der Postkarten änderte, die er seinen Eltern während dieses Sommers fast täglich schrieb. »Liebster Vater und Mutter!... Kabelt mir so bald als möglich, sobald Ihr meinen letzten Artikel im Druck seht... Dein Rat ist sehr gut, liebe Mutter, ich habe meinen Regenschirm immer zur Hand.« So schrieb er am 3. Juli und am 18. dann: »Nein, Arbeit ermüdet mich wirklich nicht, liebste Eltern. Aber sollte ich mich doch einmal müde fühlen, höre ich einfach zu schreiben auf... Ich fühle mich wirklich sehr gut.«

Damals – und überhaupt immer in seinem Leben – hatte Herzl oft Hochstimmung, war aber auch häufig verzweifelt. Wirklich gut fühlte er sich nie, und er hörte auch nicht auf zu schreiben, wenn er müde war – er war für seinen Geschmack immer noch viel zu weit von wahrer Größe entfernt.

Das Fehlen »wahrer Größe« nagte auch an Sigmund Freud, Doktor der gesamten Heilkunde und nunmehr in seinem dreiunddreißigsten Lebensjahr. Im Juli 1888 allerdings machte er sich weniger Sorgen um seinen gesellschaftlichen und wissenschaftlichen Status als über seine Finanzen. Von Monat zu Monat fiel es Frau Freud schwerer, mit den steigenden Preisen für Zucker und alle anderen Notwendigkeiten des täglichen Lebens zurechtzukommen. Ihr Mann war in seinem Studium und in seiner wissenschaftlichen Arbeit so erfolgreich gewesen, daß die Familie Freud sich zu der Annahme berechtigt glaubte, die Investition in eine gute Adresse würde schließlich zum Tragen kommen. Das Haus Maria-Theresien-Straße Nr. 8 befand sich direkt hinter dem Ring in einer Gegend, in der nur arrivierte Ärzte und bekannte Künstler und Wissenschaftler wohnten. Anton Bruckner etwa lebte gegenüber in der Heßgasse Nr. 7. Die Miete konnte er sich leisten, da er ja nur für sich selbst zu sorgen hatte und ihm die Einkünfte sowohl aus seiner Stelle als Lehrer am Konservatorium als auch aus seiner Organistentätigkeit in der Hofburgkapelle zur alleinigen Verfügung standen. Aber falls sich der alte Komponist je die Mühe nahm, aus dem chaotischen Gewirr seiner Wohnung im vierten Stock einen Blick hinunter in den wohlgeordneten Haushalt des jungen Arztes zu werfen, dessen Fenster im ersten Stock auf der anderen Straßenseite für ihn leicht einzusehen waren, so hätte er merken müssen, wie selten sich Patienten im Wartezimmer von Dr. Freud einstellten.

Größe – oder doch zumindest großer Erfolg – lag überall in der Luft, hier aber zeigte er sich nicht. Freud blieb ebenso in ungeduldiger Erwartung wie viele andere in Wien. Am Anfang seiner Karriere hatte er es mit einer Kokainbehandlung Manisch-Depressiver versucht – mit katastrophalem Mißerfolg. Einige seiner Patienten wurden süchtig. Und wenn auch der junge Dr. Arthur Schnitzler zufällig einen Artikel veröffentlichte, in dem er Freuds therapeutische Versuche mit Kokain pries, die Wiener Schulmedizin wandte sich doch gegen ihn. Nun arbeitete Freud mit Badekuren, Liegekuren, Elektrotherapie und schließlich gemeinsam mit seinem Freund Josef Breuer mit Hypnose.

Breuer war allerdings einer der führenden Ärzte Wiens, der die angesehensten Neurotiker der Stadt behandelte und im Sommer ein geräumiges Haus am Traunsee bei Gmunden bewohnte. Freud, der jünger und weniger gewandt im Umgang mit Patienten war, verbrachte das erste Wochenende im Juli 1888 in einer kleinen Pension, die ihm und seiner Familie als Sommerfrische diente. Wegen seiner damals noch bestehenden Angst vor Bahnfahrten ließ sich Dr. Freud mit der Pferdekutsche nach Maria Schutz am Semmering bringen. Das lag zwar schon jenseits des Wienerwaldes, aber doch nur etwas über dreißig Kilometer von Mayerling entfernt. Als er ankam, war er vom gleichen Regen durchnäßt, der auf Rudolfs Refugium fiel, und der gleiche Wind streifte ihn, der dort durch die Schwarzföhren strich. Zwischen den Wurzeln dieser Föhren wuchsen große Herrenpilze, die Freud gerne aß und die er auch bei feucht-warmem Wetter gern selbst sammelte. Aber wann hatte er schon Zeit dazu? Sein Geist war erfüllt von großartigen Hypothesen – und alle richteten sich gegen das geheiligte Dogma der Wiener psychiatrischen Universitätsklinik. Einer Ernennung an diese gefeierte Klinik standen nur Freuds eigenwillige Ansichten im Wege, obwohl er in diesem Sommer sehr wenig Zeit fand, sich ihrer weiteren Entwicklung zu widmen. In der Stadt schlug er sich mit den aufreibenden Arbeiten als Nervenarzt herum. An den Wochenenden auf dem Land mußte er sich mit medizinischer Routinearbeit belasten. Eben jetzt, im Juli 1888, verfaßte er anonyme Beiträge für Villarets Medizinisches Lexikon und mußte nebenbei noch die Abhandlung eines französischen Psychiaters übersetzen. In ihm schlummerte (wie er später gestand) der Geist »eines großen Abenteurers, eines Konquistadors, eines Pizarro«. In diesem Sommer jedoch bewahrte er die resignierte Haltung eines Sklaven und täuschte unerschütterlichen Fatalismus vor.

»... Wir leben ziemlich glücklich in stets wachsender Anspruchslosigkeit weiter«, schrieb er an seinen engsten Freund Wilhelm Fließ. »Wenn unsere kleine Mathilde lacht, bilden wir uns ein, sie lachen zu hören sei das Schönste, das uns widerfahren kann, sind sonst nicht ehrgeizig... Die Praxis hat im Winter und Frühjahr etwas zugenommen, nimmt jetzt wieder ab, erhält uns grade am Leben. Die Zeit und Muße für Arbeiten ist auf einzelne Artikel bei Villaret, Stücke der Übersetzung von Bernheims Suggestion und ähnliche nicht rühmenswerte Dinge aufgegangen... Kurz man lebt, und das Leben ist bekanntlich sehr schwierig und sehr kompliziert und es gibt viele Wege zum Zentralfriedhof, heißt es bei uns.«

Freuds düstere Stimmung mag vom ungünstigen Wetter jenes Frühsommers 1888 beeinflußt worden sein. Die genauen meteorologischen Daten dieser Zeit für Iglau, einer kleinen mährischen Stadt etwas über hundert Kilometer nordöstlich von Wien, sind uns nicht erhalten. Doch ein anderer Mann, der mit Sigmund Freud Lebensalter, Religion und Talent gemeinsam hatte, schrieb von dort an *seinen* Freund noch düsterere Worte:

»Du hast schon recht«, schrieb Gustav Mahler, »wenn es so weitergeht, dann werde ich bald aufhören, Mensch zu sein. Ich befinde mich im Gefühlszustand meiner Ersten Symphonie.«

Bis dahin hatte sich Mahler nicht nur gewaltig angestrengt, sondern es auch schon weit gebracht. Das Streben nach Höherem lag in der Familie. Sein Vater hatte als rühriger Schnapshändler begonnen, der in seinem Karren immer ein französisches Wörterbuch mit sich führte, um sich damit weiterzubilden. Schließlich brachte es Mahler senior zu einer eigenen Schnapsbrennerei, ein paar Kneipen in Iglau und einer ehrgeizigen Nachkommenschaft. Sein Sohn Alois ritt einmal als mittelalterlicher deutscher Landsknecht verkleidet – ein Hosenbein blau, das andere rot – quer durch die Stadt und verkündete seinen Eltern: »Eines schönen Tages werde ich so an der Hofburg in Wien vorbeireiten, und der Kronprinz wird mich sehen und fragen, ›Wer ist dieser stattliche Reitersmann?‹ Und er wird mich rufen lassen und mir eine hohe Stellung geben.«

Von den Söhnen Mahlers war es jedoch Gustav und nicht Alois, der nach Wien ging und dort zu Ehren kam. Bei solchem Ehrgeiz blieb nicht viel Zeit für Gemütlichkeit. Nur kurz genoß er seine Jugend. Während seiner Studienzeit am Konservatorium trat er einer eher wilden, sozialistisch angehauchten deutschnationalen Vegetarierverbindung bei. Dort hämmerte er am Klavier *Deutschland, Deutschland über alles* herunter, während Hugo Wolf den Text dazu bellte. Aber schon kurze Zeit später widmete er sich nur noch seiner Karriere.

Mit hinuntergerutschten Socken, immer eilig und gehetzt, mit seltsam abgehacktem Schritt herumhastend und von wahrhaft satanischer Konzentration, irritierte er stets die Musiker, mit denen er arbeitete – ob sie nun im Orchester saßen oder auf der Bühne standen. Der Reihe nach nahm und verließ Gustav Mahler immer bedeutendere Opernhäuser in Bad Hall, Laibach, Kassel und Prag sozusagen »im Sturm«. Im Juli 1888 war es eben zum Bruch mit Leipzig gekommen. Nur wenige Sänger und kaum ein Orchestermitglied konnten den Anforderungen und Visionen dieses kleinen Besessenen mit dem Zwicker am Dirigentenpult gerecht werden.

Oft war die Abneigung eine gegenseitige. Mahler haßte »diese Theaterhölle«. Er haßte die Bühnenarbeit nicht nur wegen all der Unzulänglichkeit, von der er sich umgeben fühlte, sondern vor allem auch, weil sie ihn vom Komponieren abhielt. Das aber war für ihn eine weit befriedigendere Agonie und daher seine eigentliche Sendung.

Im Sommer 1888 war es bereits zur erfolgreichen Aufführung der Oper *Die drei Pintos* gekommen, doch sah er dieses Werk nicht als das seine an, war es doch eine unvollendete Bühnenarbeit Carl Maria von Webers, die Mahler nur fertigkomponiert hatte. Auch seine unvergeßlichen *Lieder eines fahrenden Gesellen* hatte er bereits geschrieben, doch wurden sie nur selten gesungen. Am meisten schmerzte ihn aber, daß er seine Erste Symphonie, wie es schien, vergeblich komponiert hatte. Ihre Gewalt und Dynamik sprengte den Rahmen, den man damals romantischer Musik gerade noch zugestand. In ihr donnerte, flötete, trillerte und klagte das ganze Leid einer Seele, die bis an die letzte Grenze gefoltert wurde. Dieses Werk enthielt die meisten seiner künftigen musikalischen Ideen und Intentionen – und keines der bestehenden Orchester wollte es spielen.

So stand es mit Mahler als Komponist. Aber 1888 schien auch kein gutes Jahr für den Dirigenten Mahler zu werden. Nach seinem bitteren Abgang von der Leipziger Oper wollte sich für ihn nirgends eine akzeptable Chance bieten. Auch litt er an seinem »unterirdischen« Problem – an Hämorrhoiden. Eben hatte er sich – höchst diskret – in München einer Operation unterzogen. Jetzt fühlte er sich etwas besser. Aber was nun? Mit welchen idiotischen Intendanten würde er sich jetzt herumbalgen müssen? Und vor allem, wo?

»Es steht schlecht um mich«, schrieb er einem Freund im Juli 1888. »Ich sehe keine Möglichkeit, anderswo ein Engagement zu finden, und ich muß ganz offen bekennen, daß mir das große Sorge bereitet. Ich brauche jetzt eine Tätigkeit, die mich ganz gefangen nimmt, wenn ich nicht vor die Hunde gehen soll!«

Nun, er ging nicht vor die Hunde. Er rettete sich dadurch, daß er den Untergang musikalisch sublimierte. In der ersten Juliwoche des Jahres 1888 setzte sich Gustav Mahler im Hause seines Vaters in Iglau in sein ehemaliges Kinderzimmer und schuf gewaltige Klang-Methaphern menschlichen Unterganges – den ersten Satz seiner Zweiten Symphonie. Er nannte sie später *Totenfeier*. Und dem gleichen Freund, dem er früher seine Verzweiflung bekannt hatte, gestand er nun: »Es ist der Held meiner Ersten Symphonie, den ich hier zu Grabe trage. Und sofort erheben sich die großen Fragen: Wozu hast du gelebt...? Wozu hast du gelitten...? Ist all das nur ein gigantischer, schrecklicher Spaß?«

3

Am Samstag, dem 7. Juli 1888, kehrte der Kronprinz aus Mayerling zurück. Am späten Nachmittag traf er am Südbahnhof ein, wurde von einem Detektiv beobachtet und von Bratfisch abgeholt, der ihn pfeifend durch den Regen kutschierte. An den Toren der Hofburg angelangt, sprang Bratfisch vom Bock – doch zu spät. Zu spät auch trat der Wachposten aus seinem schwarzgelb gestreiften Schildhäuschen. Schon hatte Rudolf selbst die Tür des Fiakers geöffnet, war ausgestiegen und durch das Tor geschlüpft. Den kleinen Aktenkoffer in der Hand eilte er die Marmortreppe empor, vorbei an zusammenschlagenden Hacken und salutierenden Händen, in seine Privatgemächer, die den Blick auf den Inneren Burghof freigaben. Am Ende seiner Reise angelangt, legte er das Köfferchen auf seinen Schreibtisch neben den Briefbeschwerer – einen polierten, schneeweißen Totenkopf.

Wozu lebst du? Diese Frage wurde Rudolf schon am Tag nach seiner Geburt öffentlich entgegengeschleudert. Nur etwa dreihundert Meter von dem Totenkopf auf seinem Schreibtisch entfernt stand das alte Burgtheater. Noch war es von dem neuen, in dem Klimt immer noch an den Deckenfresken pinselte, nicht abgelöst worden. In diesem alten Burgtheater war einst Rudolfs Geburt mit einer Festvorstellung allegorischer Szenen gefeiert worden: Zwischen gewaltigen Ruinen saß Clio, die Muse der Geschichte, auf der Bühne und hatte mit goldenem Grabstichel das Geburtsdatum des Thronerben in einen Marmorstein eingeritzt: 21. August 1858. Dann sprach sie wie träumend zum Parkett und zu den Logen, in denen sich die hohen und höchsten Würdenträger des Reiches versammelt hatten:

»Hier steht das Jahr, der Tag hier eingegraben,
der Rest der Tafel aber bleibe leer,
Denn ich muß Raum für seine Taten haben,
und Großes – ahn ich – schreib ich noch hieher!«

Wozu hast du gelebt? Wozu hast du gelitten?

Freilich quälten diese Fragen nicht nur Rudolf. Sie waren der Aufschrei der neuen Zeit, des neuen Ichbewußtseins. Der Mensch betrachtete sich mehr und mehr von den Schranken, die ihm Sitte und Stand auferlegt hatten, befreit. Als Folge davon war er aber auch deren Schutzes verlustig gegangen. Der Mensch war zum Individuum geworden, für einen ganz bestimmten Zweck geboren, den er selbst suchen und unter dessen Zwängen er sein Leben, jeden Augenblick bis zum Tode, rechtfertigen mußte.

Wie konnten Menschen diesen hohen Anforderungen gerecht werden? Einigen, wie etwa Gustav Mahler, gelang es, ihnen beredten Ausdruck zu verleihen. Andere, wie Freud und Herzl, sollten viel von diesem Anspruch erfüllt sehen, während sie noch unter den Lebenden weilten. Die meisten strebten vergeblich und quälten sich im Bewußtsein steter Unzulänglichkeit durch ihre Tage. Aber sie konnten sich wenigstens in aller Stille quälen. Nicht so Rudolf.

Als er noch in den Windeln lag, hatte ihn die Geschichte schon als kommenden Titanen der Welt präsentiert. Siebenundzwanzig Jahre voller Erwartung später, am Neujahrstag 1886, hatte er seinem Freund Moritz Szeps geschrieben: »Ein paar Reden zu halten, die nicht ganz schlecht sind, ein paar leidlich gute Artikel und Bücher zu schreiben, eine moderne Erziehung zu besitzen – all das sind Dinge, trotz derer man immer noch weit vom großen Erfolg in den Läufen der Weltgeschichte entfernt ist. Wer weiß, was das Neue Jahr bringen wird? Vielleicht wird man Gelegenheit haben, seinen Wert unter Beweis zu stellen.«

Das Jahr 1886 hatte ihm keinen »großen Erfolg« beschert – auch das Jahr 1887 nicht –, und dennoch hatte er bis zu einem gewissen Grad beweisen können, was er wert war. Seine schlanke, elegante Erscheinung ließ sogar ein offizielles Winken wie eine persönliche Geste wirken. Er bezauberte Menschenmassen, aber auch hochgestellte Persönlichkeiten. Selbst die fast sprichwörtliche steife Förmlichkeit der guten Königin Victoria von England lockerte sich bei seinem Anblick. Bei ihrem Goldenen Regierungsjubiläum im Jahr 1887 hatte sie ganz besonders um seine Anwesenheit gebeten. Kaum war er im Buckingham-Palast eingetroffen, verlieh sie ihm den Hosenbandorden; und sie tat dies nicht mit routinemäßiger Höflichkeit, sondern mit liebevoller Zärtlichkeit, »dabei kitzelte sie mich ein wenig, so daß ich das Lachen kaum verbeißen konnte«. Spontan das Protokoll verletzend, bat sie Rudolf sogar, sie zum Staatsdiner zu geleiten. Mit ihr am Arm führte er dann den Zug aller erschienenen gekrönten Häupter an.

Doch der Hand seines eigenen Souveräns konnte er sich nie entziehen. Rudolf besaß einen ausgesprochen eleganten Stil; aber im Buckingham-Palast mußte er wie bei allen offiziellen Anlässen seine Trinksprüche mit den steifen und plumpen Phrasen halten, die der Minister des Äußern seines Vaters für ihn zusammengebraut hatte. Im Ausland wurde die einnehmende Persönlichkeit Rudolfs als Reklame für österreichischen Charme eingesetzt. Wie aber stand es um seine eigenen Ansichten? Um seine eigenen Gedanken und Pläne? Nun, wenn Kaiserliche Hoheit darauf bestanden, sich mit solchem Firlefanz abzugeben, dann durften Kaiserliche Hoheit sich solche Launen jedenfalls nicht in der Öffentlichkeit erlauben.

Für einen Mann, dessen wesentliche Lebensfunktion sich in Gedanken und Worten ausdrückte, war das eine wahrhaft erstickende Einschränkung. Direkt konnte er sich freilich nicht dagegen auflehnen, aber er hatte bald gelernt, diese Bevormundung geschickt zu umgehen. Schon seit einigen Jahren war es ihm gelungen, in indirekter, aber höchst wirksamer Form mehr als fünfzigtausend Wiener Zeitungsleser anzusprechen, die selbstverständlich keine Ahnung davon hatten, daß ihr eigener Kronprinz sich mit so spitzfindiger Polemik und in so geschliffener Sprache an sie wandte.

Der Weg vom Schreiber dieser Zeilen zum Leser glich allerdings einem Labyrinth. Am Tag seiner Rückkehr aus Mayerling – Samstag, dem 7. Juli 1888 – ließ Rudolf sein Manuskript auf dem üblichen Weg befördern. Er läutete seinem alten Diener Nehammer und entnahm seinem Köfferchen die Seiten, die er in Mayerling geschrieben hatte. Dann verließ Nehammer die Hofburg. Sein Arbeitstag war zwar zu Ende, aber er ging nicht nach Hause in seine kleine Wohnung in der Lerchenfeldstraße. Doch er schlug auch nicht den direkten Weg zu seinem eigentlichen Ziel ein. Zweimal wechselte er die Pferdetramway, um allfällige Verfolger abzuschütteln; dennoch konnte er nie ganz sicher sein, ob man ihn nicht doch beschattete. Offenbar aber machte sich der alte Nehammer darüber keine allzu großen Sorgen. Seit einem Vierteljahrhundert, seit der Kronprinz noch ein ganz kleiner Junge war, hatte er seinem Herrn in den Mantel hinein- und aus Verlegenheiten herausgeholfen. Dienst ist Dienst – selbst wenn er darin besteht, in verrücktem Zickzack durch Wien zu fahren.

Schließlich kam er bei einem Bürgerhaus in der Liechtensteinstraße Nr. 51 an. Der alte Nehammer ließ sich als »der Masseur für das Fräulein Szeps« melden. Man geleitete ihn in das Schlafzimmer des jungen Fräuleins, wo er nicht nur von Bertha Szeps, sondern auch von ihrem Vater Moritz, dem Chefredakteur und Herausgeber des *Wiener Tagblatts*, einer der damals führenden liberalen Zeitungen Wiens, erwartet wurde. Ihm gab der alte Mann das Manuskript seines Herrn. Szeps kopierte es sofort in seiner Handschrift und übergab diese Blätter einem schon bereitstehenden Boten, der sie schleunigst in die Redaktion des Blattes in der Universitätsstraße Nr. 4 brachte. Das Original reichte Szeps an Nehammer zurück, zusammen mit einigen allerneuesten Nachrichten von den Korrespondenten des *Tagblatts* im In- und Ausland, die die Zensur nicht zum Ausdruck freigegeben hatte.

»Ich gehöre zu den Menschen, die aus offiziellen Quellen am wenigsten informiert werden«, hatte Rudolf einmal geklagt. Nun, durch den alten Nehammer, der am nächsten Morgen wieder zur Arbeit kam – die Meldungen sorgfältig in seiner Jacke verborgen –, wurde er wenigstens inoffiziell recht gut informiert.

Und noch am gleichen Tag, dem 8. Juli 1888, erschien im *Wiener Tagblatt* an prominenter Stelle ein Leitartikel, von dem alle annahmen, er stamme aus der Feder von Szeps. Ganz wörtlich genommen, hatten sie recht. Aber nur Szeps wußte, daß der Kronprinz der eigentliche Verfasser war.

Der Artikel befaßte sich mit der gegenwärtigen Rußlandreise Kaiser Wilhelms auf seiner Jacht *Hohenzollern*. Zunächst wurde der Macht, der Ehre und der Jugend des Preußenreiches, die alle im neuen Deutschen Kaiser verkörpert seien, gebührender Tribut gezollt. Dann aber wurde darauf hingewiesen, daß auf diesem Schiff »nicht nur der Stolz Preußens, sondern auch eine Frage« ostwärts segelten. Warum hatte Kaiser Wilhelm ausgerechnet das Reich des reaktionären Zaren zur ersten Station seines Reiseprogramms auserkoren – jenes Zaren, der so gar nicht bereit schien, seine antiösterreichische Politik einzuschränken?

Es war eine prächtige Anklage gegen Rudolfs Gegner – so fein gesponnen und so geschickt getarnt, daß sie gerade noch durch die engen Maschen des Zensurnetzes schlüpfte.

Wozu hast du gelebt? Wozu hast du gelitten?

Wo liegt der Zweck – wo der Sinn?

In diesem Juli 1888 wünschte Rudolf mehr denn je, die Monarchie aus ihrer Freundschaft mit Wilhelm, diesem rüpelhaften Reaktionär, herauszulösen. Ihm schien eine Allianz mit einer fortschrittlichen Republik wie Frankreich viel günstiger. Weit wichtiger noch aber war ihm, alles zu fördern, was dazu beitragen konnte, Österreich zu modernisieren und zu liberalisieren. Am 10. Juli war er bei der Wiener Gewerbe-Ausstellung erschienen, die sein Vater, der Kaiser, einige Tage vorher ohne rechtes Interesse eröffnet hatte. Der Kronprinz ließ sich mit all den technischen und industriellen Neuheiten, die hier zur Schau gestellt waren, photographieren, mit den modernen Richtungen der Innenarchitektur, neuartigen Methoden der Tischlerei und des Baugewerbes und sogar mit neumodischen Sportgeräten wie Fahrrädern und metallenen Schlittschuhen.

Eine Weile brachte das offen gezeigte Interesse des Kronprinzen der Ausstellung einen verstärkten Zuspruch. Dann aber sanken die Besucherzahlen wieder. Rudolf war zwar der anerkannte Liebling der Stadt; und dennoch wies sie ihn in aller Liebenswürdigkeit zurück. Er trieb seine Wiener zum Fortschritt an. Sie liebten den Mahner nur noch mehr wegen der Merkwürdigkeit seiner Äußerungen. Sie bewunderten seinen Arm, die elegante Beugung des Ellenbogens, die modische Linie des Ärmels – aber kein Auge richtete sich auf die Zukunft, in die dieser Arm wies.

Und wie lange hatte er im Jahr 1888 schon auf die Zukunft gezeigt! Wie oft schon hatte er sich für technische Ausstellungen in Wien eingesetzt, hatte den Ehrenschutz übernommen, eigene Mittel zugeschossen und Eröffnungsfeierlichkeiten abgehalten! Vor fünf Jahren hatte er die Elektrische Ausstellung in Wien mit den Worten eröffnet: »Ein Meer von Licht strahle aus dieser Stadt...« Es war dies eine der wenigen Reden, die er selbst schreiben durfte, ohne daß ihm irgendein von seinem Vater sanktioniertes Aristokratenmonokel über die Schulter sah. Sein »Meer von Licht« war bald zum Schlagwort geworden. Man erinnerte sich auch – allerdings ohne zu wissen, daß auch hier der Kronprinz der Autor war – an einen besonders augenfälligen unsignierten Artikel im *Wiener Tagblatt*, der mit »Tausend und ein Tag« betitelt war. Sein Erscheinen traf mit dem Beginn der Elektrischen Ausstellung zusammen. In ihm wurde ein Loblied auf die befreienden Möglichkeiten der modernen Wissenschaft gesungen, das sich mit einem massiven Angriff auf die in dieser Beziehung tote Hand des Adels verband.

»Das aber ist der Unterschied«, hatte Rudolf in diesem Artikel geschrieben, »zwischen dem alten phantastischen Märchen und seiner Verwirklichung im 19. Jahrhunderte: Die Siebenmeilenstiefel gehörten nur einem Einzigen, und sie konnten nur einem gehören, ob er sie nun durch die Gunst übermenschlicher Wesen oder durch List und Gewalt sich angeeignet... Der einzelne Mensch *erträumte* für sich allein jene Zaubersachen zu seinem eigensten Gebrauch, Vortheil und Genuß, um sich allen anderen Menschen gegenüber überlegen zu fühlen. Törichtes Träumen des naivsten und zugleich schrankenlosesten Egoismus. Was der einzelne Mensch aus dem Boden der Thatsachen wirklich erschafft, das gehört sofort nicht ihm allein, das wird zum Gemeingut aller anderen Menschen, das gehört zum Gebrauch, zum Vorteil und zum Genuß der ganzen Menschheit. Das Märchen ist ein aristokratischer Traum; seine Realisierung durch die Forschung und die daran sich knüpfende Erfindung ist demokratische Wirklichkeit.«

So sprach der Kronprinz, anonym und doch überzeugend und beredt, aus den Spalten des *Neuen Wiener Tagblatts* im Jahr 1883. Doch selbst noch im Jahr 1888 erhellte nur wenig von dieser »demokratischen Wirklichkeit« die Reichs-Haupt- und Residenzstadt. Aus anderen europäischen Hauptstädten strahlte um diese Zeit bereits wirklich »ein Meer von Licht«, aber innerhalb der »chinesischen Mauer« Wiens verließ man sich einstweilen noch lieber auf die bewährten Gaslaternen. Zugegeben – auch in dieser Hinsicht hatte man für den Herbst eine Änderung versprochen: Die große Saison sollte bereits durch elektrische Glühbirnen erleuchtet werden, die nicht nur im neuen Burgtheater, sondern auch im Parlament und einer Reihe anderer Ringstraßengebäude erstrahlen sollten. Vorläufig aber zeigte sich der gepriesene elektrische Strom nur in jener Elektrotherapie, die in den Irrenanstalten angewendet und im Prater zum Gaudium des Volkes demonstriert wurde.

Im Prater war es nämlich inzwischen für junge Stutzer zur Mode geworden, sich bei sogenannten »Elektrischen Stühlen« gegen gutes Geld einen entsprechenden Schock verpassen zu lassen. Natürlich kannte man so ungefähr die Sicherheitsgrenzen, aber die Manager dieser Spektakel hatten bald herausbekommen, daß sich »Sicherheit« nicht gut verkaufte. In diesem Sommer mußten also viele junge Männer – quasi von der Neuzeit zur Strecke gebracht – in Krankenwagen abtransportiert werden.

Wenn schon dieser »elektrische Unfug« seiner präsumtiven Untertanen den Kronprinzen enttäuschte, so tat dies ihre Haltung gegenüber dem Telefon noch weit mehr. Rudolf bewunderte den Einsatz des Telefons in anderen Ländern, in erster Linie wegen seiner Einsatzmöglichkeiten beim Abschluß von Börsengeschäften zwischen weit voneinander entfernten Städten. Vor allem in den Vereinigten Staaten konnten sich dadurch mehr und mehr Menschen an Transaktionen beteiligen, die vordem nur den Millionären vorbehalten gewesen waren.

In Rudolfs eigenem Land jedoch schien dem Telefon keine so demokratische Funktion beschieden. Seine lieben Österreicher behandelten diese Erfindung der Moderne wie ein Rokoko-Ornament. In diesem Sommer wurde eine Fernverbindung zwischen Wien und dem nicht weit von Mayerling gelegenen Baden errichtet. Die Ferngespräche waren auf jeweils zehn Minuten beschränkt, von denen mindestens sechs für protokollarische Arabesken vergeudet wurden.

»Ist dort das Fräulein von der Vermittlung in Baden?« flötete das Fräulein von der Vermittlung in Wien. »Hab' die Ehre, Ihnen einen guten Morgen zu wünschen. Es ist mir eine Auszeichnung, eine Verbindung für Seine Exzellenz Herrn Hofrat Alfons Baron von Wieck herstellen zu dürfen, der selbstverständlich seine Komplimente schickt. Seine Exzellenz wären außerordentlich verbunden für das Vergnügen, mit... sprechen zu dürfen.«

Es schien, als seien die Einwohner Österreichs unfähig, sich der Errungenschaften des Fortschritts praktisch zu bedienen. Rudolf konnte das nicht verstehen. Vielleicht hätte er sich weniger gewundert, wenn ihm seine Begeisterung für Fortschritt und Zukunft mehr Zeit für die Beschäftigung mit der Vergangenheit gelassen hätte. Wie ein Jockey beim Rennen beugte er sich so weit vor, daß er nie hinter sich blicken konnte. Und doch hätte so ein Rückblick ihn erkennen lassen, warum seinen Wienern jeglicher Instinkt für das Moderne fehlte; warum sie weder die Mittelstands-Utopie der technologischen Möglichkeiten noch das ganze Mittelstands-Experiment der Modernen mitvollziehen konnten – kurz, warum es ihnen einfach nicht gelang, selbst zum Mittelstand zu werden. Tatsache war, daß sich in ihrer Klassenstruktur keine lebensfähige Mitte herausgebildet hatte. Dieses Versagen lag zutiefst im Wesen dieser Stadt begründet – aber auch in ihrer Geschichte.

4

Das, was den letzten Rudolf von Habsburg ärgerte und frustrierte, hatte mehr als ein halbes Jahrtausend früher mit dem Ersten begonnen. Die Eigenart des Wiener Genius war unter anderem auf einen Entschluß des Begründers der Dynastie zurückzuführen. Als Rudolf I. im Jahr 1273 das Habsburgerreich gründete, traf er eine im wahrsten Sinne des Wortes exzentrische Wahl: Er wählte Wien zu seiner Haupt- und Residenzstadt, obwohl diese Stadt am gefährdeten östlichen Rand seiner Besitzungen lag.

Geographie ist Schicksal. Von nun an sollte Wien Thronsaal und Festung zugleich sein. Es hatte gute Gründe, wenn man den Kaiserpalast zu Wien die »Hof*burg*« nannte. Zweimal schmetterten die Rammböcke der Türken gegen die Stadtmauern Wiens. Während einer langen Periode ihrer Geschichte war die Stadt gleichzeitig durch Krieg traumatisiert und durch den nahen Kontakt mit der Krone emporgehoben. Als Folge davon machte Wien nie jene normale städtische Entwicklung durch, die eine allmähliche Befreiung des Mittelstandes mit sich bringt. Das Schwert des Adels und die Reverenz des Höflings bestimmten das Leben dieser Stadt, nicht der gesunde Menschenverstand des Handelstreibenden. Innerhalb der Befestigungen dieser Stadt war weder physisch noch psychologisch viel Raum für das Heranwachsen eines eigenständigen Bürgertums. Immer wieder einmal gelang es den Gilden, bürgerliche Unabhängigkeit zu demonstrieren, doch letzten Endes trugen immer die kaiserlichen Instanzen den Sieg davon. In anderen vergleichbaren europäischen Hauptstädten blühte das Bürgertum – und mit ihm praktischer Verstand, Effizienz und Industrie. Nicht so in Wien.

Das Hauptprodukt dieser Stadt bestand im Prunk und Pomp ihrer Monarchen. In diesem Außenposten hielt das Haus Habsburg einen ungeheuren, kostbar ausgestalteten Hof aufrecht, durch den der Souverän (meist farblos und unerbittlich) die feudalen Hebel in Bewegung setzte, mit denen er über seine verschiedenen Kronländer herrschte – oft dadurch, daß er das eine gegen das andere ausspielte. Es gab da einen alten Witz: »Der König von Kroatien erklärte dem König von Ungarn den Krieg, und der österreichische Kaiser, der beides war, verhielt sich wohlwollend neutral.«

Andere große Staaten brachten eine Beamtenschaft hervor, die mit der technischen Entwicklung und der Zeit Schritt halten konnte. Habsburg zog es immer noch vor, durch eine Legende zu regieren; durch die Loyalität seiner fürstlichen Vasallen – und, während die Jahre vergingen, durch eine höchst komplizierte, pittoresk kostümierte Rückständigkeit, nämlich »durch ein stehendes Heer von Soldaten, ein sitzendes Heer von Beamten und ein herumschleichendes Heer von Spitzeln und Informanten«.

Allmählich aber entwickelte sich in der Hauptstadt doch eine gewisse Geschäftswelt, oft in der Form von Handwerkern, die von den Fabriken in den industriell fortschrittlichen Kronländern wie Böhmen verdrängt worden waren. Aber all diese Handwerker schneiderten, zimmerten, woben und mauerten vorwiegend für den kolossalen kaiserlichen Haushalt. Sie verdingten sich oft auch als Domestiken bei der Allerhöchsten Familie, bei Stallmeistern, Hofdamen, Mundschenken, Hofmarschällen, Hofmeistern und Kämmerern, aus denen die in Wien ansässige Aristokratie vorwiegend bestand. Sie dienten auch in den Haushalten von Ministern, Obersten Richtern und Generälen von erlauchtem Stand und Titel, mit all ihren Palästen, Sommersitzen und zugehörigem Gefolge. Der gesamte Kaiserhof erreichte eine Größenordnung von mehr als vierzigtausend mit Titeln, Wappen und erhabenen Privilegien ausgestatteten Menschen.

Der Hof saugte die Erzeugnisse und die Dienstleistungen des Mittelstandes auf. Der Hof vereinnahmte auch die Seele des Mittelstandes. Selbst als diese Klasse später zu einem gewissen Maß an politischer Macht gelangte, erreichte sie doch nie volles bürgerliches Selbstverständnis. Vom Hof hypnotisiert, wurden die Bürger Wiens wie die Brunnen, Plätze und Kirchen der Stadt – unrettbar barock. Nicht nur in den Salons, auch in den Kontoren zählten Manieren mehr als Substanz. Theater deckte die Wirklichkeit zu.

Als der Adel, von der Krone um seine politischen Funktionen gebracht, sich auf seine Landsitze zurückzog, übernahmen die zu Geld gekommenen Bürgerlichen seine Allüren, seine Liebhabereien und seine Amoralität mit gekonnter Grazie. »Ich küß' die Hand, mein Lieber«, mochte im Wien des achtzehnten Jahrhunderts ein Adeliger zu einem Standesgenossen sagen, der ihm sein Pferd für die Fuchsjagd lieh. »Ich lege mich Euer Erlaucht zu Füßen«, sagte oder schrieb er, wenn er einer Gräfin seinen Respekt erweisen wollte. Er war nicht daran interessiert, über lästige Sachen wie Jakobiner, Tod oder Armut zu plaudern, konnte aber mit Sachverstand und echtem Gefühl über die Musik eines Mannes wie Mozart sprechen, der im Armengrab geendet hatte.

»Ich küß' die Hand«, sagte wohl auch der Fleischer des neunzehnten Jahrhunderts zum Besitzer des Schlachthofes, aus Dankbarkeit dafür, daß ihm dieser für die Wagenladung Schweine den Kredit noch um einen Monat erstreckt hatte. »Ich lege mich der gnädigen Frau zu Füßen«, sagte er, wenn er dem Schlachthofbesitzer Grüße an dessen Gattin auftrug. Worte dieser Art gingen ihm leicht und ganz natürlich über die Lippen. Auch war er mindestens so geschickt wie ein Aristokrat in der Vermeidung gewichtiger Themen. Der steigende Zuckerpreis? Die Teuerung beim Brot? Er ließ elegant durchblicken, daß ihn all das nicht berührte.

Geistvollen Witz und informierte Beredsamkeit sparte man sich für die »wirklich wichtigen« Themen auf: Was war von höherem Wert – die klassischen Klänge eines Mendelssohn oder die romantischen Nocturnes eines Chopin?

Ja, Rudolf hatte guten Grund, Wien ernsthaft modern zu machen. London, Paris, New York – überall wimmelte es von Ingenieuren und anderen praktischen Menschen. Auf den Bürgersteigen der Donaumetropole aber fand man nichts als Kavaliere, Höflinge, Feinschmecker, Schöngeister und Poseure.

Ein paar Jahrhunderte lang war das ganz in Ordnung gewesen. Nun aber kamen wahrhaftig neue Zeiten für die Stadt. Schon zerriß die Industrialisierung die dörflichen Außenbezirke. Man hatte Textilfabriken errichtet, und der Rauch von Klaviererzeugungen und Papiermühlen verschmutzte die Gärten. Bald mußten die Arbeiter erkennen, daß sie das Proletariat waren. Die Kapitalisten sahen sich oft einem seltsamen inneren Mangel gegenüber. Am deutlichsten kam das bei ihren Söhnen zum Ausdruck. Der Sproß mancher neureichen Familie vermochte in den Fabriken und Stadtpalais seines Vaters keinen rechten Sinn zu finden und suchte diesen dann vergebens im Kaffeehaus oder in den Wettbüros bei den Pferderennen.

Die Bürger hatten jetzt also zu Hause Schwierigkeiten. Daneben gab es auch noch internationale Reibereien, verletzte nationale Eitelkeiten und frustrierte junge Talente, die nach einem ihrer würdigen Betätigungsfeld lechzten. Um mit alledem fertig zu werden, hatte die Stadt die Theaterszenerie der Ringstraße aufgebaut und kultivierte die Dramaturgie der schönen Geste.

Aber war das der Verteidigung genug? Reichte das aus, die Unruhe zu bewältigen, die sich sogar in den wohlhabenden Bezirken der Innenstadt ausbreitete? Oder die Slums zu befrieden, die allmählich den Süden und den Westen der Stadt unterwanderten? Oder der wohlgefügten neuen Macht anderer Reiche entgegenzutreten? Würde es Wien gelingen, zu jener modernen Größe zu finden, die die neue Zeit erforderte und die die Herbstsaison bringen sollte?

»Das Fräulein von der Vermittlung in Wien?« fragte das Fräulein von der Vermittlung in Baden. »Der Teilnehmer, dem zu dienen ich die Ehre habe, Herr Universitätsprofessor DDr. Alois Zechner, läßt Ihnen und Ihrem Teilnehmer einen Handkuß dafür bestellen, daß Sie gütigst auf die Herstellung der Verbindung gewartet haben. Liebes Fräulein, wenn es jetzt Seiner Exzellenz dem Herrn Hofrat Baron von Wieck noch konveniert, das Gespräch anzunehmen, würde sich Herr Universitätsprofessor DDr. Zechner nur allzu glücklich schätzen...«

In den warmen Sommermonaten des Jahres 1888 rollten Rokokofloskeln über die Telephondrähte hin und her. Nicht alle teilten die Ungeduld des Kronprinzen mit all diesem Schwulst. Wozu sollte man sich beeilen? Die neue Saison, dieser neumodische Herbst, war ja noch nicht gekommen. Genau gesagt: Er schien mehr denn je in die Ferne gerückt. Der Regen endete, die Sonne schien, und der Juli ging so strahlend in den August über, daß man fast meinen konnte, dieser würde mit gleicher Mühelosigkeit wieder in den Juli zurückfließen. Man schwebte durch einen Sommer, der einer Atempause glich.

In dieser Atempause verlängerte Dr. Freud die Wochenenden mit seiner Familie in Maria Schutz jeweils um einen Tag. Er sammelte Pilze, kletterte vorbei an duftenden Latschen auf den Gipfel des Schneebergs, genoß von dort den Blick auf den Wienerwald und kümmerte sich einmal nicht um die Termine seiner Artikel für das Medizinische Lexikon.

In diesem Sommer der Atempause nahm Hugo Wolf Urlaub von seinem Spiel der Leidenschaft mit Melanie Köchert. *Melanie 66* las eine Ankündigung dieses Urlaubs in den Kleinanzeigen der *Neuen Freien Presse: Mit seinem herzlichsten Wünschen sendet dir süße Freundin heute Brief.* Als seine Botschaft erschien, hatte Hugo Wolf

Wien schon mit dem von der Richard-Wagner-Gesellschaft gemieteten Sonderzug verlassen, um an den Wagner-Festspielen in Bayreuth teilzunehmen.

Auch Anton Bruckner fuhr mit dem gleichen Zug; für ihn war die Abreise von Wien eine noch spürbarere sommerliche Befreiung. Er konnte auf eine Weile den Attacken von Eduard Hanslick, dem Chefkritiker und Großinquisitor für Musik bei der allmächtigen *Neuen Freien Presse*, entrinnen. Er konnte seinem Hausdrachen, Frau Kachelmayer, entkommen (die ihn aber doch noch am Westbahnhof erwischte, wütend darüber, daß er seine Schnupftabakdose daheim liegengelassen hatte). Er konnte dann in Bayreuth am Grab des »Meisters« (wie er Wagner nannte) knien und nach Herzenslust weinen; er konnte sich den spärlichen grauen Haarkranz von Herrn Schnappauf, dem Friseur des verblichenen »Meisters«, schneiden lassen; und er konnte sich einer neuen der bei ihm häufigen Schwärmereien für junge Mädchen hingeben. Diesmal ging es um Henrietta Samet, die Tochter jenes Herrn Samet, in dessen Kaffeehaus der »Meister« einst seinen Mokka geschlürft hatte. Und dann konnte er wieder den Zug nach Österreich nehmen, zurück in sein heimatliches St. Florian fahren. Hier konnte er sich an die Orgel des Stiftes setzen, die Augen schließen und die Tasten berühren, womit er die große Orgel zum Tönen brachte wie kein anderer. Dieser bäuerische Bruckner war, neben anderem, der größte lebende Organist der Welt. Aber er konnte hier auch komponieren, in diesem Sommer der Atempause. Er richtete sich im Musikzimmer des Stiftes häuslich ein, um seine Dritte Symphonie zu überarbeiten. Im Gasthausgarten seiner Jugend konnte er sich an einen verwitterten Holztisch setzen, umringt von alten Freunden, die zu verstehen suchten, warum er sich über seinen eigenen Ruhm wunderte. Der Dorfschneider konnte ihm neuerlich Maß nehmen für einen Anzug mit zu weiten, zu kurzen Hosen, über den sich dann im Herbst die Stadtkinder köstlich amüsieren würden. Aber noch war es nicht Herbst – noch währte die Atempause dieses Sommers.

Selbst für Wiener, die sich gar nicht in Wien aufhielten, war dies eine Atempause.

In England erfreute sich Theodor Herzl an seiner Rolle als erfolgreicher Reisefeuilletonist der *Neuen Freien Presse*. In seinen häufigen, im Plauderton geschriebenen Briefen und Karten an seine Eltern, die im Oberösterreich Bruckners auf Urlaub waren, finden sich nun zwischen dem Kampf mit den Terminen auch frohe Streiflichter: Er genoß die Eleganz der berühmten Goodwood-Rennen und ergötzte sich am Strand der Insel Wight. »Ich fange an, mit dieser Reise zufrieden zu sein«, schrieb er am 3. August, »und sogar mit mir selbst... Meine lieben, guten Eltern, bisher habe ich auf dieser Tour zehn Feuilletons geschrieben, und bis zu meiner Rückkehr bringe ich die Zahl vielleicht noch auf fünfzehn...«

Auch für den jungen Dr. Schnitzler brachte dieser Sommer eine Atempause. Er hatte England mit der Fähre über den Ärmelkanal verlassen, um in Belgien mit seinen Eltern zusammenzutreffen. Am Strand von Ostende (der damals bei der vornehmen Wiener Gesellschaft hoch im Kurs stand) fügte er sich dann bewußt in die Rolle, nur Sohn des führenden Laryngologen Europas, des berühmten Dr. Johann Schnitzler, zu sein. Schnitzler junior wurde ganz der »junge Herr«, umworbener Müßiggänger und Dandy. Er hängte vorübergehend seine literarischen Ambitionen an den Nagel, kokettierte auf der Strandpromenade mit einer verheirateten, aber willigen Dame und schrieb lange Briefe an die von ihm betrogene Geliebte in Wien: Jeanette Heeger, unvergeßliches Vorbild des »süßen Mädels«, das nicht nur in seinen besten Stücken vorkam, sondern auch im deutschen Sprachraum zum Inbegriff naiver Verwundbarkeit, zur achtlos-lüstern gebrochenen Rose des reifen Sommers wurde.

Sogar für den Kronprinzen brachte dieser Sommer eine Atempause. Er reiste nach Ungarn und Polen, um dort Garnisonen zu inspizieren und an Manövern teilzunehmen. Wohl litt er etwas unter der Hitze der Hundstage; im Jahr 1888 schien er besonders anfällig zu sein. Anderseits aber liebte er es, während eines Manövers bei den Truppen zu sein. Vor allem fand er Gefallen an einem Regiment – und wählte stets mit sicherer Hand ein solches –, bei dem das Offizierskorps nicht aus blasierten Aristokraten, sondern aus intelligenten Vertretern des Mittelstandes bestand. Die Obersten und Majore, mit denen er in der Offiziersmesse am gleichen Tisch saß, waren wohl am Anfang etwas steif und förmlich, doch seinem Charme gelang es meist rasch, den Rangunterschied zu überbrücken. Während er klug und offen über Politik und Kultur sprach, hatte er das Gefühl (das er nur selten hatte), unter seinesgleichen zu sein. Welche erholsame Abwechslung von all dem inhaltslosen Pomp, an dem er in Wien beinahe erstickte! Seiner Frau Stephanie schrieb er von Märschen durch Staub, der einem den Atem nahm. Moritz Szeps gegenüber aber wiederholte er einen Gedanken, den er schon früher geäußert hatte, nämlich daß die Armee »der einzige durchgehende Faden sei, der in diesem ganzen Chaos immer noch für das Kaiserreich steht«. Mit ihm reiste eine junge Frau namens Mizzi Caspar, die in der Liste seiner offiziellen Begleitung als »Haushaltshilfe« geführt wurde. War sie nicht mit dem Kronprinzen zusammen, so lebte sie zurückgezogen bei ihrer Mutter in einem Vorort Wiens. Prinzessin Louise, Rudolfs Schwägerin, bekam Mizzi einmal kurz zu Gesicht und bezeichnete sie als »ein süßes Mädel«.

Inzwischen verschönte die große Naive unter den Hof- und Burgschauspielerinnen die mittsommerliche Atempause des Obersten Kriegsherrn. Katharina Schratt fuhr mit dem Zug nach Ischl, wo der Kaiser eben eingetroffen war. Jetzt konnte Franz Joseph endlich an staunenden Bauern und Hirten vorbei in Begleitung *seines* süßen Mädels in die Berge des Salzburgerlandes wandern.

Zur gleichen Zeit nahm auch Johann Strauß seine mittsommerliche Übersiedlung vor. Der alljährliche Aufenthalt des Kaisers in Ischl zog viele der Großen und Modebewußten der Monarchie in diesen Kurort. Es war daher unerläßlich für Johann Strauß, seinen Landsitz in Schönau zu verlassen und seine Villa in Ischl für den Sommer zu eröffnen – und damit auch eine ganze Reihe gesellschaftlicher Veranstaltungen: den Korso im Kurpark, die Promenaden zum und vom Café Walther, die Diners und Soireen bei Kerzenlicht. Mit anderen Worten: Strauß gab für eine Weile die Arbeit an der Oper *Ritter Pazman* auf und befreite sich so von der härtesten Arbeit seines Lebens.

Was nun Gustav Klimt betraf, so war ihm in diesem Sommer nicht nur eine kurze Atempause bei der endlosen Pinselei an den Deckenfresken des neuen Burgtheaters gegönnt, sondern er wurde von dieser Plackerei überhaupt erlöst. Er und seine zwei Mitarbeiter kletterten zum letzten Mal und endgültig von den Gerüsten, auf denen sie so lange gelegen hatten. Sie waren mit ihrer Arbeit fertig. Aber da die Gerüste einstweilen noch für verschiedene Handwerker und Stukkateure stehen bleiben mußten, konnten die drei ihr Werk noch immer nicht recht sehen und beurteilen. Immer noch hatten sie keine ungehinderte Sicht vom unteren Teil des Treppenhauses – und Klimt war froh, daß ihm der Anblick einstweilen noch erspart blieb. Ja, er floh sogar so weit wie möglich und machte in den Bergen von Salzburg, Tirol und Bayern Urlaub.

Der einzige Künstler, der in diesem August noch in der näheren Umgebung des Burgtheaters anzutreffen war, war ein gewisser Johann Pfeifer, der »König der Vögel«, wie er sich in seinen Ankündigungen nannte. Die Bürgersteige, für die er seine Vorstellungen gab, waren weitgehend verlassen, und doch spielte er während der ganzen sommerlichen Leere des Augusts. Er spielte »Vorschauen« aus klassischen Stücken, die im neuen Burgtheater nach der feierlichen Eröffnung zur Aufführung gelangen würden. Seine Mitakteure waren Papageien, die er in einem turmförmigen, großen, barock ausgeschmückten Käfig hielt. Manch klassisches Zitat tönte in diesen Tagen aus den Krummschnäbeln von Pfeifers Vögeln, das Geläute vorbeifahrender Pferdestraßenbahnen gab die Pausenzeichen ab, und wenn ein Passant eine Münze in seinen federgeschmückten Hut warf, so verbeugte er sich. Für jede neue Rolle, die er verkörperte, entnahm Pfeifer seiner Maskenschachtel ein entsprechendes Tableau mit Kopfausschnitt. Auf der Schachtel fand sich in goldenen Lettern ein Spruch, der den Geist seiner Stadt, vor allem in diesem Sommer der Atempause, prägnant zum Ausdruck brachte: ERNST IST DAS LEBEN – HEITER DIE KUNST. WIENER SPEZIALITÄTEN.

5

In den heißen Monaten des Jahres 1888, während Wien noch auf die Größe des kommenden Herbstes wartete, rollte eine Kutsche in die laubüberschattete Einfahrt einer Villa im Wienerwald. Das Haus gehörte einem gewissen Grafen Walter H., wie ihn die Zeitungen später nannten. Ein Kavalier in bester Kleidung entstieg der Karosse und reichte dem Diener, der ihn empfing, seine Visitenkarte. Darauf stand: *Philip H. Elkins, Esquire, New Jersey, USA.*

Als er vom Grafen empfangen wurde, stellte sich Mister Elkins als der Generalvertreter für Europa der Thomas A. Edison Enterprises of New Jersey vor. Er bewunderte den Salon des Grafen und erwähnte, daß er schon viel Rühmenswertes über den außergewöhnlichen Bariton des Herrn Grafen gehört habe. Der Graf, immerhin der anerkannte Star der in seinem Hause des öfteren stattfindenden musikalischen Amateuraufführungen, lächelte. Und welchem Umstand dürfe er das Vergnügen von Mister Elkins Besuch verdanken?

Dieser erklärte, Mister Thomas Edison plane ein Phonogrammarchiv – sozusagen eine Galerie aller berühmten Stimmen des neunzehnten Jahrhunderts. Auf Wunsch seines Chefs habe er daher einen Edisonschen Apparat mitgebracht, in der demütigen Hoffnung, Herr Graf wolle so liebenswürdig sein und gestatten, daß der edle Klang seiner wohlausgebildeten Kehle von der Maschine aufgezeichnet und damit der Nachwelt erhalten werde.

Der Graf erwies sich als äußerst kooperativ. Mit Hilfe zweier seiner Domestiken zog man eine schwere, sehr amerikanisch aussehende Maschine aus der Kutsche und schleppte sie über kostbare Teppiche bis ins Musikzimmer. Hier sang dann der Graf gefühlvoll seine Lieblingsarie *Se vuol ballare* aus *Figaros Hochzeit*, während Mister Elkins emsig an Knöpfen und Hebeln werkte, um die Maschine dem erstaunlichen Klangumfang der großen Stimme anzupassen.

Als der Graf geendet hatte, applaudierte Mister Elkins begeistert und begann seine Maschine wieder einzupacken. Der Graf jedoch bat, man möge ihn die Aufnahme seiner Arie hören lassen, ehe sie nach Amerika geschickt wurde. Mister Elkins aber erklärte sich zu seinem größten Bedauern außerstande, den Wunsch des Grafen zu erfüllen. Die Aufnahmemaschine sei so empfindlich, daß für das Abspielen ein Spezialgerät erforderlich sei. Er selbst, Mister Elkins, habe zwar nach den Plänen von Thomas Edison ein Gerät dieser Art entwickelt und auch schon gebaut, doch stünde dieser Prototyp bei Mister Edison in New Jersey. Allerdings habe er im Sinn, diese Geräte auch hier in Europa zu erzeugen.

An diesem Punkt hatte der Graf, der ja sein *Se vuol ballare* hören wollte, eine Eingebung: Warum sollte man so ein Edisonsches Abspielgerät nicht hier in Wien bauen? Mister Elkins schien begeistert, doch gab er dem Herrn Grafen zu bedenken, daß dies nicht nur mindestens fünfhundert Gulden kosten, sondern vermutlich auch mehr als drei Wochen Arbeit in Anspruch nehmen würde. Daraufhin gab ihm Graf H. kurz entschlossen zweihundertfünfzig Gulden und dazu noch eine Lizenzgebühr von fünfzig Gulden für Mister Edison.

Mister Elkins überwachte umsichtig den Abtransport seiner Maschine durch die Diener des Grafen. Als alle Drähte, Schläuche und Rohre sorgfältig in der Kutsche verstaut waren, stieg auch er ein, schwenkte grüßend den Hut und ward nie wieder gesehen.

Graf H. war beileibe nicht der einzige, der in diesem Sommer den Sirenenklängen der Neuen Welt erlag. In der ganzen Monarchie träumte jung und alt, arm und reich von Amerika. Das Land faszinierte alle, weil dort der Sprung in die Größe der Moderne, den Wien im kommenden Herbst versuchen wollte, so über alle Maßen geglückt war. Selbst Rudolf war gegen diesen lockenden Glanz nicht gefeit. In einem kürzlich verfaßten Memorandum über die Lage in Europa hatte er festgestellt, die beste Lösung für das Hohenzollernreich läge in der Umwandlung in eine Republik, und zwar »nicht in eine zentralisierte Republik wie Frankreich, sondern eine Bundesrepublik wie die Vereinigten Staaten von Amerika«. Bei einer anderen Gelegenheit sah Rudolf das Habsburgerreich idealisiert als »Miniaturausgabe von Victor Hugos Traum von den Vereinigten Staaten von Europa«.

Für die Wiener lag die Größe Amerikas nicht nur in seiner politischen Struktur, sondern in seinem Glanz, seinen Abenteuern und Reichtümern. In diesem Sommer 1888 griff das Amerikafieber in der Donaumonarchie um sich. Immer wieder rissen kleine Jungen nach dem »Wilden Westen« aus, selbst nachdem sie herausgefunden hatten, daß dieser nicht gleich hinter der letzten Straßenbahnstation lag. Alte Männer sprachen aufgeregt über den »Last-Chance«-Goldrausch in Kalifornien. Während der sommerlichen Sauregurkenzeit, in der im eigenen Land nicht viel los war, hatte Amerika in allen Blättern Hochsaison.

In einer aus New York stammenden Story berichtete das *Wiener Tagblatt* auf der Titelseite, daß man in Amerika mit nur einer Million Dollar nicht mehr als echter Millionär gelte; man müsse jetzt mindestens *zwei* Millionen haben, um als einigermaßen reich angesehen zu werden. Und das *Salonblatt*, das Lieblingsorgan der gesellschaftlich Ambitionierten, beschrieb den unvorstellbaren Reichtum, der sich in den Sommerkurorten der Vereinigten Staaten entfaltete: An einem einzigen Frühlingsabend könne man in Saratoga Springs mehr Juwelen und kostbare Seidenroben sehen als in Karlsbad während einer ganzen Saison.

Kein Wunder, daß der Unterrichtsminister seiner Kaiserlichen Majestät drohte, alle Drucker gerichtlich zu verfolgen, die mit ihren Broschüren Arbeiter zur Auswanderung in die Vereinigten Staaten verleiteten. Diese Heftchen zeigten die Freiheitsstatue wie aus eitel Gold gleißend und die Wolkenkratzer mit Brillanten gesäumt. Aber trotz der Drohungen behielt Amerika seine magische Anziehungskraft.

Und doch, und doch... Es gab eine Kehrseite der Medaille, eine Art umgekehrte Dynamik. Auch Wien übte auf seine Weise einen fast magischen Sog auf die angelsächsische Welt aus, obwohl in diesem Falle die Lockung subtiler war. Für gar manchen Briten waren die barocken Giebel der Donaustadt Symbol und Wahrzeichen der Erfüllung aller geheimen Sehnsüchte. Diese Haltung verführte um ein Haar einen Korrespondenten der Londoner *Times*. In Anbetracht der großen Ereignisse des kommenden Herbstes hatte ihn sein Blatt schon früher nach Wien entsandt. Er sollte die Stimmung, das besondere Kolorit der Kaiserstadt einfangen. Das tat er denn auch und fand dabei auf seine Weise Grillparzers Aussage bestätigt: Hier gleißte tatsächlich das »Land der Mitte« Europas.

Zunächst stieß der Mann von der *Times* hinter der »chinesischen Mauer« auf lauter Wunder. Selbst in der toten Saison der hochsommerlichen Hundstage schien ihm der Wiener Alltag bezaubernd. Die Frauen Wiens waren pikant, die Militärmusik begeisterte ihn, die Uniformen hatten Schmiß, Wiens Fiaker waren originell, die Mehlspeisen unwiderstehlich, der Kaffee vorzüglich, die Umgebung – der Wienerwald – unvergleichlich, die Manieren der Einwohner charmant und sogar die kleinen Alltäglichkeiten durch mühelose Grazie verklärt. Aber andererseits sei das Leben hier so sehr in seltsamen Manierismen und Traditionen erstarrt und von so eigenartigen Anschauungen durchwoben, daß es für einen Ausländer nicht leicht sei, hier Wurzeln zu schlagen. Daher schien es unwahrscheinlich, daß Wien zu einem echten internationalen Mittelpunkt wie London oder Paris werden konnte. Und auch die Wiener selbst, obwohl sie an keinem anderen Ort der Welt leben wollten, wußten, daß hier etwas fehlte. Sie waren nicht glücklich in der Stadt, der ihre Liebe gehörte. Der Mann von der *Times* kam zu dem Schluß, daß die Stadt dann mit Recht eine große Metropole genannt werden könnte, wenn sich diese Aspekte änderten.

Da war es also wieder, das Problem, das den Kronprinzen und seine liberalen Verbündeten und Gesinnungsgenossen bedrückte – das Problem, das man im kommenden Herbst in Angriff nehmen wollte. Vorher aber kam noch der Geburtstag Franz Josephs. Die Art, wie man ihn beging, sollte zur Generalprobe für alle weiteren Höhepunkte werden.

Am 18. August vollendeten Seine Majestät das achtundfünfzigste Lebensjahr. Vierzig Jahre davon hatte der Herrscher auf dem Thron verbracht, und diesmal wollte die Monarchie den Tag in einer Form feiern, deren Echo auch jenseits der Grenzen zu hören sein würde.

Alle Gesellschaftsschichten bereiteten sich auf dieses große Fest vor – und das galt auch für jene, die unter den kümmerlichsten Bedingungen lebten. Hätte sich der Korrespondent der *Times* die Mühe gemacht, sich einmal in Ottakring, dem größten Proletarierbezirk westlich des Rings, umzusehen, so wäre er sowohl von der hier im August 1888 herrschenden Armut als auch von der Kaisertreue beeindruckt gewesen. Die meisten Arbeiter verbrachten elf Stunden am Tag über die Drehbank oder den Webstuhl gebeugt. Wenn sie dann abends todmüde heimkamen, hatten sie kaum Zeit oder Energie für etwas anderes als Schlaf – und mehr als die Hälfte von ihnen schlief in Häusern ohne sanitäre Einrichtungen außer der Wasserpumpe im Hof.

Und doch klebten auf all den schäbigen Türen in diesen feuchten Gängen kleine, naive Bilder des Kaisers. Die Kinder hatten sie in der Schule für das herannahende Kaiserjubiläum gemalt. Und wenn ihre Eltern frühmorgens an die Arbeit gingen, so hatten die Männer an ihren Rockaufschlägen, die Frauen an ihren Kopftüchern die Zwei-Kreuzer-Abzeichen stecken, die das Profil des Kaisers mit der Zahl 58 zeigten.

Die Ottakringer waren entschlossen, ihren Kaiser zu feiern, obwohl ihr kümmerliches Leben in seiner Residenzstadt nicht eben ein Grund für frohe Feste war. Die meisten der dreißigtausend Wohnungen in ihrem Bezirk bestanden aus nur zwei schmalen Zimmern, in denen oft mehr als nur eine Familie lebte. Mehr als zehntausend Ottakringer waren sogenannte »Bettgeher« – sie konnten sich nur die Miete eines Bettes leisten und mußten schon den Nachttisch mit einem anderen Mieter teilen. Im schwülen August bedeuteten in Ottakring die Nächte zusammengedrängtes Schlafen, die Tage Schindarbeit in rauchigen Werkstätten. Die Erwartung von Kaisers Geburtstag aber – ein Fest.

»Der Haß auf die Reichen«, hatte Rudolf einmal in sein Notizbuch geschrieben, »wirkt für die Armen so demoralisierend wie der Kampf um ihr eigenes Überleben.«

Dieser Gedanke galt für die westliche Welt im allgemeinen, aber nicht notwendigerweise für das Wien des Jahres 1888. Jedenfalls *noch* nicht. Der Kronprinz, der solche Überlegungen seinem Notizbuch anvertraute, war weit mehr ein Jakobiner als die meisten Bewohner der häßlichsten Ottakringer Elendsquartiere. Zufällig war im Jahr 1888 die österreichische Sozialdemokratische Partei, die in späteren Jahren zu ungeheurer politischer Macht gelangen sollte, im Aufbau begriffen. Wer aber war der Gründer? Es war Dr. Viktor Adler, der damals noch im Zinshaus seines Vaters bequem in Ringnähe wohnte.* Wenige der Arbeiter, für die Adler ein Parteiprogramm formulierte, sahen sich als eine von der Notwendigkeit gemeinsamer Revolte vereinte Masse. Obwohl zu dieser Zeit bereits da und dort große Fabriken gebaut wurden, war doch die Mehrzahl der Arbeiter in kleine ausbeuterische Betriebe aufgeteilt. Häufig trennte sie darüber hinaus auch noch das Fehlen einer gemeinsamen Sprache. Tschechen, Slowaken, Slowenen und Angehörige anderer Volksgruppen der Donaumonarchie waren oft erst in den letzten Jahren nach Wien gekommen.

Und Wien selbst, seine kaiserliche Atmosphäre, machte die Armen ihrem eigenen Elend gegenüber unempfindlich. Sogar die Elendsquartiere, in denen sie gedrängt schliefen, waren außen mit Stuckornamenten geschmückt. Jedes Fenster war von Ziergiebelchen bekrönt – ein seltsamer Kontrast zu dem dumpfig-feuchten Bettzeug, das allmorgendlich durch diese Fenster zum Lüften ausgelegt wurde. Die gipserne Karyatide, die einen nicht vorhandenen Balkon stützte, ignorierte die Wäsche, die von ihren Stuckgliedmaßen hing; sie sah nur auf die Fahne, die in Erwartung von Kaisers Geburtstag bereits an ihrer Stange flatterte. Hier hatte die Armut noch Fassade, trug den Schmuck der kaiserlichen Hauptstadt.

Selbst Schwerarbeit war in Wien anders, besonders in diesem schönen, nicht zu heißen Sommer 1888. Straßenharfenisten tauchten da und dort auf – lauter alte Männer, wie aus einem vergilbten Bilderbuch. So kam es vor, daß an einem schönen Sommermorgen ein alter Troll in einen der Höfe humpelte, um die herum die meisten Werkstätten angelegt waren, seinen Stock an die Mauer lehnte und sich auf den Brunnenrand setzte, auf den er auch seine Harfe stützte. Dann griff er mit knorrigen Fingern in die Saiten und sang dazu mit

* Die genaue Adresse lautete Berggasse Nr. 19, und Sigmund Freud hatte dann viele Jahre später in diesem Haus die ehemalige Wohnung der Familie Adler inne. So nahmen die Psychoanalyse und der österreichische Sozialismus in den gleichen Räumen ihren Anfang.

brüchiger Stimme das Lied vom *Lieben Augustin* und *I bin so gmütlich heut*. Ein Wienerlied folgte dem anderen, und als er bei *Denn der Weana geht net unta* angelangt war und dann noch, in Anbetracht des herannahenden Geburtstages, als Draufgabe *Gott erhalte unsern Kaiser* anstimmte... ja, da hatte ihm der Meister schon ein Fünfzig-Kreuzer-Stück in den Hut geworfen und seinen Leuten gesagt, sie sollten doch auf ein paar Minuten die Arbeit lassen und herauskommen, um die Kaiserhymne mitzusingen. Und vielleicht nahm er sich sogar die Zeit, um einem tschechischen Lehrling, der eben erst aus Brünn gekommen war, den Text der Hymne zu erklären und auch, warum Wien so wunderbar und einmalig war. Nachher mußte dann die verlorene Zeit wieder eingebracht werden, indem man noch später in den Abend hinein arbeitete. Und doch: Zwar hatte der Harfenist den Arbeitstag verlängert, aber er hatte ihn doch auch mit seinen Liedern erträglicher gemacht.

Die Stadt hatte für ihre Einwohner aber auch noch andere Lustbarkeiten und Spektakel bereit – vor allem in der warmen Jahreszeit. Zu Beginn ihrer halbstündigen Mittagspause gingen die Arbeiter hinaus auf die Straße. Sie setzten sich auf den Rand des Bürgersteiges, bissen in ihr Schwarzbrot und schnitten ein Stück von ihrem geräucherten Bauchfilz ab, der billiger war als durchwachsener Speck. Und sie sahen Inkarnationen des großartigen Wien, das auf dem armseligen Kopfsteinpflaster hier in Ottakring um nichts weniger großartig war. Auch hier konnte sich manchmal eine imponierende Persönlichkeit zeigen – in einer Uniform, die an die Fremdenlegion erinnerte, eine Zigarette unter dem geschwungenen Schnurrbart baumelnd, etwas wie ein Gewehr geschultert und begleitet von etwas, das wie ein Streitwagen aussah. Das Gewehr erwies sich allerdings bei näherem Hinsehen als Birkenbesen, der Streitwagen als Mistkarren und der Straßenkehrer selbst nicht so sehr als Entferner, denn als Verwalter des großstädtischen Staubes. Er kehrte ihn an einem Ort zusammen und setzte ihn an einem anderen wieder liebevoll ab. Er tat dies mit Methode, mit gravitätischer Präzision. Der bevorstehende Allerhöchste Geburtstag schien die Methodik des Straßenkehrers noch zu verfeinern, so als habe irgendeine höhere Instanz in der Hofburg die Oberleitung übernommen.

An der nächsten Straßenecke waltete ein Dienstmann seines Amtes, mit Dienstkappe und Epauletten und einem blitzenden Orden an der Brust. Der Orden war freilich nichts anderes als ein einfaches Messingplättchen mit seiner Lizenznummer. Lizenz wofür? Nun dafür, daß er das Nervenzentrum in der Nachbarschaft war. Vor allem in Bezirken wie diesem, in dem viele Dienstleistungen nicht allgemein zur Verfügung standen, war der Dienstmann unersetzlich. Er war Übersiedlungsfirma, Wach- und Schließgesellschaft und Botengeher in einer Person. Seine Haar- und Barttracht ähnelte meist der des Kaisers, der ja auch ein Universalgenie war; aber der Dienstmann war billiger und in der Regel auch älter, mit silbernem Bakkenbart. Egal, wie alt er war, seine Körperkraft ließ sich nur noch mit seiner Diskretion vergleichen. Wenn der Herr Bäckermeister Pfandl sich einen neuen Backtrog bestellt hatte, so war es der Dienstmann, der ihn unversehrt und ohne einen einzigen Kratzer in die im Keller gelegene Backstube beförderte. Und wenn das Fräulein Oberhuber, das eben erst mit dem Zug aus Niederösterreich gekommen war, um in der Stadt als Verkäuferin ein neues Leben zu beginnen, ihre ganze irdische Habe auf einen Augenblick jemandem anvertrauen wollte, so war es wieder der Dienstmann, der sie bewachte, den einen Fuß eindrucksvoll auf den Pappendeckelkoffer gestellt. Und sollte Herr Pfandl dem Fräulein Oberhuber später vielleicht einmal eine galante, wenngleich außereheliche, Nachricht zukommen lassen wollen, so war es wieder der Dienstmann, der dies fertigbrachte, ohne daß irgendwer viel davon bemerkte.

Nun, die Arbeiter, die da am Randstein saßen, würden es schon merken und einander grinsend mit den Ellenbogen in die Seite stoßen. Aber für sie war ja beim kargen Mittagsmahl alles eine Ablenkung, was ihnen die nächsten sechs Stunden Arbeit erleichtern würde.

So ging die Woche der Mühsal allmählich zu Ende. Der Sonntag aber war eine Befreiung. Wenn es schon unter der Woche sogar in Ottakring Unterhaltung und Ablenkung gab, so war der Sonntag, vor allem im Bereich um die Hofburg, eine einzige Galavorstellung. Natürlich gingen die Ottakringer zuerst einmal in die Kirche, wo selbst in der kleinsten Pfarrkirche die Messe mit gehörigem Prunk gelesen wurde und wo vor allem jetzt auch noch all die Andachten für Kaisers Geburtstag stattfanden.

Aber an einem schönen Sommersonntag eilten sogar die Frommen so rasch sie konnten von der Kirche zur Burg. Alle trugen ihre am wenigsten geflickten Kleider und Anzüge, und die Kinder wurden mit einer Schnitte Rosinenbrot versorgt, das den kulinarischen Gipfel der Woche darstellte. Um das Geld für die Tramway zu sparen, gingen sie die drei oder vier Kilometer zur Inneren Stadt zu Fuß. Sie alle wollten die Wachablöse sehen.

Das erste Ziel unserer Arbeiterfamilie war der Franzensring. Hier hielten sie an und versammelten sich in respektvollem Abstand von der Kapelle des wechselnden Regiments. Nachdem sich die Einheit formiert hatte, marschierten sie oft zu Tausenden hinterher, mit ernsten, feierlichen Gesichtern. Sie wußten, daß man zu dieser Zeit des Jahres den Ohren des Kaisers die beste Musik bieten mußte, die seine Armee zu geben hatte – und wahrlich, es gab auf der Welt keine bessere! Der reichgeschmückte, silberne Stab des Kapellmeisters hob sich: zwölf Schläge auf der großen Trommel (die von einem winzigen Pony in entzückender Uniform gezogen wurde); dann sechs Schläge auf der Feldtrommel; fünf weithin klingende Zimbalschläge und *hurra!!!*..., die ganze Ringstraße pfiff, flötete, posaunte und tanzte zu den hinreißenden Klängen des *Radetzky-Marsches*, den Johann Strauß senior komponiert hatte – nicht für stapfende Infanteriestiefel, sondern für springende Gazellen.

Die Kapelle hielt immer an, sobald sie den äußeren Burghof erreicht hatte. In die plötzliche Stille hinein erhob sich nun ein prächtiges, scharfes Stakkato von Kommandorufen. Welch ein Schwirren weißbehandschuhter Ehrenbezeigungen und glänzender Degen! Welche Präzision von Stiefel und Gewehr! Aber am erregendsten war die Wachablöse, die sich in diesen Augenblicken vollzog. Überall begann Leben. Alle achtzehn Trakte der Hofburg, nacheinander über die Jahrhunderte erbaut, hatten Tore, Türen, Portale, Pforten, Ausgänge und Ausfallspforten; und an jeder von ihnen lösten einander zwei oder mehr Wachposten in kriegerischer und doch fast kindlicher Pantomime ab. Es war, als habe sich der ganze Kaiserpalast in eine einzige, ungeheuer komplizierte Kuckucksuhr verwandelt, in der Dutzende über Dutzende geschnitzter und leuchtend lackierter Figurinen in und aus zahllosen Nischen und Türchen sprangen...

Und wieder: zwölf Schläge auf der großen Trommel, sechs auf der Feldtrommel, fünf weithin klingende Zimbalschläge – und das eben abgelöste Garderegiment marschierte los, den Ring entlang, mit Flöten, Englischhörnern und schrillenden Querpfeifen.

Die meisten Ottakringer wären gern geblieben und hätten ihre Seelen weiter an der Großartigkeit Wiens gelabt. Auch unsere Arbeiterfamilie. Und doch blieben sie nicht. Sie wußten nur zu gut, daß der Ring an sich schon eine elegante Bühne bildete, die nicht von allzu vielen ihresgleichen verunziert werden sollte. Der Ring wäre einfach nicht mehr der Ring, trieben sich allzu viele ärmlich gekleidete Arbeiter mit ihren Kindern, Brosamen ihres sonntäglichen Milchbrotes verstreuend, dauernd auf ihm herum. Sie alle wußten, wie wichtig es war, den Glanz dieser grandiosen Szenerie just in dem Monat zu erhalten, in den der Geburtstag ihres geliebten Kaisers fiel.

Nun mußten sie in ihr Stadtviertel zurückkehren, aber keiner in unserer Familie wollte zu Fuß zurückgehen. Also beschloß der Vater, über die Schnur zu hauen und die Pferdetram zu nehmen. Es würde leichter sein, die Zauberwelt um den Kaiserpalast zu verlassen, wenn man dies wenigstens bequem sitzend tun konnte.

Und so zogen die Pferde unsere Ottakringer Familie erst durch den Glanz der Ringstraße, dann vorbei an soliden Bürgerhäusern am Alsergrund und schließlich zurück in die Landschaft trostloser Mietkasernen in ihrer Wohngegend – himmelweit entfernt von Husaren, Palästen und Militärkapellmeistern mit ihren silbernen Stäben. Hier gab es nur noch Barackenelend, verdeckt durch Wäscheleinen und den bröckelnden Stuck pseudo-klassizistischer Fassaden.

Der Vater traf noch eine Entscheidung. Er ließ seine Familie hier nicht aussteigen. So fuhren sie denn noch drei Haltestellen weiter bis zur Endstation. Dort entdeckten sie nun zum zweiten Mal das Wien, von dem sie träumten. Ihr eigenes trostloses Viertel war nur ein wenn auch ausgedehntes Zwischenspiel zwischen dem Glanz der Innenstadt und der Idylle des Wienerwaldes. Hier waren sie im Dorf Alt-Ottakring, nach dem der Jammer ihres Neu-Ottakring benannt war. Hier gab es den einfachen, wohlproportionierten Turm der Pfarrkirche, die eng zusammengedrängten weißgekalkten Biedermeierhäuser und auf der ersten sanften Anhöhe des Wienerwaldes ein paar Heurigengärten.

Sie gingen in einen dieser Gärten und setzten sich an einen Tisch, auf dem Salzstangerln lagen und die Schatten des Laubes spielten. Für die Kinder bestellte der Vater ein Erdbeerkracherl und für sich und seine Frau je ein Viertel Heurigen. Sie aßen die Salzstangerln, von denen das Stück nur einen Kreuzer kostete, und beschlossen, das sei ihr Nachtmahl. Das Salz aber machte sie durstig, und so bestellten sie noch zwei Viertel, dann weitere zwei Viertel, da gaben sie bereits das Geld aus, das für das Huhn am nächsten Sonntag bestimmt gewesen war. Die nächsten beiden Viertel wären das neue Paar Strümpfe für die Frau gewesen. Der Wein war von wunderbarer Wirkung, und so bestellten und tranken sie weiter. Mittlerweile war auch schon das Geld für den warmen Wintermantel vertrunken, den ihr Ältester im kommenden Herbst brauchen würde.

Das aber war jetzt schon egal. Inzwischen sangen sie bereits mit den Leuten vom Nachbartisch ein herrliches Lied über ihre großartige Stadt, vom kleinen »Tröpferl«, jenem magischen Tropfen guten Wiener Weins, der alles heilt, alles erträglich macht, selbst den kommenden Weltuntergang...

6

In Wien war der Weltuntergang nichts Neues; von Heurigenliedern begleitet, fand er häufig statt. Das Kaisertum aber würde ewig währen – und mit ihm der Kaiser, der schon seit Generationen auf seinem Thron saß, obwohl er jetzt erst achtundfünfzig wurde. Inzwischen war es Mitte August geworden. Die ganze Donaumonarchie bereitete sich darauf vor, seinen Geburtstag gebührend zu begehen. Nicht nur auf der Ringstraße, auch auf den Hauptstraßen aller anderen größeren Städte wurden Barrikaden errichtet, sowohl für die Paraden, die bei Tag, als auch für die Fackelzüge, die bei Nacht stattfinden sollten.

Von den Karpaten bis zu den Tiroler Alpen schleppten Bauern Stämme und schwere Scheite über steile Hänge hinan, damit auf dreitausend Gipfeln des Habsburgerreiches ebenso viele Freudenfeuer entzündet werden konnten. In zahlreichen Theatern wurde für Festvorstellungen in allen Sprachen der Monarchie geprobt. Kühne Männer probierten Ballons aus, von denen sie dem Kaiser mit Spruchbändern gratulieren wollten. Es gab keinen Park und keinen Platz, wo nicht geschäftig an einer Kerzenbeleuchtung gearbeitet wurde. Jedes Kind hatte schon seinen Lampion zur Hand, der mit dem backenbärtigen Abbild des Monarchen geschmückt war.

Und doch gab es am Samstag, dem 18. August, nichts als Enttäuschungen. Kaum eine der Festivitäten, die für des Kaisers Geburtstag geplant waren, fand tatsächlich an diesem Tag statt. Schon am Vorabend hatte es zu regnen begonnen. Und es regnete in allen k. u. k. Erblanden. Alle Freilichtveranstaltungen, die man mit so großem Eifer und nicht geringerer Mühe für diesen Samstag geplant hatte, mußten kurzfristig abgesagt werden.

Der Kaiser selbst beging seinen Geburtstag pünktlich und mit gewohnter Einfachheit. Er besuchte die heilige Messe in der Ischler Pfarrkirche und nahm dann im Kreise seiner Familie und mit der lieben Schratt in seinen Gemächern das Mittagsmahl ein. Und erst am 20. August konnten die Trommelwirbel der großen Paraden zu rollen beginnen und die verschwenderischen Feuerwerksspektakel abgebrannt werden. Da war es aber schon Montag, den man hastig zum Feiertag erklärt hatte, noch immer feucht, noch immer »blau« – wie eben ein Montag.

Und in Wien wurden selbst die verspäteten Feiern durch ein Ereignis gestört.

Am Westbahnhof hatten sich etwa viertausend Menschen versammelt, deren Gesichter viel zu verbissen waren für Leute, die einen Geburtstag feierten. Sie waren nicht gekommen, um Franz Joseph zu ehren, sondern um Georg Ritter von Schönerer zu begrüßen. Ihm wollten sie zujubeln. Schönerer stand an der Spitze der zwar kleinen, dafür aber militant antisemitischen Deutschnationalen Partei. Im Parlament vertrat er einen Bezirk Oberösterreichs, zu dessen Wählern nicht nur Anton Bruckner, sondern auch der Zollbeamte Alois Hitler gehörte, dessen Frau vor kurzem schwanger geworden war.

Aber an jenem 20. August 1888 war das noch nicht von Belang. Für die Menschenmenge, die sich in Wien am Westbahnhof drängte, war nur Schönerer wichtig. Sie hielt den Atem an, als er schließlich aus dem Zug stieg. Sein Bart war fort! Er hatte ihn abrasiert, um einer Vorschrift des Gefängnisses zu entsprechen, in das er noch am gleichen Tag einziehen sollte.

Vor einigen Monaten war Schönerer in die Redaktion des *Neuen Wiener Tagblatts* gestürmt.* Mit zwanzig seiner Gefährten hatte er

* Das *Neue Wiener Tagblatt* war von Moritz Szeps, dem Freund des Kronprinzen, gegründet worden. Im Jahr 1886 hatte er die Zeitung verlassen, um das *Wiener Tagblatt* ins Leben zu rufen, aus dem im vorliegenden Werk häufig zitiert wird.

die »jüdischen Zeitungsschmierer, diese Schweine« verprügelt, Schreibtische demoliert, die Setzerei verwüstet und die Beleuchtungskörper zertrümmert. Man hatte ihn verhaftet, vor Gericht gestellt und zu drei Monaten Gefängnis verurteilt. Für seine getreuen Anhänger wurde er dadurch zum Märtyrer. Nun umringten viertausend Deutschnationale seine Kutsche auf ihrem gemächlich rumpelnden Weg zum Strafgefangenenhaus in der Landesgerichtsstraße.

Nieder mit Habsburg!... Nieder mit Österreich!...
Nieder mit den Juden!... Lang lebe Deutschland!

Eine brüllende, grölende Meute stampfte durch die Straßen Wiens – ein Schatten fiel so selbst auf die verspätete Feier zu Kaisers Geburtstag.

Der Zwischenfall warf aber auch Schatten auf die Gratulationen, die man Amalie Freud, der Mutter Sigmunds, darbrachte. Sie hatte ihr Geburtsdatum vom jüdischen auf den christlichen Kalender auf eine Weise übertragen, daß es auf den Geburtstag Franz Josephs fiel. Die Schönerer-Demonstration erschütterte die ganze Familie Freud.

Sie berührte sogar Theodor Herzl. Im Jahr 1888 bewegte sich sein Leben und Schreiben auf einer ästhetischen Ebene, die hoch über der Politik lag und sich sorgfältig von allem fernhielt, was jüdisch oder antisemitisch war. In der dritten Augustwoche aber traf Herzl etwas völlig Unerwartetes. In diese Woche fiel nicht nur Franz Josephs Geburtstag, sondern auch ein besonderer Tag für die Familie Herzl. Am 20. August feierten Vater und Mutter Herzl ihren Hochzeitstag und auch das Wiedersehen mit ihrem Sohn. Die Familie hatte sich um die festlich gedeckte Tafel des Hotel Hirsch in Badgastein versammelt. Von seinen Reisen in England hatte Theodor Geschenke für seine Eltern mitgebracht und für sich selbst einen eleganten Gehrock. Seine Heimfahrt durch Deutschland hatte ihm aber noch etwas anderes beschert, nämlich bleiche Wangen und einen Schock. Brutal in sein Gesicht geschrieben stand die Erkenntnis, daß er für manche Leute nur ein ganz gewöhnlicher Saujude war.

Erst vor wenigen Tagen hatte in einem Konzertsaal in Mainz eine Gruppe Studenten auf seine Nase und seinen Bart gezeigt. »Hep!... Hep!...« erscholl der in deutschen Landen uralte Spottruf. Die ideologisch begründeten antisemitischen Vorurteile waren Theodor

Herzl längst bekannt. In Mainz aber machte er eine für ihn völlig neue Erfahrung: Zum ersten Mal sprang ihn der blindwütige Antisemitismus der Straße an.

Am 21. August, einen Tag nach dem Familienfest der Herzls, feierte eine andere Familie ein Fest, das nicht ganz so glatt verlief. In der Sommerresidenz des Kronprinzen, auf Schloß Laxenburg, beging man den dreißigsten Geburtstag Rudolfs. Oberflächlich besehen, war es eine recht idyllische Zeremonie.

Man hatte die Burgkapelle mit Tannen- und Fichtenzweigen geschmückt. Hofkaplan Mayer zelebrierte das Hochamt. Dann überreichte Rudolfs kleines Töchterchen Elisabeth ihm einen Strauß Rosen, so weiß wie ihr Krinolinenkleid. Mit zarter Kinderstimme sagte sie ein Geburtstagsgedicht auf und las die Gratulationstelegramme des Kaisers und der Kaiserin vor. Ausnahmsweise einmal sah Kronprinzessin Stephanie nicht wie eine »flämische Bäuerin« aus, wie sie von bösen Zungen am Hof hinter ihrem Rücken meist genannt wurde. Gegen den breiten Unterkiefer, ein Erbteil des königlichen Hauses Coburg (ihr Vater war der König der Belgier), konnte sie nicht viel machen, aber ihre jüngste Abmagerungskur hatte offensichtlich Erfolg gebracht, und ihre Bewegungen waren lebhafter geworden.

Der Kronprinz selbst war charmant und in Hochform. Als sein Hofstaat mit Knicksen und Bücklingen zur Gratulationskur antrat, hatte er für jede und jeden bis zum letzten Treiber und zum jüngsten Küchenjungen aus Ruthenien ein Scherzwort, ein kleines Kompliment oder irgendein ganz persönliches Wort bereit. Neugierige Blicke übersah er souverän. Beim Geburtstagsdiner des Kaisers in Ischl, vor nicht mehr als zweiundsiebzig Stunden, hatte er noch einen Vollbart getragen. An seinem eigenen Geburtstag war davon nur noch der Schnurrbart übrig. Sein Gesicht sah nun zwar immer noch gut, aber beunruhigend hager aus, und seine blauen Augen waren hart, härter als es die Augen eines Thronerben sein sollten, der eben erst das dreißigste Jahr vollendete.

Seinem Freund Moritz Szeps hatte er in dieser Woche geschrieben: »30 Jahre ist ein großer Abschnitt, kein eben zu erfreulicher; viel Zeit ist vorüber, mehr oder weniger nützlich zugebracht, doch leer an wahren Taten und Erfolgen. Wir leben in einer schleppenden, versumpften Zeit; wer weiß, wie lange das noch so fort gehen wird. Und jedes Jahr jetzt macht mich älter, weniger frisch und weniger tüchtig, denn die notwendige und nützliche, doch auf die Länge hin ermattende alltägliche Arbeit, das ewige Sichvorbereiten und die stete Erwartung großer umgestaltender Zeiten erschlaffen die Schaffenskraft!...«

Es schien, als färbe die düstere Stimmung Rudolfs auf die Stadt ab, die sich nun rasch ihrer großen Saison näherte. Ein Vorspiel zu dieser großen Saison bildete das Treffen der österreichischen Schützenvereine in Wien. Dieses Treffen begann etwas makaber. Am 3. September hob der Thronfolger vor neuntausend Schützen, die aus allen Teilen der Monarchie herbeigeeilt waren, sein Glas und brachte folgenden Toast aus: »Hoch unser erhabenster, unser gnädigster, unser allgeliebter Kaiser!«

Daraufhin begannen zweiundfünfzig Schützenkapellen der zweiundfünfzig größten und bekanntesten Vereine ihre Parade mit einem Marsch über die Reichsbrücke. Ein Mann im Kragenmantel eines Offiziers – wie es schien, ein wichtiger Funktionär – führte die lange Prozession an. Forsch und präzise marschierte er zum Klang der Trompeten, Hörner und Posaunen, bis er sich plötzlich über das Schutzgeländer schwang und in die Donau sprang.

Zwar halb ertrunken, aber doch noch lebend, zog man ihn heraus. Für seine Tat konnte er keinen Grund angeben. Mit Hilfe seiner Personaldokumente identifizierte man ihn als einen gewissen Albert Last, den Eigentümer der ersten großen Leihbibliothek Wiens. Der Kronprinz war Zeuge des Geschehens geworden und fragte, ob er helfen könne. Herr Last zitterte am ganzen Körper, verneigte sich tief und erbat Allerhöchste Erlaubnis, sich, noch völlig durchnäßt, von einem Fiaker fortbringen lassen zu dürfen.

Dieser seltsame Zwischenfall ging Rudolf nicht aus dem Sinn. Es war seinem persönlichen Stab in jüngster Zeit nicht entgangen, mit welch heftigem Interesse der Thronfolger alle Zeitungsberichte über Menschen verfolgte, die Hand an sich selbst gelegt hatten. Und das Jahr 1888 war in Wien überreich an Selbstmorden gewesen. In diesem Sommer konnten die Blätter über einige besonders ungewöhnliche Fälle berichten. So etwa hatte erst vor wenigen Wochen eine elegante junge Dame den Expreßzug nach Budapest bestiegen, ein kleines Köfferchen auf die Toilette mitgenommen, aus der sie dann in großem Brautkleid mit Schleppe und Schleier wieder hervortrat.

Ehe sie noch jemand daran hindern konnte, hatte sie die Tür des Waggons geöffnet und war aus dem dahinrasenden Zug gesprungen. Man fand sie tot neben den Schienen, die weiße Spitze leuchtete vom hellen Blut.

Und dann hatte es da noch die Geschichte der beiden jungen Verlobten gegeben, die vor den Toren eines Friedhofs ein Picknick mit Kapaun und Champagner hielten. Als der letzte Knochen abgenagt war, gingen sie hinein. Dort schob der junge Mann den Lauf seiner Pistole in den Mund des Mädchens. Nachdem er ihr mit dem Geschoß den Schädel zertrümmert hatte, tat er an sich ein Gleiches. Die beiden hatten die Einwilligung ihrer Eltern, einander zu ehelichen; beide waren sie gutaussehende und mehr als wohlhabende Angehörige der *Jeunesse dorée* Wiens – und doch hatten sie beschlossen, auf diese spektakuläre und theatralische Art aus dem Leben zu scheiden. War es etwa, weil sie »in einer schleppenden, versumpften Zeit... leer an wahren Taten und Erfolgen« lebten? Es war, als hätten diese Menschen versucht, einem unkontrollierbar ausweglos scheinenden Leben durch einen kontrollierten, gewollten, sorgfältig vorbereiteten Tod zu entrinnen.

7

In Wien gab es statistisch gesehen nicht nur mehr Selbstmorde als in den meisten anderen europäischen Großstädten, sondern sie häuften sich geradezu im Großbürgertum. Doch war Rudolf der Ansicht, daß eben diese Gesellschaftsschicht für den Weiterbestand der Monarchie ausschlaggebend sein würde. Erst wenige Jahre vorher hatte er geschrieben: »Die wahre Basis eines modernen Staates ist das große Bürgertum.«

Wo war diese Größe in seinem Land? Der Wiener Mittelstand hatte wohl wirtschaftlich, nicht aber geistig und seelisch an Substanz gewonnen. Wir haben bereits gesehen, daß dieser Mittelstand durch sein barockes Naturell daran gehindert wurde, zu modernen Ausdrucksformen zu finden oder etwas wie eine »moderne Seele« herauszubilden. Er erreichte nie die Zähigkeit anderer westlicher bürgerlicher Staaten. Politisch schien er nie das zu erlangen, was ihm zustand. Zu Staatsmännern aus dem Bürgerstand wie Gambetta in

Frankreich oder den dynamischen Whigs in England gab es in Österreich kein Gegenstück. Trotz zahlenmäßiger Stärke erwiesen sich die Liberalen Österreichs im Parlament als wirkungslos. So hatte Rudolf 1888 nicht einmal die Bildung einer gegen sie gerichteten Einheitsfront höherer und niederer Stände zu verhindern vermocht. Einige Adelige hatten begonnen, sich mit den Führern des katholischen Proletariats zusammenzusetzen. Der Adel und die Arbeiter gingen eben daran, eine gewaltige gemeinsame Macht – die Christlichsoziale Partei – aufzubauen, welche die Liberalen bald überflügeln sollte.

Und schließlich gab es da auch noch einen zweiten politischen Giganten, dessen Geburt unmittelbar bevorstand: die Sozialdemokratische Partei. Gemeinsam würden diese beiden Kräfte die Arbeiterschaft mit einer Entschlossenheit und einer Selbstachtung erfüllen, die im Mittelstand nur in weit geringerem Maß zu finden waren. Gegen Ende des Jahrhunderts begannen die Unternehmer Wiens allmählich zu begreifen, daß es leichter war, eine Fabrik zu gründen, als ein Klassenbewußtsein zu schaffen.

Früher war es besser gewesen. Der erfolgreiche Handwerker der dreißiger Jahre war mit sich und der Welt noch im Einklang, ein Gefühl, das dem erfolgreichen Industriellen der achtziger Jahre verlorengegangen war. Der Kunsttischlermeister von 1830, der einen Schreibtisch für einen Erzherzog unter dessen allergnädigster Aufsicht entwarf und fertigte, hatte noch in einer Welt festgefügter persönlicher Beziehungen gelebt: zu seinen Kunden, seinen Lehrlingen, seiner Familie. Wie der Erzherzog hatte auch er, wenngleich auf einer niedrigeren Stufe, Anteil am Zusammenspiel einer kleinen, eng umschriebenen Hierarchie, deren Glieder einander kannten und vertrauten.

Der Industrielle der achtziger Jahre aber bekam den Erzherzog nie zu Gesicht, außer aus demütiger Entfernung in der Hofoper. In einer Stadt, deren Leitbilder vom kaiserlichen Hof und seinen Höflingen geprägt wurden, erhielt der Industrielle keinen Zugang zu dieser elitären Welt der Exzellenzen. Das Erzhaus warf ihm lediglich gnädig ein paar Brocken des Allerhöchsten Glanzes zu. Man gestattete ihm, gewisse Baugründe an der Ringstraße zu erwerben. So durften die Neureichen den Bau der Hofoper finanzieren, in der sie dann nicht zur Kenntnis genommen wurden. Das Ringstraßenpalais, das sich der Industrielle errichten ließ, war nichts als eine pseudoflorentinische Nichtigkeit. An ihm sauste der Adel in seinen Kutschen vorbei, ohne sich auch nur für ein verächtliches Lächeln Zeit zu nehmen. Die Aristokratie der Monarchie war uralt, exklusiv und streng auf ihren Stammbaum bedacht. Sie behandelte das wie Pilze emporschießende Großbürgertum wie eine – Pilzkrankheit.

Früher und endgültiger als anderswo kam den um gesellschaftliche Anerkennung Ringenden in Wien die traurige Erkenntnis: Der Aufstieg in höhere Kreise würde ihnen nie wirklich gelingen. Schlimmer noch: Der »Aufsteiger« sah sich bald unwiderruflich von seinem Ausgangspunkt abgeschnitten. Für den Industriellen hatte sich das enge persönliche Verhältnis, das der Handwerksmeister noch zu seinen Gesellen und Lehrlingen wie auch zu seinen Kunden gekannt hatte, in jene Abstraktionen aufgelöst, die die Produktivität seiner Fabrik bestimmten. Wohl konnte er seine Salons mit Seide tapezieren; das Gewebe seines Lebens aber organisch zu gestalten, vermochte er nicht. Und doch bestimmten außerhalb der Grenzen der Monarchie seine Standesgefährten das Sozialklima des neunzehnten Jahrhunderts. Kurz vor der Französischen Revolution hatten die Höflinge in Paris und Versailles bereits das Adelsschwert mit dem Spazierstock der Bourgeoisie vertauscht. In den Napoleonischen Kriegen mußte Wellington britische Offiziere zur Rede stellen, weil sie Regenschirme mit sich herumschleppten. Und Beau Brummel, der Enkel eines Kaufmanns, wurde in der Mode tonangebend: Die Engländer tauschten die Kniehosen des Höflings gegen die gestreifte Hose des Geschäftsmannes und den Dreispitz gegen den Zylinder.

Ein Mann namens Hans Makart war Wiens Beau Brummel mit umgekehrten Vorzeichen. Geboren 1840, im Todesjahr Brummels, zwang er der kaiserlichen Residenzstadt Wien einen Stil auf, der der Erweckung bürgerlichen Selbstbewußtseins durch Brummel völlig entgegengesetzt war. In England hatte Brummel den Aristokraten als smarten Bankier eingekleidet; in Österreich gelang Makart das Gegenteil. Mit ihm endete die Beliebtheit des Biedermeier – des Stils, den sich das Bürgertum sozusagen selbst gegeben hatte. Makart machte aus dem Haus des gesellschaftlich verunsicherten Bankiers ein überladenes Adelspalais. Obwohl Makart 1888 bereits seit vier Jahren tot war, gingen die Salons der Neureichen in Wien immer noch über mit seidenen Draperien, Straußenfedern und historistischem Schwulst.

Und natürlich auch mit Eitelkeit. Im Jahr 1888 standen in London den Industriebaronen bereits mehrere erstklassige Klubs offen. In Wien zählte einzig und allein der Jockey Club, und der war ausschließlich dem Adel vorbehalten. Kaufleute konnten dort nur durch den Lieferanteneingang kommen und gehen. Gleichgültig, wie hoch der Haufen guter Golddukaten auch sein mochte, auf dem ein Wiener Bürgerlicher saß – die nur den Blaublütigen zugänglichen Gipfel lagen hoch über ihm. Nie erreichte er die gesicherte Selbstzufriedenheit des vulgären Londoner Cockney-Millionärs, die gefestigte Überheblichkeit des Pariser Großbürgers oder die rücksichtslos vorwärtsstrebende Erfolgsverbissenheit des Yankee-Geschäftsmannes. Die feudale Ausstrahlung Wiens war zu blendend und zu stetig – sie versengte das Erblühen eines bürgerlichen Lebensstils.

Ein einfacher Mann mochte Großes leisten, große Reichtümer anhäufen, großartigen Erfolg haben; er mochte sich von der Welle der Industrialisierung emportragen lassen, Millionen disponieren, sich sogar einen Freiherrntitel erwerben; er mochte die Maschinen und Organisationen aufbauen, die zur Grundlage einer glänzenden wirtschaftlichen Zukunft Österreichs wurden. All das konnte er tun – doch wo blieb seine eigene Größe? Wo konnten sein Herz und seine Seele sich mit jener vorwärtsstrebenden Kraft identifizieren, die seiner eigenen Leistung entsprang?

Selbst so leuchtende Vorbilder ihrer Klasse wie etwa die Wittgensteins scheiterten an ihrem eigenen Glanz. Hermann Wittgenstein, ursprünglich ein nicht eben begüterter Jude, trat zum Protestantismus über und kam um die Mitte des neunzehnten Jahrhunderts zu Reichtum, als er eine moderne Landschaft in großem Stil und Ausmaß aufbaute. Auf kulturellem Gebiet war er gleichermaßen erfolgreich. Um genau zu sein: Mit seinem Geld »säte« er Kultur, und auch in seinen eigenen Kindern ging dieser Same reich auf. Der berühmte Violinvirtuose Joseph Joachim war durch Heirat mit ihm verwandt, und er finanzierte dessen Ausbildung bei Mendelssohn. Seine Tochter Anna ließ er bei Johannes Brahms Klavierunterricht nehmen.

Das begabteste der Kinder war aber wohl sein Sohn Karl. Als junger Bursche war Karl Wittgenstein nach Amerika durchgebrannt, wo er nicht nur Violine, sondern auch Latein und Griechisch an der Schule der Christian Brothers in New York unterrichtete. Mit zwanzig kehrte er nach Wien zurück und spielte die halbe Nacht Sonaten, während er sich am Tag auf eine der spektakulärsten Industriellenkarrieren der Geschichte vorbereitete. Ohne bei seiner Familie dabei viel Unterstützung zu finden, brauchte er nur zwei Jahrzehnte, bis er der führende Industriebaron der Monarchie war. 1888 war er einundvierzig Jahre alt und herrschte über zahlreiche Fabriken, darunter so gut wie alle Stahlwerke in Böhmen, dem industriellen Mittelpunkt der Monarchie.

Dieser Mann, einem Skoda oder Krupp durchaus ebenbürtig, folgte dem Beispiel seines Vaters und machte sein Stadtpalais zu einem Musentempel. Seine Kinder waren kreativ – so sehr, daß sie all ihre Kräfte an die Kunst verschwendeten. Die Tochter, Hermine Wittgenstein, stand an der Wiege des Jugendstils, als dieser noch eine höchst umstrittene Kunstform war. Margarete, die zweite Tochter, unterstützte Gustav Klimt, indem sie bei ihm Porträts in Auftrag gab. Später wurde sie zur Vorkämpferin der Ideen Sigmund Freuds und half ihm schließlich sogar bei seiner Flucht vor dem Dritten Reich. Ihr Bruder Paul Wittgenstein verlor zwar früh seinen rechten Arm; dennoch gelangte er zu solchem Ansehen als Konzertpianist, daß Maurice Ravel auf seinen Auftrag hin für ihn sein Klavierkonzert für die linke Hand schrieb. Sein Bruder Kurt Wittgenstein war ein hervorragender Cellist, und Hans, der älteste der Brüder, beherrschte sogar mehrere Instrumente virtuos. Letztlich aber blieb es dem jüngsten Sohn Ludwig (der im Jahr 1888 noch im Schoß seiner Mutter schlummerte) vorbehalten, den Namen Wittgenstein zu einem Modewort in Intellektuellenkreisen zu machen. Seine Ideen sollten für die Philosophie des folgenden Jahrhunderts ebenso revolutionierend werden wie das Tongenie Gustav Mahlers für die Musik.

Hatten die Wittgensteins nun mit alledem tatsächlich den Triumph des Wiener Großbürgertums bewiesen? Keineswegs. Sie zeigten nur seine Tragik auf. Die Töchter Karl Wittgensteins waren beide neurotisch, und auch seine Söhne waren gestört. In einer Reihe von Briefen äußerte Ludwig Wittgenstein Selbstmordgedanken, und drei seiner vier Brüder, nämlich Hans, Rudi und Kurt, endeten tatsächlich von eigener Hand.

Der Adel hatte sich die Dinge besser gerichtet. Der Ahnherr eines blaublütigen Geschlechtes mochte sich sein Fürstentum durch Schwadronieren und Säbelrasseln erworben haben. Seine verschwenderischen und egoistischen Nachkommen liebten die schönen Künste so, wie sie die Fuchsjagd liebten. Sie schenkten dem Wunderkind Mozart Näschereien und ließen sich von Haydn Symphonien für ihre Privatorchester schreiben. Diese Mäzene früherer Jahrhunderte waren echte Dilettanten gewesen, das heißt Menschen, die am Schönen wahre Freude empfanden.

Bei den Industriebaronen der Jahrhundertwende, die ihnen nacheiferten, war das ganz anders. Auch in Frack und Smoking verließ sie die emsige Geschäftigkeit nicht. Erstaunliche Begabungen und große finanzielle Erfolge mochten an ihrem Lebensweg liegen, nicht aber die unbeschwerte Freude an der Kunst. Verbissen gingen sie auch ihren künstlerischen Neigungen nach. Die Wittgensteins, die zu den allerersten Industriellen der Zeit zählten und deren musische Begabung der keiner anderen Familie nachstand, waren unfähig, sorglos spielerische Freude zu empfinden. Gleichgültig wie groß ihr geschäftlicher Genius und wie heroisch ihr Engagement in ästhetischen Belangen war, im Innersten wurden sie weder ihrer Kartelle noch ihrer literarischen Salons froh. Ihren Kindern hinterließen sie freudlosen Luxus, ein Treibhaus zartseidener Blüten ohne Lebenshauch, ohne Wurzeln.

Und sogar im Liberalismus, der offiziellen Geisteshaltung des Bürgertums, lag etwas letztlich Unbefriedigendes. Ziel des Liberalismus war es, ungerechte Privilegien der Kirche zu beseitigen – sowohl in steuerlicher Hinsicht als auch im Schulwesen. Und doch hatten einst Religion und Ritual dem Bürger sein inneres Rüstzeug gegeben. Es zeigte sich, daß progressive politische Gesinnung kein tauglicher Ersatz dafür war. Als Liberale wollten sie eine Staatsform ändern, die den Adel bevorzugte, und doch ließ der aristokratische Glanz, den ihre Parlamentarier attackierten, ihre Herzen höher schlagen. Prinzipiell waren sie für eine Wahlreform. In ihren Taten aber stellten sie sich dem allgemeinen Wahlrecht in den Weg. Die Bindung des Wahlrechts an eine Mindeststeuerleistung von fünf Gulden hielt die ganze gefürchtete Masse der Arbeiterklasse von den Wahlurnen fern.

Nein, die Bürger Wiens machten im Klassenkampf wahrlich keine gute Figur. Schon im Herbst 1888 besprach Viktor Adler mit anderen Sozialistenführern Europas das Projekt eines alljährlichen, weltweiten Festes der Arbeit, das 1889 proklamiert und dann im folgenden Jahr organisiert werden sollte. Der 1. Mai – als »Tag der Arbeit« – brachte schließlich im Jahr 1890 in Wien einen wohlgeordneten Arbeiteraufmarsch und viel würdeloses Gezeter der Arbeitgeber.

Die *Neue Freie Presse*, das gefeierte Organ der Bürgerschaft, berichtete aus diesem Anlaß: »Die Thore der Häuser werden geschlossen, in den Wohnungen wird Proviant vorbereitet wie vor einer Belagerung, die Geschäfte sind verödet, Frauen und Kinder wagen sich nicht auf die Gasse, auf allen Gemüthern lastet der Druck einer schweren Sorge. Das ist die Physiognomie unserer Stadt am Festtage der Arbeiter. Diese Furcht ist beschämend, und sie wäre nie entstanden, wenn das Bürgerthum nicht tief gesunken wäre, wenn es nicht durch seine Zerklüftung das Kraftgefühl verloren hätte.«

Wie aber hätte es überhaupt zu einem gefestigten Selbstvertrauen finden können? In Wien wurden Standesidentitäten von der Vergangenheit geformt. Der Adel hatte seine Vorrechte natürlich in uralten Traditionen verankert. Die Arbeiter dagegen sollten sich schon sehr bald auf die brüderliche Solidarität aus der Zeit des Gildenwesens berufen. Aber der Fabrikant? Er war der lärmende Neuankömmling aus dem historischen Niemandsland. Wenn es um Selbstbewußtsein ging, war ein seidener Zylinder kein Ersatz für geschichtliche Verwurzelung. Und doch hatte sich der Fabrikant mit geschichtlich gewachsenen Schichten über und unter ihm auseinanderzusetzen und mußte sich zu alledem auch noch seinem eigenen Stand im »Wettbewerb der freien Marktwirtschaft« stellen, der ja zu seinen eigenen Glaubensgrundsätzen zählte. Welche Vorbilder der Vergangenheit konnte er zur Festigung seines Standes heranziehen? Welche geheiligten Traditionen boten ihm Halt? Mit welchen kulturgeschichtlich begründeten Gefühlen hätte er seiner politischen Haltung Rückgrat verleihen sollen?

Nichts von alledem stand ihm zu Gebot. Dem Bürgertum Wiens der achtziger Jahre war Politik ein Rätsel. Ästhetische und neurasthenische Selbstzerpflückung – das lag ihm, darin war es Meister. Seine Sucht nach Identität fand stets auf der Ebene der Einzelpersönlichkeit statt, für eine kollektive Selbstfindung fehlte die Basis.

Wozu hast du gelebt? Wozu hast du gelitten?

Irgendwo hatten sie in dieser von ihnen selbst veränderten Welt ihre Seelen verloren. Freilich versuchten sie, auf diese neugeschaffene Welt stolz zu sein, doch mußten sie gleichzeitig auch ihre Unsicherheit, Verlegenheit und Scham über den jüngst erworbenen

Reichtum überwinden. In einer Stadt, in der nur altes Blut das Selbstvertrauen besaß, in die Zukunft zu blicken, blieben sie unabänderlich Neulinge. Und als Neureiche waren sie sozusagen automatisch verschwitzt, ungeschliffen und ohne Manieren. Rings um sie konnten sich die Vorbilder anerkannten Erfolges auf uralte Wappenschilder stützen.

Das Problem der Bürgerlichen war dem des Kronprinzen entgegengesetzt. Für ihn waren Jahrhunderte höfischer Etikette nur ein heraldisch geschmückter Hemmschuh. Er hoffte, sich selbst und die altersschwache Monarchie durch die neuen Impulse und Talente des Mittelstandes zu befreien. Aber eben diese Begabung führte viele Angehörige des neuen Standes in ein Vakuum. Einige unternahmen eine krampfhafte Kehrtwendung in ihren Standpunkten. Da man durch neuen Reichtum in der Welt, die zählte, beinahe zur Unperson wurde, strebten sie nach etwas Altem, sozusagen nach künstlicher Tradition.

Ein gutes Beispiel für solches Bemühen war die Familie Schönerer. Der Vater des führenden Antisemiten dieser Tage hatte sich vom einfachen Bauingenieur zum Generaldirektor des vom Haus Rothschild gegründeten riesigen Eisenbahnimperiums hinaufgearbeitet. 1860 hatte Kaiser Franz Joseph ihn in den Adelsstand erhoben. Sogleich kaufte er sich in Rosenau im Waldviertel einen Landsitz aus dem vierzehnten Jahrhundert, samt dazugehörigem Schloß aus der Zeit Maria Theresias.

Rein formal gehörte der alte Schönerer nun zu einer Aristokratie, für die er weder die psychologischen noch die gesellschaftlichen Voraussetzungen besaß. Als Angehöriger des Beamtenadels mußte er erleben, wie Männer, deren Großväter schon mit Adelstiteln zur Welt gekommen waren, ihn nicht zur Kenntnis nahmen. Aber er war alt und starb bald darauf. Sein Sohn Georg und seine Tochter Alexandrine erbten mit seinem Vermögen auch seine ungesicherte gesellschaftliche Stellung. Dieser Zwiespalt führte zu den grundverschiedenen, aber in beiden Fällen markanten Karrieren von Bruder und Schwester.

Georg von Schönerer wurde zu dem militanten deutschnationalen Politiker, der eines der Störelemente an Kaisers Geburtstag im Jahr 1888 war. Das Gründungsmanifest seiner Partei griff eben jene Judenhauptstadt an, die seinem Vater den Erwerb eines Millionenvermögens ermöglicht hatte. Der Angriff des jungen Schönerer hatte ein Ziel: die Verherrlichung eines vorkapitalistischen, vorbürgerlichen Ideals. Gegenstand seiner missionarischen Begeisterung war das alte Germanien, so wie es vor zweitausend Jahren gewesen war – ehrwürdig und rein.

Ein wiedererstandenes Germanien sollte in sich all die Teutonenstämme reinen Geblüts in Europa vereinen. Und er, der Ritter von Rosenau, wie er sich gerne nennen hörte, sollte Führer und geistiger Schöpfer dieser großen Heimkehr sein. Er würde dem jüdischen Drachen, diesem kapitalistischen Dämon aller Entartung und dekadenten Neuerungen, den Garaus machen. Er proklamierte einen neuen Kalender, der seinen Ausgang vom Jahr der Schlacht im Teutoburger Wald nahm, in der der große germanische Held Hermann der Cherusker die römischen Legionen vernichtend geschlagen hatte. Nun würde er, Schönerer, die jüdischen Beschmutzer vernichten und die deutsche Nation mit ihren uralten reinen und schlichten Tugenden wieder erstehen lassen.

In den achtziger Jahren konnte er mit seinen hehren Idealen kaum mehr als ein Häufchen Fanatiker um sich scharen. Aber im folgenden Jahrzehnt klang das Echo seiner Tiraden noch durch die Wahlversprechungen, die seinem gemäßigteren Mitläufer Dr. Karl Lueger schließlich auf den Stuhl des Bürgermeisters von Wien verhalfen.* Und schließlich fanden Schönerers Worte das Ohr seines perfekten Erben und Nachfolgers. In Hitlers *Mein Kampf* erklingt hohes Lob für die pangermanische Vision Schönerers (allerdings nicht für dessen politisches Ungeschick). Und der Ritter von Rosenau hätte sein Programm in den Gaskammern und Vernichtungsöfen von Auschwitz erfüllt gesehen.

Im Herbst 1888 saß Georg Ritter von Schönerer im Gefängnis, weil er bei einer Schlägerei Juden verprügelt hatte. Etwa zur gleichen Zeit begann seine Schwester Alexandrine eine Karriere, die erstaunlich weitab von den Neigungen ihres Bruders lag. Vier Jahre vorher, im Jahr 1884, hatte sie das Theater an der Wien – damals die führende Operettenbühne der Stadt – gekauft. Nun schickte sie sich an, auch die Leitung des Theaters zu übernehmen. Damit begann gegen Ende

* Nach Antritt seines hohen Amtes erwies sich Luegers Antisemitismus weitgehend als bloß rhetorisch. Die unbestrittenen Leistungen seiner Amtsführung ließen ihn später zu Wiens bekanntestem und beliebtestem Bürgermeister werden.

1888 ihr steiler Aufstieg zu einer Ziegfeld der Operettenwelt. Als ehemalige Schauspielerin, die sich nun zu den Unternehmern – also dem Stand, den ihr Bruder Georg verachtete – geschlagen hatte, blieb sie Zeit ihres Lebens wirklich liberal und zählte viele Juden zu ihrem engsten Freundeskreis.

Und doch appellierte Alexandrine Schönerers Welt der leichten Muse an Gefühle, die auch die Ideologie ihres Bruders zu nutzen verstanden hatte. Auf völlig unterschiedliche Weise spekulierten die beiden mit der Nostalgie eines verunsicherten Mittelstandes, mit der Sehnsucht nach einem romantischen, glorreichen Gestern, das es nie gegeben hatte. Das typische Libretto der Operetten, die Alexandrine von Schönerer aufführte, sang das Hohelied fürstlichen Glanzes, der sich, allen Widerständen zum Trotz, letztlich im Dreivierteltakt durchsetzte. Im *Zigeunerbaron* erringt das angebliche Zigeunerkind nach mancherlei melodisch verbrämten Abenteuern schließlich den ihm rechtens gebührenden Adelsschild. In der *Fledermaus* spinnen sich die Intrigen zwischen Held und Gegenspieler um das Galafest eines verschwenderischen und eigenwilligen Fürsten. Was hier mit Charme, Schwung und Humor über die Bühne der Alexandrine Schönerer tanzte, das stieß ihr Bruder zwischen zusammengebissenen Zähnen hervor: Ein großartiger Adel wird entgegen allen niedrigen Machinationen und plebejischen Widerständen wiedergewonnen – und er, Schönerer selbst, würde in dieser heroischen Mission Bestätigung seines eigenen Rittertums finden.

Eine weitere Parallele zur verbissenen und fanatischen Politik Schönerers war der Walzer, auf dessen Schwingen sich die Operetten seiner Schwester erhoben – der wilde, an Taumel grenzende Wiener Walzer, der längst an die Stelle der nüchtern-vernünftigen Takte des Menuetts getreten war. Tatsächlich war es der Walzer mit seiner im Innersten des bezaubernden Wirbelns verborgenen Verzweiflung; der Walzer, dessen Rhythmen die Quadrille wegfegten wie in unseren Tagen der Rock and Roll den Foxtrott; der Walzer mit seiner schwindelnden Berauschung, der die hoffnungsfrohe, zielstrebige Linie der Fortschrittlichen verschlang.

»Afrikanisch und heißblütig, toll vor Leben«, sagte ein Beobachter, nicht etwa über die Rolling Stones, sondern über das walzerbesessene Wien des neunzehnten Jahrhunderts, »rastlos... leidenschaftlich..., hier ist der Teufel los.«

Ja, vielleicht war in Wien tatsächlich der Teufel los – früher als anderswo. Hier schwollen die von Verfremdung genährten Kräfte rascher an. In anderen Ländern Westeuropas konnte das Bürgertum ruhig seinen Geschäften nachgehen, erfüllt von einem Sicherheitsbewußtsein, das sich an der Donau nie so recht herausgebildet hatte. Anderswo blieb der Mittelstand, im festen Vertrauen auf unerschütterliche Bilanzwerte, noch ein wenig länger vom Bewußtsein und den Folgen seiner Wurzellosigkeit verschont. In Wien aber vermochte ein Schönerer bereits die Ausweglosigkeit des Bürgertums für seine Zwecke einzuspannen. Und bald schon sollte diese latente Verzweiflung durch Sigmund Freud, den ersten »Spezialisten für bürgerliche Angst«, diagnostiziert werden.

So wie in Wien die Errungenschaften des Fortschritts schon früh in Frage gestellt wurden, so gelang es hier auch sehr bald, dessen psychische Gefahren aufzudecken. Der Fortschritt vom Feudalherrn zum Bürger, vom Provinzler zum Städter erwies sich als zweifelhafter Wert – und Zweifel, die das blinde Vertrauen einer Epoche trüben, rufen auch bald die genialen Menschen der Ära auf den Plan.

Die Großväter Freuds, Mahlers und Schnitzlers waren alle Handwerker oder kleine Geschäftsleute in den Judenvierteln kleiner Städte gewesen. Bruckners Großvater war Dorfschullehrer; Hugo Wolfs Großvater ein Gerber und der Gustav Klimts ein Trafikant. Nun war allen ihren Enkelkindern der Durchbruch in den höchst wettbewerbsfreudigen Wiener Mittelstand geglückt. Das bedeutete aber auch gleichzeitig, daß sie mit organischen Bindungen und traditionsgeheiligten Hierarchien gebrochen hatten – und das in einer Stadt, in der die Gnadenfrist zwischen Emanzipation und dem daraus entstehenden Verfall viel zu kurz war. Ob sie dies nun bewußt taten oder nicht, alle diese Enkel setzten ihre Gaben, sei es durch Selbsterkenntnis oder durch künstlerisches Medium, dafür ein, die Kardinalfrage zu stellen: Wozu lebst du in dieser schimmernd-dekadenten Welt? Wozu leidest du in ihr? Wie können wir das Verlorene sehen, hören, malen oder verstehen, das wiederzugewinnen sich alles in uns sehnt?

Antisemitismus, Operette, Psychoanalyse: drei österreichische Beiträge zum Fin de siècle. Sie alle hatten ein Motiv gemeinsam: die Suche nach einem Ausweg, der aus der von mangelnder Anerkennung und mißglückter Selbstverwirklichung gesäumten Sackgasse des Bürgertums in eine magische und alles enthüllende Vergangenheit führen sollte. Ein gewaltiges, tastendes Suchen entsprang der

Neurasthenie jener Klasse, die Rudolf in prophetischer Erkenntnis für so wichtig hielt. So scheint es durchaus folgerichtig, wenn das Todesdrama des Kronprinzen im Herbst 1888 seinen Anfang mit Mary Vetsera nahm, in der sich der rastlose Ehrgeiz der Neureichen verführerisch verkörperte.

8

Eines Septembertages wurden Graf Georg von Larisch und seine Gattin zum Diner ins Palais Vetsera in der Salesianergasse eingeladen. Nur die Gräfin leistete der Einladung Folge. Ihr Gemahl aus altem Adel zog es vor, den Tisch nicht mit einer so »jungen« Familie zu teilen. Die verwitwete Baronin Vetsera war ganz besonders *nouveau*. Sie war aber gleichzeitig auch für ihren gesellschaftlichen Ehrgeiz bekannt. Manche ihrer kühneren Ambitionen hielt man allgemein für unerfüllbar.

Marie Gräfin Larisch hatte dann allen Grund, überrascht zu sein. Bei der Soiree im Palais Vetsera begegnete sie einem echten Herzog, keinem Geringeren als Don Miguel de Braganza aus königlich portugiesischem Geblüt. Was sie noch mehr überraschte: Don Miguel war der Spender der zauberhaften Rosen, die auf einem Kaminsims zur Schau gestellt waren – ein Geschenk Seiner Durchlaucht an Mary, das siebzehnjährige Töchterchen der Baronin.

Am überraschendsten aber war Marys Bemerkung nach dem Diner, als sich die Herren ins Rauchzimmer zurückgezogen hatten. Gräfin Larisch gratulierte dem Mädchen zu seiner Eroberung, worauf Mary beiläufig sagte: »Ja, natürlich. Er ist nett, und er will mich heiraten. Aber ich meine, ich könnte es noch besser treffen.«

Noch Jahrzehnte später hatte die Gräfin diese Bemerkung nicht verwunden: »Es war einfach unglaublich«, pflegte sie zu sagen. »Selbstverständlich war Mary bezaubernd. Und sie war auch schon eine Modedame. Und doch: was für eine Kühnheit...«

An sich hätte sie nicht so überrascht zu sein brauchen. Es war eben jene »Kühnheit«, die im ausgehenden neunzehnten Jahrhundert eine bestimmte Art weiblicher Aufsteiger auszeichnete. »Kühnheit« war der Kampfruf junger Adeptinnen wie Mary Vetsera.

Frauen dieser bemerkenswerten Kategorie waren alles andere denn »süße Mädel«, deren Anziehungskraft vor allem in ihrer Verletzbarkeit lag – sozusagen in der Tatsache, daß sie nur dazu geboren waren, von Männern ausgenützt und betrogen zu werden. Aber sie waren auch keine Halbweltdamen, die sich damit begnügten, eine bestimmte, glücklicherweise unentbehrliche Position einzunehmen. O nein, ein Mädchen von der Art Mary Vetseras war ganz anders. Wohl fügte sie sich den äußeren Erfordernissen dessen, was als Wohlanständigkeit galt, behielt sich aber hinsichtlich ihrer Bindungen taktische Freiheit vor. Selbstverständlich konnte ein Mann sie verlassen – ganz so wie auch das »süße Mädel« ihn, aber diese Art von Mädchen fiel immer um einige Sprossen auf der Gesellschaftsleiter hinauf, wenn sie verlassen wurde. Dieser völlig neue, besondere Frauentyp war die sogenannte Modedame.

In früheren Jahrhunderten war die Haute Couture eines der zahlreichen Privilegien des Adels gewesen. Es schied sozusagen die Blaublütigen von den Bürgerlichen. Dann aber begann der ehrgeizige Mittelstand mehr und mehr das nachzuahmen, was er bis dahin nur ehrfürchtig bewundert hatte. Allmählich wurde Mode zu einer Handelsware, die professionell geschaffen, schlau verkauft, weithin bekannt gemacht und fast mit Verbissenheit ausgeübt wurde. Mode füllte die Spalten der Gazetten, und man las Modenachrichten ebenso begierig wie die Frontberichte irgendeines interessanten Krieges.

Der neue Reichtum des Großbürgertums und die Klatschspalten der Tageszeitungen ließen »guten Geschmack« zum Prüfstein der höherstrebenden Zehntausend werden. Nun waren auf einmal die neuesten Mieder und Turnüren wichtig; für die weibliche Hälfte der Zeitungsleserschaft wurden sie ebenso zu einem Barometer des gesellschaftlichen Aufstieges wie die Börsenberichte für die männliche. Mit den Waffen der Mode gelang es der Frau, ihre körperlichen Vorzüge für Eroberungen zu mobilisieren. Und mit den Mitteln, die ihr die Mode an die Hand gab, deutete sie auch versteckt den gesellschaftlichen Rang des Verehrers an, den zu erhören sie sich eventuell bereit finden würde.

Welch hehre Preise galt es in dieser Arena zu erringen! Nun, da es auf der Bühne der immer noch recht starr hierarchischen Gesellschaft gespielt wurde, hatte das Modespiel plötzlich in erregender Weise das Tor zu beinahe unbegrenzten Möglichkeiten aufgestoßen. Für eine ambitionierte Frau konnte der rechte Liebhaber gesellschaftlichen Aufstieg bringen. So wurde denn der seidenraschelnde Kampf mit erstaunlicher Verbissenheit geführt – egal, wie einschmeichelnd die Walzerklänge waren und wie sanft die Kristallüster dazu strahlten. Über das Tanzparkett gleitend, verkörperte die Modedame die Avantgarde des höheren Bürgertums, wobei sie wachsam auf ihre Nebenbuhlerinnen achtete, den Blick stets begehrlich nach vorn und nach oben gerichtet. Ihr reizvolles Lächeln täuschte: Man hatte es mit einer todernsten modernen Strategin zu tun. Jedes der satinrauschenden Feste war nur Schauplatz eines weiteren im geheimen ausgetragenen Kampfes.

Im Herbst dieses Jahres hatte sich die junge Baronesse Vetsera in die allererste Reihe ihrer Rivalinnen vorgekämpft. Mary – eigentlich hieß sie Marie, aber die anglisierte Form schien ihr schicker –, Mary also beherrschte diese Art von Kriegshandwerk. Sie verstand mit einem zierlichen Figürchen und einer Stupsnase mehr anzufangen als andere Mädchen mit weit üppigeren Reizen. Sie vermochte es, quasi hilflos mit einem Gepränge dahinzuschweben, das ungezwungen und eben deshalb besonders faszinierend schien. Es war ihr völlig klar, daß man auf ein Kostümfest nicht als Bourbonenprinzessin kam – das war Sache braver Buchhaltersgattinnen. Sie kam lieber als schlimmes Kammerkätzchen (die Lieblingsverkleidung von Fürstinnen). Sie konnte den Rüschenschmuck ihrer Toilette, den Spitzensaum der Unterröcke, Fächer und Parasol mit einer sicheren Gewandtheit und Wirkung einsetzen, die sie schon in ihren Jungmädchenjahren perfektioniert hatte. Sie wußte genau, in Begleitung welches Husarenmajors sie beim Rennen in der Freudenau aufzukreuzen hatte und wie man lächelte, während man im Sacher-Garten im Prater Fruchteis löffelte. Sie wußte auch sehr gut, wie sie scheinbar zufällig und doch auf unnachahmliche Art bei den Cercles der Fürstin Pauline Metternich, dem einzigen gesellschaftlichen Treffpunkt in Wien, bei denen alter Adel und neues Geld einander begegneten, die Augen aller auf sich zog. Kaum jemand wäre auf den Gedanken gekommen, daß dieses bezaubernde Geschöpf der zweiten dieser beiden Kategorien angehörte.

Ehrgeiz lag im Erbgut Mary Vetseras begründet. Das hatte schon bei ihrem Großvater mütterlicherseits begonnen, bei Theodor Baltazzi, der als Bürgerlicher durch das Erheben von Brückenmauten und die Nutzung anderer staatlicher Privilegien reich geworden war. Später hatte er dann so wie der alte Schönerer mit der Rothschildschen Eisenbahn zu tun gehabt, allerdings nicht auf technischem, sondern mehr auf kommerziellem Gebiet. Und ebenso wie der Ritter von Rosenau lechzte dieser Maut-»Baron« nach echtem Adel. Sein Weg zu diesem hehren Ziel war weder der Antisemitismus noch das Kulturstreben der Wittgensteins, sondern der Ehering und eine unermüdliche Belagerung der *beau monde*. Es war ihm geglückt, seine fünf Töchter mit Diplomaten oder, genauer gesagt, mit finanziell bedürftigen österreichischen Adeligen zu verheiraten. Seine Söhne jedoch hatten sich der weit weniger erstarrten Gesellschaft Englands zugewandt, in der selbst Herzöge gelegentlich von Bankiers gute Havannas annahmen. In London investierten die jungen Herren Baltazzi ihr Geld lang und auch geschickt genug in Pferde, um schließlich einen Derbysieger ihr eigen zu nennen. Dieser Coup brachte ihnen sogar die flüchtige Bekanntschaft mit dem Prinzen von Wales.

Damit kehrten sie nun siegreich heim, fest entschlossen, auch den innersten Kreis der Wiener ersten Gesellschaft zu durchbrechen. Und zumindest für einen gesellschaftlich etwas tieferstehenden Beobachter, der sie nach einem Renntag in der Freudenau beim Diner im Sacher-Garten sah, schienen diese Baltazzis in beneidenswerter Weise zur Oberschicht zu gehören. »Das Rennen spielt eine bedeutende Rolle in meinem Leben«, bekannte Arthur Schnitzler später in seiner Selbstbiographie. »Das unerreichbare Idealbild Henry Baltazzy... wird... das Urbild des Grafen im Reigen... Im Prater... Henry Baltazzy mit einigen Freunden am Nebentisch, sommerlich mit grauem Hut.«

Von einem höheren gesellschaftlichen Blickpunkt aus zeigten sich die Baltazzis in nicht ganz so hochherrschaftlichem Glanz. In einem Luxusrestaurant mochten sie sich vielleicht blasiert geben, aber sie waren ganz versessen darauf, bei Hof eingeführt zu werden. Hier zeigte sich in der Gunst der Katharina Schratt möglicherweise ein direkter Zugang. Also machte sich Hector Baltazzi an den Kreis von Pferdeliebhabern heran, in dem auch die Schauspielerin verkehrte. In dem Bemühen, sein Ziel bald zu erreichen, bot er Frau Schratt eines seiner Vollblutpferde für ihre morgendlichen Ausritte an. Vor solchen plump-kühnen Anbiederungsversuchen mußte Franz Joseph die Dame seines Herzens warnen:

»... erstens bin ich gar nicht darüber beruhigt, ob die Pferde, die er Ihnen zu reiten geben würde, hinreichend sicher sein würden«, schrieb er ihr am 7. Juni 1888, »... und dann... Hector Baltazzi hat... keinen ganz korrekten Ruf...«

Mary Vetsera, die Nichte des eben erwähnten Herrn, vergriff sich nie in der Wahl ihrer Mittel. Während ihres unaufhaltsamen Aufstiegs bis in die höchsten Spitzen der Gesellschaft unterlief ihr kein einziger strategischer Fehler. Und sie gönnte sich auch keine Atempause.

Der Weg mußte stets nach oben gehen, ganz nach oben. Den Herzog von Braganza sozusagen in der Tasche zu haben, war ganz in Ordnung, so etwa, wie Dirigieren für Gustav Mahler eine Selbstverständlichkeit war. Mary Vetsera aber verlangte es nach Höherem und Besserem. Sie verlangte nach dem Höchsten, so wie der geniale Künstler das Absolute anstrebt, so wie Gustav Mahler sich symphonisch ausdrücken wollte. »Mir gehört er«, bekannte sie ihrer Zofe, »ich weiß, ich habe kein Recht das zu sagen. Vielleicht weiß er nicht einmal, daß ich auf der Welt bin. Und doch gehört er mir. Ich fühl's in meinem Herzen.« Er war aber auch schon seit Jahren die Zielscheibe der gesellschaftlich ambitionierten Frauen des Hauses Vetsera. Er bedeutete Größe. Marys Mutter Helene, die verlebte Aufsteigerin, hatte es selbst vor Jahren auf Rudolf abgesehen gehabt. Ein Jahrzehnt zuvor war ihrer Jagd auf den um Jahre jüngeren Kronprinzen nur durch das ärgerliche Eingreifen des Kaisers persönlich Einhalt geboten worden. Nun, 1888, war Baronin Helene Vetsera vierzig geworden, ihre Tochter aber war siebzehn. Es war an der Zeit für Mary, die Jagd auf dieses edle Wild von ihrer Mutter zu übernehmen.

Und so nahm Mary die Jagd auf, mit einem verbissenen Eifer, der selbst ihrer ambitionierten Mutter Schrecken einjagte. Im Sommer wurde ihre Rudolf-Besessenheit so schlimm, daß man sie zur Abkühlung nach England schicken mußte. Man hoffte, daß einige englische Adelige sie ablenken würden. Anfangs schien dieser Plan auch Erfolg zu bringen. Mary kam eben noch rechtzeitig für die große Saison nach Wien zurück und sprach tatsächlich nicht mehr so oft von ihrem Prinzen. Lange Beratungen mit ihrer Schneiderin hielten sie in Atem. Dann warf sie sich schnurstracks und zielbewußt in den Wettkampf der Modewelt.

Beim ersten Rennen der Saison in der Freudenau wurde ihr Ensemble, ein schwarzes Cape mit Goldeinsätzen, zum Tagesgespräch. Das *Salonblatt* widmete ihrem Auftritt mehr Raum als der Fürstin Montenuovo. Da man in Wien das *Salonblatt* quasi wie einen wöchentlichen Börsenbericht der neuesten Mode las, bedeutete das einen beachtlichen Erfolg. Ein wenig später veröffentlichte das *Wiener Tagblatt* einen Bericht über die herbstliche Pelzmode – und wieder prangte Mary Vetseras Name auf der Titelseite. Man verzeichnete »eine ganz pikante, kleine Untreue... gegenüber dem gehätschelten Erztier« mit jenem hämischen Grinsen, hinter dem die Schreiber der Klatschspalten gern ihre Bewunderung verbergen.

»Baronesse Vetsera liebt den Fuchs nicht mehr. Aber auch der Zobel ist ja im ›Edenpark‹ geboren. Gedacht und flugs eines dieser kostbaren Tierchen um den Hals getan. Dort, unter ihrem sprichwörtlich runden Kinn, lag nun das Köpfchen des Tierchens. Seine Beinchen schlossen sich um ihren Nacken. Das Tierlein muß sich dort offenbar wohl gefühlt haben, denn während der ganzen Rennen bewegte es sich nicht ein einziges Mal. Seine schwarzen Perlaugen wetteiferten mit dem sprichwörtlichen Glanz der Zähne seiner Besitzerin.«

Im zarten Alter von siebzehn Jahren, in dem andere Mädchen noch im Lyzeum herumalberten, war Mary Vetsera bereits ein Fixstern am Gesellschaftshimmel. Und bald schon mehr als das. In diesem Herbst des Jahres 1888 konzentrierte nicht nur die Presse ihre Aufmerksamkeit auf den »Turf-Engel«, wie der Freundeskreis auf dem Freudenauer Rennplatz die junge Baronesse nannte.

In ebendiesem Herbst stattete Edward, der Prinz von Wales, Österreich einen ausgedehnten Besuch ab. In Wien besuchte er erwartungsgemäß auch die Rennen. Aber natürlich mehr oder weniger inoffiziell. Der erste große Renntermin Anfang Oktober war ein sonniger, wenn auch kühler Sonntag. Presseberichte darüber, wie der Sohn der tugendsamen Königin Victoria am Tag des Herrn mit lauten Zurufen Rennpferde zu Höchstleistungen anspornte, wären in England mit nur geringer Begeisterung aufgenommen worden. Andererseits aber war es ein prächtiger Tag für den Sport der Könige, und die Nennungen waren so attraktiv – vor allem Fürst Esterházys *Etcetera* –, und überdies hatte der Prinz von Wales in seinem österreichischen Gegenüber ja einen treuen Freund. Dem englischen Kronprinzen zuliebe rief Rudolf in Moritz Szeps' Büro beim

Wiener Tagblatt an, um eine Gefälligkeit zu erbitten: Ließe es sich vielleicht so einrichten, daß die Wiener Tagespresse die Anwesenheit einer hochgestellten britischen Persönlichkeit in der Freudenau nicht erwähnen würde?

Nun, es ließ sich einrichten. So war es gerade die Diskretion der Presse, die indirekt zur Indiskretion des Jahrhunderts führte. Am Sonntag, dem 7. Oktober, erschienen Rudolf und der Prinz von Wales in der Freudenau. Sie sahen begeistert zu, wie *Etcetera* das Steeplechase-Rennen im großen Stil gewann. Anschließend schlenderten die designierten Erben zweier Großreiche hinüber zum Teepavillon, wo Baronesse Mary Vetsera bereits an einem Tisch im Vordergrund das angenehme Getränk schlürfte. Der Prinz von Wales schien sie von früheren Begegnungen in London her zu erkennen. Da saß also ein glitzernd geschmücktes Kätzchen, das ihn vage an einen Derbysieger erinnerte. Solche Assoziationen regten das Gedächtnis des Prinzen stets an und ließen ihn sich von seiner besten Seite zeigen. Ja natürlich, das hübsche Ding hier war die Nichte der Pferde-Baltazzis. Er begrüßte sie und stellte sie dem jungen Mann an seiner Seite vor. Die Baronesse machte einen tiefen Hofknicks. Der Kronprinz verneigte sich leicht und ging weiter.

Während der folgenden Wochen geschah nichts weiter zwischen den beiden. Rudolfs Tagesablauf wurde nun schon von der unmittelbar bevorstehenden großartigsten Saison bestimmt, die Wien seit vielen Jahren erleben sollte. Schließlich hatte der Prinz von Wales seinen Besuch eben erst begonnen. Der König von Griechenland wurde auch erwartet. Das Erscheinen des neuen Deutschen Kaisers, Wilhelm, würde, wenn der Preuße seinem Ruf entsprach, spektakulär und schwierig, gleichzeitig aber für Rudolf äußerst wichtig werden. Das selbstherrliche Gehabe des jungen Deutschen Kaisers konnte gegen ihn selbst verwendet werden, um Österreich innen- wie auch außenpolitisch nach links schwenken zu lassen. Nach der Abreise des Kaisers würde dann endlich, nach allzu vielen Verschiebungen und allzu langer Bauzeit, das neue Hofburgtheater eröffnet werden. Und nur wenig später sollte die Primadonna der ganzen Welt, die einzigartige Sarah Bernhardt, in Wien das wichtigste Engagement ihrer Europatournee absolvieren. Im Dezember dann würde die Monarchie die Tatsache feiern, seit nunmehr genau vierzig Jahren unter der Regierung Franz Josephs gelebt zu haben; und mit glänzenden Festen würde man sich für den Regen schadlos halten, der jüngst den Allerhöchsten Geburtstag hatte ins Wasser fallen lassen. Und schließlich würde vor der Fastenzeit der Fasching mit seinen kaum zählbaren Bällen die Jubiläumssaison abrunden.

Für Rudolf bedeuteten all diese Festivitäten im wesentlichen ein Theater in Paradeuniform, bei dem sich so nebenbei einige Gelegenheiten bieten würden, sein künftiges Reich zu festigen. Sein Beitrag würde hauptsächlich in häufigem Uniformwechsel bestehen. Aber würde es ihm nicht vielleicht doch gelingen, jenseits aller Goldtressen und Tschakos zur Wirklichkeit durchzubrechen? Und würde die Kaiserstadt Wien das nicht vielleicht auch können? Zusammen mit anderen, so wie er tief besorgten Gleichgesinnten hoffte er inständig, daß sich die Stadt am Ende dieser Saison aus ihrer synthetischen Isolierung lösen und in die erste Marschreihe fortschrittlicher Größe eintreten würde. War es dafür denn nicht schon allerhöchste Zeit?

9

Das Wetter trug dazu bei, die Erwartungen aller aufs höchste zu spannen. Der Sommer verblaßte zu einem klaren Herbst voll innerem Licht. Noch brannte die Sonne aus einem blauen Himmel, und doch verlor ihr goldenes Licht von Tag zu Tag an Wärme. An einem solchen Herbsttag ging eine Frau singend zum Fenster ihrer Villa in Döbling, zauberhaft am Rand des Wienerwaldes gelegen. Immer noch singend sprang sie aus dem zweiten Stock. Sie sang die Kaiserhymne, bis sie unten schwer aufschlug. Ein Rosenstrauch milderte ihren Fall. Der Krankenwagen brachte sie in die nahe gelegene Nervenheilanstalt von Professor Leidesdorf.

Sie war nicht die einzige. Eine andere, aus den Klatschspalten bekannte Dame (auch in diesem Fall verschwieg die Presse ihren Namen diskret) ging im Nobelbezirk Hietzing in eine Kirche. Nach allerletzter Mode gekleidet, ganz im Stil des Haute-Couture-Berichtes, in dem Baronesse Vetsera eine so große Rolle spielte, wartete sie auf den Beginn der Messe. Dann begann sie sich zu den feierlichen Klängen der Orgel langsam zu entkleiden. Während ihres Striptease predigte sie. Ihr Zobel glitt auf den Betstuhl, dann ihre Jacke, ihre spitzenbesetzte Bluse, ihr Unterrock. Das Kirchenschiff war erfüllt von ihrem schrillen Gezeter von der Wiederkunft Christi und der Katastrophe, die ihr vorangehen würde. Auch für sie endete dieser Tag im Sanatorium Leidesdorf.

Das gleiche Geschick ereilte Herrn M., einen der Direktoren der Donaudampfschiffahrtsgesellschaft. Aus heiterem Himmel beschuldigte er plötzlich beim Billard seinen Gegner, ein Anarchist zu sein, der vorhatte, den König von Griechenland niederzuschießen. Vergeblich versuchte er, den »Meuchelmörder« mit seinem Billardqueue zu durchbohren. Die Polizei hielt ihn fest, bis sich Pfleger des Sanatoriums Leidesdorf seiner annahmen.

Auch Emil W., wie ihn das *Wiener Tagblatt* nannte, kamen sie holen. Der sechsundzwanzigjährige Sprößling eines der reichsten Industriellen Wiens hatte den Rennplatz in der Freudenau immer schon gern frequentiert. Im Herbst des Jahres 1888 hatte er Anfälle von krankhaftem Wettfieber. Die einzige Art, auf die er mit einer unsicheren Zukunft fertigwerden konnte, war, auf alle möglichen und unmöglichen Geschehnisse – gleichgültig, ob banal oder weltbewegend – zu wetten, mochte es sich um den Todestag des Kaisers oder den genauen Ort handeln, an dem ein Pferd der Ringstraßen-Tramway das nächstemal seine braunen Äpfel fallen ließ. Irgendwie mußte er sich durch den Tag wetten. Wer sich weigerte, mit ihm zu wetten, dem war sein Zorn gewiß. Im Sanatorium Leidesdorf mußte man schließlich für ihn ein »Kasino«, komplett mit Roulettetisch und Jetons, einrichten, in dem ein Krankenpfleger den Croupier spielte.

Wie sich aus alldem entnehmen läßt, führte Professor Leidesdorf ein Haus für die gehobenen Kreise. Der Ruf des Professors war weit über die Grenzen der Monarchie hinausgedrungen, und er wurde als wahrer Messias für seelische Störungen aller Art gepriesen. Der Herbst 1888 war eine Zeit wie jede andere, in der sich illustre Patienten im Sanatorium Leidesdorf versammelten, um sich ihre diversen Teufel austreiben zu lassen.

Stolz verkündete die Presse, der Prinz von Wales höchstpersönlich habe Professor Leidesdorf Mrs. Bloomfield-Moore empfohlen, einer Multimillionärin aus Philadelphia, deren Tochter an schweren Depressionen litt. Man munkelte, daß wöchentlich für Pflege und Behandlung der Millionenerbin mehrere tausend Gulden bezahlt wurden; aber auch, daß eine spezielle Heilmaschine entwickelt worden war, der Äther zusammen mit geheimnisvollen Klängen und blauen Lichtstrahlen entströmte; daß ein Amerikaner, ein gewisser Dr. Keeler, diese Maschine mit dem horrenden Kostenaufwand von 435000 Gulden gebaut hatte; daß jedoch Professor Leidesdorf nichts von dieser Maschine hielte und bei seiner bewährten Elektro- und Kaltwasserbehandlung, unterstützt durch Psychopharmaka, bliebe. Auch raunte man von einem Vormundschaftsprozeß, der sich zwischen dem Gatten der jungen Frau, einem hochgestellten schwedischen Diplomaten, und der verwitweten Mutter der Frau in Philadelphia entsponnen hätte und für dessen Ausgang die Aussage von Professor Leidesdorf entscheidend sein würde.

Ganz Wien verschlang diese Geschichte. Dr. Sigmund Freud wird sie sicherlich mit gemischten Gefühlen gelesen haben. Erst drei Jahre zuvor hatte er noch dem Stab des Sanatoriums Leidesdorf als achtundzwanzigjähriger Psychiater angehört. In weißen Handschuhen und mit Zylinder hatte er die Hydrotherapie Schizophrener aus gutem Hause überwacht. Auch sein Gehalt war zufriedenstellend gewesen – bis er sich plötzlich entschlossen hatte zu kündigen. Er brauchte Freiheit, um nach Paris gehen und dort bei dem berühmten Neurologen Charcot studieren zu können. Nun, im Jahr 1888, besaß er Freiheit in Hülle und Fülle – die Freiheit, zu beneiden und sich Sorgen zu machen: Er hatte seine eigene Praxis, aber die Praxis wurde kaum in Anspruch genommen. Während dieses Herbstes der großen Saison in Wien kreisten die Gedanken Freuds um schnödes Geld.

»Der Sommer war recht schlecht«, schrieb er seinem Freund Wilhelm Fließ, »ließ mir Zeit genug, aber brachte auch Sorgen, die mir die Stimmung raubten... Die ganze Atmosphäre Wiens ist auch wenig dazu angetan, einen Willen zu stählen oder... Zuversicht des Erfolges aufkommen zu lassen...«

Seine Problematik lag darin, daß in Wien die Erringung echter Erfolge weniger zählte als die erfolgreiche große Geste. So etwa erwartete man von einem erfolgreichen Arzt, daß er zur Visite zweispännig vorfuhr. Freud konnte sich keinen Fiaker leisten, ja nicht einmal einen kümmerlichen Einspänner. Einmal in der Woche hielt er an der Universität eine einstündige Vorlesung vor acht oder neun Hörern (und selbst diese bescheidene Zahl mußte gelegentlich mit eigenen Freunden aufgefüllt werden). Das Honorar bestand in ein paar

Kreuzern mehr als gar nichts. Diese Geste aber berechtigte Freud, seinem Namen den begehrten Titel Universitätsdozent voranzustellen.

Drei Vormittage in der Woche verbrachte er am Wiener Institut für Kinderheilkunde, einer schon lang dahinvegetierenden Institution, um deren Neugestaltung ihr Direktor, Dr. Max Kassowitz, bemüht war. Die gesamten Räumlichkeiten – nur einige Zimmer – bestanden aus Kassowitz' ehemaliger Wohnung auf der Tuchlauben. Da das Institut nicht der Universität unterstand, durfte es auch nicht mit Zuschüssen aus Universitätsmitteln rechnen. Andererseits aber war es Freud nicht einmal gestattet, die hier erworbenen klinischen Erfahrungen für seine Vorlesungen zu verwenden.

Am Institut für Kinderheilkunde fungierte Freud als »Chef der neurologischen Abteilung«. Sein gesamter Stab bestand aus einem einzigen noch nicht graduierten Assistenten. Die »Abteilung« hatte keine eigenen Räumlichkeiten, sondern mußte sich, so gut es eben ging, in freien Winkeln des »Instituts« einrichten. An Ausrüstung war so gut wie nichts vorhanden, und da die meisten Patienten mittellos waren, war sein Gehalt gleich Null. Dennoch gestattete das titelfrohe Wien Sigmund Freud nun, sich nicht nur Universitätsdozent, sondern auch Primarius zu nennen.

Auch seine eigene Büro-Wohnung war wenig mehr als eine schöne Geste auf seiner Visitenkarte. Die Adresse war pompös und überstieg seine Mittel bei weitem. Maria-Theresien-Straße Nr. 8 war eine erstklassige Ringstraßen-Anschrift. Das Haus selbst verdankte seine Existenz einer Geste – einer Allerhöchsten allerdings. An dieser Stelle war bis zum 8. Dezember 1881 das berühmte Ringtheater gestanden. Am Abend jenes Tages verschlang es dann der nicht minder berühmt berüchtigte Ringtheaterbrand, in dessen Feuerhölle Hunderte von Wienern, darunter auch der ältere Bruder Mary Vetseras, umkamen. Anton Bruckner und Sigmund Freud hatten für diesen Abend Karten. Beide hätten sich leicht unter den 386 verkohlten Leichen befinden können, wären sie nicht völlig unabhängig voneinander – sie lernten einander nie kennen – im letzten Augenblick einer anderen Abendverpflichtung nachgekommen.

Über dem Aschenhügel der Katastrophe hatte der Kaiser geboten, ein stattliches neues Bauwerk zu errichten. Darin gab es eine Gedächtniskapelle und mehrere erstklassige Geschäftslokale und Wohnungen. Als Freud auf der Suche nach einer Wohnung war, in die er nach seiner Eheschließung einziehen konnte, hatte ihn das angelockt. Freie Wohnungen gab es im Haus Maria-Theresien-Straße Nr. 8 oft, denn Aberglauben umrankte das sogenannte Sühnhaus. Anfangs zögerten auch Freud und seine Frau – aber aus anderen Gründen. Die Miete betrug damals nicht weniger als 1600 Gulden monatlich. Schließlich entschlossen sie sich aber doch dazu. Die gute Adresse oder – mit anderen Worten – die elegante Geste gab den Ausschlag.

Hier zu wohnen brachte allerdings auch unerwartete – und höchst prestigereiche – Vorteile. Freuds erste Tochter Mathilde war gleichzeitig das erste Kind, das in diesem Haus zur Welt kam. Zwei Tage nach der Geburt erschien ein Adjutant Seiner Kaiserlichen Majestät mit federgeschmückter Kopfbedeckung. Als Geburtstagsgabe überreichte er eine Vase aus der Kaiserlichen Porzellanmanufaktur zusammen mit einem Schreiben, das der Monarch selbst unterzeichnet hatte. Darin wurde die Allerhöchste Freude darüber ausgedrückt, daß in der Gestalt Mathilde Freuds hier, an diesem Ort, an dem der Tod so viele hinweggerafft hatte, neues Leben sproßte.

Leider verringerte sich durch die Allerhöchste Gratulation die Miete nicht um einen Kreuzer. Und in diesem glorreichen Herbst 1888 tröpfelten für Herrn Dr. Freud die Kreuzer nur spärlich. Er war sich bewußt, daß sich nun bald rauhes Vorwinterwetter einstellen würde. Man würde vier große, prunkvolle Räume heizen müssen. Immer noch konnte er es sich nicht leisten, sie vollständig zu möblieren, und ihre Kahlheit ließ sie jetzt schon kalt erscheinen. Nicht nur der Zuckerpreis, auch die Preise für Kohle waren im Steigen. Jeder Kreuzer zählte. Er mußte zwar nicht wieder seine goldene Uhr ins Pfandleihhaus tragen (wie dies bald nach seinen Flitterwochen vor zwei Jahren nötig gewesen war), aber man mußte sich einschränken und womöglich immer noch mehr einschränken.

Freud hielt an einer Gepflogenheit fest, die er gleich nach seiner Verlobung mit Martha eingeführt hatte: Er gab ihr seine gesamten Einkünfte zur Verwahrung in einer Geldschatulle. Aus diesem Fonds in der Schatulle nahm Freud dann »Anleihen«, wobei er seiner Frau genaue schriftliche Angaben über die Verwendung des Geldes machte. Dies tat er, um einzuschränken, was er für extravagant hielt – vor allem seine »skandalösen« Ausgaben für die geliebten Zigarren. Die kosteten ihn zwar nur wenige Kreuzer pro Tag, aber es war eben so schrecklich wenig in der Schatulle.

Auch die kleinste Ausgabe wollte überlegt sein. Lange schon wollte er Martha ein goldenes Schlangenarmband schenken, ein Statussymbol, das die Gattinnen von Universitätsmedizinern von denen gewöhnlicher Ärzte unterschied. Im Jahr 1888 mußte er sich schließlich mit dem Kauf eines silbernen Armbandes begnügen – eine zwar nur unbedeutende, aber doch sehr fühlbare Erniedrigung. Er nannte ganze zwei gute Krawatten sein eigen und hatte noch Glück, daß sein Schneider, ein alter Bekannter der Familie, es mit prompter Bezahlung nicht so genau nahm.

Es schien, als überstiegen ihre Ausgaben dauernd die Einnahmen, seit das Baby auf der Welt war. Freuds Wartezimmer war noch leerer als sonst. Seine hypnotische Behandlung, die er nun an Patienten mit Nervenleiden erprobte, brachte zwar interessante Ergebnisse, wurde aber von anderen Ärzten mit Mißtrauen betrachtet. So schickten sie immer seltener ihre Patienten zu ihm, und seine Einkünfte aus der Privatpraxis schwanden dahin. Die paar Gulden, die er für seine Artikel in dem Medizinischen Lexikon erhalten hatte, waren aufgebraucht, und er bekam keine neuen Aufträge. Ein wenig verdiente er mit Fachübersetzungen aus dem Französischen und mit Privatvorlesungen über Neuropathologie, die er gelegentlich auch für Studenten aus den Vereinigten Staaten auf englisch hielt.

Die einzige Forschungsarbeit, die er zeitmäßig noch unterbringen konnte, war seine Studie über Hysterie. Je weiter aber diese Arbeit fortschritt, desto weniger beschäftigte sie sich mit Neurophysiologie und Anatomie, sondern um so mehr mit dem Gefühlsleben. Mit anderen Worten: Sie begann der vorherrschenden Lehrmeinung zu widersprechen. Die Psychiatrie dieser Tage war immer noch fest auf der Vorstellung von Störungen im Gehirn und im Nervensystem begründet. Diese axiomatischen Grundwahrheiten in Frage zu stellen, würde Freuds schon an sich nicht allzu stabile Karriere noch mehr gefährden. Helfen würde es ihm aber sicher nicht. Auch seine gute Adresse nützte ihm jetzt nur wenig. Er mußte von einer schlechtbezahlten Arbeit zur nächsten hasten. Wäre er bei den weißen Handschuhen, dem Zylinder und seiner Stellung bei Professor Leidesdorf geblieben, hätte sein Leben viel besser zur eleganten Wiener Saison des Herbstes 1888 gepaßt.

Johann Pfeifer, Straßenunterhalter und »König der Vögel«, hatte sein Leben besser eingerichtet. Er gab seine Vorstellungen noch immer auf dem Schottenring, kaum zwei Häuserblocks von Freuds Wohnung entfernt. In beruflicher Hinsicht tat er sich leichter und war auch flexibler als der später so berühmte Doktor. Er und seine Papageien in ihrem turmartigen Käfig hatten inzwischen ihr Repertoire geändert. Nun führten sie Szenen über das Zusammentreffen gekrönter Häupter auf, wie sie Wien bald selbst, sozusagen in natura, erleben sollten. Immer wieder aber vernahm man die spöttische Stimme des Hofnarren, der mit seinen Sprüchen die Spaziergänger am Ring unterhielt. Diese harrten zwar großer Ereignisse, lachten aber herzlich und warfen Münzen in den umgedrehten Deckel der Maskenschachtel, die die goldene Aufschrift trug: ERNST IST DAS LEBEN – HEITER DIE KUNST.

Von der steigenden Erwartung und Erregung in der Stadt blieb auch Gustav Mahler nicht unberührt. Gegen Ende September erhielt er plötzlich eine aufregende Nachricht: ein Telegramm von Baron Bernizcky, dem Herrn über Kaiser Franz Josephs Hofopern und Hoftheater in beiden Hälften der Doppelmonarchie. Mahler wurde eingeladen, sich sobald wie möglich beim Beauftragten des Barons in Wien zu melden.

Tatsächlich trug sich Baron Bernizcky schon seit einiger Zeit mit dem Gedanken, Gustav Mahler zum Direktor des Budapester Opernhauses zu ernennen, so riskant dieser Plan auch in Anbetracht der seltsamen Verbissenheit und allbekannten Unverträglichkeit Mahlers war. Andererseits aber litt Budapest, die Schwesterhauptstadt der Monarchie, in diesem Herbst begreiflicherweise an starkem Geschwisterneid. In Wien wurde eine glänzende Saison vorbereitet; also lüstete man auch in Budapest nach etwas Glanz. Das Königliche Opernhaus, das dort schon seit Jahren in verblassendem Ruhm dahindämmerte, konnte einen neuen Stern, einen kraftvollen Direktor mit eigenen Ideen gut gebrauchen, gleichgültig, wie schwierig er persönlich sein mochte.

Am 24. September kam Mahler nach Wien und stieg im Hotel Höller ab. Dort traf er am nächsten Tag mit dem Abgesandten Bernizckys zusammen. Sicherlich versuchte er, seinen Kaffee mit der Zigarette umzurühren, eine gedankenverlorene Gewohnheit, der er bei angeregten Gesprächen öfters huldigte. Und schon am 27. September reiste Mahler nach Ungarn ab. Im unglaublichen Alter von achtundzwanzig Jahren wurde er Direktor des Königlichen Opernhauses in Budapest. Seine noch unvollendete Zweite Symphonie, in der er vom Himmel zu wissen forderte, wofür er kämpfte, warum er rang und litt – sie würde einstweilen warten müssen, bis sein magyarisches Abenteuer seinen Anfang genommen hatte.

Auch für Gustav Klimt kam eine Schicksalsstunde: der Augenblick der Wahrheit für seine Deckenfresken im neuen Hofburgtheater. An einem Tag gegen Ende September ging er mit seinen beiden Mitschöpfern, seinem Bruder Ernst und Franz Matsch, in das eben erst vollendete Gebäude. Für die breite Öffentlichkeit war das Theater noch geschlossen, nicht aber für die Künstler, die an seiner Gestaltung mitgewirkt hatten. Die Gerüste im Stiegenhaus und in den Foyers waren inzwischen entfernt worden.

Klimt zögerte, ehe er zur Decke aufblickte. Dort würde er nun sein Werk der letzten beiden Jahre betrachten können, und zwar zum erstenmal zur Gänze. Zum erstenmal stellten sich weder dem Blick von unten noch dem Licht, das durch die Fenster drang, Hindernisse entgegen.

Nun richtete er den Blick nach oben. Er haßte, was er sah. Es war die allegorisierte Geschichte des Theaters, von der antiken Tragödie bis zu Shakespeares Globe Theatre – hingepinselt im vollen historischen Pomp der achtziger Jahre. Hier fand sich auch das einzige Selbstporträt, das er je malen sollte – er hatte sich als einen der Besucher des Globe dargestellt. Es war ein unzureichender Trost.

»Dreck!... Saudreck!« war Klimts Kommentar. (Matsch erinnerte sich der Worte noch viele Jahre später.) Und in ebendiesem Augenblick kündigten Wachen das Eintreffen des Kaisers an.

»Schauen wir, daß wir hier verschwinden!« zischte Klimt, aber es war bereits zu spät. Seine Kaiserliche Majestät waren bereits eingetreten, in Begleitung des Obersthofmeisters, Baron Bernizckys und des Architekten Hasenauer. Auch Franz Joseph hatte den Wunsch, die Deckenfresken zu sehen. Erst aber hatte der Monarch noch eine kleine Schwierigkeit zu überwinden: Sein steifer Goldkragen hinderte ihn daran, bequem so steil nach oben zu blicken.

Klimt murmelte etwas davon, daß es vielleicht besser wäre, wenn Seine Kaiserliche Majestät von alledem nichts sähe. Aber es war schon zu spät. Ein Lakai kam mit einem Spiegel herbeigestürzt, und nun konnte der Kaiser die Decke ohne Schaden für seinen Nacken in Ruhe inspizieren.

Das tat er denn auch einige Minuten lang. Er blickte nachdenklich auf die Gemälde, die sich über dem riesigen Treppenhaus hinzogen, die fünf von Gustav Klimt, die drei von seinem Bruder Ernst und die drei von Franz Matsch. Die Künstler standen dabei und warteten wie versteinert. Schließlich wendete sich der Kaiser zu Hasenauer und sagte leise etwas.

»Großartig!« rief der Architekt zu dem Grüppchen um Klimt hinüber. »Ihr seid einfach großartig! Ich darf Ihnen die Allerhöchste Bewunderung ausdrücken!«

Zu Kratzfüßen und geflüsterten Danksagungen entfernte sich der Herrscher.

»San wir bei derer Arbeit blöd geworden«, fragte Klimt seine Mitarbeiter, »oder san's die?«

So endete Klimts Mitarbeit an der Ausgestaltung des neuen Burgtheaters mit öffentlicher Anerkennung und privatem Ärger. Für Theodor Herzl war, wie er mit Ungeduld zur Kenntnis nehmen mußte, die Zeit der Mitwirkung an diesem großen Ereignis noch nicht gekommen. Nur noch wenige Wochen blieben bis zur großen Eröffnungsvorstellung. Es war also allerhöchste Zeit, ein Gelöbnis zu verwirklichen, das er schon Jahre vorher abgelegt hatte. Damals war er gemeinsam mit Schnitzler den Ring entlanggebummelt. Als sie an der Baustelle des neuen Burgtheaters vorüberkamen, sagte Herzl: »Sehen Sie, da komme ich einmal hinein!«

Und nun stand die Eröffnung knapp bevor. Der prominente Name Herzls unter seinen Artikeln in der *Neuen Freien Presse* war zum Teil schuld daran, daß seine früheren, hochgespannten Ambitionen unerfüllt geblieben waren. Nun aber regte sich sein Ehrgeiz wieder. Sein Einakter *Der Flüchtling* war wohl angenommen, der Aufführungstermin jedoch noch nicht festgesetzt. Er fragte nach. Er remonstrierte. Immer wieder sagte man ihm, die Verzögerungen bei der Fertigstellung des neuen Burgtheaters hätten alles hinausgeschoben, vor allem aber die Produktion von Einaktern, deren es ohnedies schon mehr als genügend gäbe. Es wäre durchaus möglich, daß *Der Flüchtling* in absehbarer Zeit überhaupt nicht aufgeführt würde.

Herzl aber konnte nicht warten. Mit irgend etwas mußte er schon früher an die Öffentlichkeit treten. Also hatte er in Zusammenarbeit mit dem bereits arrivierten Bühnenautor und Essayisten Hugo

Wittmann an einer mehraktigen Komödie zu schreiben begonnen. Wittmann allerdings wollte es nicht bekanntwerden lassen, daß er das Stück nicht allein schreibe. Seine Bedingung war, daß sich das Stück, falls es zur Aufführung gelangte, ohne Nennung der Autorennamen dem Urteil des Publikums stellen sollte. Anonymität war Herzl größter Feind, aber er stimmte dennoch zu. Selbst in dieser Form war das Vorhaben ein Schritt hin zum Ruhm, und er konnte einfach nicht mehr warten.

Für seinen Freund Arthur Schnitzler – auch nicht eben ein selbstzufriedener Privatier – schien der Herbst der Dürre des Sommers ein Ende zu setzen. Während seiner Auslandsreisen in der heißen Jahreszeit mußte Schnitzler – nach seinen Maßstäben – relative Enthaltsamkeit üben. Nun ging es ihm wieder besser. Das Wiedersehen mit seinem »süßen Mädel« Jeanette in Wien setzte der vorübergehend erzwungenen Keuschheit ein Ende. Dies beweist schon die erste Tagebucheintragung nach seiner Rückkehr in vertraute Jagdgründe: Samstag, 25. August, Baden bei Wien. Abend mit Jean. (5).

In seinem Tagebuch bezog sich die Ziffer in Klammern immer auf die Zahl der Geschlechtsakte, die er bei dem betreffenden Anlaß ausgeführt hatte. Also mag hier (5) als Maßstab der Wiedersehenslust am 25. August dienen. Darin ging es so fort bis zum 31. August. Hier finden sich nun im Tagebuch in eiserner arithmetischer Gründlichkeit alle vorangegangenen Klammerausdrücke addiert. Daraus war zu ersehen, das Arthur und Jeanette zu Ende des elften Monats ihrer Beziehung genau 326mal gemeinsam den Gipfel der Lust erklommen hatten.

Aber nicht genug damit: Der Herbst versprach auch einer anderen Sehnsucht des jungen Schnitzler Erfüllung zu bringen, der Literatur. Eines Tages stand er, den Stirnspiegel in Position, zur Halsuntersuchung über einen Patienten gebeugt. Er war einer der zahlreichen Assistenten seines Vaters an der Poliklinik. Professor Schnitzler trat ein, in Händen ein für seinen Sohn erlösendes Stück Papier: einen Brief von *An der schönen blauen Donau*, der literarischen Beilage der *Presse*. Darin wurde Herrn A. Schnitzler mitgeteilt, daß seine Erzählung angenommen worden sei.

Für Arthur Schnitzler war es der erste Triumph dieser Art. Doch vergingen Wochen um Wochen, und *Mein Freund Ypsilon*, wie sich die Geschichte nannte, erschien nicht. Inzwischen hörte man überall in Wien von großen Namen und noch großartigeren Ereignissen.

Schnitzler las in der Zeitung davon, bekam aber kein Wort seiner Erzählung zu sehen. Tatsächlich las er in diesen Tagen mehr und mehr über und von seinem Vater und war doch stets auf der Suche nach einem Wort aus seiner eigenen Feder.

Schnitzler senior war ordentlicher Universitätsprofessor, Vorstand der Laryngologischen Abteilung, Leiter der Poliklinik, Chefredakteur wichtiger medizinischer Fachpublikationen und Hausarzt der Stars der Wiener Theaterwelt – kurz: Über den alten Schnitzler stand so gut wie täglich etwas in der Zeitung. Immer war er entweder in den Krankenzimmern oder in den Ballsälen der Großen – offenbar beiderorts unentbehrlich. Als Charlotte Wolter, die Primadonna des Wiens dieser Tage, sich erkältete – was die Eröffnungsvorstellung des neuen Burgtheaters, in der sie eine prominente Rolle hatte, gefährdete –, wurde das *Wiener Tagblatt* ungeduldig. »Die Wolter schweigt, der Schnitzler spricht«, schrieb es im Oktober. »Allen Respekt vor der Prosa des ausgezeichneten Professors! Er hat, wie wir gerne zugeben, ein prachtvolles Organ mit wohltuend berührender baritonaler Klangfarbe; (doch) ziehen wir diesem schönen und gerundeten Vortrag des berühmten Heilkünstlers ein einziges Wort aus dem Munde der berühmten Bühnenkünstlerin bei weitem vor.«

La Wolter erholte sich zusehends, sehr zum Ruhme ihres Heilers. Die Bulletins über ihren Gesundheitszustand, die Schnitzler senior laufend herausgab, belebten, zusammen mit seinen Auftritten auf dem Parkett der Wiener *haute monde*, die Spalten der Tageszeitungen. Sein Sohn aber hatte wieder eine unfruchtbare Periode. Schnitzler junior konnte sich nicht recht mit der Lakaienstellung an der Klinik seines allseits umworbenen Vaters abfinden, hielt vergebens Ausschau nach seiner Erzählung in *An der schönen blauen Donau* und verschlüsselte die Augenblicke der Sinnenlust in Klammerausdrücken seines Tagebuches. All das Gepränge und die Festlichkeiten, die Wien in diesem Herbst aufwirbelten, gingen an ihm vorbei.

Auch an Anton Bruckner gingen sie vorbei. Der aber war bereits vierundsechzig. Sein Ausgeschlossensein von Ruhm und öffentlicher Anerkennung schien weit endgültiger als das Arthur Schnitzlers. Allerdings hatte er bei seiner Rückkehr nach Wien im September auch gute Nachrichten vorgefunden. Durch die Post erhielt er zwei Hefte des Pariser Magazins *Guide Musicale*, deren Inhalt ganz und gar ihm und seiner Arbeit gewidmet war: *»Un symphoniste d'avenir, Antoine Bruckner.«*

Das aber kam aus der verklärenden Distanz von Paris. Die gleiche Post brachte auch Demütigungen von Gegnern, die viel näher saßen. Ein Mainzer Dirigent hatte seine Romantische Symphonie abgelehnt, ohne sich auch nur die Mühe einer Erklärung zu machen, und auch in Wien blieben ihm die Säle der Philharmonie verschlossen. Von der unangreifbaren Höhe der *Neuen Freien Presse* her verfügte der damals tonangebende Kritiker Eduard Hanslick, Bruckners Werke seien immer noch keiner Aufführung würdig. In seiner ländlichen Kleidung durchstreifte der alte Mann die Kaiserstadt – einsam und benommen, als wäre er hier ein Fremder. Selbst das Chaos seines Schlafquartiers in der Heßgasse schien ihm nicht mehr vertraut.

»Euer Hochwohlgeboren!« schrieb er einem seiner Gönner in der Ferne, Herrn W. L. van Meurs in Holland. »Ich finde keine Worte die Gefühle des Dankes ausdrücken, die in meinem Innern, durch Dero großmüthige That erzeugt worden sind! Der Himmel wolle das Misterium Hochdemselben einst vergelten!

Ja, ewig bleibt eine so großartige That für mich Misterium, ebenso wie das, was Hanslick, Bülow und Joachim thun. Hanslick, bis 1875 mein größter Gönner und Freund, wurde mein ewiger Feind, weil ich das Lectorat für Musik-Theorie an der Universität angenommen habe!!

Brahms – voll Eifersucht u. s. w. Niemand getraut sich in Folge dessen etwas von mir aufzuführen. Am besten sind Holland, Amerika u. dgl. Die 8te Sinfonie ist fertig, doch mache ich hie und da Kürzungen und Veränderungen in der Instrumentation. Die 3te in D-Moll wird soeben neu umgearbeitet.

Herzlichsten, ewigen Dank für Alles, mit der innigsten Bitte um Gewogenheit für die Zukunft!

Euer Hochwohlgeboren dankschuldigster Diener Anton Bruckner.«

Zu Anfang des Herbstes fühlte er sich in seiner kleinen Wohnung in der Heßgasse völlig verlassen. Sein gelegentlicher Verbündeter, Gustav Mahler, war nicht in Wien, sondern schlug sich in Budapest mit der Reorganisation des dortigen Opernhauses herum. Hugo Wolf, mit dem ihn gleichfalls eine lose Freundschaft verband, war von seiner heimlichen Liebesaffäre und seiner eigenen Arbeit ganz in Anspruch genommen. So blieb Bruckner ganz isoliert, ebenso wie Freud, der auf der anderen Straßenseite wohnte. Bruckner war jedoch mehr als dreißig Jahre älter als diese anderen um Erfolg und Anerkennung ringenden Wissenschaftler und Künstler. Er war ein leicht verletzbarer Landmensch, den es in diese große Stadt verschlagen hatte, wo seine Haushälterin mit ihm schimpfte, wenn er einmal einen Pantoffel nicht finden konnte.

Und doch hielt ihn die Arbeit fest, hielt ihn aufrecht. Ein neuer Entwurf seiner Dritten Symphonie war so gut wie vollendet. In seinem seelischen Tief fürchtete er mehr denn je Hanslicks antiwagnerianischen Zorn und entfernte alle direkten melodischen Bezüge zu Wagner aus der Partitur. Am Samstagabend und am Sonntagmorgen spielte er in der Hofburgkapelle Orgel – nicht einmal ein Hanslick konnte ihm das streitig machen. Er genoß sein Pilsner und seinen Schweinsbraten mit Kraut im Restaurant »Zur Kugel«. Daheim tröstete er sich mit ein wenig Schnupftabak aus seiner silbernen Dose, selbst wenn Frau Kachelmayer über die braunen Flecken in den Sacktüchern knurrte. Auch erfüllte ihn die Erinnerung an Fräulein Martha Rauscher mit stiller Freude, »einem sehr netten, lieben Mädel«, das er im Sommer in Oberösterreich kennengelernt hatte. Sie hatte ihm ein Duplikat des Photos geschickt, das er auf der Rückreise nach Wien verloren hatte. Und schließlich hatten ihn die Veranstalter der Gewerbe-Ausstellung im Prater gebeten, sich dort auf einer Orgel als Virtuose zu produzieren.

Das war der einzige öffentliche Auftritt, zu dem er eingeladen wurde. All die großen Ereignisse dieses Herbstes gingen an ihm vorüber. Und doch hatte auch Bruckner sozusagen seine eigene Saison: Am Tag des Herbstbeginns erwartete der runzelige Mystiker von den hügeligen Wiesen Oberösterreichs einen Staatsbesuch ganz besonderer Art.

Am Mittag des 22. September begann er sich auf seinen Besucher vorzubereiten. Er zog seinen besten schwarzen Anzug an, dessen Hosen dennoch viel zu kurz und zu weit waren, seinen kurzen Sonntagsmantel aus St. Florian und den Zylinder, den zu bürsten sich Frau Kachelmayer weigerte, denn – so sagte sie – es hätte ja doch keinen Sinn. Just am Abend zuvor hatte er das Prunkstück wieder naß werden lassen.

So bürstete er also das Ding selbst mit großer Umständlichkeit.

Um drei Uhr nachmittags bestieg er dann die Pferdetram nach Währing hinaus. Beim Bezirksfriedhof stieg er aus. Dort hatten sich schon eine Reihe von Funktionären verschiedener Musikvereine und -gesellschaften, aber auch einige Ärzte und Anthropologen versammelt. Bruckner stellte sich in die erste Reihe.

Genau um drei Uhr fünfundvierzig begannen die Totengräber zu schaufeln. Innerhalb weniger Minuten kam auch die »Staatskarosse« des Besuchs zum Vorschein: Ein Kran hob den schweren Sarg aus dem Grab und beförderte ihn zu der Kapelle, die nur Bruckner und einige wenige Funktionäre und Wissenschaftler betreten durften. Hier wurde der Sargdeckel entfernt: Anton Bruckner fand sich Angesicht zu Angesicht mit Franz Schubert, der nun schon sechzig Jahre tot war.

Wie bei seiner seinerzeitigen »Begegnung« mit Beethoven wollte Bruckner vorstürmen, doch man hielt ihn zurück. Zuerst kamen andere dran. Der Vertreter des Bürgermeisters hielt eine Ansprache und pries die Gebeine, denen die Welt so zauberhafte Musik verdanke. Heute, so fuhr er salbungsvoll fort, seien diese hehren sterblichen Überreste exhumiert worden – nicht nur, um ihnen am Wiener Zentralfriedhof eine würdigere Ruhestätte zuzuweisen, sondern auch um der Wissenschaft Gelegenheit zu geben, die äußeren physischen Merkmale des Genies zu untersuchen.

Alles verlief nach typisch wienerischem Ritual. Schuberts Schädel wurde auf ein kleines, mit schwarzem Samt überzogenes Tischchen gelegt, so feierlich, als setze ein Priester die Monstranz auf dem Altar nieder. Ein gewisser Dr. Langl photographierte das ehrwürdige Kranium viermal, vor allem die rechte Profilansicht, die am besten erhalten war. Ein Sekretär mit Zylinder fertigte ein Protokoll an. Darin wurde festgehalten, daß Schuberts Schädel tiefgelb sei und sein Gebiß immer noch in ausgezeichnetem Zustand (weit besser als das Beethovens, das man bei einer ähnlichen Zeremonie im Juni zu Gesicht bekommen hatte) und daß nur ein Backenzahn fehle. Die Gesichtspartie sei im Vergleich zur Hirnkapsel stark entwickelt, und Reste von Bekleidung, aber auch vom Haupthaar seien immer noch zu erkennen.

Und dann waren die Anthropologen an der Reihe. Mit ihren Meßzirkeln stellten sie Krümmung und Tiefe der Schädelhöhle fest. Anschließend hielt der Vertreter des Bürgermeisters eine weitere Würdigungsrede. Um halb sechs wollten die offiziellen Delegierten die sterblichen Reste des Tondichters in den Sarg zurücklegen, doch da drängte sich Bruckner ganz aufgeregt vor und bestand darauf, das Haupt »des Meisters« zu berühren. Mit beiden Händen umspannte er die kahle Stirn. Er hielt sie immer noch umklammert, als der Vertreter des Bürgermeisters sacht seine Finger löste. Schließlich gestattete man Bruckner, den Schädel selbst in den Sarg zurückzulegen. So war Bruckner der letzte Mensch, der Schubert berühren durfte. Dann fuhr er mit der Pferdetram wieder heim, während Schuberts Sarg in einem schwarzen Wagen die Reise zum Zentralfriedhof antrat. Es war schwer zu sagen, welcher von den beiden mehr erfüllt war.

10

Gegen Ende September begannen hohe Herrschaften, die durchaus von dieser Welt waren, ihre Reise nach Wien. Die große Saison sollte mit einem anstrengenden ersten Akt beginnen: Kaiser Wilhelms bevorstehender Besuch warf einen langen Schatten voraus – bekrönt von einer Pickelhaube.

»Wilhelm II. macht sich«, schrieb Rudolf am 24. August an seinen Freund Moritz Szeps. »Er dürfte bald eine große Konfusion im alten Europa anrichten;... Von gottbegnadeter Beschränktheit, dabei energisch und eigensinnig wie ein Stier, sich selbst für das größte Genie haltend. Was will man mehr? Er dürfte im Laufe weniger Jahre das hohenzollerische Deutschland auf den Standpunkt bringen, den es verdient.«

Beängstigend prophetische Worte. Aber Rudolf war einsichtig genug zu wissen, daß sich mit Weissagungen nicht Politik machen ließ. Er verachtete Wilhelm ob seiner säbelrasselnden preußischen Überheblichkeit, seines antiliberalen Junkertums, seines einfältigen Bramarbasierens über deutsche Vergangenheit, Blut und Ehre. Rudolf argwöhnte, Wilhelms pompöser Auftritt in Wien würde jener teutonischen Tollheit Auftrieb geben, die bereits zur Verhaftung Schönerers geführt hatte. In diesem Punkt war er einer Meinung mit einem prominenten Untertanen des großen Wilhelm: Bismarck. Noch hatte sich der junge Monarch des alternden Eisernen Kanzlers nicht entledigt. Fürst Bismarck fürchtete nicht weniger als Rudolf die letzten Konsequenzen von Wilhelms Demagogik: Was würde geschehen, wenn es Wilhelm gelänge, die deutschsprachigen Gebiete Österreichs zu vereinnahmen? Abgesehen von Ungarn bestünde das Habsburgerreich dann aus mehr als zwanzig Millionen Slawen, die womöglich das Rumpfreich verlassen würden, um sich Rußland anzuschließen. Dies würde die Gefahr, die dem Deutschen Reich aus dem Osten drohte, vergrößern, nicht verringern.

Selbstverständlich wagte in Wien niemand, solche Gedanken laut zu äußern. Die Haltung der Regierung gegenüber Preußen war zwiespältig. Franz Joseph mochte mit Kronprinz Rudolf einer Meinung sein, doch Franz Josephs Zensur hätte nie zugelassen, daß eine solche Anschauung in die Spalten der Tagespresse gelangte – wenigstens nicht so direkt.

Also mußte man eine andere Form finden. Wieder zog sich Rudolf nach Mayerling zurück, um zu denken und zu schreiben. Wieder kehrte er mit einer Anzahl von Blättern zurück, die mit seinen kühnen geschwungenen Schriftzügen bedeckt waren. Wieder begab sich der getreue alte Nehammer auf Schleichwegen von der Hofburg zur Wohnung von Moritz Szeps, wo er als »Masseur für das Fräulein Tochter« Einlaß begehrte.

Bald beschrieb ein Artikel im *Wiener Tagblatt* die Freundschaft zwischen dem Deutschen Kaiser und dem Kronprinzen: Sie gehörten der gleichen Generation an, verfügten über die gleiche unerhörte Vitalität und begeisterten sich für die gleichen hehren Ideale – all das verband die beiden so verschiedenen und einander doch ergänzenden Temperamente. Mit dieser Veröffentlichung schützte sich das Blatt vor allen Anwürfen offenkundiger Parteilichkeit. Darauf folgte ein gleichfalls unsignierter Leitartikel, in dem der Hoffnung Ausdruck verliehen wurde, die Wilhelm entgegengebrachte Begeisterung würde österreichisches Gepräge haben. Die Begrüßung in eine deutschnationale Demonstration zu verwandeln würde Kaiser Franz Joseph beleidigen und vermutlich auch den Intentionen des Deutschen Kaisers zuwiderlaufen.

So bereitete Rudolf sorgfältig die Stimmung für die Ankunft Seiner Preußischen Majestät vor.

Ehe jedoch dieser Besuch stattfand, war Rudolf sympathischere Gesellschaft beschert: Edward, der Prinz von Wales. Edward war die richtige Ablenkung vor den kommenden schweren Prüfungen. Der

Engländer war eben mit dem Kaiser in Kroatien zusammengetroffen, um sich die Herbstmanöver der österreichischen Armee anzusehen und um etwas zu jagen. Rudolf gesellte sich gerne zu ihnen. Edward war das gerade Gegenteil von Wilhelm und glich deshalb in mancher Hinsicht Rudolf: Er setzte sich gern über das Protokoll hinweg, vermied das Hofzeremoniell, bevorzugte liberale Politiker, ignorierte den extrem standesbewußten Adel und bewegte sich gern im Kreis der aufgeschlosseneren Millionäre. Intellektuell war er Rudolf nicht ebenbürtig – und auch nicht, was Ethos und Sozialbewußtsein anlangte. Dafür aber strahlte er ein fröhliches Wohlwollen aus, das keine trübe Stimmung aufkommen ließ. Das war Balsam für Rudolf, dessen sensible Nerven durch die Aussicht auf Wilhelms Besuch schon bis zum äußersten gespannt waren.

»Wilhelm würde ich nur einladen, um ihn durch irgend einen eleganten ›Jagdunfall‹ loszuwerden«, schrieb Rudolf in diesem Herbst an seine Frau, »... aber den Prinzen von Wales lade ich gerne ein. Er ist der besten Laune und will alles sehen, alles mitmachen; unermüdlich bleibt er immer der alte.«

Franz Joseph billigte das lockere Gehaben des Prinzen nicht immer, konnte aber nicht umhin, den jungen Briten höchst amüsant zu finden. Der Kaiser geriet in eine seiner seltenen heiteren Stimmungen und forderte seinen Gast mit seinen überlegenen Reiterqualitäten heraus. »Die Manöver fielen bei herrlichem, nicht zu heißem Wetter vortrefflich aus«, schrieb er am 16. September an Katharina Schratt. »Ich gab mir Mühe durch anhaltenden Trab und Galopp den Prinzen von Wales abzuschütteln, es gelang mir aber nicht; der dicke Mann war immer mit und hielt unglaublich aus, nur recht steif ist er geworden, und seine rote Husaren-Hose hat er sich zerrissen, und da er nichts darunter an hatte, so war das für ihn ziemlich unangenehm.«

Nichts vermochte die Fröhlichkeit des Prinzen von Wales zu dämpfen. Ein wenig später nahm ihn Rudolf nach Wien mit, um in dem von Alexandrine von Schönerer geführten Theater an der Wien den *Zigeunerbaron* zu sehen. Dieser besondere Anlaß trieb sogar Johann Strauß aus seinem abgelegenen Palais in der Igelgasse, um seine Operette höchstpersönlich zu dirigieren. Im Jahr 1888 war das schon ein recht ungewöhnlicher Anblick. Noch ungewöhnlicher aber war sein Lohn: die Einladung, während der großen Pause mit den Hoheiten in der Hofloge zu plaudern. In der Regel luden Mitglieder des Erzhauses Bürgerliche – mochten sie auch noch so berühmt sein – nicht ein, sich mit ihnen in der Öffentlichkeit zu zeigen. Anschließend fuhren die beiden Kronprinzen zum Souper in den Sacher-Garten im Prater. Dort bat dann der Prinz von Wales den Dirigenten des Salonorchesters an den Tisch, was von Rudolf freudig, von anderen anwesenden Erzherzögen aber stirnrunzelnd vermerkt wurde.

Am nächsten Tag verstießen die beiden Erhabenen aus Herrscherhaus wieder gegen das Hofprotokoll. Sie nahmen das Mittagmahl auf der Sacher-Terrasse gleich hinter der Oper in Gesellschaft von Baron Hirsch ein – und ganz Wien schnappte nach Luft. Der Baron war ein jüdischer Bankier von beinahe rothschildschem Kaliber. Von Rudolf ermuntert, hatte er die österreichische Ostbahnstrecke bis in die Türkei finanziert und so die Route des Orientexpreß fertiggestellt, der in diesem Jahr zu verkehren begann. Gleichfalls über Intervention Rudolfs hatte Baron Hirsch durch großzügige Investitionen die österreichischen Schiffahrtslinien in der Adria vor dem Ruin bewahrt. Und er hatte geholfen, Zeitungen wie etwa das von Moritz Szeps geleitete *Wiener Tagblatt* ins Leben zu rufen, in dem der Kronprinz so häufig schrieb.

All das änderte aber nichts daran, daß Baron Moritz Hirsch Jude war. Er hatte schon früher mit Königen verhandelt – üblicherweise, nachdem er den Palast durch einen Nebeneingang betreten hatte. Hier aber saß er nun in der strahlenden Mittagssonne auf der Sacher-Terrasse, bei Champagner und frohem Lachen mit Männern von königlichem Geblüt vereint.

Im allgemeinen war Rudolf nicht so leicht zum Lachen zu bewegen. Diese Woche Mitte September sollte eine der letzten wahrhaft glücklichen seines Lebens sein. Schon kurz danach richtete der Obersthofmeister in Berlin eine Botschaft an den Obersthofmeister in Wien. Sorgfältig verpackt in allerlei Höflichkeitsfloskeln verbarg sich ein beinahe drohender Wink mit dem Zaunpfahl: »Sobald Seine Königliche Hoheit, der Prinz von Wales, seine Dispositionen getroffen hat, wird Seine Majestät, Kaiser Wilhelm, bezüglich Seiner Majestät Besuch in Wien verfügen.« Mit anderen Worten: Wilhelm war nicht bereit, die Reichs-Haupt- und Residenzstadt zu betreten, bevor der Prinz von Wales sie nicht verlassen hatte. Wilhelm wünschte in Wien als der einzige hohe Besucher zu glänzen.

Selbst das konnte Edward die Laune nicht verderben. Schließlich konnte man von jemandem wie seinem Neffen, dem Kaiser, nichts anderes erwarten – von einem Mann, der sozusagen nur aus Stiefeln, Sporen und Epauletten bestand. Wales ließ wissen, er wolle nun gern ein wenig in Rumänien jagen, ehe er später wieder nach Wien zurückkehren werde. Nun konnte der Junker seine Reisepläne vorantreiben.

Seit Wochen war Franz Joseph von seiner Hauptstadt abwesend. Er hatte zunächst in Ischl Urlaub gemacht (obwohl er dort täglich von Tagesanbruch bis Mittag durcharbeitete), hatte dann die Manöver in verschiedenen Teilen des Balkans inspiziert und schließlich in Ungarn mit solchem Eifer der Hirschjagd gehuldigt, daß er sich die von seiner kurzen Lederhose ungeschützten Knie aufgeschunden hatte. Nach diesen schönen Tagen, schrieb er an seine Gemahlin Elisabeth, müsse er jetzt nach Wien fahren, »um mich nach und nach auf die Ankunft des deutschen Kaisers vor(zu)bereiten, welche nur das einzig Erfreuliche hat, daß ich Dich endlich nach so langer Zeit wiedersehen werde«.

Es war aber auch ein Ereignis, das die Bedeutung seiner Haupt- und Residenzstadt unter Beweis stellen sollte. Zurück in Wien, inspizierte er zunächst die Veränderungen, die in der Hofburg für seinen Gast vorgenommen wurden. Im sogenannten Leopoldinischen Trakt wurden Dutzende von Appartements für Wilhelm, seine Kaiserin, seinen Hofstaat und die zahlreichen Offiziere seiner Leibwache auf Hochglanz gebracht. Sodann mußte der Kaiser die protokollarischen Schritte unternehmen, um alle anderen in der Stadt zu Besuch weilenden Majestäten zu verabschieden.

»Heute stattete Seine Majestät der Kaiser König Georg von Griechenland vormittags im Hotel Imperial einen Besuch ab«, verkündete ein Hofkommuniqué am 27. September. »Die Monarchen tauschten Grußworte und zogen sich dann in den Empfangssalon zurück. Zwanzig Minuten später verabschiedete sich der Kaiser und wurde vom König in den Vorraum geleitet.«

»Se. Majestät geruhten heute Mittags Sr. kön. Hoheit dem Prinzen von Wales im ›Grand Hôtel‹ einen viertelstündigen Besuch abzustatten«, proklamierte ein weiteres Hofkommuniqué am 28. September. »Se. Majestät König Georg von Griechenland stattete um 12¾ Uhr, Se. kön. Hoheit der Prinz von Wales um 1 Uhr Sr. Majestät dem Kaiser in der Hofburg Gegenbesuche ab.«

Innerhalb der nächsten vierundzwanzig Stunden saß Albert Edward, Prinz von Wales, im Zug nach Bukarest. Und auch der griechische König verließ Wien.

Nun war die Bühne frei. Am 1. Oktober wurden entlang der Ringstraße die Flaggen gehißt. Sie wehten von Dächern und Türmen, Ziergiebeln und Kuppeln: das Schwarz-Weiß des Königreiches Preußen, das Schwarz-Weiß-Rot des Deutschen Kaiserreiches und selbstverständlich auch das Schwarz-Gelb Österreichs. Am 2. Oktober stellte die Polizei die letzten Barrikaden auf, hinter denen die Volksmenge das große Schauspiel bestaunen sollte. Am 3. Oktober traf Wilhelm ein.

An diesem Tag wurde die ganze Wiener Garnison aufgeboten, um – wie es die amtliche *Wiener Zeitung* ausdrückte – »den militärischen Neigungen Kaiser Wilhelms entgegenzukommen«. Die Seitenalleen der Ringstraße und die Mariahilferstraße – die direkte Verbindung vom Westbahnhof zum Ring – waren himmelblau von den Reihen der strammstehenden Elite-Infanterie-Regimenter.

Die Husaren saßen in goldenem Kragenmantel und karminroten Hosen zu Pferd und machten von Osten her gegen den Bahnhof Front. Ein gleiches taten von Süden her Dragoner in weißen Waffenröcken auf ihren Rappen. Sonnenlicht glitzerte auf versilberten Helmen Reihe um Reihe. Das barocke Wien wußte ein Ereignis wie dieses gebührend in Szene zu setzen. Sogar der Himmel spielte mit – nicht das winzigste Wölkchen wagte die Vollkommenheit zu stören.

Auf dem Bahnsteig hatte das nach dem Vater des Deutschen Kaisers benannte Infanterie-Regiment Friedrich Wilhelm in seinen karminroten Hosen und seinen blauen Waffenröcken mit silbergeschmückten Ärmeln Aufstellung genommen. Davor stand Kaiser Franz Joseph in der Uniform des preußischen Grenadier-Regiments, dessen Inhaber und Ehrenoberst er war. Sein Haupt zierte ein Helm, um dessen Bronzeadler ein schneeweißer Helmbusch von gebleichtem Büffelhaar wogte. Mit den übrigen Angehörigen des Kaiserhauses wartete er, schweigend und regungslos, genau an der Stelle, an der Wilhelm seinem Salonwagen entsteigen sollte.

Um genau ein Uhr nachmittags pfauchte der Sonderzug des Kaisers langsam in den Bahnhof. Die Lokomotive schmückte ein riesiges Schild mit dem königlich-preußischen Wappen. Feierlich zischend ließ sie Dampf ab und hielt haargenau an der bezeichneten Stelle. Stille trat ein – dann gab es eine Konfusion. Es stellte sich heraus, daß der Kaiser die im Protokoll vorgeschriebene Wagenfolge geändert hatte. Sein Salonwagen war fünfundvierzig Meter vom wartenden österreichischen Kaiser entfernt zum Stehen gekommen. Franz Joseph mußte also laufen, um seinen Gast zu begrüßen.

Es war die einzige Panne des Tages – sie wurde durch die Flinkheit des Kaisers rasch überwunden. Mit seinen achtundfünfzig Jahren war Franz Joseph noch außerordentlich behende und erreichte rechtzeitig den Salonwagen des Deutschen Kaisers. Dieser entstieg mit dem gemächlich-protzigen Gehaben, für das er bekannt war – im vollen Glanz der Uniform seines österreichischen Regiments. Den etwas verkümmerten linken Arm hatte er auf den Degen gestützt.

Franz Joseph trat auf ihn zu, salutierte und nahm den Helm ab. Die beiden Herrscher umarmten und küßten einander dreimal, Bakkenbart gegen Schnurrbart. Kronprinz Rudolf, gleichfalls in prunkvoller preußischer Uniform, folgte dem Beispiel seines Vaters. Vorstellungen und Begrüßungen zwischen den höchsten Würdenträgern der beiden Gefolge. Hacken schlugen zusammen, Sporen klirrten. Und über die ganze Reichs-Haupt- und Residenzstadt donnerten einundzwanzig Salutschüsse aus hundertzwanzig Kanonen mit mehrfachem Echo hinweg.

Dann bliesen die Trompeter auf dem Bahnsteig eine Fanfare, die von Trompeten vor dem Bahnhof und dann auf der Mariahilferstraße aufgenommen wurde. Wie ein Lauffeuer sprang das Trompetensignal weiter, von einer schimmernden Trompete zur nächsten, den ganzen Weg bis zur Hofburg.

Inzwischen waren die beiden Monarchen auf die Straße hinausgetreten. Kommandos erklangen wie Peitschengeknalle. Mit einem tausendfachen Blitzen der blankgeputzten Büchsen und goldbetreßten Ärmel präsentierten die Regimenter das Gewehr. Militärmusikkapellen intonierten die Hymnen; die österreichische: *Gott erhalte*, die des preußischen Reiches: *Heil Dir im Siegerkranz.*

Aus Fenstern, von Dächern und Bürgersteigen schallten die Hochrufe der Menge. Dann bestiegen die beiden Kaiser die Staatskarosse, einen vergoldeten, arabeskenverzierten, barocken Berg auf Rädern. Die Hufe der Kavallerie-Eskorte begannen zu klappern. Feierlich strömte der Festzug nach Osten zur Hofburg. Die Sonne, golden und noch immer von keiner Wolke verdeckt, bewegte sich in die entgegengesetzte Richtung, nach Westen.

Während der ersten Oktoberwoche geisterte Jack the Ripper durch die Weltpresse. Fast jeder neue Morgen dämmerte über einer weiteren verstümmelten Prostituiertenleiche in Whitechapel, und die Wiener Zeitungen berichteten über diese Greuel. Aber die Augen von ganz Wien waren auf etwas anderes gerichtet. Man kümmerte sich sogar weniger als sonst darum, daß Franz Joseph am 4. Oktober Namenstag hatte. Alle Köpfe drehten sich nach Wilhelm II., seine Anwesenheit brachte die Stadt auf die Beine. An das einfache Auftreten Franz Josephs und Rudolfs feinen Charme gewöhnt, sah sich Wien mit einem Allerhöchsten Lümmel konfrontiert. Ein rüpelhafter Kaiser – was für ein grandioser Skandal!

Gleich zu Beginn schaffte es Wilhelm, seine Trauer zu einer Farce zu machen. Wegen des noch nicht lange zurückliegenden Todes seines Vaters konnte er die Oper nicht besuchen. Also ließ er die Oper zu sich kommen; das heißt, das Hofopernorchester zog am 4. Oktober geschlossen in die Hofburg, um für eine Zuhörerschaft zu spielen, die praktisch nur aus einem einzigen Mann bestand. Und dieser eine, der Deutsche Kaiser, sprach und lachte höchst geräuschvoll während der ganzen Vorstellung, obwohl man sich bemüht hatte, der vorgeblichen Begeisterung des Kaisers für Richard Wagner durch eine Auswahl aus *Tannhäuser* und *Parsifal* entgegenzukommen.

Diesem Konzert folgte ein Empfang, bei dem der Kaiser dem Grafen Kálnoky, Franz Josephs Minister des Äußern, den Schwarzen-Adler-Orden mit Brillanten verlieh. Koloman Tisza, der ungarische Ministerpräsident, bekam den Schwarzen-Adler-Orden, und weniger hochgestellte Persönlichkeiten, wie der Wiener Bürgermeister Uhl, mußten mit dem Roten-Adler-Orden zweiter Klasse vorliebnehmen. Nichts, absolut gar nichts aber erhielt Graf Eduard von Taaffe, der Ministerpräsident der österreichischen Reichshälfte. Diese Unterlassung drückte nicht nur Wilhelms Mißbilligung darüber aus, daß Taaffe sich in seiner Regierungskoalition auf die Slawen stützte – sie war auch ein Zeichen dafür, daß die österreichische Reichshälfte, an sich ja deutsch, keine besondere Anerkennung verdiente.

Rudolf mißbilligte seinerseits Taaffes reaktionäre Neigungen. Aber der Affront gegen den Ministerpräsidenten war auch ein Affront gegen jenen Teil der habsburgischen Erblande, dem er selbst entstammte. Überdies erinnerte ihn die Taktlosigkeit Wilhelms an eine noch unerhörtere Zurücksetzung vor vier Monaten. Damals hatte Wilhelm einen Sonderbotschafter nach Wien entsandt, um seine Thronbesteigung anzukündigen. Der Gesandte überbrachte persönliche Botschaften an die meisten Mitglieder des Kaiserhauses; für den Kronprinzen aber war keine dabei. Von allem Anfang an hatte Wilhelm deutlich gemacht, daß er Rudolf für einen verweichlichten Intellektuellen hielt, der nie imstande sein würde, Österreich zu Macht und Stärke zu führen. Franz Josephs Erbe konnte sich schon glücklich schätzen, wenn es ihm gelang, den Flickenteppich des Donauraumes zusammenzuhalten. Und nun würde Rudolf, als Gastgeber *dieses* Mannes, tagelang lächeln müssen! Auf sein Wohl würde er Glas um Glas heben müssen!

Der 4. Oktober endete mit einem Staatsbankett zu Ehren Wilhelms, das Franz Joseph im Redoutensaal der Hofburg gab. Auch er hatte keine sehr angenehme Zeit, wie er in einem Brief an Frau Schratt bekannte: »Meinen Toast beim gestrigen Diner, auf den ich mich enorm fürchtete, habe ich ohne stecken zu bleiben gesprochen und zwar ohne Souffleur. Die Festlichkeiten dieser letzten Tage sind glücklich überstanden.«

Für seinen Sohn muß dieser Abend wesentlich unangenehmer gewesen sein. Rudolf hatte einmal ein anonymes Pamphlet verfaßt, in dem er an den österreichischen Adel appellierte – und zwar recht unverblümt –, er möge doch mehr arbeiten und lernen und sich weniger dem Müßiggang und Posieren hingeben. Wie zur Antwort darauf war Rudolfs Vetter Otto eines Abends inmitten der roten Plüschmöbel des Restaurants Sacher völlig nackt aufgetaucht, nur das Goldene Vlies glänzte auf der haarlosen Allerhöchsten k. u. k. Brust. Am 4. Oktober schwärmten Dutzende solcher hochgestellter Drohnen nur allzu gut gekleidet im Redoutensaal herum und waren mit peinlicher Sorgfalt auf ihre besten Manieren bedacht. Für Rudolf war das ein neuerlicher Beweis ihrer geistigen Leere. Ausgerechnet bei diesem Anlaß machten sie solche Anstrengungen.

Sie tänzelten über das Parkett, das man für diesen einen Abend mit schweren Orientteppichen belegt hatte, posierten vor Gobelins, die man eigens aus dem kaiserlichen Mobiliendepot geholt hatte. Über dreitausend Kerzen flackerten in Kristall-Lüstern, Wandarmen und Kandelabern. Der Schein ihrer Flammen beleuchtete all diese Erzherzöge, Großherzöge, Fürsten und diverse Hoheiten, die da den Preußen in all seiner Ungeschlachtheit umkreisten. Sie waren wie Gazellen, die der Anblick eines Gorillas in törichte Erregung versetzte. Sie bewunderten die Art, wie er mit in die Seite gestemmten Armen dasaß; oder wie er zwischen Schlückchen Champagner gläserweise Mineralwasser hinuntergoß; oder voll Selbstbewußtsein, aber völlig aus dem Takt, zum von Edi Strauß, dem Bruder Johanns, dirigierten *Simpliziuswalzer* mit dem Fuß klopfte; oder wie er sein Monokel ganz unverhohlen auf das tiefe Dekolleté einer affektiert lächelnden Komtesse richtete... »Herrn Uhl, dem Bürgermeister von Wien«, berichtete das *Wiener Tagblatt*, »gelang es nicht, Kaiser Wilhelm für die ihm verliehene hohe Auszeichnung zu danken. Zu dicht war Seine Majestät von Aristokraten umgeben.«

Beim einfachen Volk von Wien fand Wilhelm weit weniger Anklang. Hier hatte ihn Rudolf in den Hintergrund gespielt. Es war Rudolf nicht gelungen, Franz Joseph vom Glauben an die Notwendigkeit dieses Staatsbesuches abzubringen, der den Fortbestand der Zusammengehörigkeit der Mittelmächte dokumentieren sollte. Aber er konnte Franz Joseph wenigstens von einer anderen Notwendigkeit überzeugen: Der Kaiser mußte in Wien an einer kurzen Leine gehalten werden.

Nur zu gerne wollte Kaiser Wilhelm eine Solovorstellung geben, die womöglich einen deutschnationalen Aufruhr hervorgerufen hätte. Hier schaltete sich Rudolf ein. Rudolfs persönliche Popularität war so groß, daß der bloße Anblick des Kronprinzen Hochrufe auf das Haus Habsburg auslösen würde, um jeglichen teutonischen Mißklang zu ersticken. So tat er, was ihm persönlich zuwider und politisch unumgänglich war. Er blieb bei Wilhelm wie der finstere Tod – mit Billigung seines Vaters. »Der Kaiser befahl mir heute«, schrieb Rudolf an Graf Kálnoky, den kaiserlichen Minister des Äußern, »Ihnen mitzuteilen, Er sei ganz einverstanden, wenn ich an dem Déjeuner bei Reuß (dem deutschen Botschafter) teilnehme, nur meinte Er, es müsse dies mit großer Vorsicht eingeleitet werden, damit die eigentliche Absicht, den deutschen Kaiser nicht allein in Wien herumfahren zu lassen, nicht zu erkennen sei.«

Und so begleitete ein schlanker Schatten alle pompösen Posen des dicklichen Wilhelm, und meist bekam der Kaiser nur ein »Lang lebe der Kronprinz!« zu hören. Wieder und wieder schloß die liberale Presse ihren Bericht über ein Auftreten des Deutschen Kaisers in der Öffentlichkeit mit den Worten: »Es war ein prächtiger Tag für Österreich.«

Wilhelm war selbstverständlich völlig klar, wer seine Pracht verdunkelte, und er wartete nicht allzulange mit seinem Gegenschlag. Dieser kam wie ein Blitz aus heiterm Himmel während eines Empfangs in der Hofburg. Wilhelm ging auf seine habsburgischen Gastgeber zu und ließ plötzlich eine Reihe von Erklärungen los: Er sei Österreichs militärischer Verbündeter. Als solcher sei es seine Pflicht, Franz Joseph auf einen Fehler hinzuweisen, den die österreichische Armee gemacht habe. Sie hätte mehrere hunderttausend Mannlicher-Repetiergewehre mit Acht-Millimeter-Kaliber angeschafft. Diese Munition sei viel zu schwer, um von Soldaten in für Schnellfeuer ausreichenden Mengen mitgetragen zu werden. Die Verantwortung dafür liege allein beim Generalinspekteur der österreichischen Infanterie.

Rudolf stand in der Gruppe, vor der diese Erklärung gegeben wurde. *Er* war der Generalinspekteur. Da er aber sein Amt vor nicht einmal sieben Monaten angetreten hatte – als die Entscheidung über den Ankauf der Mannlicher-Gewehre längst gefallen gewesen war –, hätte er sich leicht verteidigen können. Dennoch sagte er nichts. Er verneigte sich und ging. Franz Joseph beschränkte sich auf die Feststellung, daß ihm die Angelegenheit bekannt sei. Seine Frau, die Kaiserin Elisabeth, kehrte Wilhelm den Rücken und folgte ihrem Sohn. Ein russischer Diplomat (der Botschafter St. Petersburgs in Brüssel), der Zeuge dieser Szene wurde, fand sie demütigend.

Irgendwie wurde der Zwischenfall oberflächlich bereinigt. Am Abend des 5. Oktober fuhr Wilhelm zur Jagd in die Steiermark, und Franz Joseph begleitete seinen Gast. Der König von Sachsen schloß sich ihnen an. Rudolf kam einen Tag später auch nach. Es gab keinen »eleganten Jagdunfall«, um Wilhelm zu beseitigen. Dennoch erhielten die Österreicher eine, wenngleich bescheidene Genugtuung. Bald schon berichteten die Zeitungen, der Kaiser, der Kronprinz und der König von Sachsen hätten jeder einen kapitalen Hirsch erlegt. Der Deutsche Kaiser traf nichts. Er wurde vergeblich naß. Das Wetter war regnerisch und kalt geworden.

»Während dem Triebe begann ein starker Sturm ...«, schrieb Kaiser Franz Joseph am 7. Oktober an seine Gemahlin. »Mein Bart und meine dem Schneesturm ausgesetzte linke Gesichtsseite war eine Eiskruste...« Drei Tage später berichten seine Zeilen an Frau Schratt noch Schlimmeres: »Schnee bis ins Thal, strömender Regen,

Sturm wechselten mit consequenter Ausdauer, und dabei jagten wir täglich. Am frühesten Morgen, als noch Alles schlief, mußte ich bei Lampenschein arbeiten und abends beim Diner und nach demselben liebenswürdig sein...«

Auch für Rudolf war das Ganze kein Vergnügen. Es regnete weiter, und die Kaiser jagten weiter, weil es das Protokoll verlangte und weil es der soldatische Stolz Wilhelms so haben wollte. Schließlich brachte er *seinen* Hirsch doch noch zur Strecke. Doch der Regen wollte nicht enden, bis Wilhelm Österreich Ende der Woche verließ.

11

Der Preuße war fort und hinterließ eine Stadt, die, wie es Moritz Szeps in einem Brief an Rudolf ausdrückte, »an einem Katzenjammer litt, ohne vorher Spaß gehabt zu haben«. Habsburg hatte sich bei den meisten zeremoniellen Gängen dieses Schauturniers gegen Hohenzollern wacker gehalten, und doch hinterließ der Besuch einen bitteren Nachgeschmack. Wilhelm war nicht gekommen, um als ein junger Kaiser dem älteren Ehrerbietung zu erweisen. Er war über Wien hereingebrochen wie ein Generalissimus über eine entlegene Provinzgarnison. Er ließ sich gnädig vom ortsansässigen Befehlshaber unterhalten – und entdeckte, daß die Bajonette der Garnison nichts als Marzipan seien. Nichts Großes war aus der Erfahrung erwachsen. Nur ein Hauch von Verachtung.

Der Hauch wurde zum Windstoß, nachdem der Kaiser nach Deutschland zurückgekehrt war. Die Wilhelm hörige Presse begann sich auf einen ganz bestimmten Wiener einzuschießen. Zwei deutsche Blätter, die *Norddeutsche Allgemeine Zeitung* und die *Neue Deutsche Kreuzzeitung*, übertrafen einander beim Loshacken auf Rudolf, ohne ihn namentlich zu nennen: Das Deutsche Reich könne sich keinen Waffenbruder leisten, der im Kern angefault sei. Das Reich habe Besseres verdient als einen Verbündeten, der von hochgestellten Gefühlsduslern, liberalen Wanderpredigern und zweifelhaften Finanzgenies korrumpiert sei. Das Reich könne nicht zulassen, daß diese Clique – diese Goldene Internationale – Zwietracht zwischen den beiden deutschen Bruderländern säe.

»Die Goldene Internationale« war eine unverhohlene Spitze gegen Rudolf und seine jüdischen Freunde Baron Hirsch und Moritz Szeps. Selbstverständlich beschloß Rudolf zurückzuschlagen. Er hielt es aber für effektvoller, den Gegenangriff nicht von Szeps' *Wiener Tagblatt*, sondern von einer anderen Plattform aus zu starten. Gegen Ende Oktober erschien in Wien ein neues Wochenblatt, *Schwarz-Gelb*, und brachte kühle Polemik gegen das in Berlin herrschende »seltsam übersteigerte Selbstbewußtsein«: »So sagen wir, daß wir nicht die Knochen eines einzigen unserer Soldaten aufs Spiel setzen möchten, um die preußische Herrschaft... zu verteidigen.« Das ungenannte, aber unverkennbare Ziel des Angriffs war der Deutsche Kaiser. Wilhelm zählte auf Österreichs gehorsame Unterstützung für jede seiner militärischen Unternehmungen in Richtung auf ein größeres Deutschland – und *Schwarz-Gelb* nahm diese Anmaßung aufs Korn.

Nur eine Stimme von – künstlerischem – Rang erhob sich in Österreich zu Wilhelms Verteidigung – und nur privat. Es war die Stimme eines in Wien ansässigen Deutschen. »Dieser junge Mann (der Kaiser)«, schrieb Johannes Brahms an einen Freund, »der sich sicherlich mit Ernst und Würde auf sein hohes Amt vorbereitet hat,... sollte nicht unfairen Angriffen ausgesetzt werden.«

Letztlich war es aber Rudolf, der wirklich verletzt wurde. Die Attacke kam von völlig unerwarteter Seite: aus Paris, wo im Oktober eine antisemitische Hetzschrift unter dem Titel *La Fin d'un Monde* erschien. Im Vorwort zeichnete der Autor, Edouard Adolphe Drumont, den österreichischen Kronprinzen als unentschlossene Marionette, deren Fäden von jüdischen Händen gezogen wurden.

Das traf. Immerhin war Rudolf schon seit langer Zeit der Verfechter der Franzosen in der Hofburg. Er träumte davon, das Bündnis zwischen Wien und Berlin durch eine österreichisch-französische Gruppierung zu ersetzen. Eine der Bande zu Moritz Szeps war die Tatsache, daß eine der Szeps-Töchter mit einem Bruder Georges Clemenceaus verheiratet war, jenes mächtigen Politikers, der später als Premierminister während des Ersten Weltkrieges berühmt werden sollte. Und tatsächlich war es Szeps 1886 gelungen, Clemenceau zu einer Aussprache mit Rudolf in dessen Appartement in der Hofburg einzuschmuggeln. Das damals geknüpfte Band hätte möglicherweise die Weltgeschichte geändert – wäre Rudolf 1914 noch am Leben gewesen.

Nun aber schrieb man das Jahr 1888, und von jenseits des Rheins wurden Pfeile auf den Kronprinzen geschleudert. »Frischauer war bei mir«, schrieb Rudolf an Szeps. (Frischauer war einer der Star-Korrespondenten des *Tagblatts.*) »Ich glaube, daß er sich fast skandalisiert hat über meine philosophische Ruhe; ich treffe es gar nicht mehr, mich zu ärgern, am allerwenigsten aber über die Dinge, die mich betreffen... Ich bin Franzosenfreund; bekannt und intim mit Journalisten und Zeitungen und überhaupt nicht ein lohnendes Objekt, um gerade von diesen Kreisen angegriffen zu werden, das heißt sich: Ins eigene Nest...!«

Der Angriff aus Paris brachte Rudolf nicht nur deshalb auf, weil er aus Frankreich kam, sondern weil darin auf einen ausschweifenden Lebenswandel angespielt wurde. Rudolf fand, daß – wenn schon ein sittenloser Strolch genannt werden mußte – dies Wilhelm sein sollte. Das fand er nicht nur – er *wußte* es. Der Guerillakrieg zwischen den beiden Kaiserlichen reichte von Plänkeleien in der Presse bis zu höchst privaten Erkundungen.

So etwa blieb Rudolf ständig mit einer gewissen Frau Wolf in Verbindung. Als eine »multinationale« Madame allerersten Ranges regierte sie von Wien aus ein ganzes Netz leichter Mädchen, das über die Grenzen hinweg in die intimsten Schwächen allerhöchster Persönlichkeiten reichte. Frau Wolf war der inoffizielle Flügel eines Systems, das Wilhelm unter Beobachtung hielt. Leutnant Karl von Steininger, Militärattaché der österreichischen Botschaft in Berlin, war die mehr offizielle Kontaktperson. Rudolf selbst war die Verbindungsstelle zwischen den beiden.

1887, kurz vor der Thronbesteigung Wilhelms, schrieb Rudolf an von Steininger einen Brief, dessen Inhalt ebenso spektakulär wie geheim war. Da las man, daß Frau Wolf mitgeteilt habe, »sie wisse Dinge aus Berlin, die man hier hören soll. Ihre Aussagen sind folgende:

Prinz Wilhelm besuchte im Laufe des Winters sehr oft eine Österreicherin, die Ella Somsics heißt und Linkstraße 39 wohnt, sie war früher die Geliebte unseres Botschafters. Dieser Ella sowohl, als auch der alten Wolf gegenüber, welche kürzlich in geschäftlichen Angelegenheiten in Berlin war, äußerte sich Prinz Wilhelm in gehobener Weinstimmung auf das tactloseste über seine intimsten Gedanken.

Er sprach nicht ganz respektvoll über unseren Kaiser, sehr abträglich über mich, verglich mich mit seinem Vater als eitlen, künstlerisch, schriftstellerisch verjudeten Popularitätshascher, ohne Charakter; ohne Tüchtigkeit, etc. etc., dann meinte er, es gehe nur in Preußen alles gut; in Österreich sei der ganze Staat morsch, der Auflösung nahe, werde in sich zusammenbrechen, die deutschen Provinzen werden als reife Frucht Deutschland in den Schoß fallen, sie werden als unbedeutendes Erzherzogthum in noch abhängigerer Stellung als Bayern unter Preußen kommen... Ferner sagte er, er jage gern mit uns, wir seien alle angenehme Leute, aber unbrauchbare, verweichlichte Schlemmer, die nicht mehr lebensfähig sind. In der Politik gibt es keine Sympathien; seine Aufgabe wird es sein, Deutschland auf unsere Kosten zu vergrößern. Nachdem er noch seinen Großvater und noch weit mehr sich selbst gelobt und in der cynischesten Weise über seine Eltern und seine Frau geschimpft hatte, schloß er diese erbauliche Conversation mit den zwei unsauberen Frauenzimmern.«

Rudolf fuhr fort: »Als Kommentar dazu muß ich Ihnen auch noch erwähnen, daß ich schon seit nahezu fünf Jahren einen Brief besitze, den Prinz Wilhelm, ohne verstellte Schrift ganz offiziell an Frau Wolf nach Wien schrieb, und der auch ein Unicum an Unvorsicht und Tactlosigkeit ist... Diese ganze Angelegenheit weiß niemand als Szögyény (Ladislaus von Szögyény-Marich, Rudolfs Vertrauter, damals erster Sektionschef im k. u. k. Ministerium des Äußern); Graf Kálnoky theilte ich sie nicht mit, er würde sie zu ernst nehmen; und dem Kaiser darf es ja nicht bekannt werden, denn es würde gerade unserem so hochherzigen Herrn einen tiefen Eindruck machen und könnte eine Erkaltung im Verhältnisse zu Wilhelm und zu Berlin überhaupt nach sich ziehen, die in diesem Momente nicht günstig wäre... Bitte den Brief gleich zu verbrennen* und mache Sie auf diese Wienerin Ella Somsics, deren Adresse ich oben angab, aufmerksam, da man vielleicht noch manches auf diesem Weg erfahren kann.«

Auf einem ähnlichen Weg flossen freilich auch Informationen über Rudolf in die andere Richtung, direkt zu Wilhelm. Durch Familienbeziehungen kannte Mizzi Caspar, Rudolfs »süßes Mädel«, einen Rechtsanwalt namens Florian Meissner. Sie hatte freilich keine Ahnung, daß Meissner mit der Regelung gewisser delikater

* Diesem Wunsch des Kronprinzen entsprach Steininger, wie man sieht, nicht.

Rechtsangelegenheiten für die deutsche Botschaft in Wien betraut war und sogar jenseits der Legalität für diesen Klienten operierte. Durch Meissner war Rudolfs Liaison mit Mizzi für Wilhelm kein Geheimnis.

Doch just im Herbst 1888 war Mizzi für den Kronprinzen nicht mehr so wichtig. Immer noch unternahmen sie gelegentlich kleine Abenteuer miteinander: Da fuhren sie mit dem pfeifenden Bratfisch in den Wienerwald – schnell, zu schnell – und sahen in das Laub, dessen Tod die Waldhänge so wundervoll färbte. Wenn sie dann in die Stadt zurückkehrten, waren Rudolfs Wangen noch immer grau vor Niedergeschlagenheit und Frustration.

Sicherlich, er hatte dem Preußen mit gleicher Münze heimgezahlt. Und doch – nach Stoß und Gegenstoß, Parade und Gegenparade – blieb Wilhelm der neue Kaiser, der eben dabei war, Bismarck beiseite zu schieben, während Rudolf sogar von Aufgaben abgeschnitten war, die ihm als Generalinspekteur der Infanterie unmittelbar zustanden. Dafür konnte ihn eine Mizzi Caspar nicht entschädigen. Sie konnte auch die allerneueste Beleidigung vom Kriegsminister nicht ungeschehen machen. Zweifellos auf Allerhöchstes Geheiß hatte dieser Mann Rudolf auch diesmal nicht zu der Besprechung im Obersten Kommando eingeladen, die vom 21. bis zum 31. Oktober stattfinden sollte. Wilhelm regierte, Rudolf rostete. Rudolf war ein Märchenprinz in Fesseln, der sich vielleicht zum Arrangieren eines diplomatischen Manövers eignete, aber sonst immer nur wartete; wartete auf eine Erfüllung, legendär, doch unvollständig; wartete, während die übrige Welt großen und neuen Dingen entgegeneilte; wartete, während das Habsburgerimperium entlang der Donau Risse zu zeigen begann.

Inzwischen war Mizzi Caspar süß. Nur Süße war nicht mehr genug. Rudolf brauchte stärkeren Stoff. Am 8. Oktober reiste er nach Görgény Szt. Imre, um mit dem Prinzen von Wales eifrig zu jagen. Er schoß drei Bären und genoß die Scherze des englischen Thronfolgers. Dann mußte er nach Wien zurück.

»In den wenigen Tagen, an denen ich in diesem Sommer den Kronprinzen zwischen seinen Inspizierungsreisen zu sehen bekam, mußte ich eine beängstigende Veränderung in seinem Wesen bemerken«, schrieb seine Gattin später in ihren Memoiren. »Nicht nur, daß er immer unruhiger und zerfahrener wurde – er ließ sich jetzt auch, oft aus den nichtigsten Ursachen, zu jähen Ausbrüchen einer maßlosen Heftigkeit hinreißen. Ich hatte mich ja längst darein gefunden, daß die konventionelle Form unseres Zusammenseins, insbesondere wie sie in seinen Briefen zum Ausdruck kam, in einem schroffen Widerspruch zu seinem tatsächlichen Verhalten stand. Aber jetzt war er oft überhaupt nicht wiederzuerkennen. Seine Zerrissenheit führte zu schrecklichen Heftigkeitsausbrüchen, zu unerträglichen und unwürdigen Szenen.«

Gegen Ende 1888 zeigen die Rezeptbücher der Hofapotheke neuerlich Morphium-Verschreibungen für den Kronprinzen, angeblich um einen chronischen Husten zu kurieren. Aber weder diese Droge noch der Champagner, den er gern mit einem kleinen Schuß Cognac versetzte, konnte Rudolf in diesem Oktober beruhigen. Er war kein Alkoholiker, aber er war auch kein glücklicher Mensch. Schwerer und schwerer gelang es ihm, die Konzentration aufzubringen, die er für seine geheime journalistische Tätigkeit brauchte. In seinen Briefen an Moritz Szeps kam er immer wieder auf eine Hoffnung zurück: »Krieg muß bald kommen, eine ›große Zeit‹, in der wir alle glücklich sein werden, denn nach seinem glorreichen Ende könnten wir die Fundamente zu einem großen und schönen Österreich legen.«

Er meinte Krieg mit Rußland, dem Reich satanischer Reaktion, doppelt ansteckend, weil 1888 der Zar von Wilhelm umworben wurde. St. Petersburg zu bekämpfen war eine heilige Pflicht, für den liberalen Rudolf aber bedeutete es noch mehr. Ein solcher Krieg würde eine drastische Entwicklung, eine prächtige Explosion, eine krampfhafte Erlösung sein, in der die gegenwärtige Schalheit ein herrliches Ende fände.

Auch andere Zeitgenossen – Herzl, Freud, Schnitzler – sehnten sich nach Befreiung. Doch Rudolfs Verlangen nach Größe war noch weit verzweifelter, um so mehr, als der Scheinwerfer allgemeiner Erwartung für immer auf sein Gesicht gerichtet war. Würde ein Kreuzzug gegen Rußland ihn erlösen?

Er tat es nicht. Der russische Krieg kam für Rudolf nie. Wohl aber im Oktober 1888 Mary Vetsera.

12

Ihre Annäherung hatte eine beträchtliche und schwierige Distanz zu überwinden. Trotzdem bewegte sie sich unerbittlich vorwärts.

»Geben Sie sich, liebe Hermine, keine Mühe mit mir«, schrieb Mary Vetsera in diesem Herbst ihrer früheren Gouvernante als Antwort auf einen warnenden Brief. »Ich weiß, daß Alles, was Sie sagen, recht ist, allein ich kann nicht anders.« Dieses Nicht-anders-Können begründete Mary so: »Ich kann nicht leben, ohne Ihn gesehen und gesprochen zu haben.«

Vorerst sah sie »ihn« so, wie ein Publikum einen Bühnenstar sieht. Nach jener ersten Begegnung beim Rennen in der Freudenau erhaschte sie bei der Abschiedsvorstellung des alten Burgtheaters am 12. Oktober einen Blick auf Rudolf. Man spielte Goethes *Iphigenie auf Tauris*, aber Mary in der Familienloge der Vetseras hatte wenig Interesse für das Schicksal der griechischen Jungfrau auf der Bühne. In der Hofloge saß Rudolf, schlank in seiner blauen Uniform, eher still zwischen seiner Gattin Stephanie und seiner Schwester Valerie, die miteinander flüsterten. Der Kaiser kam verspätet, und als das Schauspiel zu Ende war, reichte ihm ein Lakai die Schere, mit der Franz Joseph als Erinnerungsstück für seine Familie kleine Schnipsel von den Satin-Draperien schnitt.

Baronesse Vetsera war keine Habsburg und konnte also im Burgtheater keine Eigentümerrechte geltend machen. Aber auch sie hielt eine Schere bereit, klein und heimlich, doch genauso glänzend und scharf wie ihre Zähne, die in den Klatschspalten so bewundert wurden. Als sie nach der Vorstellung in ihren Wagen stieg, hatte sie in ihrem Retikül einige besonders hübsche Stückchen kaiserlichen Eigentums vom Vorhang ihrer Loge. Nun wandte sie sich edlerer Beute zu. Nachdem sie den Kronprinzen neuerlich gesehen hatte, würden sich ihre kleinen Schneidezähne durch stählerne Türen gebissen haben, hätten ihr diese den Weg zu ihrem Schicksal versperrt. Doch das war nicht nötig. Mary hatte eine Bekannte in der höchsten Gesellschaft, eine Frau, die darauf spezialisiert war, gewaltsames Eindringen in höhere Kreise natürlich erscheinen zu lassen.

Diese Frau ist in die Geschichte der Intrige als Gräfin Marie Wallersee-Larisch* eingegangen – ebenjene Dame, die sich kürzlich durch Mary Vetseras Kühnheit beeindruckt gezeigt hatte, als diese die Werbung eines Herzogs achselzuckend abtat. Marie Wallersees Vater, der Herzog Ludwig in Bayern,** war der Bruder der österreichischen Kaiserin. Daher hatte Marie Zugang zur kaiserlichen Familie. Ihre Mutter war eine jüdische Schauspielerin namens Henriette Mendel (die, nachdem Ludwig sie morganatisch geheiratet hatte, in den Rang einer Baronin Wallersee erhoben wurde). Daher kannte Marie Wallersee Leute wie die Vetseras, die die kaiserliche Familie kennenlernen wollten. Marie selbst wurde in den ersten Kreisen nicht so recht akzeptiert, und statt der vollen Anerkennung, die ihr nicht in die Wiege gelegt worden war, strebte sie nach Nützlichkeit, die sie erwerben konnte. Indem sie ihre Zwitterstellung vermarktete, agierte sie als Vermittlerin. 1887 hatte sie einen Grafen Larisch geheiratet, doch war das eine eher lose Beziehung, und sie gestaltete ihr Leben in einer Art, die der von Frau Wolf nicht unähnlich war.

Der Gräfin Larisch also schüttete Mary ihr Herz aus, was ihre Gefühle für Rudolf betraf. Und zwei Tage später, etwa Mitte Oktober, bat Gräfin Larisch ihren Cousin, den Kronprinzen, um eine Audienz. Nach einigen Minuten harmlosen Plauderns über Nicky Esterházys Pech mit Pferden, erwähnte sie, nicht ganz so beiläufig, die große Erregung ihrer Freundin Baronesse Mary Vetsera, Rudolf neulich beim Rennen in der Freudenau vom Prinzen von Wales vorgestellt worden zu sein – und Marys Bedauern, daß der Anlaß ihr nicht erlaubt habe, ihre Loyalität und Bewunderung für den Kronprinzen zum Ausdruck zu bringen.

Wenn sie über Belanglosigkeiten sprach, war Marie Rudolf gegenüber meist unbefangen. Nun vermittelte ihr plötzlich förmlicher Ton die Botschaft dahinter. War das nicht die junge Dame, von der man so oft in den Gesellschaftsspalten der Zeitungen las? Ja, sagte Gräfin Larisch, ihre Freundin sei eine außerordentlich interessante und einnehmende Person. Dann würde sie doch wohl bei der Eröffnung des neuen Burgtheaters anwesend sein? Selbstverständlich, sagte Gräfin Larisch. Die Vetseras würden in einer Parterreloge links sitzen. Das würde er sich merken, sagte der Kronprinz.

* Nach ihrer Scheidung im Jahr 1896 verwendete sie diesen Doppelnamen, zusammengesetzt aus ihrem Mädchennamen und dem ihres Gatten.

** Die Herzöge *in* Bayern waren eine Seitenlinie der regierenden Herzöge *von* Bayern – der Familie, die Bayern mit seinen Königen versorgte.

Sechzehn Jahre lang hatte Wien gewartet, und nun war es soweit. Englische Blätter hatten das neue Burgtheater bereits den schönsten Thespis-Tempel der Geschichte genannt. Aus allen Teilen der Monarchie, ja aus der ganzen Welt, strömten die Neugierigen herbei, um zu gaffen.

Am 14. Oktober wurde das Theater endlich doch eröffnet. Zu Mittag drängten einander Hunderte auf den Bürgersteigen, um einen guten Blick auf etwas zu haben, das erst viele Stunden später stattfinden würde. Am Nachmittag stellten Wachen Barrikaden auf. Um fünf Uhr schätzte man die Menschenmenge auf siebentausend. Sie wuchs von Minute zu Minute. Berittene Polizei stand bereit, den eigentlichen Theaterbesuchern einen Weg zu bahnen.

Diese begannen um sechs Uhr abends einzutreffen. Nur einige wenige unter diesen Auserwählten kamen zu Fuß. Für sie gab es einen eigenen Fußgängereingang. Der in Kutschen vorfahrende Adel benutzte ein anderes Tor. Erzherzöge und Herzoginnen stiegen bei ihren Portalen aus. Schließlich langte auch die kaiserliche Familie in ihren Staatskarossen ein. Sie verschwand in einem ihr vorbehaltenen Eingang, von dem aus ein versteckter Gang zu einem verborgenen Kaiserfoyer führte, aus dem man die Hofloge erreichte. So vermochten die Allerhöchsten Persönlichkeiten zu ihren Sitzen zu gelangen, ohne durch von anderen Besuchern benutzte Korridore gehen zu müssen.

Nun war die Sonne bereits gesunken – das Signal für den Aufstieg einer anderen Sonne. Auf einen Schlag ließen viertausend elektrische Glühbirnen den Prunkbau aus der Dämmerung strahlend hervortreten. Seine übertrieben-theatralische Fassade blitzte auf: ein mit Figuren verzierter Neo-Renaissance-Hochzeitskuchen, flankiert von zwei riesigen Flügeln, die nichts enthielten als grandiose Stiegenhäuser als Staffage für Auftritte und Abgänge.

Das war das Spektakel draußen, dasjenige im Inneren stand ihm in nichts nach. Natürlich war der eigentliche Star des Abends der Hausherr selbst. Die Vorstellung begann damit, daß der Kaiser in seiner Loge eintraf und mit leichtem Winken seiner Hände die ihm stehend dargebrachten, nicht enden wollenden Ovationen entgegennahm. Endlich erloschen die Lichter – auch hier elektrische Lichter! –, und auf der Bühne wurde in einer Reihe dramatischer Bilder der Geist des alten Burgtheaters dem des neuen in für beide schmeichelhafter Form gegenübergestellt. Frau Charlotte Wolter –

deren angegriffener Kehlkopf von Professor Schnitzler einmal mehr geheilt worden war – brillierte; ebenso die ewig rosige Frau Schratt, deren Abbild in rubensscher Manier auch als Thalia, Muse der heiteren Dichtkunst und des Lustspiels, von dem bemalten Bühnenvorhang leuchtete.

Draußen drängten sich die Menschen auf den Bürgersteigen und warteten. Sie beobachteten die Lakaien, die im unteren Foyer auf langen roten Plüschbänken saßen, unbeweglich in Zylinder und langem Livreemantel, eingefaßt in den Farben der Häuser, denen sie dienten. Auf ihren Knien lagen die wertvollen Pelze und prächtigen Hüllen ihrer Herrschaften bereit.

Um halb elf Uhr nachts endete die Vorstellung. Das Herausströmen gestaltete sich ebenso glanzvoll wie das Hineinströmen. Die Menge auf der Straße schwoll noch weiter an, bis sie schließlich die Barrikaden durchbrach. Ein eisernes Geländer zerbarst bei dem Gedränge. Zwanzig Menschen wurden verletzt, mehr als ein Dutzend Frauen ohnmächtig, und in dem Tumult des Volkes, das seinen Kaiser sehen wollte, verlor ein berittener Polizist das Bewußtsein und fiel vom Pferd.

Es war viel Lärm um wahrlich sehr viel. Am nächsten Morgen glitzerten die Gazetten von dem Ereignis. Sie berichteten, daß Seine Majestät, der Schöpfer der Ringstraße, mit dieser strahlenden Vollendung höchst zufrieden gewesen seien. Er war mit dem König von Serbien, mit Rudolf in der Uniform des Infanterie-Regiments Nr. 10 und mit dem Prinzen von Wales herumgeschlendert, hatte sich in der Pause die Deckenfresken Gustav Klimts angesehen, sie neuerlich für gut befunden, diesmal aber auch ihre interessanten Längungen bemerkt. Voll leutseligen Humors hatte der Kaiser seinen Gefährten erklärt, die Bilder seien ursprünglich zu klein ausgefallen und hätten deshalb »angestückelt« werden müssen. Ein Rudel von Erzherzögen war mit dem Rothschild-Clan promeniert. Professor Johann Schnitzler hatte mit Johann Strauß geplaudert.

Und selbstverständlich hatte der Gala-Abend eine wahre Springflut der Mode entfesselt. Eine satte Flut starker Farben, denn die Innenwände des neuen Theaters waren weiß; natürlich wählten die Damen Farbtöne, die sie dazu kontrastieren ließen. In Abwesenheit der Kaiserin (die sich wieder nach Griechenland begeben hatte) widmeten die Zeitungen ihre Aufmerksamkeit pflichtschuldigst der Erscheinung der Kronprinzessin: ihrem Spitzendekolleté, ihrer Brokatrobe, auf der sich dunkelrote Rosen vom blauen Hintergrund abhoben, ihrem Brusttuch aus weißer, mit Brillanten besetzter Spitze, ihrem mehrreihigen Brillantenkollier und den blauen Federn mit Brillantnadeln in ihrer Pompadour-Frisur.

Auch verschiedene Erzherzoginnen erhielten ihren Anteil an Haute-Couture-Huldigung, wobei die Begeisterung von Blatt zu Blatt schwankte. Alle Reporter aber sangen in höchsten Tönen das Lob einer Gruppe, die eindeutig unter den Herzoginnen rangierte.

»Bewundernd blieb der Blick auf der Nachbarloge haften«, schrieb das *Wiener Tagblatt*, »in der Baronin Vetsera mit den Baronessen Mary und Hannah saßen. Die Baronin hatte ein schwarzes Sammtkleid mit Schmelz, die Baronessen runddekolletierte weiße Tüllkleider mit Atlasbändern. Besonders Baronesse Mary, die einen Halbmond aus Brillanten im schönen Haar trug, erregte allgemeine Bewunderung.«

Dieser Halbmond glich kühner Weise der Tiara, die zu tragen normalerweise nur Prinzessinnen oder Königinnen zukam. Mary Vetseras Absicht, angedeutet durch die Juwelen in ihrem Haar, fand in Rudolfs Stimmung einen Widerhall. Er hatte an dem oberflächlichen Pomp der Gala-Premiere teilgenommen – aber zu welchem Nutzen? In welcher Weise war damit seiner Stadt gedient? Was hatte sich dadurch in seinem eigenen Leben geändert? Er mußte sich etwas wirklich Belebendem zuwenden.

Die allgemeine Unzufriedenheit in Wien glich seiner eigenen, und mit dem neuen Burgtheater war nur ein weiteres Anzeichen eines alten Leidens zutage getreten. Nun wies man darauf hin, wie viele Hocharistokraten der Eröffnungspremiere ferngeblieben waren. Offensichtlich betrachteten sie diese nur als ein weiteres Ringstraßenspektakel, ein weiteres Fest der Neureichen. Die Auslandspresse bewunderte den Glanz des Debüts, stellte aber gleichzeitig fest, daß viel der Schaustellerei unter der Zuschauerschaft selbst stattgefunden hatte: Die Logen des neuen Theaters waren so angeordnet, daß man von ihnen meist einen besseren Blick auf andere Logen als auf die Bühne hatte. Was Wunder also, wenn ein Prinz geneigt war, sein Opernglas statt auf das Stück auf eine junge Baronesse zu richten. Und die unvollkommene Akustik leistete solchen Ablenkungen noch Vorschub. (Böse Zungen in Wien meinten, dies sei eine ziemlich logische Entwicklung: In der neuen Hofoper konnte man nichts hören. Im neuen Parlament konnte man nichts sehen. Im neuen Burgtheater konnte man weder sehen noch hören.) Ganz allgemein fanden die Kritiker, die Überbetonung der Technik hinter der Bühne und der exhibitionistische Pomp des Zuschauerraumes würden letztlich zu einer Vernachlässigung der wahren Werte des Theaters führen. Schauspieler klagten über den Mangel an intimer Atmosphäre im neuen Haus – Charlotte Wolter wagte sogar, diese Meinung dem Kaiser gegenüber auszusprechen.

Schon wieder ein Fall von »Katzenjammer, ohne vorher Spaß gehabt zu haben?« Nun, zum allermindesten wurde der Spaß vom Katzenjammer bei weitem übertroffen. Einmal mehr hatte ein großes Versprechen in einer Enttäuschung geendet. Es gab soviel Schönheit und soviel Kraft in Wien, aber irgendwie gelang in letzter Zeit die Verwirklichung nicht.

Am Tag nach der großen Theatereröffnung erschütterte ein ungewöhnlicher Doppelselbstmord die Stadt. Ein junger Mann hatte sich und seine bezaubernde Freundin vergiftet, weil er beim Studium die hochgespannten Erwartungen seines Vaters nicht erfüllen konnte.

Selbst die »blaue Donau«, das Herzstück des österreichischen Mythos, war jetzt befleckt. Im Stadtgebiet von Wien stellte der Fluß eine akute Bedrohung dar. Einige seiner wilden Seitenarme im Prater hatten sich in stinkende Sümpfe verwandelt, die dringend der Sanierung bedurft hätten. Schon war ein Teil der Wasserversorgung Wiens infiziert, und Ende Oktober wurden sogar da und dort Typhusfälle gemeldet.

Viele der Erkrankten lieferte man in die Klinik Billroth ein, doch ein Zwischenfall an ebendieser berühmten Heilstätte warf einen Schatten auf ein anderes Paradepferd der Wiener: die Überlegenheit der weltberühmten Wiener Medizinischen Schule. Theodor Billroth war nicht nur ein eminent tüchtiger Chirurg; er war auch äußerst populär, vor allem weil er, obwohl in Deutschland geboren, im Geist so sehr ein Wiener geworden war. Sein Heim war der führende Musiksalon der Stadt, und ihm stand, wie er es ausdrückte, das *ius primae noctis* an allen neuen Kompositionen von Johannes Brahms zu. Erst wenige Wochen zuvor hatte Brahms in Billroths Wohnung seine eben erst entstandenen *Lieder* zum besten gegeben. Und nun gab die Klinik Billroth, die zum Großteil aus öffentlichen Mitteln für die Armen der Stadt unterhalten wurde, Anlaß für einen

Skandal. Trotz Billroths verzweifelter Bemühungen um höhere Zuschüsse war der Zustand des Gebäudes so schlecht und das Lüftungssystem des Krankenhauses so im argen, daß ein Medizinstudent, der bei einer Blinddarmoperation zusah, von den Geruchsschwaden ohnmächtig wurde und beinahe auf den Patienten fiel.

Dann war da auch noch die Sache mit dem Parlament – jenem parthenonartigen Palast, der als Zierde der jungen Ringstraße und als Juwel des Klassizismus gepriesen wurde. Am 22. Oktober 1888 zog einer der Abgeordneten einen großen Betonbrocken aus seiner Aktentasche und zeigte ihn seinen Kollegen. Es war ein Teil des Gesimskranzes des Hohen Hauses. Dieser Brocken war herabgestürzt, als der Mann eben vorbeiging, und hätte ihn um ein Haar erschlagen. Im zarten Alter von nur neun Jahren begann das »Juwel des Klassizismus« bereits zu zerbröckeln.

Im Hohen Haus selbst aber wurde der Ton der Sitzungen immer schärfer, die Spaltungen zwischen Nationalitäten- und Interessensgruppen immer tiefer. Mußten sich die Delegierten wirklich so rüde beschimpfen, sich so erbärmlich gegeneinander benehmen? Die einzelnen Volksgruppen knurrten einander wütend an. Der griechische Tempel hallte von einem entfesselten Sprachenbabel von Flüchen und Verwünschungen wider. Hier konzentrierten sich all die Konflikte, die aus den vielschichtigen Nationalitätenproblemen der Donaumonarchie entsprangen. Diese Situation deprimierte Rudolf um so mehr, als er machtlos war, in das Geschehen schlichtend und einigend einzugreifen. Das Reich, über das sein Vater herrschte, bestand nicht nur aus einander oft eifersüchtig bekämpfenden Teilstaaten – diese Teilstaaten selbst litten an inneren ethnischen Konflikten. Führer der tschechischen Delegation wurden von einer jüngeren, radikaler nationalistischen Fraktion bedroht und mit ihr die Regierungskoalition, die teilweise auf der Zusammenarbeit mit den älteren und gemäßigteren Tschechenführern basierte. In Böhmen wiederum verließen die deutschen Delegierten empört den Landtag. Die Slowenen in Cilli, damals noch zur Steiermark gehörig, drohten sich von der weitgehend deutschsprachigen Provinz zu trennen, falls man an den dortigen Schulen keinen Slowenisch-Unterricht einführte. In Galizien beschlossen die Ruthenen wütend, sich von der Unterdrückung durch die Polen zu befreien. Aus Ungarn war der empörte Aufschrei der Kroaten und Slowaken zu hören, sie hätten genug der Unterdrückung durch das magyarische Joch. Überall erwachten Ressentiments und der Schrei nach Rache – und in der säulengeschmückten Halle an der Ringstraße konzentrierte sich der Kampfeslärm der ganzen Monarchie.

Das Wetter trug noch zu der allgemeinen Mißstimmung bei. Ein naßkalter Nebel breitete sich in den Straßen Wiens aus – grimmiger Vorgeschmack des Winters. Es war Zeit, die Öfen zu heizen. In Ottakring und in anderen Arbeiterbezirken begann man schon am Essen zu sparen, um sich später die bitter nötige Kohle leisten zu können. Am Sonntag, ihrem einzigen Ruhetag, zogen Scharen von Arbeitern in den Wienerwald, um dort Brenn- und Unterzündholz zu sammeln. Die Dienstmänner an den Straßenecken zogen bereits ihre Mäntel an, um während des langen Herumstehens nicht zu frieren. Nur wenige konnten sich während der kalten Monate leisten, ihnen Arbeit zu geben.

Ihre unfreiwillige Untätigkeit wurde am entgegengesetzten Ende des gesellschaftlichen Spektrums geteilt. Der Kronprinz hatte nun weniger denn je eine wirklich sinnvolle Aufgabe. König Milan von Serbien weilte auf Staatsbesuch in Österreich, und Rudolf mußte für ihn in Laxenburg, seinem Landsitz, ein trostlos langweiliges Festdiner geben. So sah es einerseits aus. Anderseits aber hatte man ihm wieder einmal kein Wort von einer wichtigen Militärbesprechung gesagt, zu der man ihn, den Generalinspekteur der Infanterie, selbstverständlich wieder nicht eingeladen hatte. Und unterdessen nahmen ihn in der deutschen Presse weiterhin die Söldlinge Kaiser Wilhelms ins Kreuzfeuer. Was warfen sie ihm vor? Mißstände in der k. u. k. Armee – eben jener Armee, auf die er seiner hohen Position zum Trotz keinen wirklichen Einfluß besaß.

Womit sollte er sich trösten? Mit seiner selbstgefälligen, überheblichen Frau, die Volkslieder singen lernte, sich aber um das Volk keinen Deut kümmerte? Oder mit einem weiteren Jagdausflug, bei dem ihn irgendein König Milan mit endlosem, geisttötendem Geschwätz anöden würde? Oder wieder einmal mit einer Portion Süße von Mizzi Caspar?

Was er jetzt brauchte, war etwas Frisches, Leidenschaftliches. Und plötzlich fiel ihm das taufrische junge Gesicht unter dem Diamantkrönchen von der Burgtheatereröffnung ein – das schöne Kind, das ihn durchs Opernglas aus der Parterreloge so unverfroren angesehen hatte, kurz: die Baronesse Vetsera, von der Marie Larisch ihm unlängst erst erzählt hatte.

Eigentlich hatte er vorgehabt, mit Bratfisch nach Mayerling hinauszufahren und dort wieder einen zornigen anonymen Artikel für das *Wiener Tagblatt* zu schreiben. Eine Polemik gegen den überholten und deshalb gefährlichen Einfluß feudalen Gedankengutes auf militärische Angelegenheiten und gesellschaftspolitische Fragen in Österreich. Aber eben jetzt war er zu müde, um zornig zu sein; zu sehr mit anderen Dingen beschäftigt für konzentrierte geistige Arbeit. Es war viel einfacher, den alten treuen Nehammer mit einer Botschaft zur Gräfin Larisch zu schicken.

13

»Ich habe zwei Freundinnen«, schrieb Mary Vetsera in diesem Jahr ihrer früheren Gouvernante, »Sie und Marie Larisch. Sie arbeiten für mein seelisches Glück und Marie für mein moralisches Unglück.«

An einem rauhen Herbsttag gegen Ende Oktober, bald nach der Eröffnung des neuen Burgtheaters, fuhr Gräfin Larisch in den Prater. Ihr zur Seite saß Mary Vetsera. Die Kutsche hielt unter einem riesigen Kastanienbaum, dicht neben einem Fiaker. Bratfisch stand schon bereit, die Türen der beiden Gefährte zu öffnen. Das tat er so geschickt, daß man von der Straße her gar nicht erkennen konnte, was zwischen den beiden Kutschen vorging.

In Sekundenschnelle war Mary Vetsera aus der Kutsche von Marie Larisch gestiegen und hinüber in den Fiaker geschlüpft. Vorn am Kutschbock begann nun Bratfisch zu pfeifen, und dahinter schwebten Rudolf und Mary gemeinsam durch den Nebel des kühlen Nachmittags, vorbei an den gepflegten Teilen des Parks bis an das wildwuchernde Gesträuch am Donauufer und schließlich wieder zurück, dorthin, wo die Kutsche von Marie Larisch wartete.

Einige Tage später sagte Gräfin Larisch Baronin Helene Vetsera, daß sie zum Einkauf einer Hemdbluse den Rat ihrer Tochter Mary brauche. Das klang durchaus glaubwürdig. Schließlich war Mary in Modedingen tatsächlich tonangebend.

»Heute bekommen Sie einen glückseligen Brief, denn ich war bei ihm, Marie Larisch nahm mich mit, Commissionen zu besorgen«, schrieb Mary Vetsera ihrer alten Gouvernante und intimsten Vertrauten, »dann gingen wir zu ›Adele‹, um uns photographieren zu lassen, für ihn natürlich, und dann gingen wir hinter das Grand-Hotel, wo uns Bratfisch erwartete. Wir hüllten unsere Gesichter fest in die Boas, und fort ging's in sausendem Galopp – in die Burg. – An einer kleinen Eisentür erwartete uns ein alter Diener [Nehammer], welcher uns über mehrere finstere Treppen und Zimmer führte und endlich vor einer Thür Halt machte und uns eintreten ließ. Beim Eintritt flog mir ein schwarzer Vogel, eine Art Rabe, an den Kopf, und eine Stimme im Nebenzimmer rief: ›Bitte, meine Damen, weiter zu kommen, ich bin hier!‹ Wir gingen hinein, Marie stellte mich vor, und wir waren gleich in ein wienerisches Gespräch vertieft. Endlich sagte er: ›Ich habe mit der Gräfin allein zu sprechen‹ und ging mit Marie in ein anderes Zimmer. Ich untersuchte einstweilen alles, auf seinem Schreibtisch lag ein Revolver und ein Totenkopf. Ich nahm letzteren in die Hand und besah ihn von allen Seiten. Plötzlich kam er herein und nahm ihn mir ganz erschrocken aus der Hand. Als ich ihm sagte, daß ich mich gar nicht fürchte, lächelte er... Sie müssen mir schwören, niemandem etwas von diesem Briefe zu sagen, weder Hanna [ihre Schwester] noch Mama, denn wenn eine von diesen beiden es je erführe, so müßte ich mich töten.«

All das trug sich am 5. November in Rudolfs altem Junggesellenappartement im zweiten Stock der Hofburg zu. Diese Räume hatte er sich vorbehalten, selbst nachdem er bereits mit der Kronprinzessin eine nahegelegene, geräumigere Wohnung bezogen hatte.

Anfangs waren seine Rendezvous mit Mary Vetsera wohl von enormer Intensität, führten jedoch nach allen glaubwürdigen Berichten nicht zu Intimitäten. Schon vom ersten Zusammentreffen an war das Verhältnis zwischen den beiden ein für ihren Lebensstil atypisches. Die meisten Amouren Rudolfs – sowohl vor als auch nach seiner Eheschließung – waren durch seine Neigung gekennzeichnet, Höflichkeit und galanten Mut mit Eile zu verbinden. Und auch Mary Vetsera war nicht eben der Typ, der das amouröse Vorspiel um seiner selbst willen in die Länge zog. Sie war zwar diskret, aber keineswegs prüde. Nicht nur auf dem Gebiet der Mode verfügte sie über eine außerordentliche Begabung.

Weit besser als die meisten ihrer Geschlechtsgenossinnen wußte sie, was man mit Kleidern und Unterkleidern alles anfangen konnte. Aber sie war auch ebenso gewandt und erfahren dabei, ihre Wünsche ganz ohne Kleider zu verwirklichen. Sie hatte die hohe Kunst der bewußten Hingabe gelernt, obwohl sie nicht das entsprechende Alter dafür erreichte.

Noch nicht sechzehn Jahre alt, war sie 1886 mit ihrer Mutter nach Ägypten gefahren, wo sie eine Romanze mit einem englischen Brigadegeneral hatte. Und dann kam der Herzog von Braganza. Es gab auch noch andere Anbeter, immer sorgfältig ausgewählt und von stets höherem Rang und Ansehen als der vorangegangene, die Mary offenbar nicht lange in platonischer Anbetung verharren ließ.

Auf einmal war alles anders. Mit Mary war Rudolf nicht der Rudolf von einst, und Mary ging es nicht anders: Mit und bei ihm entdeckte sie ein völlig neues Selbst. Vor allem aber weckte sie in Rudolf einen Drang, der ihm bis dahin unbekannt gewesen war. Er brauchte nun eine Frau, die ihm mehr zu bieten hatte als nur Hingabe. Er mußte von einem Geheimnis umfangen werden. Rettung erwartete er sich nur noch von einer tiefen Mitternacht jenseits aller Vernunft. Das logisch-scharfe Denken des wachenden Tages sank immer rascher. Der Glanz und die ungeheure Ausdehnung seines kommenden Erbes waren ihm zum nagenden Ärgernis geworden – zu Frustration, offenem Hohn und Verzweiflung. All sein Glaube an den Liberalismus, an Wissenschaft, Vernunft, Technik und Fortschritt – was hatte er ihm gebracht? Wohin hatte ihn dieser Glaube geführt? In eine Sackgasse mit goldenen Wänden. Nun mußte er seinen Glauben an etwas Transzendentes heften – an etwas, das bloße Vernunft überstieg.

Schon einmal hatte ihn ein Hauch aus diesen Gefilden angeweht. Bald nachdem der Kronprinz Baronesse Vetsera kennengelernt hatte, ließ er drei Dutzend roter Rosen auf ein bestimmtes Grab in Prag legen. Victor von Fritsche, einer seiner Adjutanten, hatte diesen Wunsch ausgeführt. Von Fritsches beschworene Zeugenaussage enthüllte eine Geschichte, die schon lange vor Mary Vetsera begonnen hatte. Trotz ihrer düsteren Märchenhaftigkeit ist sie doch ein nur allzu glaubwürdiges Vorzeichen für den Eintritt Marys in Rudolfs Leben.

Ein Jahrzehnt früher, während er noch als Oberst beim Infanterie-Regiment Nr. 36 in Prag diente, hatte der Kronprinz einmal den Friedhof des Prager Gettos besucht, als der Kantor eben für eine Verstorbene den Grabgesang intonierte. Rudolf war von dem feierlichen Ritus tief berührt – und von einem dunkelhaarigen Mädchen, die sich als die Tochter des Kantors erwies.

Kein Wort wurde gewechselt. Es bedurfte keiner Worte. Das Mädchen war wie verzaubert von der Erscheinung des bleichen, gutaussehenden, schweigenden Prinzen inmitten seiner Offiziere. Um ihrer Neigung ein Ende zu setzen, schickte ihr Vater sie zu Verwandten nach Kolin. Sie aber kehrte zurück und stand unter den Fenstern des Prinzen am Hradschin. Nacht um Nacht stand sie dort im Schatten der Befestigungsmauern in mondhellen Stunden des Wintersturmes. Zu spät erst erfuhr Rudolf von ihrem Wachen. Im Januar 1879 war sie an einer Lungenentzündung gestorben. Ihm blieb nichts, als die Romanze dadurch zu vollenden, daß er ihr Rosen auf das Grab legen ließ.

Nun, im Herbst 1888, sah er die nie gekannte Geliebte im dunklen Haar und anschmiegsamen Feuer Mary Vetseras wiedererstanden, die mütterlicherseits auch jüdisches Blut in den Adern hatte. Irgendwann Mitte November gab er Mary einen eisernen Ehering mit der Inschrift: I. L. V. B. I. D. T. Er erklärte ihr, daß diese Buchstaben »In Liebe vereint bis in den Tod« bedeuteten.

Mary trug den Ring an einem dünnen Kettchen um den Hals, unter einem Mieder, das der allerletzte Schrei der Herbstmode war. Ein Dämon hatte diese kaum Siebzehnjährige dazu getrieben, in der Welt der Mode einen Spitzenplatz zu erringen, auf dem sie auch reifere Geschlechtsgenossinnen aus altem Geblüt übertrumpfte. Der gleiche Dämon trieb sie nun vorbei an der Kronprinzessin, an »süßen Mädels« und Halbweltdamen, vorbei selbst an Mizzi Caspar und allen anderen Rivalinnen, bis sie schließlich im Leben des Kronprinzen eine absolut einmalige Stellung einnahm. War dieser Teil seines Lebens angehaucht von einer anderen Welt – nun, so würde auch sie sich mit dem Hauch des Jenseitigen umgeben.

»Wenn ich ihm mein Leben geben könnte, um ihn glücklich zu sehen, ich würde es mit Freuden thun, denn was liegt am Leben!« gestand sie in einem Brief an ihre Gouvernante. Sie sprach darin auch von ihrer und Rudolfs Angst, ihre heimlichen Rendezvous könnten entdeckt werden, und schrieb: »Wir haben miteinander einen Pakt geschlossen, der sich auf diese Möglichkeit bezieht. Wenn es aufkäme, würden wir beide an einem Orte, den niemand weiß, nach einigen glücklichen Stunden uns gemeinsam den Tod geben.«

Eine Zeitlang war ihr verborgenes Spiel so berauschend, daß es an die Stelle der Erfüllung fleischlicher Begierde und Lust trat. Ihre Zusammentreffen waren nicht gewöhnliche geheime Verabredungen zum eindeutigen Zweck und bedeuteten Rudolf und Mary vielleicht eben deshalb weit mehr. Für diese beiden in Liebesdingen so erfahrenen jungen Menschen war diese Halb-Keuschheit wie ein heiliger Schleier, den sie füreinander gewoben hatten. Wieder und wieder genossen sie diese Intimität mit Distanz, hoch über längst nicht mehr benützten Treppen, die der treue alte Nehammer bewachte; oder bei Ausfahrten durch schattendunkle Parks, deren Dämmerlicht nichts vernahm als gedämpften Hufschlag und Bratfischs leises Pfeifen.

Ihr sorgsam gehütetes Geheimnis diente keinem plump-primitiven praktischen Zweck. Marys Mutter war selbst eine ehrgeizige Verschwörerin, erfahren im Anknüpfen, aber auch im Aufspüren von Liaisons. Trotz all ihrer späteren Beteuerungen hätte sie das hohe Spiel keineswegs schockiert, das ihre Tochter spielte – vorausgesetzt freilich, daß es mit der gehörigen Diskretion gespielt wurde. Was die allgegenwärtigen »Geheimen« anlangte, die Rudolf stets auf den Fersen waren, so hätten diese bloß eine weitere hämische kurze Eintragung in ihre Notizbüchlein gemacht.

Und doch wußte in diesem Herbst des Jahres 1888 wochenlang keiner außer ihren unmittelbaren Vertrauten von Mary und Rudolf. Die beiden schlugen der Neugier der ganzen Monarchie ein Schnippchen – so schlau, so geschickt, daß dies für sie erregender war als jede körperliche Vereinigung. Tag für Tag machte der Hofapparat Rudolfs Absichten aufs neue zunichte. Doch dieses Spiel im Verborgenen lief nach seinen Regeln, und Mary war im Gleichklang mit den Wünschen ihres Prinzen. Gemeinsam schwelgten sie in den Täuschungsmanövern, mit denen sie alle hinters Licht führten.

14

Am 1. November 1888 befestigte Lorenz Flünt, ein Akrobat und Seiltänzer in Wien, einen Strick am Fensterkreuz, wand sich das andere Ende um den Hals und sprang dann kopfüber aus dem Fenster seines kümmerlichen Quartiers. Im Zimmer, das der Akrobat bewohnt hatte, fand man auf dem Tisch einen Zettel mit den Worten: »Das Seil war mein Leben, das Seil ist mein Tod.« Flünt hinterließ auch eine Art Tagebuch, das aus einem mit dünnem Spagat zusammengebundenen Päckchen mit Papieren bestand. Auf den Kartondeckel des Päckchens hatte Flünt mit Siegellack ein rundgeschnittenes Stückchen Papier befestigt, das die Aufschrift trug: »Mein Tagebuch. Allerlei Fetzen aus dem Leben gerissen und zusammengeklebt von Lorenz Flünt, Galgenhumorist.«

Wenige Tage später wählte ein berühmter Berufskollege Flünts einen noch aufsehenerregenderen und vor allem professionelleren Weg, seinem Leben ein Ende zu bereiten. Dieser Selbstmord fand buchstäblich in Form einer Show statt – mit Scheinwerfern, Trommelwirbel und Orchester. Das Ganze spielte sich in Wiens bekanntestem Varieté ab, dem »Ronacher«, und die Hauptperson war der damalige Star des Programms, der bekannte Trapezkünstler Don Juan de Caceido. Don Juan hatte mit seiner Frau wenige Minuten vor seinem Auftritt Streit gehabt. Dennoch ging er auf die Bühne und begann seine Nummer wie immer. Am Höhepunkt der Darbietung, als Don Juan hoch oben auf dem straffen Seil stand und der Trommelwirbel immer lauter wurde, warf er mit dramatischer Geste die Balancierstange von sich und stürzte sich kopfüber in die Arena. Das geschah so rasch und mit solchem artistischen Schwung, daß das Publikum es für einen besonders kühnen Teil der Darbietung hielt und begeistert applaudierte – bis dann die Theaterdiener gelaufen kamen, um den Leblosen fortzutragen.

Wiens Selbstmordrate, die die höchste in Europa war, stieg in diesem Herbst noch weiter an. Nicht jeder, der die Statistik um eine Ziffer bereicherte, tat dies so phantasievoll wie die beiden Seilkünstler. Viele sprangen einfach in die Donau, die dann die Leichen wieder ans Ufer schwemmte, ohne daß man über Person oder Motiv Näheres erfahren konnte. Die Stadt erwies aber auch diesen Toten die letzte Ehre. Man begrub sie an einer besonderen Stelle – dem Friedhof der Namenlosen in Albern. Und nun wurde der Allerseelentag, der 2. November, begangen. An diesem Tag pilgerten Bewohner von Elendsquartieren wie auch von Palais hinaus zu den Namenlosen und lehnten dort Buketts und Kränze gegen unbeschriftete Kreuze.

Überhaupt erwachten am 2. November die zahllosen Friedhöfe des katholischen Wiens zum Leben, mit Gedächtnismessen und Gebeten für die Toten. Der Stadt war es in diesem Herbst zwar noch nicht geglückt, endlich Anschluß an ihre große Zukunft zu finden, doch der Tod war schon seit jeher ein großer Anlaß – und Wien verstand es, sich bei großen Anlässen dem Zeremoniell hinzugeben. Schon am Tag vor Allerseelen – am Allerheiligentag – bewegten sich endlose Prozessionen zu den Familiengräbern. Kinder, Jugendliche, Erwachsene und Greise trugen Kränze und Kerzen, stellten Heiligenbilder auf und entzündeten Grablaternen.

Oft wurden diese Prozessionen von Frauen einer uralten Zunft begleitet, die man zum Trauern mieten konnte. Nachdem die eigentlichen Trauernden den Friedhof verlassen hatten, hielten sie die Totenwache. In diesen Nächten murmelte und raschelte es auf den Friedhöfen von den Klageweibern mit ihren schwarzen Umhangtüchern. Ihre faltigen Gesichter flackerten im Licht der Kerzen, die sie an keinem Grab ausgehen ließen. Zu Tausenden murmelten sie Gebete aus ihren mitgebrachten Gebetbüchern und kauten dazu Speck aus ihren Eßkörben. So hockten sie schmatzend und psalmodierend über die Gräber gebeugt, bis im Morgengrauen der Schein ihrer Kerzen verblaßte und die eigentlichen Trauernden bei Tagesanbruch wiederkehrten, um Gottes Gnade auf die armen Seelen ihrer Verwandten im Fegefeuer herabzuflehen.

Die meisten Zeitungen Wiens – allen voran die *Neue Freie Presse* – brachten Berichte über den Blumenschmuck auf Prominentengruften und Ehrengräbern, wie etwa Beethovens und Schuberts, auf dem Zentralfriedhof. Dabei bildete sich beinahe eine neue Sparte der Kunstkritik heraus. Die Journalisten, die sich damit zu befassen hatten, verschwendeten auf ihren Gegenstand ebensoviel liebevolle Detailschilderung und Sachkenntnis wie ihre Kollegen vom anderen Ressort auf die Besprechung einer Opernpremiere. Die Stadt war der Dramaturgie des Todes verfallen.

Diese fast morbide Hinwendung zum Tod konnte nicht ohne Einfluß auf die künstlerisch sensitiven Geister Wiens bleiben. Allerseelen – oder doch wenigstens die Düsterkeit dieses Festes – berührte Arthur Schnitzler während eines Herbstes, in dem seine Stimmung extremen Schwankungen unterworfen war. Die Eröffnung des neuen Hofburgtheaters hatte den jungen Mann ebenso freudig erregt wie das übrige Wien. Freilich hatte man ihn nicht, wie seinen berühmten Vater, zur Premiere eingeladen, doch hatte ihm der Einfluß von Schnitzler immerhin die Teilnahme an der Generalprobe ermöglicht. Auch gestattete ihm die Großzügigkeit seines Vaters, im Haus seiner Eltern eine eigene Wohnung zu mieten. Das spiegelte sich in tröstlicher Weise in der Sexualstatistik seines Tagebuchs.

Bis Ende Oktober hatte er dort 355 Vereinigungen mit Jeanette verzeichnet.

Auch seine schöpferischen Säfte flossen wieder reichlich. Er setzte dem *Hochzeitsmorgen* einige Glanzlichter auf und stellte einen weiteren Entwurf für *Episode* fertig – zwei der sieben kurzen Szenen, aus denen sich sein *Anatol*-Zyklus zusammensetzte, der ihm schließlich seinen ersten literarischen Ruhm einbrachte. In diesem Stück beweist er ein rücksichtslos-klares Erfassen der Verlogenheit, die den sogenannten zivilisierten Sex umgibt. Hier begann er nun, diesen Aspekt – wie später dann auch manche andere verborgene Nischen der menschlichen Psyche – in einem völlig neuen Licht zu zeigen, in einem so aufschlußreichen Licht, daß sich Freud einige Jahre später veranlaßt sah, Schnitzler zu schreiben: »So habe ich den Eindruck gewonnen, daß Sie durch Intuition – eigentlich aber infolge feiner Selbstwahrnehmung – alles das wissen, was ich in mühseliger Arbeit an anderen Menschen aufgedeckt habe.«

Tatsächlich war Schnitzlers Selbstbeobachtung der Schlüssel. Sie tat weit mehr, als bloß das Geschlechtsleben numerisch zu quantifizieren. Diese Selbstbeobachtung war wie ein sensibles Musikinstrument, das auf jeden Halbton seiner Psyche gestimmt war und auch alle Oberwellen registrierte. In diesem Herbst des Jahres 1888 spiegelte sich in seinem Tagebuch nicht nur der gelegentliche Augenblick des Hochgefühls, sondern alles Pulsen seiner Verzweiflung, die sich gegen Allerseelen hin immer häufiger bemerkbar machte. So schrieb Schnitzler, daß Hypochondrie und Melancholie ihn immer mehr verdüsterten und sein sogenanntes künstlerisches Talent nicht zum Durchbruch komme. Die Medizin sei ihm noch immer fremd, und was die Literatur anlange, so fehle es ihm an der nötigen Ruhe, vielleicht auch an echter Begabung. Seine Frist, ein talentierter junger Mann zu sein, sei verstrichen, jetzt müsse er wirklich etwas leisten. Seinem Tagebuch vertraut Schnitzler an, daß er es nicht einmal eine Stunde lang bei einem medizinischen Werk in konzentrierter Arbeit aushalten könne. Er hätte sich auch seine alten Sachen wieder angesehen, doch sei nichts wirklich Gutes dabei. Der »göttliche Funke« sei nur Lüge und Selbsttäuschung gewesen. Und wenn er ehrlich sei, müsse er zugeben, daß er sich in dieser wunderbaren Agonie gefalle.

Auch Theodor Herzl schrieb ähnlich düstere Zeilen – allerdings nicht in sein Tagebuch, sondern in der *Neuen Freien Presse*. Die dunklen Worte kamen zur rechten Zeit. Sie wurden nur wenige Tage vor Allerseelen abgedruckt. In einer Erzählung beschreibt Herzl das Erlebnis eines Mannes, der bei einem Unfall einen tiefen Schnitt in seinen Arm erleidet. Während die Ärzte sich um die Wunde mühen, erhascht er einen kurzen Blick auf seinen eigenen Knochen. Für ihn liegt in diesem Anblick nicht nur Schrecken, sondern auch eine gewisse verzehrende Schönheit. Ihm wird klar, wie er vor die Ewigkeit treten würde. Dieser Mann – ein Dandy, Globetrotter und Sybarit – wird wie besessen vom Bild seines eigenen Skeletts, das er »Die schöne Rosalinda« zu nennen beginnt. Und so hieß denn auch Herzls Erzählung.

Die besinnliche Brillanz, die in diesem Werk zutage trat, stand in seltsamem Widerspruch zu dem literarischen Hauptprojekt, das ihn in diesem Herbst in Anspruch nahm: das Lustspiel, an dem er gemeinsam mit seinem Kollegen Hugo Wittmann von der *Neuen Freien Presse* bastelte und das sie *Wilddiebe* nannten. Das Stück war auf das Burgtheater zugeschnitten und spielte kokett mit Flirt, Täuschung und Eifersucht. Die Personen seiner Handlung besaßen weder Fleisch noch Blut und auch keine wahre Sinneslust. In dieser Komödie zielten die Autoren nicht darauf ab, der Handlung ein Höchstmaß an Anzüglichkeiten abzupressen, sondern sie versuchten, einer pseudoerotischen Situation eine Unzahl eleganter Epigramme und Gesten abzulisten.

Um die Romanze, die zu dieser Zeit Herzls privates Leben beherrschte, war es ähnlich bestellt. Er spielte die täuschende Imitation echter Verliebtheit mit einem Mädchen, das just die rechte Salonheldin für den Salonlöwen abgab, der er eines Tages werden wollte. Mit achtundzwanzig Jahren hatte er den Höhepunkt seines an sich schon sehr guten Aussehens erreicht: Er war hochgewachsen, seine Augen glänzten so hypnotisierend dunkel wie sein eindrucksvoller Bart, kurz, er war ein hinreißendes Bild eines rassigen jungen Mannes. Er zeigte auch geschmackvollste Eleganz, war überaus klug und von unglaublicher Ausdrucksgewandtheit. Gleichzeitig aber hegte er, wenn auch im geheimen, nagende Zweifel an seinem Talent. Die Rätsel, die ihm sein Leben aufgab, und die Gewißheit seines eigenen Todes berührten ihn tief. Nicht zuletzt aber war er sich auch der Bedeutung seines Jude-Seins nicht gewiß.

Auch seine Verlobte, Julie Naschauer, entstammte einer jüdischen Familie, war aber blond und blauäugig, wie es sich für die Heldinnen von Herzls Stücken gehörte. Ihre Familie war noch viel reicher, viel assimilierter, viel mehr *haute bourgeoise* als die Herzls. In ihren Kreisen war Julie ebensosehr ein Leitbild der eleganten Mode ihrer Tage wie Mary Vetsera eine Ebene höher. In Julie verehrte Theodor die erste junge Dame der Wiener Gesellschaft, die den Mut hatte, sich die Fingernägel zu lackieren.

Eine Menge Leute hielten die junge Naschauer für eigenwillig, fad, oberflächlich und neurasthenisch. Zudem war Herzl viel zu klug, um nicht gelegentlich zu argwöhnen, daß eine Ehe zwischen zwei so eingefleischt narzistischen Menschen nur in einer Katastrophe enden konnte. Was sollte es! Ihr den Hof zu machen und sich mit ihr in der Öffentlichkeit zu zeigen, gab eine prächtige Show ab. In den Briefen an seine Eltern nennt er Julie »die Kleine«. In seinem Tagebuch aber erscheint sie als »die kleine Prinzessin, für die ich Drachen töten werde... Sie ist süß, süß, süß.«

In Wahrheit aber war sie ebenso wenig süß, wie er zu sich selbst ehrlich war. Aber die beiden sahen einfach prächtig aus, wenn sie Seite an Seite zwischen Hofoper und Schwarzenbergplatz auf dem elegantesten Stück der ganzen Ringstraße promenierten. Die »Rosalinden«, die in dem jungen Paar mitpromenierten, verhielten sich abwartend. Sie warteten, vor allem am Allerseelentag.

Herzl liebte es, nur den eleganten Teil des Rings zu frequentieren. Einer seiner Zeitgenossen aber machte es sich zur Gewohnheit, auf der großen Prachtstraße jeden Nachmittag die volle Vier-Kilometer-Runde zu drehen. Er ging sehr schnell, mit langen, athletischen Schritten, die an dem eher kleingewachsenen Mann überraschten. An einem frischen Herbsttag wie diesem wurde aus seinem Spaziergang beinahe ein Lauf. Da Allerseelen war, hielt ihm da und dort eine Blumenfrau ein kleines Sträußchen hin, da sie annahm, er versuche noch vor Torschluß zu einem der Friedhöfe zu gelangen.

Solche Störungsversuche wischte er beiseite. Ungeduldig stürmte er weiter. Dann blieb er plötzlich vor dem Schaufenster einer Buchhandlung in der Nähe der Universität stehen, starrte hinein, hastete weiter. Er hoffte, sich die tägliche schlechte Laune weggelaufen zu haben, wenn er dann zu seiner Wohnung in der Maria-Theresien-Straße kam. Dort warteten nämlich allerlei Sorgen, vor allem finanzielle, auf ihn. Was aber Sigmund Freud am meisten beunruhigte, war seine eigene Gereiztheit seiner geliebten Martha gegenüber. Wieder und wieder, in Briefen und von Angesicht zu Angesicht, hatte er sich bei ihr entschuldigt, hatte es mit Erklärungen versucht: »Da ich heftig und leidenschaftlich bin und in mir allerhand Dämonen herumspuken, die nirgends entweichen können, rumoren sie in mir herum oder aber werden gegen Dich, Liebste, losgelassen. Hätte ich doch nur irgendeine gefährliche Aufgabe, bei der ich wagen und gewinnen könnte, so wäre ich daheim weit sanfter. So aber muß ich allezeit Mäßigung und [im beruflichen Bereich] Selbstbeherrschung üben, und erfreue mich diesbezüglich sogar eines gewissen Rufes.«

»Mäßigung und Selbstbeherrschung...« Da irrte er sich. Ebenso wie er sich etwas später bei folgender Selbsteinschätzung irrte: »Ich bin kein Genie... nicht einmal besonders begabt.« Tatsächlich stürmte er die Ringstraße ohne irgendwelche Mäßigung entlang, und auch mit der Selbstbeherrschung war es nicht gar so weit her. Jene wesentlichen Komponenten seines Verhaltens, die den Ausschlag für einen Erfolg auf seinem Gebiet – oder überhaupt jedem Gebiet im Wien dieser Tage – gaben, beherrschte er jedenfalls nicht. Er konnte nie jenen oberflächlichen Charme entwickeln, den der berühmte Herr Professor Schnitzler so selbstverständlich verbreitete und der selbst dessen Sohn ohne weiteres glückte, wenn Arthur es ernsthaft darauf anlegte. Er verfügte auch nicht über Herzls elektrisierenden gesellschaftlichen Schliff, Mahlers Instinkt, sich selbst in Szene zu setzen, noch über die kindliche Liebenswürdigkeit Anton Bruckners. Er war kein Herzensbrecher wie Rudolf und schon gar nicht ein faszinierendes, pausbäckiges Wunderkind wie Hugo Wolf. Freud fehlte der Bühneninstinkt der Wiener – jenes Flair, das sich Aufmerksamkeit verschaffte, indem es die Aufmerksamkeit verführte. Er vermochte nicht einmal in der eigenen Ordination auf seine Patienten einen vertrauenerweckenden Eindruck zu machen – ein Grund mehr dafür, daß sein Wartezimmer, trotz der vorzüglichen Adresse, so oft leer stand. Andere Nervenärzte umkreisten das Problem ihrer Patienten auf das charmanteste. Freud aber ging ohne Umschweife auf den Kern der Dinge zu und ließ sich dabei mehr von seiner Intuition als von Taktgefühl leiten.

Es fiel ihm auch nicht leicht, sich einflußreichen und höhergestellten Kollegen gegenüber diplomatisch zu verhalten. Der Artikel über Hysterie, in den er all seine Kraft und Zeit steckte, die er von seiner ermüdenden Brotarbeit erübrigen konnte – die Gefahren, die in diesem Artikel steckten, traten immer mehr zutage. Je länger er an diesem Werk arbeitete, desto respektloser gegenüber geheiligten Postulaten der psychiatrischen Schulmedizin in Wien wurde es. Aber andererseits würde man diesen Artikel ja doch ignorieren, wie all seine anderen Bemühungen und Anstrengungen.

Weder sein Leben noch seine Gedanken und Anschauungen erweckten viel Interesse. Für die meisten, die ihn kannten, war er ein eher nüchterner Familienmensch, eigensinnig und fleißig, der zwar gelegentlich einen kalten, höchst unbequemen Witz bewies, nur allzu oft sich über etablierte Wahrheiten hinwegsetzte, aber im Grunde nicht aufsehenerregend war.

Außer wenn er eben die Ringstraße entlangstürmte. Spaziergänger stoben zur Seite, wenn er vorüberschoß. Alle drehten sich nach dem intellektuell aussehenden Dahineilenden in Rock und Modeweste um. Wieder hielt er abrupt vor einer anderen medizinischen Fachbuchhandlung, schüttelte mißbilligend den Kopf und stürmte weiter. Er wußte sehr gut, daß er die Veröffentlichungen anderer Wissenschaftler lieber nicht ansehen sollte: Sie regten ihn nur auf.

Diese Werke stammten von Männern, die er bewunderte. Da gab es Bücher von Jean Martin Charcot, Monographien von Rudolf Chrobak und Josef Breuer. Charcot hatte Freud zu seinen Forschungen auf dem Gebiet der Hypnose angeregt; Chrobak, damals der führende Gynäkologe Wiens, hatte Freud großzügig bei Fällen mit psychopathologischen Aspekten zugezogen. Breuer aber hatte Freud nicht nur als gleichrangigen Mitarbeiter bei seinen Untersuchungen und Entdeckungen über hypnotische und posthypnotische Suggestion betrachtet, sondern ihm in mageren Zeiten auch größere Summen zur Verfügung gestellt. Schon vor seiner Verlobung war Freud seinem Gönner nicht weniger als 2300 Gulden schuldig, und an diesem Allerseelentag des Jahres 1888 war diese Schuld noch längst nicht zur Gänze zurückgezahlt. Aber selbst Breuer erregte ebenso wie die beiden anderen Freuds ärgerliches Erstaunen.

Sigmund Freud konnte es einfach nicht fassen: Warum scheuten diese drei von ihm bewunderten Geister in letzter Konsequenz vor einem Thema zurück, an das sie ihre eigene Kühnheit bereits ganz nahe herangeführt hatte? Schon viele Jahre zuvor hatte Breuer das pathologische Verhalten einer Patientin mit den Worten »Solche Fälle beruhen immer auf den Geheimnissen des Ehebetts« erklärt und war Freuds weiteren Fragen mit einem Achselzucken ausgewichen. Der große Charcot hatte einmal, als er über die bizarren Symptome einer jungverheirateten Frau sprach, gesagt: »In einer Situation dieser Art ist das immer eine Frage der Genitalien – immer, immer, immer...« Und erst kürzlich hatte ihm Chrobak anvertraut, das beste Rezept für eine bestimmte Patientin – eine schwer gestörte Ehegattin mit beinahe impotentem Mann – sei »eine Dosis normaler Penis, wiederholt anzuwenden«.

Und doch hatte keiner der drei großen Ärzte diese Erkenntnis zum Ansatzpunkt einer theoretischen oder klinischen Studie gemacht. Ihre Tatenlosigkeit angesichts ihrer eigenen übereinstimmenden Diagnose wurde für Freud 1888 immer unverständlicher. Sooft er auch in die Schaufenster der einschlägigen Buchhandlungen sah – dieses Thema tauchte in keinem der Titel der von den drei Männern veröffentlichten Werke auf.

Es gab hier offenbar einen unsichtbaren Widerstand. Das erinnerte den jungen Arzt an die Schranke, die ihn von Wohlstand und Erfolg trennte und ihn daran zu hindern schien, daß seine eigenen Ideen feste Formen annahmen. Eben stürmte er am neuen Burgtheater vorbei, in dem zwar glücklicherweise keine Buchhandlungen untergebracht waren, dessen pompöse Portale aber dennoch Freuds Ärger erregten. Mußte denn in Wien alles in theatralisches Getue ausarten? All dieser größenwahnsinnige Manierismus, nur um ein bißchen Sex zu kaschieren! All diese kunstvolle Verbrämung des Todes mit Blütenblättern, Kerzen und Ikonen! Eben schob er sich wieder an ein paar Verkäuferinnen von Allerseelenblumen vorbei. Wieder einmal würde er ohne rechte innere Ruhe zu seiner Martha zurückkehren.

Am Allerseelentag ergriff Johann Strauß vor Wien die Flucht. Er hatte für Begräbnisse und alles, was damit zusammenhing, nie viel übrig gehabt. Nun war er dreiundsechzig Jahre alt, und seine Abneigung hatte sich zur Phobie gesteigert. Um jeden Friedhof machte er einen großen Bogen, er boykottierte den Tod. Seine Inspiration aber boykottierte ihn. Bei dem großen Vorhaben, das seinen Namen in die erste Reihe anerkannter Komponisten ernster Musik stellen sollte, seiner Oper *Ritter Pazman*, wollte es nicht recht weitergehen. All diesen Unannehmlichkeiten wich er jetzt aus, indem er nach Prag fuhr, wohin man ihn als Dirigenten eingeladen hatte. Anfang November gab er dort Benefizkonzerte. Die Kompositionsarbeit, die ihn bedrückte, ließ er in Wien zurück.

Prag konnte sich ebensowenig wie die anderen europäischen Hauptstädte dem Zauber des Walzerkönigs entziehen. Das Dirigentenpult war von seinen Anhängern und Verehrern mit Lorbeer und Rosen bekränzt worden. Der Applaus setzte schon lange vor seinem Erscheinen ein. Dann tauchte er plötzlich auf – im Frack, schlank, elegant und diskret geschnürt. Schlank und elegant, die Hand ans Herz gepreßt, nahm er die Huldigungen entgegen. Er verbeugte sich und lächelte unter seinem gefärbten Schnurrbart, lächelte und verbeugte sich wieder, bis das Klatschen endlich andächtiger Stille wich.

Die Finger in den weißen Glacéhandschuhen griffen zum filigrangeschmückten Taktstock. (Der Geigenbogen, mit dem er noch die Konzerte seiner Jugend, seines meteorhaften Aufstiegs dirigiert hatte, war jetzt schon tief unter seiner Würde.) Die Armreifen an seinem Handgelenk glitzerten, der Taktstock wirbelte durch die Luft, der Klang des Orchesters schwoll gewaltig an, und das Universum schien sich im Dreivierteltakt zu drehen.

Wenn dann alles vorbei war, verneigte er sich immer wieder, die Hand aufs Herz gepreßt, vor nicht enden wollendem Applaus. Er griff nach einer der vielen Rosen, die sein Dirigentenpult schmückten, küßte sie und steckte sie sich ins Knopfloch, verneigte sich noch einmal und ging hinaus – nur um sofort durch verstärkte Ovationen wieder zurückgerufen zu werden. Waren seine Dankesbezeigungen auch einstudiert und auf Wirkung berechnet, so waren sie deshalb doch nicht weniger echt. Dieser Enthusiasmus war ein klarer Sieg über das Altern, den Tod und die Allerseelenstimmung. Was er auf ewig zu bleiben hoffte und was er stets aufs neue unter Beweis stellen mußte, war für ihn wieder einmal Wirklichkeit geworden: Immer noch war er der unsterblich junge Liebling der ganzen Welt.

Nach dem Prager Konzert kehrte er nicht direkt nach Wien zurück, sondern begab sich mit seiner Adele nach Franzensbad zur Kur, um die jugendliche Spannkraft zu erhalten. Dort war die Saison zwar schon vorbei, doch das beste Hotel am Platz blieb für den Maestro offen und stellte ihm seine beste Suite zur Verfügung. Auch das Kurorchester war geblieben, nur um für ihn zu spielen. Er lächelte, applaudierte und spielte in der Öffentlichkeit den Charmeur. In Wahrheit aber haßte er die Musik, fand die Preise unverschämt und fürchtete, sich durch diese Extravaganz zu ruinieren. Bei Tag nahm er tapfer seine trüben Bäder und trank sein bitter schmeckendes Wasser; bei Nacht aber arbeitete er mit grimmiger Verbissenheit an seiner Oper. Er konnte dabei keine rechten Fortschritte machen; jedenfalls ging ihm die Arbeit weder so gut noch so schnell von der Hand, wie er es sich erhofft hatte. So wollte er bald wieder abreisen. Abreisen aber bedeutete den Weg zum Bahnhof, und ebenso wie der junge Freud hatte Strauß panische Angst vor Zügen. (Im Augenblick, in dem der Zug sich in Bewegung setzte, mußten in seinem Abteil die Jalousien heruntergezogen werden; durchfuhr der Zug einen Tunnel, legte er sich bäuchlings auf den Boden des Waggons.) Überdies bedeutete das Besteigen des Zuges Heimkehr; sein Heim aber lag in Wien. Und Wien?... Er, dessen Name schon damals und in alle Zukunft fast ein Synonym für alles Wienerische war, stand dieser Stadt mit eher gemischten Gefühlen gegenüber. Ein mißmutiger Brief, den er aus Franzensbad an einen Freund schrieb, endete abrupt und ohne weitere Erklärung mit den Worten: »Österreich wird bald Schläg' kriegen.«

Nach einer Woche fuhr er dann tatsächlich heim. Er war dazu gezwungen, denn die Proben für seinen *Kaiserwalzer* begannen, der am 2. Dezember im Wiener Musikvereinssaal seine festliche Uraufführung haben sollte. An diesem Tag feierte Franz Joseph das vierzigjährige Jubiläum seiner Herrschaft über das große Habsburgerreich. Trotz des Titels des neuen Walzers hatte der Obersthofmeister des Kaisers bereits wissen lassen, Seine Majestät würden nicht anwesend sein. Das war für den Komponisten schon bittere Tradition. Franz Joseph hatte noch nie eine Uraufführung von Strauß-Werken mit seiner Anwesenheit beehrt. Warum wohl? Vor langer, langer Zeit, im Jahr 1848, als Strauß noch jugendlich leichtfertig, aber ebenso unpolitisch gewesen war wie auch noch heute, hatte er in irgendeinem Gasthaus die *Marseillaise* gespielt. Dieses »Verbrechen« war anschließend Gegenstand eines Polizeiverhörs gewesen. Sollte das vielleicht der Grund sein? Waren Seine Apostolische Majestät wirklich so nachtragend? Nun, was auch immer der Grund sein mochte, der Kaiser hatte es abgelehnt, der Erstaufführung des ihm zu Ehren benannten Walzers beizuwohnen. Strauß war nahe daran, den Vorschlag aufzugreifen, den sein Berliner Verleger Simrock gemacht hatte – den Kaiserwalzer Wilhelm II. zu widmen.

Schließlich besann sich Strauß aber doch eines Besseren: Der

Walzer blieb ohne Widmung, was in Franz Josephs Jubeljahr schon eine sehr deutliche Aussage war. Strauß wendete sich nun wieder der Arbeit am *Ritter Pazman* zu. Das Komponieren fiel ihm in diesem besonderen Fall sehr, sehr schwer. Scheinbar glückliche melodische Einfälle erwiesen sich als trügerisch. Strauß mußte entdekken, daß ein symphonischer Czardas, den er während des Sommers komponiert hatte, ein unbewußtes Plagiat eines anderen Komponisten war.

Wieder einmal wurde all das für seine Nerven etwas zu viel, und wieder einmal hatte er eine seiner »Phasen«. Das Walzerpalais in der Igelgasse wurde zur Gruft. Tagelang sprach Strauß mit niemandem ein Wort, nicht einmal zu Adele. Er hob den Blick nicht von den Spitzen seiner glänzend polierten Lackstiefeletten, ging nur von seinem Arbeitszimmer bis zu dem im Hof gelegenen Stall und wieder zurück zum Käfig, in dem sein Papagei Jacquot saß und durchdringend die ersten Takte vom Donauwalzer pfiff. Nicht einmal das amüsierte ihn. Dem Zeichenlehrer, der ihm Unterricht in Karikatur erteilen sollte, wurde bedeutet, sich auf eine Weile nicht zu zeigen. Das Gleiche geschah dem Billardlehrer, den man für Adele hatte kommen lassen. Der Billardtisch schlummerte unter seiner Leinenabdeckung. Die Tarockkarten im »Caféhaus-Zimmer« blieben unberührt. Seine Kartenfreunde wußten Bescheid. Er hätte in diesem Zustand ihr fröhliches Geplauder nicht ertragen können; andererseits aber ging ihm die Stille und Leere auf die Nerven.

Während seiner »Phase« empfand er nicht das Hochgefühl seines Ruhmes, sondern nur Isolierung und Vereinsamung. Die Verehrung, die man seinem Namen erwies, wurde für ihn zum Gefängnis. Er liebte es so sehr, geliebt zu werden. Die Anbetung, die ihm seine Wiener entgegenbrachten – nun, um die Wahrheit zu sagen: Viel Liebe war da nicht dabei. Sie waren so schrecklich stolz auf ihn, blieb nur die Frage, ob in diesem Stolz auch Wärme und Zuneigung lagen. Er ging aus, um die Spezialmischung für seine Pfeife zu kaufen. Einzig diese wichtige Besorgung konnte ihn während einer seiner Phasen zum Verlassen des Hauses bewegen. Zum Trafikanten sagte er dann nicht ohne gewisse Bitterkeit: »Schicken Sie's in die Igelgasse 4. Ich bin der Strauß, der Johann – der Bruder vom Edi.«

Sein Bruder Eduard, den feschen, enthusiastischen Geiger und Dirigenten, *den liebten* sie. Johann jedoch war zu einer Art Ikone für sie geworden, zu einem extraterritorialen Götterstandbild. Und zwar ganz wörtlich extraterritorial. Vor vier Jahren hatte man ihn zum Ehrenbürger der Stadt Wien ernannt; jetzt, im Jahr 1888, war er nicht einmal mehr ein gewöhnlicher Bürger seiner Geburtsstadt. Er war nicht einmal mehr österreichischer Staatsbürger.

Nur wenige wußten davon, und er selbst konnte sich nur schwer damit abfinden. Es war dazu gekommen, weil ein österreichischer Untertan römisch-katholischen Glaubensbekenntnisses sich nicht scheiden lassen konnte. Zumindest kein gewöhnlicher Untertan – und er, Johann Strauß, war anscheinend »gewöhnlich«. Als er 1887 seine Adele heiraten wollte, hatte man ihm die Annullierung seiner früheren Ehe durch die Rota Romana nicht ermöglicht. Weniger bedeutenden Zeitgenossen hatten Hof und Kirche über diese Klippe hinweggeholfen – ihm, Johann Strauß, nicht.

Nein, er mußte sich um die Staatsbürgerschaft des deutschen Fürstentums Sachsen-Coburg-Gotha bewerben, mußte zum Protestantismus übertreten. Er hatte in dem Fürstentum sogar ein Appartement mieten müssen, um dort einen ordentlichen Wohnsitz nachweisen zu können. Erst nach all diesen Formalitäten war es ihm erlaubt, der geliebten Frau seinen Ring an den Finger zu stecken und ohne Furcht vor geistlichen oder weltlichen Repressalien an die »schöne blaue Donau« zurückzukehren.

Während seiner »Phase« brütete er auch über diese Dinge nach. Alles ging ihm auf die Nerven, sogar die kleine Hoftrauer, die man wegen des Ablebens von Franz Josephs Schwiegervater verhängt hatte; es war wie eine Verlängerung des Allerseelentages. Und auch das Wetter, das nun plötzlich im November lau und lind geworden war, irritierte ihn. Der sonst um diese Jahreszeit übliche Regen blieb aus. Um arbeiten zu können, bedurfte er der wilden, dunklen, stürmischen Gewitternacht. Er beschloß, wieder einmal für einige Tage aus Wien zu fliehen und auf seinen Landsitz in Schönau zu fahren, um dort das rauhere Voralpenklima zu genießen. Aber würde er dort um diese Jahreszeit auch sicher sein? Ende November lag dort alles völlig verlassen. Er hatte begonnen, den Menschen zu mißtrauen. Andererseits aber fürchtete er auch ihre Abwesenheit.

An einen Freund schrieb er in diesen Tagen: »Lieber Freund Priester! Ich habe von einer demnächst stattfindenden Hundeausstellung gelesen;... sei so gut und kaufe mir einen *großen*, sehr wachsamen Hund. Ich sehe weniger auf Schönheit, als auf Wachsamkeit – aber groß muß er sein. Unsere Villa in Schönau liegt so versteckt, daß die Halsabschneider leicht ihr Augenmerk auf dieses entlegene Objekt richten könnten. Der Hund soll also ein Schreckenberger sein – mehr Specktackel machen, als weiter an ihm dran ist. Könntest du einen finden, der mehr kann, als nur bellen, einen etwaigen Angreifer bei der Gurgel fassen, dann soll dieser jedenfalls den Vorzug erhalten…«

Strauß wollte den folgenden Allerseelentag (1889) nicht in einem überladenen Ehrengrab am Zentralfriedhof verbringen.

Noch am Allerseelentag 1888 traf die Hofdame Gräfin Festetics Kronprinz Rudolf in einem der Rokoko-Korridore der Hofburg. Er dankte mit einem Nicken für ihren Hofknicks, dann legte er ihr einen Finger auf den Arm. Gräfin Festetics berichtet darüber:

»Zu Allerseelen vor seinem Tode fragte er mich, ob ich in den Segen gehen werde. Natürlich, erwiderte ich, ich werde doch für meine Toten beten. Nun, sagte der Kronprinz, werden Sie auch für mich beten, wenn ich tot bin? Was sprechen Sie da, Kaiserliche Hoheit? erwiderte ich, ich bin doch um so vieles älter als Sie und werde dazu keine Gelegenheit haben. Er aber blieb bei seinem Begehren und verlangte von mir, ich solle ihm versprechen, an seinem Sarge zu Allerseelen zu beten, wenn er dahingegangen sein werde. Er ruhte nicht, bis ich zusagte.«

Noch viele Jahre lang konnte sich die Gräfin Wort für Wort an dieses Gespräch erinnern. Es war eine merkwürdige Szene für den so gar nicht frommen Kronprinzen.

Allerseelen wurde am 2. November von Hugo Wolf geziemend begangen. In den letzten Oktobertagen des Jahres 1888 komponierte er das melancholische Lied »Wer sich der Einsamkeit ergibt, ach!« Es ist dies die Vertonung eines Goethe-Gedichtes, dessen letzte Worte lauten: »Ach, werd' ich erst einmal einsam im Grabe sein, da läßt sie mich allein.« Am 4. November vertonte er Goethes nicht minder jenseitszugewandtes Gedicht »Anakreons Grab«.

Gleichzeitig aber brachte der Spätherbst eine Intensivierung seines Intimlebens, das zwar lebhaft, aber kaum heiter zu nennen war. Die Umgehung der sexuellen Realität, über die sich Freud so ärgerte, wurde nun als eine immer schwieriger werdende Kunstform nicht nur vom Kronprinzen und von Baronesse Vetsera, sondern auch von Hugo Wolf und Melanie Köchert geübt.

Die Familie Köchert war von ihrem Landsitz in ihr Haus in der Wiener Innenstadt zurückgekehrt. Wolf zog ruhelos zwischen den leeren Sommerwohnungen verschiedener Freunde und dem ebenso leeren Appartement der Familie Köchert hin und her, das diese ihm zur Verfügung gestellt hatte. Frau Melanie Köchert war eine großartige Frau von untadeligem Ruf, die es ausgezeichnet verstand, für ihren Gatten und ihre Kinder einen eher komplizierten Haushalt zu führen. Ähnlich wie Rudolf war Hugo Wolf sehr österreichisch. Wenn er es darauf anlegte, war er ein Meister gesellschaftlicher Formen. Traf er im Hause Köchert ein, verneigte er sich vor dem Hofjuwelier, küßte Frau Köchert die Hand und umgab sie mit all den höflichen Aufmerksamkeiten, die der Gattin des Mannes zukamen, der seiner Existenz die finanzielle Grundlage gab. Gemeinsam und beinahe liebevoll verbargen die beiden die Wahrheit vor Herrn Köchert. Selbst die drei Kinder Melanies, die ständig um die Mutter waren, schöpften nicht den leisesten Verdacht. Keiner der gemeinsamen Freunde Wolfs und der Familie Köchert konnten je an ihrem Verhältnis etwas feststellen, das über das gesellschaftlich Erlaubte hinausging. Frau Köchert war eine reizvolle Frau und trotz ihres eher scheuen Naturells eine perfekte Gastgeberin. Sie war fünfunddreißig Jahre alt und erwies dem jungen Komponisten offenbar nur durchaus damenhafte Anteilnahme. Wolf sah mit seinen siebenundzwanzig Jahren noch so jung, arm und klein aus wie ein Kind, das sich einen blonden Schnurrbart angeklebt hatte.

Und doch kamen die beiden immer wieder im Verborgenen in Berührung miteinander. Während des ganzen Herbstes pulsten ihre chiffrierten Anzeigen durch die Inseratenspalten der *Neuen Freien Presse: R: Briefe erhalten – voll Sehnsucht auf ein baldiges Wiedersehen, sage ich Dir tausend Dank. Schone Dich – ganz Dein...*

R. bedeutete immer noch Rinnbach, den Weiler in der Nähe der Villa Köchert in den Salzburger Bergen. Am dortigen Postamt hinterließen sie im Sommer füreinander Botschaften zur Vereinbarung geheimer Liebestreffen, so wie sie dies jetzt im Herbst und Winter im Büro von Wolfs Musikverleger in Wien taten. Sie stahlen sich Stunden von ihren offiziellen Leben, um sich in kleinen Herbergen im Wienerwald in wilder Leidenschaft ineinander zu verbeißen. Vor den Fenstern dieser Stuben veränderten die Blätter ihre Farbe herbstlich, ebenso wie im Burggarten vor dem Fenster des Zimmers, in dem Rudolf sich mit Mary traf.

Aus den Briefen, die Melanie in diesem Herbst an ihren Geliebten schrieb, spürt man die Gewalt und Qual des Stromes, den man zwingt, seinen Lauf unterirdisch zu nehmen. Ihre Zeilen scheinen unter der Last von Leidenschaft und Not zu brechen: »Rette mich! Rette mich!... Du ahnst nicht, was ich gelitten habe... Jetzt habe ich nur noch einen Wunsch – Dich einmal noch voll und ganz zu besitzen und dann zu sterben...« In einem ihrer Briefe beschreibt sie, wie sie auf ihn in der Nähe einer Brücke wartete, die sich über einen Bach spannt. Aber er war aus irgendeinem Grund verhindert gewesen, die Verabredung einzuhalten. Seine kleine Gestalt zeigte sich nicht. Sie kehrte nach Hause zurück und ertappte sich plötzlich dabei, daß sie alle Fenster weit öffnete, in der Hoffnung, er würde herein*fliegen*.

Wenn all diese verborgene Glut Melanie die Sinne versengte, so führte sie Hugo Wolf zurück in die schöpferische Welt der Musik. Das sommerliche Zwischenspiel in Bayreuth war nur ein kurzer Urlaub gewesen. Jetzt aber war Melanie wieder in sein Leben getreten und hatte seine Pulse beschleunigt, seinen Schaffensdrang gesteigert. Von jedem geheimen Treffen mit ihr eilte er zu den Gedichten Mörikes und Goethes und verwandelte ihre unsterblichen Verse in Lieder – mit einem Elan, einer künstlerischen Sicherheit und einer Ungeduld, die er später nie wieder erreichen sollte. Er kritzelte auf Notenpapier, wo immer er sich auch befand – im Haus, im Freien, auf Gasthaustischen, Baumstümpfen, in Postkutschen und Eisenbahnabteilen.

»Ich arbeite Tag und Nacht«, schrieb er seinem Freund Friedrich Eckstein kurz vor Allerseelen. »... Längst kenne ich keine Rast und Ruhe mehr... All die Lieder sind wirklich erschütternd komponiert. Oft sind mir die Tränen über die Backen heruntergelaufen, während ich noch an ihnen schrieb. Sie übertreffen an Tiefe und Auffassung alle anderen Vertonungen von Mörike... Hast Du schon hinsichtlich der Separatdrucke der Gedichte Schritte unternommen? Bitte laß sie kopieren, damit wir die Sache zu Ende bringen. Aber eile Dich! Eile! Eile!«

15

Hugo Wolfs Musikschaffen profitierte von all den Täuschungsmanövern, die er um der Moral willen zu ersinnen hatte. Moral war weniger dazu da, sexuelle Freizügigkeit zu unterdrücken, als vielmehr zu erotischen Spielen zu stimulieren. In Wien war damals Moral nicht so sehr ein dumpfer Zwang als der Anlaß für samtene Intrige. Da der Mittelstand hier früher als anderswo zur Einsicht gelangt war, er würde keinen befriedigenden Lebensstil eigener Prägung etablieren können, hielt er hier auch länger als anderswo am vom Adel entlehnten Ritual fest: dem theatralischen Gepränge der Totenfeste und den Spielen höfischer Liebeswerbung. Wohl erstrahlten bereits elektrische Glühlampen an den Ufern der Donau, doch wenn Männer und Frauen einander in Wien begehrten, so taten sie dies in der Art von Schauspielern und Schauspielerinnen im Kerzenschein. Die Fleischeslust fügte sich althergebrachten Charaden. Dies bewiesen Tag für Tag die Kleinanzeigen in den Zeitungen:

An die bezaubernde blonde Dame, die gestern in männlicher Begleitung im Café Griensteidl saß: Sie hatte die große Freundlichkeit, einem am Nebentisch sitzenden Herrn in besonders liebenswürdiger Weise den *Kikeriki* [ein humoristisch-satirisches Magazin] zu überreichen. Sie würde den genannten Herrn über alle Maßen glücklich machen, wollte sie ihm unter Chiffre 672 an dieses Blatt wissen lassen, wann und in welchem Café er ihr den *Kikeriki* zurückgeben dürfte.

Der Herr, der gestern irrtümlicherweise die Trauerfeierlichkeiten im Hannes-Saal durch sein Erscheinen gestört hat und doch in den Augen der reizenden Dame im schwarzen Federhut mit Seidenschleier wunderbare Vergebung lesen durfte... dieser Herr würde nun selbst zu einem Tieftrauernden, falls die Dame ihm nicht gestatten würde, sich für seine Ungeschicklichkeit bei einem Zusammentreffen geziemend zu entschuldigen, dessen Ort und Zeit sie ihm unter Chiffre 871 an dieses Blatt bekanntgeben wolle.

Die Dame, die – wie man annehmen muß – von ihrem Vater begleitet wurde, und deren Hündchen den genialen Einfall hatte, sich gestern Nachmittag auf der Kärntner Straße von ihr loszureißen, wird hiemit vom Zurückbringer des Hundes um eine große Gefälligkeit gebeten: Er hat sich erlaubt, aus Dankbarkeit für die Verursachung des Kennenlernens für das Tierchen ein kleines Geschenk zu besorgen, das er dem Hündchen im Beisein seines Frauerls an einem von diesem unter der Chiffre 254 an dieses Blatt bekanntzugebenden Ort zu beliebiger Zeit überreichen möchte.

Der November, in dem in Wien all diese geplanten Spielchen vor sich gingen, brachte der Stadt auch den Besuch der ungekrönten Kaiserin aller Thespisjünger: Sarah Bernhardt, der Welt berühmteste Schauspielerin. Sie vermochte nicht nur ihr Herz und ihre Tugend auf der Bühne unnachahmlich zu verlieren, sie konnte auch – ihr erster Auftritt fand kurz vor Allerseelen statt – im Rampenlicht in hinreißender Schönheit sterben. Ihr Gastspiel im Theater an der Wien erregte größeres Aufsehen als die Gastvorstellung des Deutschen Kaisers in der Hofburg. Jedenfalls aber hatte La Bernhardt, nun schon Mitte Vierzig, interessantere Bewunderer als Kaiser Wilhelm.

Während ihres Sommerengagements in London hatte sie Theodor Herzl in Verblüffung versetzt, als er sich für die *Neue Freie Presse* einige Tage dort als der »blasierte Mann in England« umsah. In dieser Eigenschaft hatte sich Herzl eiserne Weltklugheit und Intellektualismus bewahrt. Er beschrieb, wie unvergleichlich sie starb: »Im Lyceum-Theater stirbt allabendlich – jeden Samstag zweimal – Sarah Bernhardt«, und gestattete sich erst dann, seiner Bewunderung für »dieses schlanke, rothaarige Phänomen« Ausdruck zu geben. Einige Jahre zuvor hatte er sie in Paris noch völlig ehrlich und ohne Maske der Blasiertheit bewundern dürfen. Sigmund Freud, der damals gerade bei Charcot in Paris studierte, verlor seine übliche Reserviertheit gegen Bühnenereignisse: »... Aber wie spielt diese Sarah! Nach den ersten Worten einer innigen lieben Stimme war mir, als hätte ich sie jetzt seit jeher gekannt. Ich habe noch gar keine Schauspielerin gesehen, die mich so wenig überrascht hätte, ich habe ihr sofort alles geglaubt... jeder Zoll an dem Figürchen lebte u. bezauberte. Dann ihr Schmeicheln u. Bitten u. Umarmen: es ist unglaublich, was sie für Stellungen annimmt, wie sie sich um eine Person schmiegt, wie sie mit jedem Glied u. jedem Gelenk agiert...« 1885 war Freud ein armer Arzt und Junggeselle in Paris gewesen, der sich die Karte für das Porte-St.-Martin-Theater kaum hatte leisten können. Im Wien des Jahres 1888 war er ein armer, aber inzwischen verheirateter Arzt, und der Luxus, die Bernhardt im Theater an der Wien zu sehen, kam für ihn überhaupt nicht in Frage.

Franz Joseph, der sich auf einer offiziellen Jagd in Ungarn befand, war es auch nicht möglich, die unvergleichliche Sarah Bernhardt auf der Bühne zu sehen, was er außerordentlich bedauerte. An Frau Schratt schrieb er damals: »Sollten Sie die Sarah Bernhardt spielen sehen, so bitte ich auch um ein Urtheil von Ihnen... überhaupt, wenn Sie mir Theatertratsch schreiben, machen Sie mir eine Freude. Es ist das vielleicht nicht schön und recht von mir, aber wahr.«

Und Tratschniveau war es auch, auf dem sich die Wiener Presse mit Sarah Bernhardt beschäftigte. Bis zu einem gewissen Grad forderte sie selbst eine derartige Reaktion heraus. Hatte diese unvergleichliche Französin es nicht sogar fertiggebracht, einmal in aller Öffentlichkeit nachdenklich zu sagen: nein, sie sei leider nicht ganz sicher, wer der Vater ihres Kindes sei – Victor Hugo oder General Boulanger oder gar Premierminister Gambetta?

Eine gewisse Anrüchigkeit hat immer schon mehr für die Berühmtheit gewisser Leute gesorgt als Ruhm. Anfangs aber hatte Wien Sarah Bernhardt lediglich als Kuriosität ohnegleichen empfangen – und als nichts anderes. Irgendwie war diese weibische Gehässigkeit verständlich. Wien und Madame Bernhardt begegneten einander nicht so, wie ein neues Publikum einem Star begegnet, sondern eher wie eine welterfahrene Primadonna einer anderen. Sowohl Sarah Bernhardt als auch Wien verstanden sich auf die gleichen großartigen Tricks. La Bernhardt aber stand damit im Mittelpunkt der Weltaufmerksamkeit, während Wien befürchten mußte, eher am Rande zu stehen und schon ein wenig passé zu sein. Madame Bernhardt war ein gefeiertes Geschöpf ihrer Zeit – und Wien?

Wien nahm ihre Rivalin unter die Lupe – und ließ kein gutes Haar an ihr. Die Pressenotizen über die Künstlerin bestanden zumeist aus ironischen Glossen: über ihre gerühmte Schlankheit (die inzwischen »etwas, wie soll ich sagen, rundlich« geworden war, wie ein Kritiker schrieb); über ihre Wutausbrüche (das *Wiener Tagblatt* berichtete, wie bezaubernd sie beim Applaus nach dem ersten Akt von *Camille* gelächelt hatte – nur um, sobald der Vorhang gefallen war, wie ein Marktweib zu kreischen über die miserable Beleuchtung und auch darüber, daß in ihrem elenden Umkleidezimmer kein Teppich lag); über die Haute Couture ihrer Sterbeszenen.

Selbstverständlich war das Sterben ihre Spezialität. Man wußte, daß sie sogar im Stehen sterben konnte, und keiner zweifelte daran, daß ihr selbst tanzend ein sich dekorativ hinziehender Tod glücken würde. Keine Bühnenkünstlerin ihrer Zeit verfügte über ein so meisterliches Repertoire von Agonien oder eine so berückende Auswahl von Toiletten, in denen sie ihre diversen Tode sterben konnte. Das schwarz-orangefarbene Mieder, in dem ihre Camille den Geist aushauchte, wurde in den Blättern weit enthusiastischer kommentiert als der letzte Atemzug der begnadeten Schauspielerin.

Weitere ausführliche Kommentare befaßten sich mit der Garderobe des Premierenpublikums. Rudolf erschien in der Hofloge in seiner himmelblauen Husarenuniform. Die Familie Vetsera saß in ihrer Proszeniumsloge, wo Mary schon von weitem in ihrem Zobelcape zu bemerken war. Zwischen den beiden spann sich ein zartes Gewebe intimer Blicke. Um sie herum saßen Vertreter höchster Kreise und der besten Gesellschaft, an Rang und Zahl durchaus mit dem Publikum der Burgtheatereröffnung vergleichbar: Habsburger, Rothschilds, Frau Schratt, Fürstin Metternich, Professor Schnitzler und so weiter und so fort. Es war ein eindrucksvolles Modepanorama.

Wie aber war La Bernhardt als Mensch?

Am Tag nach der Premiere suchte ein Reporter des *Wiener Tagblatts* die Göttliche in ihren Gemächern im Hotel Imperial auf. Sie bewohnte hier die Suite, aus der König Milan von Serbien eben erst ausgezogen war. Dieser illustre Rahmen befriedigte natürlich alle Erwartungen; ebenso die traumhafte Brokatrobe von Madame, aber auch das Déjeuner, von dem sie kleine Häppchen zu sich nahm – Austern, getrüffelte Gänseleberpastete, Crêpes Suzettes, dazu Bordeaux von erlesener Kelterung.

Madame begann die Konversation durchaus freundlich: Sie gab ihrem Bedauern darüber Ausdruck, daß sie nicht genügend Zeit haben würde, die Ringstraße und das ganze schöne, neue Wien so recht zu würdigen, obwohl sie vorhabe, drei von den zwölf Tagen ihres Wiener Aufenthaltes damit zu verbringen, sich das Burgtheater genau anzusehen, denn sie habe gehört, es sei das großartigste Bühnenhaus, das je gebaut worden sei.

So weit, so gut. Bald aber nahm das Interview eine merkwürdige Wendung. Madame Bernhardt erwähnte, daß sie nach jeder Vorstellung gern ein sehr anspruchsvolles Buch lese, um leichter einschlafen zu können. Doch am vergangenen Abend habe sie zufällig ein Buch gelesen, das ihr durch seine besondere Bösartigkeit den Schlaf geraubt habe. Es hieß *La France Juive* (Das jüdische Frankreich) und hatte sie durch die Abscheulichkeiten und Lügengespinste des Autors, bei dem es sich anscheinend um einen bezahlten Schreiberling der finstersten Reaktion handle, in Wut versetzt.

Nun war der Autor von *La France Juive* eben jener Edouard Adolphe Drumont, der in einem erst kürzlich veröffentlichten Pamphlet Rudolf wegen seiner jüdischen Freunde angegriffen hatte. In der gleichen Woche, in der die Bernhardt ihre Wiener Premiere feierte, hatte Rudolf sich in einem sehr bitteren Brief an Moritz Szeps über das französische Traktat ausgelassen. Szeps selbst hätte sicherlich die Empörung des Stars über Drumont geteilt, der Berichterstatter seines *Tagblatts* aber war verblüfft, ausgerechnet bei einer Schauspielerin derart heftigem politischen Engagement zu begegnen. Er äußerte sich etwas ungeduldig:

»Wir waren gekommen, um mit der genialen Frau über ihren Beruf und, weiß Gott, vielleicht auch über ihre Toiletten zu plaudern«, schrieb er, »und waren plötzlich mitten in der Besprechung einer sehr ernsten sozialen Frage, und sie, die Verkörperung des Chic, der Eleganz und vielleicht auch des Leichtsinns, Sarah Bernhardt, äußerte sich über die angedeutete Frage mit dem vollen Ernste eines Katheder-Sozialisten.

Das war uns denn doch für die Dauer zu stark, und wir nahmen uns Mühe, die Künstlerin auf jenes Terrain zu bringen, wo sie eigentlich ganz zu Hause ist. Allerdings ein vielverzweigtes Terrain; die Künstlerin ist nicht bloß eine der ersten Schauspielerinnen der Gegenwart, sie leistet auch als Bildhauerin Sehens- und Kaufenswerthes, sie schriftstellert, und man rühmt ihrem Einakter ›L'Aveu‹, in welchem sie nur auf besonderen Wunsch hier auftreten wird, den Vorzug nach, ein ›packendes Stück‹ zu sein.«

Auf die Frage, welche Pläne die Künstlerin für die Zukunft habe, antwortete sie, sie würde sich nur noch drei Jahre lang ihrer Bühnenkarriere widmen. Dann würde sie hinlängliche Mittel besitzen, um nur noch zu schreiben und zu bildhauern und wohl auch zu predigen.

Das also war der Ton der Presse: seidenglatt-bösartig. Wien hob den Star auf ein Piedestal höchst zwiespältiger Art. Zweifellos war Madame Bernhardt einzigartig, wenn auch auf eine beinahe unverzeihliche Art. Nach *Camille* hatte sie als nächstes Stück im Repertoire Sardous *La Tosca* gewählt, mit dem sie höchst unterschiedliche Kritiken einheimste. »*La Tosca,* jenes berüchtigte Stück... ist ein dramatisches Verbrechen, eine Sünde, welche Sardou an seinem dichterischen Rufe beging. Die Künstlerin leistet das Unglaublichste an Virtuosenstückchen. Sie spannt die Zuschauer und ihren eigenen künstlerischen Wert auf die Folter, und macht sich dabei zur Mitschuldigen dieses dramatischen Verbrechens.«

Nun, wie dem auch sei, Sarah Bernhardt setzte sich mit der Intensität ihrer Darstellung über das Geifern der Kritiker ebenso hinweg wie über die Sprachbarriere. Obwohl sie einem deutschsprachigen Publikum französische dramatische Kost servierte, waren ihre Vorstellungen dennoch Abend für Abend ausverkauft. Nacht für Nacht umschwärmten sie begeisterte Fans und begleiteten sie im Triumphzug vom Bühnenausgang bis zu ihrer Suite im Hotel Imperial. Ein Witwer, der auf sein Heiratsinserat einen scheinbar von Sarah Bernhardt eigenhändig geschriebenen Brief erhielt, verlor den Verstand, als er entdecken mußte, daß man sich einen Spaß mit ihm erlaubt hatte. Und Josefine Gallmeyer, die berühmteste Parodistin Wiens, die das Spiel Sarah Bernhardts studiert hatte, um sie dann selbst auf der Bühne zu kopieren, mußte bekennen: »...i hab' g'flennt wie – nit g'scheidt und aus is', i spiel dös G'fraßtwerk nit – dös is a Genie, und mir können ihr alle d'Stiefeln putzen!«

Letzten Endes aber schien Wien doch dem Zauber von Sarah Bernhardt zu erliegen, obwohl sie die Unverschämtheit hatte, sich ein ernsthaftes Privatleben zu leisten! Immerhin, Madame gab für ihre Kostüme tatsächlich hunderttausend Francs aus – und einer Frau, die eine so große Summe in Verkleidungen investierte, *mußte* Wien alles verzeihen.

Sarah Bernhardt krönte die Reihe ihrer Wiener Auftritte mit *Frou-Frou,* und zwar am 13. November. Ihr Abgang schien sich zunächst zu einem uneingeschränkten Triumph zu gestalten. Wohl fehlte Kronprinz Rudolf in der Hofloge, denn dem Hofkalender zufolge war er auf Jagd in Orth an der Donau. Baronesse Vetsera war aus nicht näher bekannten Gründen nicht erschienen. Aber von den beiden abgesehen, war an diesem Abend im Theater an der Wien alles versammelt, was in der Kaiserstadt Rang und Namen hatte, darunter auch ungewöhnlich viele Erzherzöge, Katharina Schratt, der unvermeidliche Professor Dr. Schnitzler und die meisten Missionschefs im Diplomatischen Corps. Der letzte Vorhang senkte sich vor einem wahren Orkan von Applaus. Innerhalb von Minuten funkelte Sarah Bernhardts Garderobe, die an sich schon mit den vielen Blumen und Lorbeerkränzen ein Bild des Frühlings bot, nur so von Hoheiten und Exzellenzen. Kurz darauf gesellte sich zu diesen ein zwar zunächst unscheinbarer, aber durchaus nicht uninteressanter Gast:

Ein Gerichtsvollzieher.

Im Namen der Stadtgemeinde Wien pfändete der wackere Diener der Behörde einen Betrag von dreitausend Gulden aus der Abendkasse.

Man hielt den Atem an, man war schockiert. Der Gerichtsvollzieher zitierte inzwischen in aller Gemütsruhe den Text einer Gemeindeverordnung, derzufolge jede ausländische Theatergruppe eine Abgabe zu entrichten habe, deren Bemessungsgrundlage Aufführungen im Zeitraum eines halben Jahres seien. Madame Bernhardts Manager aber hatte diese Abgabe lediglich für die zwei Wochen ihres tatsächlichen Engagements in Wien bezahlt.

Wieder schnappte man nach Luft. Große Aufregung unter den anwesenden Journalisten, Bestürzung bei den Hoheiten und Exzellenzen. Sarah Bernhardts Manager protestierte und verlangte, daß das Theater an der Wien, das vierzig Prozent des Gewinns erhielt, folglich auch vierzig Prozent dieser Abgabe zahlen sollte, was sich die Leitung bisher zu tun geweigert hatte. Der Herr aus der Direktion des Theaters räusperte sich nur. Der Mann von Madame Bernhardt jedoch, der bisher nur eine kaum beachtete Nebenrolle gespielt hatte, meinte seufzend, die Rechtsanwälte beider Parteien würden das sicher bald in Ordnung bringen. Der Privatsekretär der Künstlerin drängte immer heftiger zum Aufbruch und wies ein über das andere Mal darauf hin, daß der Sonderzug bereits warte, der die ganze Truppe zu ihrem nächsten Gastspiel nach Prag bringen sollte.

Und Madame Bernhardt raffte ihren prächtigen Rock, um abzugehen. Den allergrößten Rosenstrauß im Arm lächelte sie ihr einzigartiges Lächeln. Sie nehme aus Wien die interessantesten Erinnerungen mit.

Am folgenden Morgen delektierten sich die Wiener beim Frühstückskaffee an den groß aufgemachten Berichten. Ausnahmsweise einmal grinsten sie über die Steuerbeamten, anstatt über sie wie üblich zu schimpfen. Und zum ersten Mal strömte der großen Sarah ihre ganze Liebe echt und uneingeschränkt zu; es war die Art von Liebe, mit der wir Höhergestellte bedenken, die in Schwierigkeiten geraten sind.

16

Das Mißgeschick Madame Bernhardts gab Wien Auftrieb. Madames großartiger Ruf war leicht angeschlagen worden. So war es bisher auch Wien ergangen. Doch der Glanz der Mimin strahlte unverändert. Vielleicht würde das auch für Wien zutreffen. Und noch eine delikate Parallele zeichnete sich ab: Die große Dame und die große Stadt hatten beide schon die Blüte ihrer Jugend um eine Nuance überschritten; doch diese Nuance konnte auch ihren besonderen Reiz haben und schloß eine große Zukunft durchaus nicht aus. Für diesen Winter jedenfalls hielt Wien noch manchen Höhepunkt bereit: die segensreiche Weihnachtszeit, die Aufregungen des Neujahrsfestes und dann den Fasching, den Wiener Karneval, mit seinen Tausenden von Bällen und Tanzunterhaltungen. Niemand verstand sich besser darauf, dem *carne vale* zu sagen – der Fleischeslust wirkungsvoller Ade zu sagen –, als Wien dies vor Beginn der Fastenzeit mit Schwung und Gepränge tat. Die Saison hielt noch manche glänzende Überraschung bereit.

Auch am politischen Horizont zeichneten sich günstige Entwicklungen ab. Ende November war klar geworden, daß Ministerpräsident Taaffe ein großer Coup geglückt war. Jedenfalls für den Augenblick war es ihm gelungen, die Feindseligkeiten zwischen Deutschen und Slowenen zu entschärfen, die von der kleinen steirischen Stadt Cilli ihren Ausgang genommen, sich aber bald weiter ausgebreitet hatten. Die Slowenen hatte er durch die Verfügung friedlich gestimmt, daß ihren Kindern in den deutschen Schulen Cillis sehr wohl das Recht auf Unterricht in slowenischer Sprache zustünde. Die Deutschen wiederum besänftigte er dadurch, daß er die Durchführung dieser Verfügung auf unbestimmte Zeit aussetzte.

Sein politisches Geschick verhieß Frieden im Parlament, und den düsteren Propheten, die den Untergang der Donaumonarchie durch Nationalitätenkonflikte voraussagten, war auf eine Weile der Mund gestopft. Vielleicht würde der so oft heraufbeschworene Untergang gar nicht kommen. Seine Exzellenz, der Herr Ministerpräsident, hatte wieder einmal ein Wunder, durch das dieses vielleicht prolongiert wurde, aus dem Ärmel gezaubert. Graf Taaffe war ein Genie immer wieder neuer Improvisationen. Nie ließ er sich auf Endgültiges noch auf ein Prinzip festlegen. Nicht einmal mit einem halben

Prinzip belastete er sich; dafür aber verfügte er über Tausende von Mitteln, Behelfen und Gesten, wie etwa die elegante Zigarrenkiste, die er mit unwiderstehlicher Bonhomie und Jovialität jedem Gegner anbot, den er sich zum Partner oder Komplizen zu machen wünschte.

Graf Taaffe machte guten Gebrauch von seiner Abstammung und Herkunft. Als Nachkomme irischer Adeliger, die sich nach dem Dreißigjährigen Krieg in Österreich niedergelassen hatten, war Seine Exzellenz auf typisch irische Art gutaussehend mit einem dunklen, leicht gekräuselten Schnurrbart. Er setzte seine Redegewandtheit, Gemütlichkeit und Eleganz in politische Zuverlässigkeit um, die ihn während der langen Regierungszeit Franz Josephs als rechte Hand des Throns ausharren ließ. Mit vernünftigen Ideen arbeitend und durch Ideale nicht an der Arbeit behindert, schob er – obwohl oft eine Krise der anderen folgte – das Unvermeidliche vierzehn Jahre lang hinaus. Die Geistlichkeit schätzte ihn als eifrigen Kirchgänger. Die Antiklerikalen gewann er durch seine oft recht scharfen Aussagen gegen das Konkordat. Seine förderalistischen Neigungen beruhigten Tschechen und Polen, während die Deutschliberalen seine vertraulichen Nebenbemerkungen schätzten, daß er persönlich und auch emotionell einer der ihren sei. Antisemiten meinten in ihm einen Gesinnungsgenossen zu erkennen, wenn er gegen die ausländischen Kapitalisten zu Felde zog. Die Juden aber machten sich darüber keine Sorgen: Hieß denn nicht der oberste Berater Seiner Exzellenz Blumenstock?

In Anwesenheit Graf Taaffes konnte sich überhaupt niemand ernsthafte Sorgen machen. Mit ein wenig leichtherziger Manipulation hier, einem Hauch von freundlicher Schikane dort brachte er es nicht nur fertig, die Unversöhnlichen zu versöhnen, sondern auch daraus eine Mehrheit im Parlament zu schmieden: Sie bestand aus katholischen Politikern, slawischen Nationalisten, Aristokraten und sogar einer kleinen Zahl von Liberalen. Seine feinsinnige Doppeldeutigkeit, sein undurchsichtiges Spiel auf der politischen Bühne gestatteten es dem Kaiser, selbst geradlinig und unantastbar zu bleiben. Bravo, Graf Taaffe! Er ritt in Rennen, nahm Hindernisse im Sprung, überwand gesellschaftliche und soziale Schranken – und all das, während er aus einer guten Havanna Rauchringe blies und vor den Damen seinen Hut lüftete.

Und deshalb liebte ihn Wien – ganz besonders in diesem Herbst, weil er ein altes Wiener Dialektwort durch offiziellen Gebrauch unsterblich machte. »Die politische Linie unserer Regierung«, sagte er in einer Rede vor dem Parlament, »läßt sich am besten als ›Fortwursteln‹ bezeichnen.«

Von diesem Tag an war das »Fortwursteln« nicht nur als Philosophie eines großen Staatsmannes, sondern als der österreichische Weg schlechthin legitimiert. Der Genius loci hat dieses Wort in einem Maße durchdrungen, daß es sich kaum adäquat in irgendeine andere Sprache – nicht einmal ins Schriftdeutsche – übersetzen läßt.

Nicht nur Graf Taaffes Fünfjahresplan, auch das mittelfristige Programm seiner Regierung bestand im Fortwursteln. Mit diesem Wort konnte man auch das Wetter an der Donau im November 1888 beschreiben. Wie durch einen Taschenspielertrick wärmte knapp vor Wintereinbruch ein Frühlingshauch plötzlich die Straßen der großen Stadt. Nach dem bitterkalten Oktober, der sogar etwas verfrühten Schnee gebracht hatte, kletterte die Quecksilbersäule auf die unglaubliche Höhe von neunzehn Grad. Aus einem schirokkoblauen Himmel strahlte eine sommerliche Sonne. Im Wienerwald begannen an den herbstkahlen Kastanienbäumen die Knospen zu schwellen.

Mit einemmal war Wien nicht nur unvergleichlich (das war es immer schon gewesen); nein, darüber hinaus war es nun auch erträglich. Die Wien liebenden Wiener fanden nun endlich wieder einmal das Leben in ihrer Stadt akzeptabel. Zum erstenmal seit vielen Monaten sanken die Fleischpreise, statt immer nur zu steigen. Der Zukkerpreis blieb stabil, und ein Gesetz für Mietenbeschränkungen wurde verabschiedet, was unter den Armen der Stadt längstverdiente Freude auslöste.

Auch der vornehmere Teil der Stadt begann wieder aufzuleben. Das Wetter bot sich geradezu an für elegante Promenaden auf der Ringstraße. Ungewöhnlich viele Spaziergänger und damit auch ungewöhnlich viele Münzen in seinen Hut gab es für Johann Pfeifer, den »König der Vögel«, der mit seinen Papageien in der Nähe des neuen Burgtheaters seine Darbietungen brachte. Auch andere Wiener Wahrzeichen erlebten eine Konjunktur. Der Hotelier und Restaurateur Eduard Sacher verkündete stolz, daß ihn Kronprinz Rudolf »in Anerkennung der tadellosen und vorzüglichen Ausführung der für Se. kais. Hoheit gemachten Bestellungen« zum kronprinzlichen Kammerlieferanten ernannt hatte. Demel, der Hofpatisseur des Kaisers, eröffnete in diesen Tagen sein neues Lokal auf dem Kohlmarkt. Auch auf der Börse wurden die Kurse »süßer« – für Kenner allerdings ein wenig zu sehr.

Das sah dann so aus: Die Aktien einer bestimmten Metallwarenfirma schossen sofort in die Höhe, als bekannt wurde, daß Karl Wittgenstein an diesem Betrieb einen Mehrheitsanteil erworben hatte. Karl Wittgenstein war nicht nur der Vater der hoffnungsvollen Kinderschar, sondern stand auch an der Spitze des führenden Industrie-Imperiums der Monarchie, des riesigen Prager Eisenkonsortiums. In den Geschichtsbüchern freilich lebt Karl als der Vater von Ludwig Wittgenstein fort, der erst im kommenden Frühling zur Welt kommen und später die moderne Philosophie durch seinen Sprachskeptizismus auf den Kopf stellen sollte. Im November 1888 aber war Karl Wittgenstein selbst schon berühmt und sein Einfluß im geschäftlichen und wirtschaftlichen Bereich ungeheuer. Ein Unternehmen, das mit dem Namen Wittgenstein in Verbindung stand, lockte Investoren aus der ganzen Monarchie an, und zwar in solcher Zahl, daß er es in diesem Monat für seine Pflicht hielt, die überspannten Erwartungen der Spekulanten abzukühlen, obwohl ihn dies selbst um einen beachtlichen Börsengewinn brachte.

»Herr Redacteur!« schrieb er in einem Leserbrief der *Neuen Freien Presse*. »Vor circa vierzehn Tagen wurde von mir und mehreren meiner Freunde der größte Theil der Actien der St. Egydyer Eisen- und Stahl-Industrie-Gesellschaft gekauft.

Dieser Kauf geschah weniger, um bei diesem Unternehmen selbst einen größeren Gewinn zu erzielen, sondern hauptsächlich, weil es mit Rücksicht auf jene Unternehmungen, an welchen meine Freunde und ich bereits betheiligt sind, uns vorteilhaft erschien, Mitbesitzer der St. Egydyer Eisen- und Stahl-Industrie-Gesellschaft zu sein.

Seither hat sich jedoch an diese Transaktion eine lebhafte Curssteigerung der St. Egydyer Actien geknüpft, und es ist mir sehr daran gelegen, durch Ihr vielgelesenes Blatt klarzustellen, daß die Hoffnungen, welche in dieser Curssteigerung zum Ausdrucke kommen, meiner Meinung nach und soweit ich es jetzt übersehen kann, ungerechtfertigt sind. Ich möchte nicht, daß die bezüglich der St. Egydyer Eisen- und Stahl-Industrie-Gesellschaft offenbar aufgetauchten Anschauungen und Hoffnungen auch nur indirect durch mein Schweigen bestätigt werden...«

Tatsächlich gelang es Wittgenstein, den Eifer der Spekulanten in diesem besonderen Fall zu dämpfen. Im allgemeinen aber blieb der Tenor optimistisch. Einige Menschen wurden Opfer »ungerechtfertigter... Hoffnungen«.

Einer davon war Professor Anton Bruckner. Sooft er nur konnte, machte er von der ungewöhnlichen Sonnenwärme dieser Novembertage Gebrauch. Ihm fehlten die heuduftenden Wiesen seines heimatlichen Oberösterreich, doch er konnte nun wenigstens durch die Donauauen streifen. Ganz in der Nähe, im Prater, hatte die von Kronprinz Rudolf geförderte Gewerbe-Ausstellung noch immer ihre Pforten geöffnet, und sein Ruhm als Organist hatte zu einer Einladung geführt, in der Rotunde, dem Ausstellungsgebäude, ein Konzert zu geben. Hier erlag er einer bittersüßen, spätherbstlichen Episode.

Ein entzückendes junges Ding bat ihn kichernd um sein Autogramm, schwang die Zöpfe und umtanzte ihn in rosenwangiger Bewunderung. Das Mädchen versprach ihm, am folgenden Tag mit ihm auf einer Bank vor der Rotunde zu plaudern. Am nächsten Tag saß er allein und einsam auf jener Bank. Nur für sie hatte er ein prächtiges blaues Stecktuch als Aufputz für die Brusttasche seines Lodenanzugs gekauft. Sie ließ ihn sitzen. Das Tuch leuchtete vergebens. Es beleuchtete Bruckners Erniedrigung.

Das war nur eine seiner vielen Kümmernisse. Sein Unterricht am Konservatorium und seine Organistentätigkeit an der Hofburgkapelle ließen ihm in diesem Herbst nicht genug Zeit zum Komponieren. Der Zeit- und Arbeitsdruck brachte seine Tage noch mehr in Unordnung. Das aber wieder reizte seine Haushälterin, Frau Kachelmayer, aufs äußerste. Eines Tages war sein linker Socken verschwunden. Frau Kachelmayer fand ihn schließlich im Klavier. Sie war wütend, Bruckner aber war sehr verblüfft. Doch es gab so viele Dinge, die er einfach nicht verstehen konnte. Manche Leute sagten ihm, er sei ein großer Künstler, andere aber wieder kehrten ihm den Rücken. Nach seiner Enttäuschung mit dem zöpfeschwingenden Mädchen fiel seine Stimmung – ganz im Gegensatz zu der der Stadt – auf den Tiefpunkt. Er spürte Dunkelheit und Verzweiflung vor sich liegen. Für ihn jedenfalls schien das Leben gegen Ende 1888 schlechter statt besser zu werden. Ohne finanzielle Unterstützung konnte er seine Romantische Symphonie nicht zur Aufführung bringen oder wenigstens verlegen lassen.

»Jetzt will selbe Herr Gutmann [ein Verleger]«, schrieb Bruckner an einen Freund, »und meint, ich solle vom Hof 1000 fl. für Herrn Gutmann erbitten, was ich keinesfalls tun kann. Er soll lieber selbe hinnehmen, ohne mir Honorar zu bieten; habe ja noch nie etwas bekommen…« (während Brahms so viel erhielt).

Darin lag seine Qual. Der Unterschied zwischen dem anderen Großen in Wien, Johannes Brahms, und ihm selber. Ihn, Bruckner, übersahen viele der wichtigsten Kritiker. Sie sahen über ihn hinweg oder noch schlimmer: oft schmähten und verspotteten sie ihn ob seines »windigen Mystizismus, seines pseudo-wagnerianischen Lärmens«. Brahms selbst hatte ihn gedemütigt; in aller Öffentlichkeit ließ er verlauten: »Bei Bruckner handelt es sich gar nicht um die Werke, sondern um einen Schwindel, der in ein bis zwei Jahren erledigt sein wird.«

Der große Johannes Brahms dagegen erhielt nichts als sich übersteigernde Lobpreisungen. Zu einem Brahmskonzert kamen Hanslick und all die anderen Auguren der Wiener Musikwelt wie zu einem Hochamt.

In der *Neuen Freien Presse* wie auch sonst allenthalben gaben sie ihrer Bewunderung, ja beinahe Anbetung Ausdruck. Sie ergingen sich rhapsodisch über die »klassische Klarheit« ihres Idols; äußerten sich voll Überschwang zu Brahms' »großem Gefühl für Linie und Abfolge« und seiner vollkommenen »Meisterung der Form«. Für Bruckner waren all diese Worte nichts weiter als eine elegante Art, ganz simplen Mangel an Einfällen zu kaschieren.

Talent dieser Art aber war das einzige, woran es Brahms fehlte. Sonst nämlich hatte der Mann alles. Brahms waren alle Auszeichnungen zuteil geworden, die er sich nur wünschen konnte, wogegen sich Bruckner vergeblich um ein wenig Anerkennung bemühte. Brahms hatte ein Ehrendoktorat der Universität Cambridge abgelehnt. Als Bruckner sich dort beworben hatte, hörte er nie wieder davon. Die Werke von Brahms wurden überall verlegt und aufgeführt. Von den sieben Symphonien Bruckners waren vier bis dahin praktisch noch unbekannt. Bei großen Konzerten und festlichen Anlässen im Musikvereinssaal thronte Brahms in der Direktionsloge. Bruckner mußte sich einen Stehplatz kaufen.

Wohl war es Bruckner gestattet, am Konservatorium zu unterrichten und in der Hofburgkapelle die Orgel zu spielen. Brahms dagegen gestattete der Welt, ihn zu bewundern und anzubeten. Und eben diese Welt kürte ihn nicht nur zum Ehrenmitglied des Musikvereins, sondern auch zum Ehrenpräsidenten des Tonkünstlerverbandes. Allseits wurde er als der große klassische Komponist gefeiert. Bruckner blieb lediglich der karge Trost, seinen Zwicker mit Beethoven geteilt zu haben. Brahms gebärdete sich, als sei er der wiedergeborene Beethoven. Das war eine eiskalte Ungerechtigkeit, egal wie warm die Herbstsonne auch schien. Bruckner war kein Antisemit und hatte jüdische Freunde, und doch hatte er schon manchmal daran gedacht, sich um Hilfe an seinen oberösterreichischen Parlamentsabgeordneten, Georg Ritter von Schönerer, zu wenden.

Schönerer saß allerdings im Gefängnis. Ein wichtiger Parteigänger Bruckners, Gustav Mahler, mußte sich als Direktor des Opernhauses in Budapest mit allerlei Widrigkeiten herumschlagen; und Hugo Wolf war viel zu sehr in seine Goethe-Lieder und seine verborgene Liebesbeziehung zu seiner Gönnerin eingesponnen, um Bruckner mehr als seines Mitgefühls zu versichern. Das Unrecht blieb. Es drückte sich sogar im Privatleben der beiden rivalisierenden Tonschöpfer aus. Beide, Bruckner und Brahms, waren alte Junggesellen, die gern Lagerbier tranken und Schweinsbraten mit Sauerkraut aßen. In der Heßgasse Nr. 7 aber wurde Bruckner von Frau Kachelmayer bestenfalls unwillig und widerstrebend mit solchen Herrlichkeiten versorgt. Er mußte noch von Glück reden, wenn sie ihn nicht wie ein ungezogenes Kind schlug. Er war das ihr auferlegte Kreuz, und sie scheute sich nicht, es ihm immer wieder zu sagen. Das Chaos in seinem Schlafzimmer war ihr unerträglich. Sie hatte den schnupftabak- und tintenbeschmierten Abfallhaufen in den anderen Zimmern satt. Etwa alle zwei Wochen drohte sie mit ihrer Kündigung, wenn es sich der Herr Professor nicht abgewöhnen könnte, Notenbündel auf seine Hausschuhe zu werfen.

In der Karlsgasse Nr. 4 dagegen verlief das häusliche Leben von Johannes Brahms in einem wahren Traum von Ordnung. Er beherrschte – und bezauberte gleichzeitig – seine Frau Truxa mit zarten Andeutungen. War ein Handschuh zu stopfen, so fand ihn Frau Truxa obenauf in einer »zufällig« offen gelassenen Schublade. Entbehrte ein Paar Stiefeletten des nötigen Glanzes, so fand sie sie etwas von der Wand abgerückt im Zimmer stehen. Es bestand kein Zweifel: Johannes Brahms war nicht nur ein Gigant in der Musikwelt, sondern auch ein liebenswürdiger Mensch. Selbst seine knappe, präzise Ausdrucksweise beeindruckte und bestach seine Umgebung. Seine Freunde bewahrten seine aphoristischen Postkarten wie Heiligtümer auf. Anton Bruckner dagegen mußte weit mehr Porto für seine langen, gewundenen Episteln investieren, die mit devoten Anreden wie »Hochwohlgeborner, hochedler Gönner!« (an Dr. Theodor Helm) oder »Hochverehrtester Herr Direktor, Hochedler Gönner!« (an Felix Weingartner) begannen, ihm aber keine Erleichterung seines Loses brachten. Das Unrecht blieb.

Für viele seiner Wiener Zeitgenossen war Bruckner im Jahr 1888 ein fast tragischer Witz. Brahms aber war ihr bewundertes Idol. Man bewunderte sogar seine Marotten. Brahms war der einzige Mann von Rang in Wien, der beinahe so früh aufstand wie Kaiser Franz Joseph. Er verließ sein Bett um fünf Uhr morgens. Von diesem Augenblick an durchmaß er sein Tagesprogramm mit einer Selbstsicherheit, die ebenso unerschütterlich und axiomatisch war wie die des Kaisers.

Erst braute er sich seinen eigenen Spezialkaffee aus Bohnen, die ihm ein Bewunderer aus Marseille schickte. Dann unternahm er seinen Frühmorgenspaziergang und setzte sich anschließend zur Arbeit. Im Herbst des Jahres 1888 wurde seine Schreibtischarbeit von seiner jahreszeitlichen Einteilung bestimmt. Seine eigentliche Kompositionstätigkeit war auf die warmen Monate beschränkt. Von September bis Dezember überarbeitete er die Schöpfungen seiner Schweizer Sommerarbeit und bereitete sie zur Publikation vor. In diesem Herbst mußten die *Zigeunerlieder* korrigiert werden, und er hatte auch noch dafür zu sorgen, daß bei der Druckausgabe seiner Dritten Sonate für Violine und Klavier in d-Moll alles seinen rechten Gang ging.

Er arbeitete bis Mittag. Dann gestattete er seiner Frau Truxa, die inzwischen gekommen war, ihm in den Mantel zu helfen. Die Hände auf dem Rücken verschränkt, begann er nordwärts, in Richtung Innere Stadt, zu gehen. Er überquerte die Ringstraße, eine eindrucksvolle Gestalt, massig, mit prägnantem Profil, Vollbart und mächtiger, grauer Mähne. Kinder liefen ihm nach, während er die Kärntner Straße entlangging. In den Taschen des großen Mannes fanden sich immer Süßigkeiten. Es machte ihnen nichts aus, daß er in norddeutscher Mundart und mit einer überraschend hohen und dünnen Stimme sprach. Er war so lieb, wie er dastand, sich zu ihnen niederbeugte und ihnen Schokoladestückchen und Bonbons in die heißen kleinen Hände drückte. Er verstand sich darauf, das hohe Ansehen, in dem er stand, auch liebenswert zu gestalten.

Schließlich war er bei seinem Stammrestaurant, dem »Roten Igel« am Wildpretmarkt, angelangt. Dort durchschritt er meist den großen Speisesaal, in dem die höheren Staatsbeamten saßen, denn er aß lieber im Extrazimmer. Dort tunkten Kutscher ihr Gulyas, und ein bestimmter Ecktisch war immer für Brahms reserviert.

Er bestellte seinen Schweinsbraten mit Kraut und Knödel, trank sein Pilsner und hielt im Kreise seiner Freunde und Anbeter hof. Dann ging er zurück zum Ring, wo im Café Heinrichshof gegenüber der Oper ein Tisch für ihn reserviert war. Hier saß er am Fenster, in die Samtpolsterung zurückgelehnt, und es kam nicht selten vor, daß er nach seinem Mokka einfach eindöste. Passanten blieben stehen und bestaunten andächtig das lebendige Brahms-Denkmal, das da mit geschlossenen Augen hinter der Glasscheibe saß. Es war ein Erlebnis, die Statue zum Leben erwachen und dem Kellner ein Trinkgeld geben zu sehen.

Die Nachmittage verbrachte Brahms daheim mit »Musikpolitik«, für die er ein besonderes Fingerspitzengefühl hatte. In diesem November beschäftigte ihn eine heikle und fast strategische Freundschaftstat. Er half, eine Feier zum fünfzigjährigen Musikerjubiläum von Joseph Joachim zu arrangieren, und stiftete auch hundert Gulden für die Anfertigung einer Büste des Virtuosen. Das war wichtig, weil der berühmte Geiger einer der hervorragendsten Brahms-Interpreten und damit quasi ein internationaler Vorkämpfer für die Werke des Meisters war. Im Jahr 1888 aber war es zwischen den beiden zu einer gewissen Entfremdung und Abkühlung gekommen, da Joachim glaubte, Brahms habe in einer ehelichen Auseinandersetzung gegen ihn die Partei seiner Frau ergriffen. Durch seine Mitwirkung machte nun Brahms das Jubiläum zu einem Versöhnungsfest. Das war es, was er so gerne nach dem Mittagessen tat: Feinden oder Verbündeten strenge Gerechtigkeit oder süße Belohnung widerfahren zu lassen.

Auch Wohltätigkeiten zählte zu den Dingen, die Brahms gleichfalls an seinen Nachmittagen mit großem Geschick übte. Ihm flossen aus den verschiedensten Quellen stattliche Tantiemen zu. Da sein Lebensstil einfach und seine Geldanlagen geschickt waren, konnte er sich echte Großzügigkeit leisten, besonders wenn es sich um für ihn wirklich wichtige Menschen handelte. Im Herbst 1888 schickte er Clara Schumann, seiner gealterten und von Arthritis geplagten Freundin, fünfzehntausend Gulden – ein wahrhaft fürstliches Geschenk. Wenig später arrangierte sie ein großes Klavierkonzert, gegen das er – allerdings nicht allzu vehement oder wirksam – protestierte, weil Clara darauf bestand, es ausschließlich der Aufführung seiner Werke zu widmen.

Solche Dinge gehörten einfach zu seinem Tagewerk. Aber auch am Abend blieb er der sichere und geschickte Diplomat in eigener Sache, wenn er mit Eduard Hanslick, dem »Präsidenten des Obersten Gerichtshofes der Musik«, tafelte. Brahms' Leben war ein einziges, mit handwerklicher Vollkommenheit gefertigtes Meisterstück; das Leben Bruckners dagegen ein geniales Chaos.

In diesem Herbst trafen die beiden einander immer wieder von Angesicht zu Angesicht im Musikvereinsgebäude. Bruckner war vielleicht am Weg zu seinen Stunden im Konservatorium, und Brahms kam von einer Präsidialsitzung des Musikvereins. Die Menschen in den Gängen verhielten den Schritt, um das Aufeinandertreffen der beiden so gegensätzlichen Tongiganten zu beobachten. Sie konnten sehen, wie Brahms mit knapper Höflichkeit Bruckner zunickte. Der aber verbeugte sich umständlich und sagte: »Gehorsamster Diener, Herr Präsident!«

Das waren symbolgeladene Begegnungen. Indem er Brahms als Herr Präsident ansprach, ließ Bruckner anklingen, daß er seinem Rivalen nur in seiner Eigenschaft als Funktionär der Tonkünstler die Ehre erwies – daß es der offizielle Titel war, dem sein Gruß galt, und nicht notwendigerweise die künstlerische Begabung.

Aber nur der komische, verschrobene alte Bruckner dachte so. Fast alle anderen Leute, auf die es ankam, zollten Brahms Ehrerbietung und Anerkennung. Johannes Brahms war der einzige ernst zu nehmende Künstler, der in Wien lebte und von den Einwohnern dieser Stadt noch zu Lebzeiten uneingeschränkt bewundert wurde.

Und warum gerade Brahms? Vielleicht weil er Schönheit schuf, ohne irgend etwas wirklich Neues und daher Beunruhigendes hervorzubringen. Darüber hinaus aber gelang diesem Deutschen etwas für die Wiener völlig Unverständliches: Er zeigte sich seinem eigenen Talent gewachsen. Selbstverständlich war er ein Genie, aber Genies machten oft nur geringen Eindruck auf diese Stadt. Brahms jedoch war ein Genie des Mittelstandes – und darin lag seine erstaunliche, ja beinahe hypnotische Andersartigkeit. Er war ein so direktes, von gesundem Menschenverstand regiertes, kühl berechnendes Genie. Wenn man ihn an die Riviera einlud, wie das in diesem Herbst geschehen war, lehnte er mit folgender Begründung dankend ab: »Nizza und ihre ganze Riviera kenne ich nicht... Zu Italien aber und einer italienischen Reise gehörte Nizza nicht, und für mich wird es der argen Eleganz wegen unmöglich sein.« Anders als Johann Strauß, der einmal sogar versucht hatte, Baron zu werden, indem er sich von einer Baronin adoptieren lassen wollte, kam es Brahms nicht einmal in den Sinn, einen Adelsbrief anzustreben.

Er fungierte als der kluge, nüchterne Verwalter seiner künstlerischen Begabung. Er war sich selbst genug. Gerade aber das faszinierte die dynamischste und gleichzeitig so unsichere Wiener Gesellschaftsschicht – all diese Bürger mit ihren hoffnungslos feudalen Neigungen. In ihren mit neuen Emblemen und Wappen geschmückten Ringstraßenpalais proklamierten sie Liberalismus, Fortschritt und die nachbarocke Moderne. Sie wiesen gern auf ihre Vitalität – ja sogar auf ihre Überlegenheit – gegenüber der Arroganz des Adels hin; dann aber entlarvten sie sich dadurch, daß sie in einem Leitartikel ihres Hauptorgans, der *Neuen Freien Presse,* einfach zu dick auftrugen:

»Die jetzigen Vertreter der mächtigen Geschlechter... wollen noch immer das Bürgertum beherrschen«, schrieb das Blatt unter dem Titel *Schloß und Schlot* im Dezember, »aber sie unterziehen sich selten der Mühe, es kennenzulernen. Die meisten Aristokraten wissen von den Gedanken und Bedürfnissen der arbeitenden Klassen gar nichts und leben in einer Isolierung, welche den Stand zu einer Kaste macht... Das Volk schwebt ihnen nur vor in der Gestalt eines Fiakers, der wie rasend die Pferde im tollen Laufe durch die Hauptallee des Praters hetzt, sie scherzen mit einem Wäschermädchen, sie protegieren Volkssänger, sie liebäugeln mit dem Bauern und dem Handwerker, aber sie meiden jede Berührung mit dem Bürgertum, welches eine wirtschaftliche Macht durch die Arbeit gewinnt; sie verachten die Führer der Wissenschaft, die Meister der Kunst, sie fürchten die Triebkräfte, welche dem dritten Stand seine geschichtliche Rolle verliehen haben. Die Entwicklung der Menschheit zeigt einige Staaten, in welchen der Adel der leitende Faktor der Politik war. Auch in England wurde die öffentliche Gewalt von der

Aristokratie ausgeübt, aber niemals war die Flut unterbrochen, deren selbst das Meer bedarf, um nicht zu versumpfen, und die auch die bevorrechtete Schicht der Gesellschaft vor Fäulnis und Zersetzung bewahrt... Als vor etwa vierzig Jahren eine Engländerin, Mrs. Trollope, einen Winter in Wien zubrachte, konnte sie nicht genug staunen über die strenge Abgeschlossenheit der einzelnen Stände. Sie berichtet, daß sie in den Häusern der Bankiers sehr liebenswürdige Frauen kennengelernt habe; mehrere von ihnen seien im höchsten Sinne des Wortes gebildet, voll Talent, äußerst wohlunterrichtet, und hatten ein Benehmen, das jedem Zirkel in der Welt zur Ehre gereichen würde. Aber trotz ihres Reichtums und ihres Einflusses werden sie in die höchsten Kreise ebensowenig zugelassen, als wären die Bankiers noch die anspruchslosen Goldschmiede, welche ihre Vorfahren gewesen sind... Das Bürgertum betrachtet die gesellschaftliche Isolierung der Aristokratie mit der höchsten Gleichgültigkeit. Es gibt gewiß Toren, welche stets nach dem Verwehrten streben... in der Nonchalance eines Grafen das Ideal der Männlichkeit sehen, im Wetten und Spielen das mühselig erworbene Vermögen der Väter verprassen, jede kaufmännische Tätigkeit verschmähen und für die Freundschaft eines Kavaliers das Leben lassen möchten. Wir kennen Söhne von Fabrikanten, die sich des Schlotes schämen und mit sehnsüchtigen Blicken zu den Höhen des Schlosses emporschauen, die nicht daran denken, daß ihr Adel aus der Arbeit entspringt, die nicht wissen, daß sie vergessen und verachtet werden, wenn sie die Wurzel ihrer sozialen Stellung ausreißen und sich den Müßiggängern aller Klassen zugesellen, welche jeden produktiven Erwerb für erniedrigend halten. Die Generation, welche von den Begründern der österreichischen Industrie abstammt, macht oft einen seltsamen Eindruck: Die jungen Herren möchten das Andenken an ihren Ursprung auslöschen, sie zeigen die größte Indolenz in allen Fragen der bürgerlichen Freiheit, sie fühlen kein Interesse für die Probleme, welche den Staat bewegen, sie zerschellen den Kopf, um eine Bresche in die chinesische Mauer zu legen, mit welcher die vornehme Gesellschaft sich umschlossen hat. Es gibt kein quälenderes Schauspiel als diese Zudringlichkeit, dieses Werben, diese Demütigungen, diesen Mangel an Selbstachtung, diese Opfer an Würde, diese Sehnsucht, sich des Umganges mit einem Grafen oder Fürsten rühmen zu können. Die Masse des Bürgertums ist frei von dieser fast sündhaften Wegwerfung, sondern geht stolz und sicher ihren Weg. Längst ist die Zahl der Schlote größer als die der Schlösser, und wo immer dieser Turm des Gewerbefleißes emporragt, finden Arbeiter ihre Nahrung, erhält der Dürftige, der früher keinen Ausweg aus der Not sah, einen Lohn, rührt sich der Fortschritt, und vermehrt sich die Herrschaft des Menschen über die Natur... Das Bürgertum wird von der Aristokratie bekämpft, aber es ist seines Sieges sicher und führt den Streit ohne Zagen, weil es die Blüte und die Kraft des Staates bildet...«

Sehr angriffslustig war dieser Ton, sehr selbstsicher – und doch völlig hohl. Einige Wochen, ehe die *Neue Freie Presse* sich so ketzerisch ausließ, war Herzog Maximilian, der Vater der Kaiserin, in Bayern gestorben. Den meisten Wienern bedeutete er wenig mehr als einen manchmal gelesenen Namen. Und doch gab just die eben zitierte *Neue Freie Presse* gemeinsam mit dem *Tagblatt* und anderen Organen des Mittelstandes daraufhin bald das Signal für einen Wechsel in der Mode der Stadt. Es bestand Hoftrauer. Daher war das neue Leitmotiv schwarz, allerdings in allerlei Variationen und mit manchen Einschränkungen – Zobelpelze, dunkel-perlfarbene Ärmel, Röcke und Leibchen in dunkelgrauen Chinchilla-Tönen.

Nur die Familien des höchsten Adels, die bei Hof zugelassen waren, sollten ihre Trauer öffentlich zeigen. Aber die Fabrikantengattinnen lasen eben auch brav ihre *Neue Freie Presse* – und schon machten sie sich daran, durch hastige und kostspielige Einkäufe bei ihren Pelzhändlern und Schneiderinnen blaublütige Trauer zu bekunden. Sie kauften die neuen Roben, gingen zu zahllosen Anproben, rückten Schleier und Hütchen so oder so zurecht und entwikkelten die Eleganz eines verunsicherten Bürgertums, die dem Stolz auf ihr Verwurzeltsein im Volk hohn sprach.

Es war schon eine ungute Sache – dieses *Fortwursteln* nach oben...

Nur wenige waren dagegen gefeit. Am 1. November brachte ein livrierter Bote ein Schriftstück mit imponierendem Siegel in Gustav Klimts schäbiges Atelier in die Sandwirtgasse. Es kam von Seiner Exzellenz, dem Herrn Minister für Cultus und Unterricht:

»Seine kaiserliche und königliche Apostolische Majestät haben mit Allerhöchster Entschließung vom 28. October l(aufenden) J(ahres)... in huldvoller Würdigung hervorragend verdienstlicher Leistungen und erfolgreicher Mitwirkung bei dem Bau des neuen Hofburgtheaters und dessen künstlerischer Ausschmückung Euer Wohlgeboren das goldene Verdienstkreuz mit der Krone allergnädigst zu verleihen geruht...«

So wurde Gustav Klimt im Alter von sechsundzwanzig Jahren vom Hof dafür geehrt, daß er die Decke des neuen Theaters mit stereotypem, aber meisterlich ausgeführtem Schwulst geschmückt hatte. Und nun war für ihn die Zeit weiterer Allerhöchster Gnadenbezeigungen gekommen, und zwar im Zusammenhang mit dem *alten* Burgtheater. Die Stadt Wien erteilte ihm und seinem Mitarbeiter Franz Matsch den Auftrag, das alte Haus in heroischen Gemälden festzuhalten, wobei Klimt einen Blick von der Bühne in das Publikum und Matsch die Sicht vom Parterre zur Bühne hin malen sollte. Auf jedem der beiden Bilder sollten mehr als hundert Berühmtheiten dargestellt werden, die zu den regelmäßigen Besuchern gezählt hatten, wobei es den beiden Künstlern überlassen blieb, die Auswahl der Persönlichkeiten zu treffen, die auf dem Gemälde aufscheinen sollten – und damit deren Rang und Prominenz zu bestimmen. So wurden zwei damals noch relativ unbekannte Maler plötzlich zu Schiedsrichtern über den Ruhm anderer. Man hatte ihnen quasi auf der Palette große Macht überreicht. Das eröffnete ihnen ungeahnte Möglichkeiten.

Matsch ergriff die dargebotene Chance und übervölkerte die Logen des alten Burgtheaters mit Esterházys und Metternichs und nahm überhaupt jedermann in sein Gemälde auf. Für ihn war dies der erste Schritt zu seiner später unumstrittenen Stellung als *dem* Maler der Wiener Gesellschaft.

Für Gustav Klimt andererseits wurde dieser Auftrag zu einem Schritt in die entgegengesetzte Richtung. Er gab sich richtig Mühe, seine große Chance nicht zu nutzen – obwohl dies manchmal gar nicht so leicht war. Einzelne Persönlichkeiten *mußten* einfach aufgenommen werden: Brahms, Frau Schratt, Ministerpräsident Taaffe und Hasenauer, der Architekt des neuen Burgtheaters. Andere wieder mag Klimt nur einbezogen haben, weil er mit ihren liberalen politischen Ansichten sympathisierte – Männer wie Moritz Szeps und Eduard Bacher, den Herausgeber der *Neuen Freien Presse*. Er malte auch seinen Bruder Ernst, seine Schwestern sowie eine Reihe erfundener Gesichter. Andererseits aber nahm er viele Angebote, ihm Modell zu sitzen, überhaupt nicht zur Kenntnis, obwohl sie in wappengezierten Schreiben bei ihm eintrafen. Er ignorierte auch manche Einladung zum Tee in die Ringstraßensalons der Großfinanz. Anfangs hatte er nicht einmal Karl Lueger in sein Gemälde aufgenommen, obwohl dieser zu den bekanntesten Stammgästen des alten Burgtheaters gezählt hatte, aber auch ein berühmter Parlamentsabgeordneter von brillanter antisemitischer Beredsamkeit gewesen war. Als die Stadtväter Lueger auf dem Gemälde vermißten, mußte Klimt die Sache in Ordnung bringen. (Man tröstete ihn damit, daß die antisemitische Gestalt Luegers die bereits in dem Bild versammelte jüdische Prominenz sowieso kaum aufwiegen würde.) Das Porträt Luegers, das er seiner Komposition spät und widerwillig hinzufügte, ist durchaus nicht so schmeichelhaft wie die meisten anderen Bilder, die vom »schönen Karl« im Laufe der Zeit gemalt wurden.

Im wesentlichen lag Klimt nicht viel an der ganzen Sache. Für ihn war dieser ehrenvolle Auftrag nur eine weitere akademische Routinearbeit, die es ihm ermöglichte, seinen Eltern, seinen Bruder und seine Schwestern materiell zu unterstützen. Innerlich wartete er immer noch darauf, daß ein eigenständiger künstlerischer Impuls seinen Pinsel führen würde. Inzwischen aber stemmte er Hanteln und benutzte die ungewöhnlich warmen Tage zu langen Wienerwaldwanderungen im Gebiet um Mödling. Das milde Wetter hatte zur Folge, daß das Laub weit länger als sonst an den Bäumen blieb. Rot und Gold, Ocker und Bernsteinfarbe erfreute das Auge. In welcher Schönheit welkten die Blätter an Zehntausenden von Zweigen dem Winter entgegen! Keine Politik konnte solche Pracht in einen Wald zaubern. Das konnte nur etwas so Natürliches und Einfaches wie der Tod.

17

»Die harte Pflicht des Kronprinzen, schweigen zu müssen da, wo der niedrigste Bürger des Staates frei sich äußern darf, die Pflicht, in einer Schattenstellung verweilen zu müssen, wo er die Nothwendigkeit empfand, offen mit eigener Meinung ans Licht zu treten – diese harte Pflicht, sie hat oft schwer genug auf dem Kronprinzen gelastet: denn oft genug war er überzeugt, daß, was in Preußen, in Deutschland geschah, dem Vaterlande nicht zum Segen gereiche.«

Am 1. Dezember 1888 konnte ganz Wien diese Zeilen auf der Titelseite des *Wiener Tagblatts* lesen. Sie waren aus einem ganz einfachen Grund durch die Zensur geschlüpft: Sie bezogen sich auf eine politische Situation im Ausland. Die hier zitierten Worte stammten aus der Feder eines Anwalts jenseits der Grenzen, der den Herausgeber und Verleger der Tagebücher des deutschen Kronprinzen Friedrich verteidigte – jenes Friedrich III., der im März nach kaum drei Monaten auf dem deutschen Thron gestorben war. Wilhelm, dem neuen Kaiser, war der Liberalismus seines toten Vorgängers ein Dorn im Auge, weshalb er die Veröffentlichung der Tagebücher verboten hatte. Dieses Verbot hatte sich inzwischen zu einer *cause célèbre* von internationalen Dimensionen ausgewachsen. Moritz Szeps' *Wiener Tagblatt* berichtete also bloß über ein heißes Thema im Ausland – eine durchaus legitime journalistische Praxis. Das *Tagblatt* war in seiner Linie eindeutig liberal, und es war also nur natürlich, wenn es die historische Bedeutung der Tagebücher eines liberalen Fürsten hervorhob. Das war alles.

Viele Leser aber hatten das Gefühl, daß da mehr dahintersteckte. Sie wußten, daß Moritz Szeps ein guter Freund des österreichischen Kronprinzen war. Wenn er also den Verteidiger des toten Friedrich so ausführlich zitierte, konnte man das auch als ein zwar getarntes, aber um so beredteres Plädoyer für Rudolf auffassen.

Immer noch traf Szeps regelmäßig mit dem Kronprinzen zusammen. Er wußte sehr gut, daß Rudolfs Leben nicht leichter wurde, während sich das Jahr seinem Ende zuneigte. Als Rudolf mit Franz Joseph zur Beisetzung seines Großvaters nach München fuhr, kehrte der quälende Husten zurück – ein altes Leiden. Es gab aber noch ein älteres und ernsteres »Leiden«, das ihn immer wieder befiel, wenn er den Kaiser zu irgendwelchen Hof- und Staatszeremonien begleiten mußte: Er hatte das Gefühl, wie eine kostbar gekleidete, altmodische Puppe bewegt zu werden. Der Kaiser zog für die winzigste seiner Bewegungen die Schnüre straff an. »Seine Majestät haben befohlen«, schrieb Rudolf an seinen Obersthofmeister Graf Bombelles, »daß weder Sie noch ich [wegen der Staatstrauer] an dem Bayrischen Regimentsjubiläum teilnehmen sollen, daß aber dafür jetzt schon eine Botschaft höflichen Bedauerns abzuschicken ist. Später dann, am Jahrestag selbst, soll ein Gratulationstelegramm geschickt werden.«

Bei seiner Rückkehr nach Wien mußte sich Rudolf auch weiterhin durch seine verschiedenen, rein protokollarischen Aufgaben schauspielern. Manchmal, wenn auch sehr selten, brachte er Höflinge dadurch aus dem Konzept, daß er sie einen Augenblick lang sein wahres Gesicht sehen ließ – so wie er es am Allerseelentag mit der Gräfin Festetics getan hatte. Zumeist aber verbarg er sich und seine Ressentiments hinter offizieller Liebenswürdigkeit. Er mußte auch weiterhin eine Rolle spielen, die ihm verhaßt war, und der Hofkalender sah in diesem Herbst für ihn viele Auftritte vor.

So mußte er das Modell des neuen Rathausparks im Beisein einer Horde von Zeitungsreportern inspizieren. Er mußte sein Kronprinzenlächeln lächeln, obwohl ihm dieses Projekt zutiefst zuwider war. Die Durchführung sollte mehr als eine Million Gulden kosten. Der Park würde ein an sich schon mehr als prunkvolles Stück Ringstraße noch weiter ausschmücken. Die Reichen der Stadt würden um den Kolossalbrunnen promenieren, ihre Pudel würden über die Millionen-Gulden-Rasen trippeln, die Armen aber würden auch weiterhin in die baufällige Klinik strömen, für die sein Freund Dr. Billroth sich vergebens um einen Zuschuß von hunderttausend Gulden bemühte.

Er aber mußte der Welt eine lächelnde Fassade darbieten. Er mußte lächeln, während er für ein Porträt saß, das der Stadtrat in Auftrag gegeben hatte. Hundertsechzig Kopien davon sollten als Weihnachtsgabe an hundertsechzig Schulen in der ganzen Stadt verteilt werden. Rudolf war ungeheuer populär. Aber die meisten Wiener erkannten in ihm nicht den modernen Staatsmann und Führer, der das Proletariat auf die Stufe des Bürgertums zu heben wünschte; der den Mittelstand so kräftigen wollte, daß dessen Früchte – Wissenschaft, Tatkraft und Fortschritt – die schleichende Malaise des Reiches heilen sollte. Nur allzu viele Österreicher betrachteten ihn mit völlig reaktionärer Verehrung als einen hehren Ritter, den Helden eines lebenden Märchens.

Ein Märchen? Ein bitteres Paradoxon. Rudolf von Habsburg, der die Wiener aus ihrer barocken Verzauberung reißen wollte, war in das Joch eines dekorativ geschmückten Traumbilds gespannt, das sie nur noch tiefer in Trance brachte.

Dieses sein Image unterminierte auf Schritt und Tritt seine politischen Zielsetzungen. Aber nicht nur die Wiener vereitelten seine Bestrebungen durch Ruhm der falschen Prägung. Auch von den Ungarn sah er sich mißverstanden oder – schlimmer noch – mißbraucht. Zwei Jahre zuvor hatte Rudolf in einem offiziellen Memorandum die Unterdrückung der Minderheiten in der ungarischen Reichshälfte angeprangert. Die magyarischen Beamten, die ihren autonomen Teil der Monarchie verwalteten, behandelten den Slowaken »als ein halbes Tier...« Andere slawische Minoritäten wurden – wieder in den Worten von Rudolfs Memorandum – von den Ungarn falsch behandelt: »...mit Verachtung und momentanen vehementen Maßregeln wird hier nichts erreicht.«

Nein, Rudolf machte sich über seine Ungarn wahrlich keine Illusionen. Ihr Adel, der die Regierungsgeschäfte führte, war extrem chauvinistisch. Über ihnen waren die Magnaten, die auf Kosten der Bauern in Saus und Braus lebten. In ihnen manifestierte sich eine Mischung von geschliffenen Manieren und zähester Reaktion. Im sechzehnten Jahrhundert hatten sie den Anführer eines Bauernaufstandes auf einen rotglühenden Thron setzen lassen, ihm ein rotglühendes, eisernes Zepter aufs Haupt gesetzt und schließlich seine Anhänger gezwungen, sein brutzelndes Fleisch zu essen. In den achtziger Jahren des neunzehnten Jahrhunderts war ihr Regime schon weniger blutrünstig und mehr auf aristokratische Eleganz ausgerichtet. Kein anderes auf soziale Ungerechtigkeit aufgebautes System hatte sich je hinter einer so vollendeten Fassade verborgen.

Wenn er an seinem Schreibtisch saß, durchschaute Rudolf die blaublütigen Herren von der Pußta völlig. Aber während einer Jagd oder bei einer Flasche altem Tokayer wußten sie ihn für sich einzunehmen. Sie verstanden es, mit der Überlegung zu spielen, daß Rudolf ja der Erbe der *Doppel*monarchie war, daß er eine gute ungarische Erziehung genossen hatte und sogar mit seiner Mutter ungarisch korrespondierte, daß er selbst durch und durch magyarischen Charme besaß und daß schließlich unter all den eher langweiligen Adeligen des vielsprachigen Reiches die Großaristokratie Ungarns eine rühmliche Ausnahme bildete. Die Telekis und Károlyis gehörten zu den wenigen wirklich interessanten adeligen Freunden Rudolfs. Politisch mißbilligte er sie und ihre Gesinnung; gefühlsmäßig aber entwaffneten sie ihn. Er wußte keinen Ausweg aus diesem Dilemma.

Den Tschechen stand er gleichfalls, wenn auch in anderer Weise, hilflos gegenüber, und in ihnen verkörperte sich die kritischste Nationalitätenfrage der Habsburgermonarchie. »Nicht einmal der

Konflikt zwischen den Parteien in den USA, die sich für beziehungsweise gegen die Sklaverei stellten«, berichtete der amerikanische Konsul im Jahr 1886 aus Prag, »wurde mit solcher Erbitterung und Entschlossenheit durchgekämpft wie der politische Streit, der nun zwischen den deutschen und tschechischen Untertanen des Kaiserreiches im Gange ist.«

Instinktiv empfand Rudolf für die Tschechen Sympathie. Zu den glücklichsten Jahren seines Lebens zählten jene, die er als noch junger Kommandant eines tschechischen Regiments in Prag verbracht hatte. Wenig später hatte er eine Studie verfaßt, in der er eine Politik, welche die Slawen nicht berücksichtigt, als unselig und als »eine Gefahr für das österreichische Staatsschiff« bezeichnete.

In Böhmen aber sah sich Rudolf einem Problem gegenüber, dessen Entwicklung er selbst schon vorausgesehen hatte. Die Vorkämpfer für tschechische Nationalitätenrechte spalteten sich mehr und mehr in zwei Flügel – die Jungtschechen und die Alttschechen. Die Alttschechen gruppierten sich um große Namen wie die Fürsten Schwarzenberg und zählten auch Mitglieder des hohen Klerus zu ihren Führern, die Rudolf naturgemäß zuwider waren. In bezug auf sie schrieb er in einem Brief: »Ich habe für die große slawische Rasse lebhafte Sympathien, und eben darum bin ich so ergrimmt über jene vollkommen nationslosen feudalen Herren, die das slawische Volk zu sich in den Kot ziehen, um es auszunützen zur Erreichung ihrer reaktionären und klerikalen Pläne... Die Slawen sind liberal, und es wird der Tag kommen, wo sie diese Herren gründlich desavouieren werden.«

Wenn man bedenkt, daß diese Worte im Jahr 1881 niedergeschrieben wurden, so stellen sie einen beachtenswerten Beweis für den politischen Weitblick des Kronprinzen dar. Sieben Jahre später hatten sich die politischen Ambitionen der Tschechen von der alten Garde ab- und den Jungtschechen zugewandt. Diese Jungtschechen waren Hitzköpfe aus dem Mittelstand, durch und durch liberal und standen also Rudolf gesinnungsmäßig nahe. Dennoch konnte aus außenpolitischen Gründen weder er ihr Beschützer noch sie seine Anhänger werden. Die Jungtschechen waren um ein Bündnis mit St. Petersburg bemüht – der Hochburg des allerreaktionärsten Absolutismus. Für die militanten Tschechen hatte die zaristische Staatsideologie wenig zu sagen. »Die Feinde unserer Feinde sind unsere Freunde«, hatte einer ihrer Sprecher schon vor längerer Zeit erklärt, und Mütterchen Rußland war nun einmal der geschworene Widerpart Habsburgs auf dem politischen Schachbrett. Oft diente die russische Presse als Sprachrohr für die jungtschechischen Philippiken. Rudolf befürchtete, daß diese Gruppe, wenn man ihr in Prag freie Hand gab, sich zu einem moskowitischen Vorposten im Herzen des Reiches entwickeln würde. Darüber hinaus waren viele Jungtschechen von persönlichem Haß gegen das Erzhaus erfüllt, und Rudolf – so liberal und fortschrittlich er auch gesinnt sein mochte – blieb nun einmal der Kronprinz. So kam es, daß für ihn die Alttschechen unannehmbar, die Jungtschechen aber politisch einfach indiskutabel waren. Weder bei den einen noch bei den anderen durfte er auf Unterstützung seiner Ideen rechnen.

In all den völkisch-politischen Wirrnissen des Reiches besaß Rudolf nur einen einzigen begeisterten Anhänger: König Milan von Serbien. Milan bewunderte Rudolfs Auftreten, seine königliche und doch unterspielte Würde und Eleganz, und schrieb ihm Briefe, die oft weniger wie die Botschaft eines Königs an einen Prinzen, sondern eher wie die Bewunderung eines Fans an einen Filmstar klangen. Rudolf jedoch verachtete Milan als einen Schwächling, als einen nur allzu offenkundigen Vasallen Österreichs, der bei seinem eigenen Volk unbeliebt war. Freundschaft zu Milan zu zeigen, hieß alle südslawischen Völker verärgern. Aus dieser Richtung war also auch keine wirkliche Unterstützung zu erwarten.

Die Politik war für ihn zu einer Sinnlosigkeit geworden, zu einer Sackgasse, zu einem Morast. Rudolfs Hoffnung auf Erfüllung kehrte sich von seinem offiziellen Leben und suchte nach Möglichkeiten in der privaten Sphäre. Als das Jahr 1888 zu Ende ging, sah er in dem ganzen vergoldeten Labyrinth, das ihn gefangenhielt, nur einen einzigen Menschen, der ihm erstrebenswert schien: Mary Vetsera.

Im Dezember wurden seine Rendezvous mit ihr intensiver, aber auch immer schwieriger zu arrangieren. Gräfin Larisch, die bisher immer dabei behilflich gewesen war, wurde auf das Gut ihres Gatten nach Böhmen beordert. Nun mußte sich das junge Paar um andere Vermittler umsehen. Diese Rolle übernahm zunächst einmal kein anderer als Richard Wagner.

Am 11. Dezember begann in der Hofoper der Ring-Zyklus mit einer Vorstellung von *Das Rheingold.* Die verwitwete Baronin Vetsera machte sich daran, die Familienloge in voller Pracht und äußerster Eleganz zu besetzen. Zu den durchdringenden Bühnenschreien der Walküren mußte die Vorrangstellung in Modedingen erfolgreich verteidigt werden. Doch plötzlich wollte Mary, die aussichtsreichste Vorkämpferin, nicht gehen. Sie hatte eine gute Ausrede: Sie konnte Wagner nicht leiden. Dieser Abneigung hatte sie schon früher einmal deutlich Ausdruck verliehen. Sie bat also ihre Mutter, ihr den odiosen »Ring« zu ersparen. Wenn das nicht wirken sollte, würde sie schreckliche Kopfschmerzen bekommen oder sich das Haar so spät waschen, daß es nicht mehr rechtzeitig für die Oper trocknen konnte.

Mit dem einen oder anderen Trick kam sie immer durch. Dann hatte sie diese Abende für sich. Sobald Mutter und Schwester sich auf den Weg zur Oper gemacht hatten, schlüpfte sie aus dem Haus. Mit noch nassem Haar rannte sie zur Ecke Salesianergasse-Marokkanergasse. Dort wartete bereits Bratfisch außerhalb des Lichtscheins der Laternen. Rudolf stieg einige Häuserblocks weiter zu, und dann ging die Fahrt hinaus nach Schönbrunn. Hier wanderten die beiden in der Dunkelheit durch den riesigen Park – schweigend, enthaltsam. Das Wetter war rauh geworden. Sie flüsterten. Ihr Atem bildete kleine Wölkchen, die ineinanderflossen und sich wieder auflösten. Mehr geschah nicht. Um zehn Uhr nachts war Mary wieder daheim.

Immer noch strebte Rudolf nicht die endgültige Vereinigung mit ihr an. Orgasmus bedeutete Tod. Dazu war er noch nicht bereit. Noch scheute er vor allem Endgültigen zurück. Er war nicht bereit, sich dem allgegenwärtigen anmutigen Dahintreiben des Reiches auf den Untergang zu fügen, aber auch nicht, etwas Entscheidendes dagegen zu unternehmen. Er war nicht bereit, auf Vorschläge näher einzugehen, die während seiner Jagdausflüge an ihn in Ungarn herangetragen wurden – es war die Rede davon, ihn in Budapest zum König zu krönen, womit er die Hälfte des Reiches seines Vaters usurpiert hätte. War dies wirklich der Weg, seinen Liberalismus durch Königsmacht zu verwirklichen – durch eine Verschwörung mit dem ungarischen Adel? Sollte er denn Turf-Größen und Jagdkumpane zu seinen Partnern bei der Führung moderner Staatsgeschäfte erwählen?

Nein, ein Weilchen wollte er noch warten. Er hoffte, es würde sich ein zeitgemäßerer Ausweg finden – oder doch irgendeine wenigstens provisorische Lösung, die ihn von der Sinnlosigkeit seiner derzeitigen Existenz erlösen, seine Nerven beruhigen und ihm wieder ruhigen Schlaf bringen würde. Irgend etwas würde geschehen.

Und es geschah auch etwas. Es begann zu schneien.

Am 8. Dezember senkte sich eine weiße Decke über die Stadt. Das Leben änderte sich: Ein Hauch des offenen Landes flatterte in die Stadt. Selbst das schmutzige Kopfsteinpflaster der Ottakringerstraße wirkte so rein und natürlich wie die Hänge des Kahlenberges. Während des Tages fuhr Rudolf durch diese seltsam verwandelte Stadt. Die Straßen hatten jetzt etwas Spielerisches – und Spiel ist Hoffnung.

Gebäude und Statuen schlossen sich der allgemeinen Entspannung an. Schneehaufen bildeten sich auf Marmorhelmen und verwandelten Helden in Spielzeugfiguren. Die Ringstraße sah aus wie der Spielplatz zu groß geratener Kinder in Hermelinfetzen, die so fröhlich darüber waren, daß sie sich wenigstens auf eine Weile nicht wie Monumente gebärden mußten. Im Wirbel der weißen Flocken hörte Größe auf, eine Verpflichtung zu sein. An den Fiakerstandplätzen bauten Kutscher in Bisammänteln Schneemänner, um den ehemaligen Statuen Gesellschaft zu schaffen. Viele dieser Schneemänner waren mit ihren Kohlenknöpfen und Besenstielsäbeln Karikaturen von Polizisten – den Erbfeinden aller Fiaker. Die Polizisten selbst aber lachten, schlugen sich die Arme an den Körper, um sich zu wärmen, und gingen weiter.

Am Eislaufverein erhob sich der neue Schlittschuhpalast mit seinen vielen Fachwerktürmchen wie das Stadtpalais eines russischen Großfürsten. Davor drehte die sportliche Menge mit Muffs und Zylinder ihre Pirouetten. Und als wäre all das nicht genug der Fröhlichkeit, war auch noch Weihnachten in den Straßen ausgebrochen. Ein ganzer Tannenwald von Christbäumen war über Nacht aus dem Pflaster des Judenplatzes geschossen. Auf einem anderen Platz der Innenstadt, Am Hof, erhob sich der Christkindlmarkt wie eine Fata Morgana der Liliputaner. Dort stand nun eine kleine Stadt aus winzigen Hütten, die von Tausenden von Puppen, Marionetten, Kasperln, Zinnsoldaten und kleinen, ernst blickenden Kerlchen aus Lebkuchen und Zuckerguß bevölkert war. Sie alle hausten zwischen vergoldeten Nüssen, Schneebällen, Spatzen und frohem Kinderlachen.

Bald schon zertrampelten Stiefel und Pferdehufe den Schnee. Doch auf den Gehsteigen und Fahrbahnen hielten sich noch fröhliche weiße Flockenreste. Jedermann konnte nun sehen, wie Wien ganz wie eine echte Metropole lebte und pulsierte. Der Ansturm auf die Geschäfte hatte begonnen.

Auch Rudolf sah das alles, doch hielt ihn die kaiserliche Tretmühle nach wie vor fest. Er mußte eine Kadettenschule in Bayern inspizieren, an einer Winterübung des Regiments in den Karpaten teilnehmen, Mitglieder einer königlichen Familie vom Balkan durch Tirol begleiten und anschließend mit einem rumänischen Prinzen in Ungarn auf Bärenjagd gehen. Aber er konnte immer wieder in sein weihnachtliches Wien zurückeilen. Wie immer kaufte er am Christkindlmarkt Körbe voller Geschenke für die Kinder seiner persönlichen Dienerschaft, aber auch für seine eigene kleine Tochter Elisabeth. Bei Nacht wanderte er mit Mary Vetsera durch den Park von Schönbrunn, in dessen ausgedehnten Baumbeständen immer noch Schneehäubchen wie weiße Eulen saßen.

Religion war Humbug für ihn. Und doch waren diese Wochen für ihn vom Rätsel der Erlösung erfüllt. Vielleicht würde die geliebte Stadt letzten Endes doch nicht all ihre Chancen verspielen; vielleicht war seine eigene Tätigkeit doch nicht vergebens; vielleicht konnte er doch endlich etwas wirklich Großes tun.

So schwang er sich noch einmal auf zu handeln. Für den Minister des Äußeren schrieb er einen Bericht über seine jüngsten Erfahrungen mit König Milan. Er wies darauf hin, daß Milans Servilität Österreich gegenüber möglicherweise eine Gefahr darstellte; es könnte dadurch eine drastische serbische Reaktion gegen das Kaisertum heraufbeschworen werden. In seinem Memorandum wiederholte er eine schon früher mehrmals ausgesprochene Warnung, nur formulierte er sie diesmal schärfer, untermauerte seine Argumente besser und war dadurch noch prophetischer für die Katastrophe, die das Jahr 1914 bringen sollte... aber er wurde noch gründlicher ignoriert als zuvor.

Er tat weiter. Er blieb auch Kaiser Wilhelm gegenüber auf der Hut. Gegen Ende November waren wieder da und dort in den preußischen Zeitungen Angriffe gegen ihn aufgeflackert. Diesmal aber war er gerüstet. Er hatte Moritz Szeps das Protokoll über eine Dirne geschickt, die Wilhelm bei einer »Jagdunterhaltung« in der Steiermark die mit seinem Monogramm versehenen Manschettenknöpfe gestohlen hatte. Er war nunmehr bereit, Szeps zu ermächtigen, diese Informationen zu veröffentlichen, wenn Wilhelm sich nicht bereit finden sollte, seine Presse etwas in Zaum zu halten.

Dazu war er entschlossen. So hart konnte er, wenn nötig, sein. Aber in den letzten Wochen des Jahres hatte er auch noch die Stärke, zärtlich und aufmerksam zu sein, und das nicht nur zu Mary Vetsera. Er erinnerte sich seines alten Hofmeisters, des Grafen Latour, der zu den guten Geistern seiner Jugend gehört hatte. Ihm schrieb er nun: »Wegen all dieser Kaiser, Könige und Prinzen hatte ich so schrecklich wenig Zeit, aber wir sollten wenigstens wieder einmal miteinander auf die Jagd gehen. Sie sollten sich etwas mehr in frischer Luft bewegen.«

Kindheitsgefühle begannen sich in ihm zu regen. Es erwachte in ihm wieder die Liebe zu jener Frau, die einst seine Mutter gewesen war. 1888 war Kaiserin Elisabeth mehr denn je unerreichbar geworden, nachdem sie den Großteil des Jahres in ihrer Einsiedelei in Korfu verbracht hatte. Immer noch war sie bezaubernd schön – und seltsamer denn je. Die Beerdigung ihres eigenen Vaters hatte sie versäumt, weil die Nachricht von seinem Tod sie auf der Insel zu spät erreicht hatte. Nun traf sie im Dezember in Wien ein. Auf die Schulter hatte sie sich erst kürzlich einen Anker tätowieren lassen. Der Kaiser war entsetzt, aber Rudolf fühlte sich ihr dadurch näher – sie teilte seine Andersartigkeit. Auch sie haßte die Hofetikette, und auch ihre Feinfühligkeit sträubte sich gegen inhaltlosen Pomp.

In diesem Winter 1888 erinnerte er sich längst vergangener Frühlingstage, an denen sie, Mutter und Kind, Hand in Hand durch den Park des Laxenburger Schlosses gegangen waren und miteinander ungarische Wortspiele spielten. Elisabeths Geburtstag fiel auf den Weihnachtstag, und plötzlich erwachte in ihm der Wunsch, ihr etwas ganz Besonderes zu schenken. Sie liebte Heine. So erwarb er also für sie einen Band Heine-Briefe, den Hugo Wittmann, der Autorenkollege Theodor Herzls, herausgegeben hatte. Damit noch nicht zufrieden, bat Rudolf seinen Freund Moritz Szeps, für ihn durch französische Freunde ein Päckchen mit elf Originalbriefen aufzuspüren, die Heine an seine Verwandten in Paris geschrieben hatte. Die Frage »Haben Sie schon das Heine-Material?« tauchte in Rudolfs Briefen an Szeps in diesem Dezember immer wieder auf.

Am Heiligen Abend versammelte sich die kaiserliche Familie im mit Damast tapezierten Empfangssalon der Gemächer der Kaiserin. Auf einem Tischchen vor der großen Silbertanne lagen die Heine-Memorabilien, die Rudolf schließlich doch noch als Geburtstagsgeschenk für seine Mutter aufgetrieben hatte. Auf diesen Tisch hatte Rudolf auch erlesen verpackte, signierte Exemplare seiner *Österreichisch-ungarischen Monarchie in Wort und Bild* als Weihnachtsgeschenk für seine Eltern und für seine Schwester gelegt. Seine Frau Stephanie, wie stets die bäuerische Dilettantin, überraschte ihre Schwiegereltern mit Skizzen, die sie selbst an der Adriaküste verfertigt hatte. Und die Majestäten hatten ihrerseits für ihr Enkelkind, Rudolfs und Stephanies Töchterchen Elisabeth, eine Überraschung bereit. Sie bescherten dem Kind eine entzückende Garnitur winziger Gartenmöbel, die Elisabeth auf Korfu hatte anfertigen lassen.

Es gab Umarmungen und Küsse, wie in all den Millionen anderer Familien, die das Fest von Bethlehem gemeinsam begingen. Erzherzog Franz Salvator von Toskana wohnte dem Familienfest bei, weil seine Verlobung mit Valerie, der Schwester des Kronprinzen, in Kürze bekanntgegeben werden sollte. Rudolf hielt Franz Salvator für zu nahe verwandt und sah in ihm darüber hinaus den Prototyp des nichtssagenden, nichtstuenden Hochadels. Doch er sagte nichts. Er küßte seine Schwester und umarmte den künftigen Schwager. Als er aber dann die Arme um seine Mutter schlang, entrang sich ihm ein Schluchzen.

Die ganze Familie erschrak. Aber schließlich war dies ein Meilenstein in Valeries Leben, der schon zu einer gewissen Rührung Anlaß geben konnte, und bis sich die Familie um den großen Tisch im Speisesalon der Kaiserin gruppiert hatte, zeigten auch Rudolfs Züge wieder ihren gewohnten Charme. Der Mond erhob sich über den großen Dächern der Ringstraße, vom Burgplatz schwebte leise der Klang »Stille Nacht, heilige Nacht« herüber, und schließlich läutete die große Glocke des Doms zu Sankt Stephan die Mitternachtsmette ein.

18

Hugo Wolf hatte vorgehabt, über die Feiertage nach Hause in die Steiermark zu fahren. Eine Verzögerung bei der Veröffentlichung seiner Mörike-Lieder hinderte ihn daran. So verbrachte er Weihnachten bei Köcherts in Wien. Unter dem Mistelzweig durfte er Melanie einmal erlaubterweise küssen. Dann trennten sich ihre Lippen, Weihnachtslieder erklangen, und ihre Liebe wurde wieder zum Geheimnis.

In Gustav Klimts Atelier in der Sandwirtgasse war eine Menge bändergeschmückter Delikateßkörbe mit Weihnachtswünschen abgegeben worden. Die Zahl der edlen Spender war etwa so groß wie jene der ehrgeizigen Neureichen, die hofften, auf seinem Bild des alten Burgtheaters als Berühmtheit verewigt zu werden. Er behielt nur die Körbe für sich, die mit Obst gefüllt waren, das er leidenschaftlich gerne aß. Die anderen gab er an seinen Bruder Ernst oder an Franz Matsch weiter, mit denen er das Atelier teilte. Die Billetts, die an den Gaben befestigt waren, zerriß er ungelesen – und damit auch jede Möglichkeit künftiger Gefälligkeiten.

Das Weihnachtsfest von Brahms war unverhüllt seiner Karriere gewidmet. Anders als Hugo Wolf hatte er dafür gesorgt, daß *sein* Zyklus, die *Zigeunerlieder*, pünktlich publiziert, pünktlich von Hanslick in der *Neuen Freien Presse* gelobt (»Seit Jahren gewöhnt und verwöhnt, zu Weihnachten ein musikalisches Angebinde von Brahms zu erwarten, begrüßen wir seine neuen Lieder als eines der wertvollsten Christgeschenke…«) und daher auch ebenso pünktlich und rasch während des Weihnachtsgeschäfts verkauft wurden. Am Sonntag vor Weihnachten erntete er bei einer Aufführung seines Doppelkonzertes durch Joseph Joachim (zusammen mit dem Cellisten Robert Hausmann) donnernden Applaus. Am Heiligen Abend war er bei Hanslicks zum Diner eingeladen. Am Weihnachtstag aß der Meister im Gasthaus »Zum Roten Igel« zu Mittag, nahm Geschenke und Festtagswünsche seiner Bewunderer entgegen, döste pünktlich um halb zwei im Café Heinrichshof und überwachte dann am Nachmittag Frau Truxa beim Packen. Er war dabei, nach Sachsen-Meiningen abzureisen, wo der Herzog unter seinem Ehrenschutz ein Musikfest abhalten ließ, das im wesentlichen als eine Huldigung des musikalischen Genies von Johannes Brahms gedacht war. Sein Jahreszyklus schloß sich mit der Präzision eines Uhrwerks.

Im Haus Burgring Nr. 1, dem feudalen Wohnhaus, auf das Brahms täglich auf seinem Weg zum Heinrichshof einen flüchtigen Blick warf, erlebte Arthur Schnitzler Weihnachten auf seine Weise. »Sonntag, 23. Dezember«, stellt er in seinem Tagebuch kurz angebunden fest. »Aufputzen des Christbaumes... Montag, 24. Dezember. Weihnachten daheim. Jean. (2), Kfh. Poker.« Das hieß, daß nicht nur der berühmte, jedoch ungetaufte Professor Dr. Schnitzler in seiner prunkvollen Residenz die Geburt des Erlösers feierte, sondern auch sein gleichfalls ungetaufter, so gut wie unbekannter Sohn in der kleinen Wohnung unter dem gleichen Dach. Es bedeutete aber auch weiter, daß Schnitzler junior, nachdem er zweimal den Liebesakt mit seinem »süßen Mädel« Jeanette vollzogen hatte, sich ins Kaffeehaus zum Pokerspiel begab, um schließlich den Tag in ein paar kryptischen Worten zusammenzufassen, bei deren Niederschrift er sich gebührend verachten konnte.

Auf der anderen Seite des Donaukanals, in der Stefaniestraße Nr. 1, feierten Jakob und Jeanette Herzl gemeinsam mit ihrem Sohn Theodor. Er teilte die geräumige Wohnung mit seinen Eltern. Hier lasen sie seine Feuilletons, noch ehe sie in Druck gingen, und hier zeigte er ihnen auch seine Entwürfe zu dem Schauspiel, das das Burgtheater annehmen *mußte.* Am 24. Dezember schmückten sie gemeinsam, was Theodor später als »unseren Chanukka-Baum« bezeichnen würde.

In der Maria-Theresien-Straße Nr. 8 feierte die Familie Freud nichts, weder nach christlichem noch nach jüdischem Ritus. Die Feiertage bedeuteten einfach etwas weniger Dienst in der Klinik für Kinderheilkunde und noch weniger Patienten in der Privatpraxis des Arztes. Freud hatte etwas mehr Zeit für seine Tarockabende mit Kollegen von der Klinik in ihrem Stammcafé; etwas mehr Zeit auch für seine tägliche Gewaltrunde um den Ring. Vor allem aber konnte er in diesen Tagen seiner Arbeit über die Hysterie mehr Zeit widmen und seine diesbezüglichen häretischen Erkenntnisse weiter ausbauen. Kurz, die Feiertage gaben ihm Gelegenheit, seine sogenannte Karriere noch mehr zu gefährden.

Der Familie Freud gegenüber, im obersten Geschoß des Hauses Heßgasse Nr. 7, blieben die Fenster dunkel. In der Wohnung Bruckners war alles still. Frau Kachelmayer mußte sich nicht über ihren schlampigen Herrn Professor ärgern. Er war auf eine Weile fortgefahren, um seine Junggesellen-Einsamkeit während der Weihnachtstage anderswo zu überwinden. Der Abt von Kremsmünster in Oberösterreich hatte ihn eingeladen. Rings um das Stift lagen die waldigen Hügel in tiefem Schnee. Drinnen aber saßen die Mönche in schweigender Ehrfurcht, während Anton Bruckner zur Mitternachtsmette die Orgel erdröhnen ließ und weit jenseits aller gedruckten Noten improvisierte, so daß große, gottnahe Klangträume erstanden. Nachher beteten sie und gaben ihm ein wenig Schweinsbraten, mehr Pilsner und sehr viel Liebe und Verehrung.

Selbst in der Irrenanstalt am Brünlfeld herrschte unter den Insassen wenn schon nicht Friede, so doch guter Wille. Sie veranstalteten ihre alljährliche Weihnachtsvorstellung, deren Star Alois Bank war, ein sehr bekannter Komödiant, der sich für geheilt hielt, aber kein Bedürfnis hatte, die Anstalt zu verlassen. Bei der Weihnachtsgala spulte er souverän sein ganzes Repertoire zehn Jahre alter Witze und Schnurren (sein letztes Programm von »draußen«) herunter, verhaspelte sich aber am Ende und begann hoffnungslos zu stottern. Sein Publikum hielt das für Absicht, und der Abend endete mit schrillem Gelächter.

In den Wiener Arbeiterbezirken war Weihnachten die Kunst des Möglichen. Nicht selten kaufte eine Ottakringer Familie um fünfzig Kreuzer einen Tannenzweig, den man von einem der Christbäume der Reichen in der Inneren Stadt unten weggeschnitten hatte. Das war dann ihr »Weihnachtsbaum«, der – gegen eine Wand gelehnt – der Enge der Wohnung und der Armseligkeit der Gaben sehr gut entsprach. Für den Vater gab es da eine schöne Krawatte aus dem Trödlerladen; für die Mutter eine Nähkassette; und für die kleine Anna ein Paar dicke warme Socken, die um einige Süßigkeiten gewickelt waren. All diese Herrlichkeiten lagen, in rotes Seidenpapier gewickelt, unter dem »Baum«. Das Papier war schon etwas zerknittert, aber immer noch brauchbar und wurde sorgfältig von einer Weihnacht bis zur nächsten aufbewahrt, denn die Geschäfte ließen sich das Verpacken von Geschenken gesondert bezahlen.

Aber selbst in Ottakring war der »Heilige« ein ganz besonderer Abend. An diesem einen Abend im Jahr setzten sich auch die Bettgeher (die Untermieter, die nichts als nur einen Schlafplatz hatten) mit der Familie zum Essen. Da gab es dann nicht nur Pferdefleisch, sondern echtes Rindfleisch. In dieser einen Nacht wurde auch der Ofen der winzigen Wohnung tüchtig gefüttert. Der Heilige Abend des Jahres 1888 war frisch, nicht wirklich kalt, und Kohle war schrecklich teuer. Und trotzdem sorgte der Vater dafür, daß der Kanonenofen bis zum Rand gefüllt war, ehe er zu Bett ging. So würde das Feuer die ganze Nacht des Heilands hindurch brennen, und niemand würde am Weihnachtstag fröstelnd erwachen müssen.

Das Wetter, das für Dezember durchaus nicht frostig war, wurde nach Weihnachten noch milder. Der Silvesterabend hüllte Wien in einen der Jahreszeit durchaus nicht entsprechenden warmen Nebel. Jenseits dieses milden Dunstschleiers dräute das Jahr 1889. Rauchfangkehrer erhielten größere Trinkgelder als sonst, denn schon der bloße Anblick ihrer rußigen Gesichter verhieß für die kommenden zwölf Monate Glück. Johann Pfeifer, der »König der Vögel«, der am Schottenring seine Vorstellungen gab, hatte für Neujahr eine besondere Attraktion bereit. Für zehn Kreuzer ließ er einen seiner Papageien zu einem im Käfig angebrachten Regal mit Kuverts fliegen, eines davon herauspicken und dem Kunden sein Horoskop für das Jahr 1889 bringen. Bei den Neujahrsfeiern in der ganzen Stadt war das Bleigießen der Höhepunkt: Nachdem die Glocken das Neue Jahr eingeläutet hatten und der Punsch getrunken war, ließ man aus einem Löffel geschmolzenes Blei in kaltes Wasser fallen – vor jedem lag dann das Schicksal im Neuen Jahr, in bizarrer Orakelform erstarrt.

Das Neue Jahr. In der kaiserlichen Reichs-, Haupt- und Residenzstadt war die Vergangenheit voll Großartigkeit, bekannt und vertraut. Aber die Zukunft? Selbst die allernächste Zukunft?... Wo blieb die versprochene, die so notwendige Größe? Die Wiener hatten zu dem nach vorn gewandten Antlitz der Zeit nie ein gutes Verhältnis. Selbst der sonst so obrigkeitliche Ton der *Neuen Freien Presse* geriet ein wenig ins Schwanken, als sie am ersten Tag des Jahres 1889 die Stimmung der Wiener zusammenfassend zu schildern versuchte:

»Ein Hauch von Schwermuth zieht durch die Gesellschaft; der Reiche wird seines Ueberflusses nicht froh, der Arme trägt die Bürde der Noth noch unwilliger, als früher, alle Classen befehden sich gegenseitig im wüsten Kampfe, und jedes Gemüth ist durch den harten Druck der Zeit belastet. In der Stephanskirche befindet sich ein seltsames Denkmal mit der Inschrift: Hier lieg' ich, Simon Paur, meuchelmörderisch aus Neid erschossen. Die Geschichte dieses Todes ist noch nicht enthüllt worden. Niemand weiß, wer der unglückliche Simon Paur war, aber sein Grab wird noch ein Wahrzeichen unserer Stadt werden, denn der Neid, der ihm Unheil brachte, ist zur herrschenden Leidenschaft geworden, welche die Bevölkerung in Gärung versetzt und den Frieden der Bürger gefährdet.«

»Liebe gute Mutter!« schrieb Hugo Wolf am 30. Dezember. »Die besten Wünsche für das Neue Jahr. Wenn mein Erfolg Dir Freude bereitet, dann gedenke so wie ich des unbeschreiblichen Wunders des abgelaufenen Jahres. Es war das fruchtbarste und daher glücklichste Jahr meines Lebens. In diesem Jahr habe ich nicht weniger als zweiundneunzig Lieder und Balladen komponiert, und nicht eines davon ist ein Mißerfolg. Ich meine, ich darf mit dem Jahr 1888 zufrieden sein. Was wird 1889 bringen? In diesem Jahr wird die Oper, mit deren Kompositionen ich in wenigen Tagen beginnen werde, ihre Vollendung finden ...* Wenn mein Erfolg es vermag, Deinem Leben einen freundlicheren Farbton zu verleihen, dann sollst Du jetzt alles in rosigem Glanz sehen. Mein junger Ruhm ist jetzt stark im Aufsteigen, und vielleicht werde ich bald die führende Rolle in der Musikwelt spielen. Sicherlich – es mag lange dauern, ehe die Kritiker meinen Gedankengängen folgen können, denn meine Kunst ist zu neu. Aber ich habe mir immerhin bereits ein unvoreingenommenes Publikum geschaffen... Mit vollem Recht nenne ich 1889 ein glückverheißendes Jahr.«

»Hochwohlgeborener, hochedler Herr Baron Wohlzogen!« schrieb Bruckner an einen seiner Gönner in Bayreuth. »Aus Herzensgrunde rufe ich meinem hochmögenden Gönner an diesem besonderen, ersten Tage des neuen Jahres zu: *Heil! Heil! Heil!*... Der Brahmskult hier nimmt einfach unglaubliche Formen an! Hans Richter [der Dirigent der Wiener Philharmoniker] steht in dieser Hinsicht an erster Stelle. Er behauptet, die neue Richtung [die Bruckners Musik genommen hatte] besitze in der Konzertwelt keine Rechtfertigung, und er wagt es nicht – wegen Hanslick – irgend etwas von mir aufs Programm zu setzen... Aber ich habe seit Juni an der Dritten Symphonie [der »Wagner«-Symphonie] gearbeitet und sie gründlich

* Diese Oper – *Der Corregidor* – wurde dann allerdings erst im Jahr 1895 geschrieben.

verbessert... Oh, wenn der Hohe Unsterbliche [d. h. Wagner] sie nur sehen könnte. Welch unbeschreibliches Glück für mich!«

Arthur Schnitzler schrieb zum Jahresende nur in sein Tagebuch. So kurz diese Eintragung auch war, stellte sie doch einen Rekord dar: »31. Dezember – Silvester, Jean. (2).« Da die letzte dort vermerkte Summe der Vereinigungen mit Jeanette (398) gelautet hatte, bedeuteten die weiteren (2), daß am Beginn des Jahres 1889 er und das »süße Mädel« gemeinsam genau 400 Ekstasen der Liebe erlebt hatten.

Seine Kaiserliche und Königliche Apostolische Majestät schrieb, was man in seinem Falle fast einen »sinnlichen Brief« nennen müßte. Dieser Ausbruch wurde durch das Zusammentreffen von Weihnachten mit den Masern ausgelöst. Die Krankheit hatte Frau Schratts kleinen Sohn Toni befallen, und die Mutter mußte seine Quarantäne teilen. Für Wochen war der Kaiser also von seinem einzigen Trost abgeschnitten. An diesem Punkt, nach fast dreijähriger Beziehung, ließ Franz Joseph das konventionelle »gnädige Frau« fallen, mit dem er bisher all seine Briefe an sie eingeleitet hatte.

»Meine liebe theuerste Freundin!« schrieb er ihr am 27. Dezember, »Diesen Titel erlauben Sie mir wohl in einem Augenblicke zu gebrauchen, in welchem Ihr Brief mit seiner Schreckensbotschaft mich wie ein Blitz aus heiterem Himmel getroffen hat und wo ich bei dem Gedanken an die bevorstehende lange Trennung wieder so recht innig fühle, wie lieb ich Sie habe. Verzeihen Sie diesen vielleicht unpassenden Gefühlsausbruch, aber ich bin sehr traurig, Sie so lang nicht sehen zu dürfen, und da ist mein einziger Trost, mich wenigstens Ihnen gegenüber schriftlich aussprechen zu können. Doch das sind lauter egoistische Gefühle, und vor allem ist es ja die Angst um Sie und Toni, die mich erfüllt und dabei die Schwierigkeit, so oft Nachricht von Ihnen zu bekommen, als ich es wünschen würde...«

Und einige Tage später, am Silvesterabend, schrieb der Monarch in der gleichen, beinahe zitternden Art:

»Alle Ihre Wünsche sollen in Erfüllung gehen und an Toni sollen Sie nur Freude erleben. Wenn ich auch von mir sprechen darf, so wünsche, hoffe und bitte ich, daß Sie mir auch im Jahre 1889 Ihre Freundschaft bewahren, daß Sie so unendlich gut für mich bleiben wie bisher und auch künftig so nachsichtig mit mir seien, wenn ich wider bin, vor allem aber, daß Sie mich ein bisserl lieb haben... Es ist doch oft recht hart, eine Megaliotis zu sein...«

»Megaliotis«, das griechische Wort für Majestät, war der Kosename der Kaiserin für ihn. Von den vielen unmajestätischen Briefen, die Franz Joseph seiner teuren Freundin schrieb, gehörte dieser zu den menschlichsten und bescheidensten.

In der gleichen Woche, ja sogar genau am Tag des ersten Schreibens seines Vaters, dem 27. Dezember, richtete auch Rudolf zum Jahresende einige Zeilen an seinen so ganz anderen Vertrauten, Moritz Szeps:

»Lieber Szeps... In der äußeren Politik herrscht momentan Ruhe; die Gefahren, die in Belgrad drohten, sind für den Augenblick hinausgeschoben; doch diese fast unnatürliche Ruhe macht mir den Eindruck der Gewitterschwüle vor dem Sturm. So geht es nicht weiter; das ist mein Trost... Wir fahren heute nach Abbazia, nach meiner Rückkehr hoffe ich Sie zu sehen.«

Verglichen mit den Ergüssen anderer Briefschreiber dieser Tage klingt dieser Brief gefaßt oder doch zumindest beherrscht und umsichtig. Szeps aber, der seinen Freund gut kannte, verstand ihn nicht in diesem Sinne. Der Neujahrsgruß, den er dem Kronprinzen sandte, klingt wie eine indirekte Antwort auf einen indirekten Hilferuf. Seine Worte scheinen sich an einen Menschen zu wenden, der zugleich stolz und verloren ist, so dringlich ist der Unterton des Trostes hinter der lauteren Rhetorik der Ehrerbietung.

»Eure kaiserliche Hoheit! Unheimlich ist die Stille – so schreiben E. K. H. in Ihrem letzten Brief – wie die Stille vor einem Gewitter. Das abgelaufene Jahr wird in der Geschichte als ein Pompes-funèbres-Jahr figurieren [eine Anspielung auf den Tod zweier Deutscher Kaiser, Wilhelm I. und Friedrich III.]; mehr war es nicht. Aber das ist unter Umständen auch genug. Denn wenn das Welke, Morsche und Alte weggeschafft wird, um Frischem und Jungem Platz zu machen, so ist das ein Akt der Erneuerung und der Verjüngung, welche für die Welt notwendig ist. Die Pompes-funèbres von 1888 haben indes nicht viel verjüngt und erneuert – und wirklich unheimlich ist die Stille, welche über Europa lagert.

Was wird daraus werden? Wann werden in den Wetterschlägen des Schicksals jene Entscheidungen fallen, welche den Anfang einer neuen Zeit bilden werden? Diese Schwüle kann nicht ewig währen, und das Jahr der Veränderung kommt mit Sicherheit. In der Schwüle nicht zu ermatten, für die Zeit der Tat den Geist und den Arm stark zu erhalten, das ist die Aufgabe, die Sie, kaiserliche Hoheit, sich gesetzt haben, und diese Aufgabe, sie wird von Ihnen Tag für Tag mit rastloser Ausdauer und Tätigkeit erfüllt. Sie ermatten nicht, wo so viele ermattet dem angeblich Unabänderlichen sich fügen, und weil der Kronprinz nicht ermattet, halten wir unsere Hoffnungen auf die Zukunft eines großen, ruhmreichen, freien und wohlhabenden Österreich aufrecht.

Sie, kaiserliche Hoheit, mußten viel Böswilligkeit und Verrat erleben, aber Sie haben all das mit bemerkenswerter Sicherheit von sich abgeschüttelt. Es ist allseits bekannt, daß Sie Großes erstreben und auch befähigt sind, es zu erreichen. Wer das von Ihnen nicht weiß, der fühlt es doch sicherlich. Deshalb werden Sie derzeit auf mancherlei Weise angegriffen, und Hindernisse werden auf Ihren Weg in die Zukunft geschleudert. Jetzt schon haben Sie viele Gegner und Feinde. Sie aber verlassen sich auf sich selbst, auf Ihre Talente, auf Ihren Genius, auf Ihre Stärke und auf Ihre Ausdauer – und Sie haben ein Recht, sich auf diese Eigenschaften zu verlassen. Fügen Sie nun alledem noch ein Quentchen Glück hinzu – nicht einmal so viel, wie Ihre aufrichtigen Bewunderer und Freunde Ihnen wünschen – nur ein weniges von diesem Glück, und Sie werden für die Monarchie, für unser Vaterland, für Ihren eigenen Ruhm und für das Volk, das Sie liebt, Großes erreichen...«

19

Das Jahr 1889 begann nicht gut – jedenfalls nicht in gutartiger Stimmung. Das Wetter war unbeständig, zerrte an den Nerven, und die allgemeine Reizbarkeit konzentrierte sich auf das neue Burgtheater. Schon früher hatte es da und dort Beschwerden gegeben. Nun aber, drei Monate nach der Eröffnung, verdichteten sich plötzlich die sporadischen Klagen zum massiven Angriff. Hugo Thimig, eine Stütze des Ensembles, schrie es hinaus: »Es ist trostlos, auf der neuen Bühne zu spielen. Ein Hallen und Brausen von einem indifferenten Publikum. Alle Collegen sind tief traurig. Eine prunkhafte Gruft ist dieses Haus.« Und am 6. Januar ließ der Theaterkritiker der *Neuen Freien Presse,* Ludwig Speidel, einen wahren Bannfluch gegen den unpersönlichen Pomp des Hauses los, das jegliches differenzierte Spiel und jegliche subtileren Feinheiten der Sprache tötete. »... Die unglaubliche Thatsache, die man betonen muß, liegt darin, daß... wo das Wort, dieses Kleinod des Burgtheaters, sich nicht mehr geltend machen kann, da ist das Burgtheater zu Ende... Will man das Burgtheater, diese unvergleichliche Zierde Wiens, noch retten, so ergreife man die energischsten Maßregeln: entweder man baue ein einfaches neues Haus, das ja billig herzustellen wäre, oder man baue den eigentlichen Theaterraum des neuen Hauses so gründlich um, daß kein Stein auf dem anderen bleibt...«

Ein neues »Neues Burgtheater« wurde nie gebaut, und es dauerte noch acht Jahre, ehe man die Akustik und die Sichtlinien verbesserte. Aber selbst sofortige Abhilfe hätte die Stimmung der Wiener nicht wesentlich gebessert. Hinter dem plötzlichen Unmutsausbruch steckte eine mehr allgemeine Besorgnis: Würde die Hauptstadt dieses altehrwürdigen Kaiserreiches denn nie etwas zugleich Neues und Großartiges hervorbringen? Wie viele Neujahrstage noch konnte sich dieses Versagen wiederholen?

In der Woche nach Beginn des Jahres 1889 schien die Stadt nicht einmal ihren am meisten überzeugenden Glanz zustande zu bringen; den Karneval. Der Fasching, wie man den Karneval in Wien nennt, begann am Dreikönigstag, also am 6. Januar. In diesem Jahr zeigten sich anfangs nur ein paar Fünkchen statt eines brillanten Feuerwerks.

Freilich gab es einen offiziellen Grund, der sich dämpfend auswirkte. Obwohl der Tod von Franz Josephs Schwiegervater nun schon Monate zurücklag, herrschte immer noch kleine Hoftrauer. Man hatte alle Hofbälle abgesagt, und auch auf den Industriellenball fiel ein Schatten. Dieser wurde normalerweise durch die Allerhöchste Gegenwart geadelt; er war unbestritten der nobelste aller nichtaristokratischen Bälle. Die Karten für dieses Tanzfest gehörten zu den teuersten und waren doch die begehrtesten. Millionäre und Würdenträger, denen es aus Gründen ihrer Abstammung nicht möglich war, dem Kaiser bei Hofbällen ihre Aufwartung zu machen, freuten sich auf diesen Tag, an dem der Kaiser zu *ihnen* kam.

Jedermann wußte, daß das erste informelle und schicksalhafte Gespräch zwischen Katharina Schratt und Seiner Majestät am Industriellenball des Jahres 1885 stattgefunden hatte. 1889 aber verhinderte die Hoftrauer die Anwesenheit Franz Josephs. Die Karten erwiesen sich als unverkäuflich. Der Ball der Polen erlitt ein ähnliches Schicksal; auch hier zählte der Anlaß nichts ohne den Glanz der Allerhöchsten Gegenwart.

Enttäuschung machte sich in allen Gesellschaftsschichten bemerkbar: vom dekadenten *Salonblatt,* das sich darüber beklagte, daß die Fiaker nach Mitternacht nicht mehr durch die Straßen rasten, bis zu den Pfandleihhäusern in den ärmeren Bezirken, die nicht auf den erwarteten Umsatz kamen. Der Fasching ergriff von jeder Straßenecke Besitz. In Wien gab es keinen Stand, keine Berufsgruppe, keinen Hausmeisterverband, keine Vereinigung der Kanalräumer, die nicht ihren eigenen Ball gehabt hätten. Und wenn er in der richtigen Stimmung war, so fand kein anständiger Arbeiter etwas dabei, seine silberne Taschenuhr zu versetzen, um seiner Tochter einen neuen Fächer oder seiner Frau ein neues Busentuch für ihre Faschingsveranstaltung zu kaufen. Eine Unzahl silberner Taschenuhren in den Auslagen vieler Pfandleihhäuser waren das untrügliche Zeichen für einen feschen Fasching.

Nach dem Neujahrstag 1889 blieb der Silberuhr-Index in den Pfandleihhäusern sehr niedrig. Aber bald gab es ein Anzeichen von »fesch« im Land. Die Wiener Friseurinnung ließ weithin verlauten, daß Erzherzog Ludwig Viktor die Kapelle seines Leibregiments zu ihrem Ball entsenden würde. Diese Geste ließ darauf schließen, daß, wenn schon nicht der Kaiser selbst, so doch einige Mitglieder des Erzhauses an Veranstaltungen teilnehmen würden. Und schon sah alles besser aus.

Der Wiener Eislaufverein, der zunächst Schwierigkeiten dabei gehabt hatte, die Karten für sein Kostümfest loszuwerden, vermerkte einen starken Anstieg der Nachfrage. Das ging so weit, daß der Verein sich eine Woche vor dem Ereignis bereits die Leute aussuchen konnte, an die er Karten abgab. Man gab bekannt, die Kostümierung als Jäger sei unerwünscht, weil dies eine zu alltägliche Maske sei.

Am 15. Januar erzielte der Eislaufverein den ersten durchschlagenden Erfolg des Faschings. Elektrische Lichter und bengalische Beleuchtung glitzerten auf dem Eis, wo ein echter siamesischer Prinz, mit viel Pelzwerk als Eskimo verkleidet, Arm in Arm mit der echten Gräfin Apponyi dahinglitt, die sich als Yum-Yum aus *Der Mikado* kostümiert hatte. Die berühmte Sopranistin Rosa Papier

(Interpretin aufsteigender Talente wie Hugo Wolf) hatte sich in eine Biedermeierpuppe verwandelt, die zierliche Achterschleifen zog, während ein ganzer Schwarm von Schornsteinfegern rotkappige weißgetupfte Pilze verfolgte. Im Alltagsleben waren die meisten dieser Verkleideten Geldbarone und Komtessen. Und was machte das schon aus?

Bald schien es, als wolle die Stadt – wie um das durch die anfängliche Niedergeschlagenheit Versäumte nachzuholen – sich in Selbstvergessenheit stürzen. Man unterhielt sich blendend bei der Opernredoute, einst eine der klassischen Lustbarkeiten des Adels. Im Jahr 1889 – und überhaupt in den letzten Jahren– aber beschränkte sich der Adel auf seine Opernlogen, um dem Treiben der Großbürger unten zuzusehen. Aber welch unbürgerliche Zügellosigkeiten dort unten! Man hatte für diese Nacht – und nur für diese eine – einen Parkettboden über die Sitzreihen der Hofoper gelegt, um eine Ebene mit der Bühne herzustellen. In der Mitte dirigierte Edi Strauß sein Walzerorchester. Husarenkapellen pfiffen und flöteten in den Wandelgängen und Foyers. Regenbogenfarbene Wirbelstürme von Konfetti bliesen. Herren erschienen in Frack und Zylinder. Für die Damen bestand Maskenzwang; und in diesem Januar sah man Sarah Bernhardt zu Dutzenden, so sehr hatte das lebende Vorbild und sein aufregender Abgang von Wien die Wienerinnen fasziniert.

Wie zumeist, nahm sich das verkleidete Geschlecht beim unverkleideten Freiheiten heraus. In dem parfümduftenden Menschengewirbel durfte jeder dekolletierte Domino jedem Mann mit dem Fächer einen leichten Schlag versetzen; ihm einen Tropfen Tanzschweiß von der Backe wischen; ihm den Zylinder stehlen; mit ihm flirten oder vor ihm fliehen – oder sogar beides zugleich; durfte ihn zu einem Walzer auffordern, ihm ein Glas Champagner oder ein Kaviarbrötchen herauslocken; ihn bezüglich ihrer wahren Person auf die Folter spannen, Küchenmädchen oder Prinzessin spielen, Hure oder Nonne; durfte sich in schimmernden Zweideutigkeiten ergehen, während man als Freunde Arm in Arm im Kerzenschein über champagnerbespritzten Marmor dahinschlenderte; und dann, wenn die schöne Maske es wollte, konnte sie bei ihm bleiben und ihn von Angesicht zu Angesicht nahe kommen lassen, wenn es Mitternacht schlug und alle Masken fielen.

Der nächste Höhepunkt kam am 22. Januar mit dem Ball der Hoteliers. Im Vorjahr hatte die Anwesenheit des Kronprinzen, der den

Ehrenschutz übernommen hatte, die Kostbarkeit der Damentoiletten ins Schwindelhafte gesteigert. In diesem Jahr nun befürchtete man, daß sich viele durch die für eine solche Konkurrenz nötigen Ausgaben vom Besuch abhalten lassen würden. Der Pessimismus war unbegründet. Wohl hinderte die Hoftrauer Rudolf selbst am Erscheinen, doch sandte er seinen Obersthofmeister, Graf Bombelles, und Pracht gab es genug. Auch Edi Strauß am Dirigentenpult. Selbst Herrn und Frau Sacher von Torte und Hotel, die miteinander lachten und damit alle düsteren Gerüchte über ihre Ehe Lügen straften. Auch eine unübertroffene Damenspende gab es – Sachets aus purem Silber.

Aber selbst dieser Aufwand wurde noch vom Donau-Dampfschiffahrts-Ball übertroffen, dem festlichen Abend mit dem längsten Namen und dem aufwendigsten Dekor. Für diesen wirklich einmaligen Ball hatte man die Sophiensäle in ein riesiges Dampfschiff verwandelt, komplett mit dem Rauschen von echtem Wasser, dem Tuten von Nebelhörnern, mit Matrosen, Meerjungfrauen und einer Walzerkapelle, die sich auf einem gigantischen Schaufelrad drehte. Am Höhepunkt der »Seereise« dieser Nacht erschien der echte ranghöchste Admiral der österreichisch-ungarischen Marine auf der »Brücke« und inspizierte, wie eine Reihe von Herren mehrere Damen in »Rettungsbooten zu Wasser ließ«. In Wahrheit aber verließ niemand das Schiff vor sechs Uhr früh.

Nicht nur die oberen Schichten der Bevölkerung stürzten sich in die tollen Faschingsereignisse. Am 15. Januar rauschte der Ball der Wiener Bäckermeister durch die Sophiensäle. Männliche Salzstangerln wirbelten mit tief dekolletierten weiblichen Apfelstrudeln zum Klang einer Kapelle herum, die mit Kochhaube, schwarzer Masche und weißer Schürze als Bäckermeister herausgeputzt war. »Das war bis jetzt der lustigste Abend«, schrieb Max Schlesinger, der Doyen der Wiener Ballkritiker und ein Mann, der sehr hohe Maßstäbe anzulegen gewohnt war, im *Wiener Tagblatt.*

Einige Tage später fand im Arbeiterbezirk Hernals der berühmte Wäschermädel-Ball statt. Nicht nur als »armes Mädel« verkleidete Fürstinnen kamen, sondern auch ganz echte, rundliche Wäschermädeln in ihrer Arbeitstracht, bestehend aus ärmellosem Oberteil mit nicht allzulangem Rock, adrettem Kopftuch und Ringelstrümpfen, die man bei den schnelleren Walzertänzen bis zum Knie hinauf sehen konnte. Die Adeligen liebten es, sich hier ihre kleinen Abenteuer zu suchen.

Gegen Ende Januar begannen dann die Gschnasfeste, mit denen Wien, was Faschingsunterhaltungen anlangte, allen anderen Städten absolut den Rang ablief. »Gschnas« ist ein urwienerisches Wort, das eigentlich nur von einem echten Wiener richtig ausgesprochen und auch so recht verstanden werden kann. Vielleicht kann man es semantisch mit der Grundbedeutung des englischen Wortes *glamour* gleichsetzen, was früher einmal soviel hieß wie »falscher Zauber«. Jedenfalls war es ein Zauber, für den die Wiener eine große Schwäche hatten. Veranstaltet wurden die Gschnasfeste meist von den Künstlerorganisationen und Kunstakademien, deren Angehörige sich mit ihren phantasievollen Dekorationen und vielfarbigen Kostümen den grauen Alltag verschönten.

Im Januar 1889 fand das berühmteste Gschnasfest, der »Ball der Vierten Dimension«, statt, bei dem weder Masken noch Dekoration erlaubt waren, die auch nur im entferntesten echt, vernünftig, möglich oder dem wirklichen Leben entsprechend waren. Von der Decke herab blühte in prädadaistischer Unverfrorenheit ein prächtiger Rosengarten. Bei einem Bankett schmiegten sich reizende, höchst lebendige Hexen in seidenen Negligés an Ritter, die aus Hartwachs künstlich nachgebildet waren. In einem Saal mit der Devise »Peking an der Donau« wurden Szenen aus der Geschichte Österreichs im Stil der chinesischen Oper dargestellt. In die dort gespielten Walzer mischten sich seltsame Gong-Klänge und die Musik fernöstlicher Saiteninstrumente.

In der ganzen Stadt schien diesmal die Faschingslust weder ein Ende noch Grenzen zu kennen; die fast zwanghafte Freude an Mummenschanz, an Phantasmagorie der Maskenwelt war nicht einzudämmen. In den Kaufläden waren die vordersten Regale statt wie üblich mit Lebensmitteln mit Lampions, Masken, Dominos und Fächern gefüllt. Modegeschäfte verwandelten sich in Kostümbasare. Am Stephansplatz direkt vor dem Dom blieb das Kleiderhaus Rothberger die ganze Nacht geöffnet, um Frack und andere Abendkleidung rund um die Uhr zu verkaufen oder zu verleihen. Maßschneider standen ohne Unterbrechung zu Anproben und Änderungen bereit – selbstverständlich mit Ausnahme jenes Abends, des 20. Januar, an dem sie ihren eigenen Ball hatten.

Auch für Geschäftsleute wie Sigi Ernst war das eine gewinnträchtige Zeit. Ernsts Name war damals so sehr ein Begriff, daß er bei seinen Inseraten meist gar nicht mehr darauf hinzuweisen brauchte, mit welchem Artikel er handle. Jedermann wußte natürlich, daß Herr Ernst die größte Auswahl an Präservativen in der ganzen kaiserlichen Reichs-, Haupt- und Residenzstadt anzubieten hatte. Am 27. Januar ließ er die Leser der *Neuen Freien Presse* wissen, daß er, »um den Wünschen seiner hochgeschätzten Kundschaft zu entsprechen«, einen weiteren, diskreten Zugang zu seinem Lokal im Innenhof des Hauses Kärntner Straße Nr. 55 eröffnet habe. Es ist uns nicht überliefert, ob auch Dr. Arthur Schnitzler zu seinen Kunden zählte (dessen Tagebuchaufzeichnungen bis zum 31. Januar schon das stattliche Sümmchen von 419 Liebesakten mit Jeanette ausweisen); auf jeden Fall aber darf man annehmen, daß Herrn Ernst im Drange der Geschäfte nur wenig Zeit blieb, das Walzerbein zu schwingen.

Einer Reihe von Ärzten fiel es auch nicht leicht, an den Faschingsvergnügungen teilzunehmen, da sie zu sehr damit beschäftigt waren, diverse Faschingsleiden zu kurieren. Ihre Inserate standen bunt gemischt neben jenen der Kostüm- und Maskenleihanstalten. In der gleichen Ausgabe der *Neuen Freien Presse* vom 27. Januar fand sich zum Beispiel die Einschaltung eines gewissen Dr. Hartmann, der bekanntgab, daß er in seiner Ordination am Lobkowitzplatz Nr. 1 ein zweites, separates Wartezimmer für Patienten mit diskreten Erkrankungen eingerichtet habe.

Für Theodor Herzl war dieser Januar genau das, was er für die meisten anderen Wiener nicht war: eine höchst seriöse, sittenstrenge Zeit. Er ging sehr gern auf Bälle, ob es nun gesellschaftlich prominente oder beruflich wichtige, wie etwa der Ball des Presseclubs Concordia, waren. Aber er ging stets in Begleitung seiner »kleinen« Julie. Schon ein halbes Jahr vor seiner Hochzeit verhielt er sich völlig monogam. Im Jahr 1889 bedeutete eine Faschingsnacht für ihn nicht ausgelassenes Vergnügen, sondern sich auf das Eleganteste zu kleiden, um damit irgendeiner großartigen Robe seiner Verlobten den rechten Hintergrund zu geben.

Jedenfalls hatte er für nächtelange Tanzunterhaltungen sowieso keine Zeit. Sein Ehrgeiz drängte ihn immer noch, ein neues, von ihm verfaßtes Stück während der ersten Saison des neuen Burgtheaters aufgeführt zu sehen. Aber sein Mitautor Hugo Wittmann fühlte sich überlastet und wollte an der erst halbfertigen Komödie nicht weiterarbeiten. Als Chef des Kulturressorts der *Neuen Freien Presse* mußte er nicht nur während ihres Gastspiels über Sarah Bernhardt schreiben, sondern im Verlauf des Winters auch noch über eine ganze Reihe anderer dringender künstlerischer und kultureller Anlässe. Aber es fehlte ihm nicht nur an Zeit; er fand auch keinen gangbaren Weg, das Hauptproblem der *Wilddiebe* zu beheben, nämlich der eher abgestandenen Promenadenkomödie eine neue, erregende Wendung zu geben, und so wollte er aus der Partnerschaft mit Theodor Herzl aussteigen. Dieser schrieb ihm darauf einen verzweifelten Brief: »Ich kann Dich unter gar keinen Umständen aus unserer Zusammenarbeit entlassen... Du hast genauso an unserem gemeinsamen Wagen gezogen wie ich, und wir haben die schlimmsten Strecken durchgezogen. Wir können uns nicht voneinander trennen, ehe wir nicht entweder versagt oder triumphiert haben.«

Schließlich harrte Wittmann doch getreulich aus, denn er konnte ja nicht ahnen, daß inzwischen Herzl selbst an den *Wilddieben* zu zweifeln begonnen hatte und ernsthaft den Schritt vom nebenberuflichen Dramatiker zum hauptberuflichen Journalisten erwog. Er beschloß, sich an das *Berliner Tagblatt* zu wenden, das schon früher manche seiner Artikel abgedruckt hatte. In einem sorgfältig konzipierten Vorschlag an den Chefredakteur stellte er fest, daß ihm Moritz Szeps vom *Wiener Tagblatt* fünfzig Gulden pro Artikel geboten habe, wies darauf hin, daß er von der *Neuen Freien Presse* für jede seiner Arbeiten vierzig Gulden bekäme, daß er aber bereit wäre, auch für weniger Honorar für das *Berliner Tagblatt* zu arbeiten, vorausgesetzt, daß ihn dieses zu seinem Wiener Kulturkorrespondenten ernennen und damit die Grundlage einer langfristigen Zusammenarbeit schaffen würde.

Das Schreiben wurde nie abgeschickt. Im letzten Augenblick beschloß Herzl, es noch eine Weile als »gespaltener« freiberuflicher Autor zu versuchen – halb Komödienfabrikant, halb ernster Feuilletonist. Er würde also doch selbst weiter »fortwursteln«. Für die *Neue Freie Presse* schrieb er eine lange, stilistisch geschliffene, scharfsichtige Verteidigung von Emile Zolas neuestem Roman *Le Rêve* und verbrachte dann Weihnachten und Neujahr damit, an neuen und bühnenwirksamen Handlungskniffen für die *Wilddiebe* zu basteln.

So kam es, daß Theodor Herzl während des ersten Faschingsmonats nur wenige Nächte durchtanzte. Er und Wittmann quälten sich damit ab, ihr Stück zu Ende zu bringen. Offiziell wurde die Komödie dem Burgtheater erst am 4. Februar 1889 eingereicht. Als Kulturchef der *Neuen Freien Presse* verfügte Wittmann aber auch über sehr gute inoffizielle Kontakte zur Leitung des Theaters, und so lagen die *Wilddiebe* bereits in der dritten Januarwoche auf dem Schreibtisch des Direktors.

Das Urteil: Alles recht schön und gut, aber die Autoren sollten doch bitte einige der schlüpfrigen und anzüglichen Stellen neu formulieren.

Dieses Urteil wurde ausgerechnet zu einer Zeit ausgesprochen, in der Wollust und Ausschweifung das faschingstolle Wien erfüllten und sich mit oder ohne Maske auf allen Bällen, in allen Zeitungsspalten und an allen nächtlichen Straßenecken austobten. Auf einer k. u. k. Bühne freilich war selbst die leiseste Anspielung auf Erotik oder Sex unmöglich. Egal, wie sündhaft die Absichten des Helden auch sein mochten – die Worte, die er im Burgtheater sprach, hatten absolut rein und sauber zu sein.

Herzl und Wittmann machten sich also in aller Eile ans »Reinigen«. Ein Beispiel: 3. Akt. 10. Szene. Hier geben ein Vater und seine Tochter (deren Verwandtschaftsgrad in dem Urlaubshotel, in dem das Stück spielt, nicht bekannt ist) vor, miteinander durchbrennen zu wollen. Tatsächlich will der Vater seiner Tochter aber nur dabei helfen, der Verlobung mit einem Mann zu entkommen, den sie verabscheut. Hier die noch »ungesäuberte« Szene:

> Sorau [der Vater] (zum Groom): Der nächste Eilzug nach Köln geht um 1 Uhr, nicht?
> Groom: Um 1 Uhr morgens.
> Sorau: Ich brauche ein Schlafcoupé für eine Dame und eines für mich.
> Groom: Sehr wohl. Werde gleich telefonieren.

Einen Mann, eine Frau und Schlafcoupés in *einem* Atemzug nennen? Ein derartiger Dialog galt im Burgtheater damals als unsittlich, egal wie keusch und harmlos die Begleitumstände – es handelte sich ja um Vater und Tochter – auch waren. Was also tun? Die Herren Herzl und Wittmann mußten den Ton der Situation bereinigen. Der neue Text lautete nun:

Sorau: Der nächste Eilzug nach Köln geht um 1 Uhr, nicht?
Groom: Um 1 Uhr morgens.
Sorau: Ich brauche einen Platz im Damencoupé und noch einen Platz I. Klasse.

Nach einigen weiteren Änderungen dieser Art nahm das Burgtheater das Stück zur baldigen Aufführung an, und auch die erbetene Anonymität wurde den beiden Autoren zugesichert. Schon innerhalb eines Monats begannen die Proben. Das Burgtheater hatte seine Reinheit bewahrt, Herzl triumphierte, der Fasching rauschte weiter, und auch die Hausse bei Präservativen und »intimen Leiden« hielt an.

Übertrieb man die Dinge in Wien denn nicht ein wenig? Gab es nicht vielleicht doch ein Zuviel an Laxheit – und auch ein Zuviel an öffentlicher Scheinheiligkeit, unter deren Schutz sich Laxheit und Laszivität erst so recht ausbreiten konnten? Es gab doch einige Wiener Bürger, die so dachten. Diese Ansicht teilten zum Beispiel einige bejahrte Väter, die beim Gewerbe-Ball rund um die Tanzfläche saßen. Der Gewerbe-Ball war eine Veranstaltung des soliden Bürgertums und galt – wenigstens theoretisch – als durchaus nicht »übertrieben«.

Die Väter waren der Meinung, daß der heurige Fasching, der zuerst gar nicht hatte in Schwung kommen wollen, jetzt immer mehr und mehr an Tempo gewann. Man begann schön langsam die Kontrolle zu verlieren. Wo war denn übrigens Steffi?

Die anderen Väter schüttelten in Übereinstimmung mit Steffis Vater die gepflegten Bärte. Wo um Gottes willen war Steffi wirklich? Anfangs hatte Steffi ihre Tanzkarte im voraus für jeden Tanz brav von netten jungen Männern ausgefüllt bekommen, die man kannte und auf die man sich verlassen konnte. Und sie war auch ganz ordnungsgemäß mit Partner Nummer eins davongetanzt. Dann aber war die »Herreninsel« in Aktion getreten.

Die »Herreninsel« bestand aus einer zusammengedrängten schwarzen Gruppe von Fracks in der Mitte des Tanzparketts; ein scheinbar ruhender Punkt, um den sich die Paare drehten, der aber in Wirklichkeit höchst unruhig und von erratischer Tätigkeit erfüllt war. Immer wieder schoß völlig überraschend aus dieser Gruppe eine befrackte Gestalt hervor, trat auf ein Tanzpaar zu, schlug die

Hacken zusammen, verbeugte sich knapp und entführte die Dame ihrem verdutzten Partner. Partner Nummer eins hatte Steffi offenbar durch einen solchen Raubüberfall verloren. An sich war das in Ordnung, denn es war schließlich Fasching; da konnte man nichts dagegen machen. Wann aber würde der freche Räuber sie zurückbringen? Oder hatte er sie vielleicht selbst einem seiner Schurken-Freunde von der »Herreninsel« abtreten müssen? Man spielte jetzt schon den vierten Tanz des Abends. Was war hier los?

In diesem Fasching schienen mehr Steffis auf diese Weise in Verlust zu geraten als sonst, und sie blieben auch länger unauffindbar. Den anderen Vätern war das ebensowenig recht wie Steffis Vater. Für die würdigen älteren Herren war das nur ein Beispiel mehr für alles, was in Wien nicht in Ordnung war. Sie begannen ernsthaft über dieses Thema zu plaudern und zündeten sich schwere Zigarren an. Bald waren sie sich einig: Es fehlte an Disziplin. *Das* war es, was der Monarchie den Weg zum Fortschritt verbaute: das Fehlen moralischer und politischer Disziplin. In anderen Städten verlief der Fasching vernünftiger – und überhaupt das ganze Leben. Andere Länder befanden sich im Aufbruch; eben jetzt, im Januar, entwikkelten sie kühne und feingesponnene Pläne, während Österreich kopflos im Walzertakt herumtaumelte. Da war zum Beispiel die kürzliche Verlobung der Prinzessin Alice von Hessen. Das hatten die alten Herren damals alle sofort durchschaut. Sie waren sich darüber einig, daß Bismarck persönlich die zarte Beziehung zwischen der Prinzessin und dem österreichfreundlichen Prinzen Battenberg hintertrieben hatte. Warum wohl? Damit man sie mit dem russischen Thronfolger verloben konnte. Das war ein schlimmes Vorzeichen für die jüngste Ausrichtung der Berliner Außenpolitik auf St. Petersburg – und weg vom Bündnis mit Österreich. Und warum mußte das Parlament seine Autorität in kleinlichen Streitigkeiten verzetteln, während sich sogar Japan mit einer den Preußen abgeguckten Verfassung politisch erneuerte? Und wenn man nun schon von Deutschland redete – dieses neue Militärabkommen zwischen den Deutschen und den Italienern –, verfolgte denn irgendwer im Ministerium des Äußeren diese Angelegenheit? Wer kümmerte sich in Österreich überhaupt um das Weltgeschehen – welcher walzertanzende Staatsmann oder weinselige Politiker? Wer außer dem nüchternen und immer wachsamen Kaiser natürlich – der Arme, lang möge er leben! –, der sich ja auch nicht um alles selbst kümmern konnte? Und der ja auch seine »Steffis«, obwohl nicht notwendigerweise vom gleichen Geschlecht, in der eigenen Familie hatte.

Aber je weniger man davon sprach, desto besser. Die Väter tauschten vielsagende Blicke aus, in denen sich gleichzeitig auch tiefe Resignation spiegelte. Sie zeigten sich, fast grimmig, damit zufrieden, diese Sorgen mit dem Allerhöchsten Vater der Monarchie gemeinsam zu haben. Und dann kamen sie auf Schönerer zu sprechen, diesen Rechtsaußen-Demagogen, der eine an sich richtige Sache, wie etwa das Übergewicht der Juden in den intellektuellen Berufen, aufgriff, um fanatisch und hysterisch für sich selbst politisches Kapital daraus zu schlagen. Es war nicht abzusehen, welchen Unfrieden der Kerl noch stiften würde, jetzt, wo man ihn eben wieder aus dem Gefängnis entlassen hatte. Dann kam man auf die Sozialdemokraten zu sprechen, die sich eben erst in einer eigenen Partei organisiert hatten – mit einem Parteiprogramm für die Abschaffung des Privateigentums und die Beseitigung aller Standesprivilegien. Ja, und dann diese Hitzköpfe in Budapest, die Deutsch als die einheitliche Kommandosprache der k. u. k. Armee abschaffen wollten. Die Ungarn waren offenbar darauf aus, die wichtigste einigende Kraft der Monarchie zu unterminieren. Und wo war Steffi?

Ja, wo? Auch die Mütter wollten es endlich wissen. Sie zückten die goldenen Lorgnons und begannen nach der jungen Dame Ausschau zu halten. Das war schon ein bißchen arg. Was war denn nur mit Steffi los? Die Väter begaben sich gemeinsam auf die Suche nach dem Ausreißer, zuerst einmal in der Nähe des Buffets. Die Mütter tranken schluckweise ihren Tee und gaben Johann Strauß die Schuld an allem. In ihrer Jugend war so etwas kaum je vorgekommen. Und gar erst zur Zeit *ihrer* Mütter – in der guten alten Zeit vor dem Walzer – überhaupt nie. Menuett, Quadrille, Kotillon – war das alles nicht viel graziöser gewesen, viel leichter, aufregender – und trotzdem sicher? Die Damen schüttelten die sorgfältig getürmten Frisuren. Sie konnten sich an den Walzer noch aus der Zeit erinnern, zu der man ihn mehr gehopst hatte, statt wie heute geschmeidig dahinzugleiten. Dieses polkaähnliche Gehüpfe zeigte ja auch, woher der Walzer im Grunde kam – nämlich von den Bauern! Die Damen konnten sich noch an das Entsetzen ihrer Mütter erinnern, als diese hüpfenden, fast unanständigen Umarmungen die elegante Symmetrie eines Menuetts und anderer traditioneller Tänze abgelöst hatten. Das war beinahe wie eine sinnliche Paarung. Aber natürlich –

und darin waren alle Damen einer Meinung – war es nur die Laszivität des Walzers gewesen, die auf den Adel eine solche Anziehungskraft ausgeübt hatte. Und deshalb hatte Johann Strauß auch seine göttlichen Melodien in den Dienst des Walzers gestellt: um dem Adel zu schmeicheln und daneben auch noch die Jugend zu verderben – gottlob, endlich war Steffi wieder da!

Es war aber auch schon höchste Zeit. Die Kronleuchter waren inzwischen für die letzten fünf Tänze schon auf halbe Leuchtkraft zurückgedreht worden. Aber da war nun Steffi, die erhitzt und gleichzeitig erschöpft aussah, die Reiherfeder etwas schief im Haar sitzend, eng angeschmiegt an irgendeinen undefinierbaren Schnurrbart von der »Herreninsel«. Wenn der Papa sie so sehen täte! Vielleicht war es ganz gut, daß Papa selbst aus irgendeinem Grund immer noch nicht vom Buffet zurück war, mitsamt den anderen Vätern. Mama behielt Steffi im Auge und schüttelte den Kopf mißbilligend über Johann Strauß.

Johann Strauß hätte über sich selbst den Kopf schütteln können. Wenn der Fasching irgend jemandem gehörte, so doch ihm. Und dennoch war die von ihm entfesselte Ausgelassenheit nicht für ihn selbst. Er ging zu keinem der Tausenden von Bällen, auf denen sich Hunderttausende Paare zu den Melodien und Rhythmen drehten, die in der Einsamkeit seines Musikzimmers zum allerersten Mal erklungen waren. Er selbst tanzte nie, ja er konnte nicht einmal tanzen. Längst war er schon zu reich und berühmt geworden, um wie sein Bruder Edi – den Geigenbogen in der Hand – noch auf Bällen und Festen zu dirigieren und aufzuspielen. Und er war zu müde, um immer wieder die Rolle »Johann Strauß als Ehrengast« zu spielen. Vor allem aber mußte er erst mit seiner hartnäckigen Oper fertig werden – und die beste Zeit, damit weiterzukommen, war die Nacht.

Aber er hatte wenigstens seine »Phase« überwunden. Endlich konnte er wieder den Anblick anderer Menschen ertragen. Also kam der Billardlehrer wieder in das Palais in der Igelgasse, um Adeles Queue-Führung so weit zu verbessern, daß sie für ihre gemeinsamen Spiele vor dem Mittagessen eine bessere Partnerin abgab. Und bald durfte sich auch der Zeichenlehrer wieder blicken lassen und Johann Strauß zeigen, wie er Johannes Brahms in einer besonders boshaften Karikatur festhalten könne. Freunde kamen wieder, um mit ihm einen Abend lang im »Caféhaus-Zimmer« Tarock zu spielen.

Nachdem sie gegangen waren und während die Stadt im Vergnügen schwelgte, saß Strauß allein beim Harmonium, spielte und notierte, notierte noch etwas, strich aus und spielte wieder: eine neue Arie für seine Oper, den *Ritter Pazman.*

Wenn er doch einmal abends ausging, so vermied er alles, was mit Fasching zu tun hatte, sondern ging ins Ronacher, das große Revuetheater und Kabarett.

»Leider habe ich für Donnerstag eine Loge bei Ronacher bestellt«, schrieb er an seinen Freund Adalbert Goldschmidt, der ihn gemeinsam mit Anton Bruckner an diesem Tag zum Abendessen einladen wollte. »Ich würde die Loge Ihnen und Bruckner und mir zuliebe gern fahren lassen. Aber ich kann keine Änderung mehr treffen, weil ich mit mehreren Freunden dort ein Rendezvous haben soll. Ich ahne bereits mit Grauen, wie die Sache enden wird, aber ich kann mir leider nicht mehr helfen. Gerade jetzt habe ich sehr viel zu arbeiten, und solche Zusammenkünfte, die länger dauern, als es eigentlich unbedingt nothwendig wäre, fördern nicht gerade meine Absicht zu arbeiten. Von solchen Zusammenkünften, die bei Ronacher anfangen und bei Brady* enden, komme ich nie eher nach Hause, als bis dem Morgen vor mir graut. Dann ärgere ich mich über meine Bummelei, und kann mich über etwas, was doch nicht mehr ungeschehen zu machen ist, so grämen, daß ich in den nächsten Tagen erst recht nichts Rechtes mache. Ich wandere dann beständig in meiner Arbeitsstube auf und ab und komme zu keiner Sammlung... Ich kann nur dann arbeiten, wenn ich keinen kleinlichen Ärger habe...«

Der Fasching brachte auch einen Lichtschein in Bruckners Einsamkeit. Nach seinem Weihnachtsaufenthalt in Kremsmünster war er nun wieder daheim in Wien, unterrichtete am Konservatorium, spielte die Orgel in der Hofburgkapelle, überarbeitete seine Dritte Symphonie, machte Vorstudien für die Neunte – und war allein. Er sah nur wenige seiner Kollegen. Johann Strauß zählte zum berühmteren – und entfernteren – Teil seines Bekanntenkreises, aber sooft sie auch ein Zusammentreffen planten, immer kam im letzten Moment etwas dazwischen.

* »Brady's Wintergarten« war ein damals populärer Nachtklub.

Insgeheim argwöhnte Bruckner, dieses »etwas« sei vielleicht die Brahms-Hanslick-Clique, seine schlauen Feinde, mit denen Strauß auf freundschaftlichem Fuß stand. Bruckner hatte Angst, bei den meisten Faschingsunterhaltungen nicht gern gesehen zu sein. Er fühlte sich gar nicht wohl bei den frivolen Unterhaltungen und Festen, auf die sich Wien so gut verstand.

Am 11. Januar ging Bruckner aber dann doch einmal aus, und zwar auf den Oberösterreichischen Försterball im Blumensaal. Als angesehenster Oberösterreicher in der Reichs-Haupt- und Residenzstadt hatte man ihn natürlich als Ehrengast eingeladen. Aus diesem Anlaß hatte er Frau Kachelmayer gebeten, ihm aus dem Wust von Kleidungsstücken im Schrank ein paar schwarze statt der von ihm sonst meist getragenen weißen Socken herauszufischen. Die Ballbesucher waren zumeist Angestellte von Wiener Aristokraten, die in Oberösterreich Besitzungen hatten. In gewisser Hinsicht waren dies Leute vom Land wie er selbst und sprachen seine Mundart. Auf ihr heftiges Drängen faßte er schließlich ein junges Mädchen im Dirndl um die Hüfte und tanzte mit ihr einen Ländler.

Dann hatte er es gottlob hinter sich gebracht. In diesem Januar fühlte er sich Frauen gegenüber noch unsicherer als sonst. Während seines Weihnachtsaufenthaltes in Kremsmünster hatte wieder einmal ein bezauberndes junges Mädchen sein Blut in Wallung gebracht. Sie hieß Mathilde Fessel, war die Tochter eines Rechtsanwalts und hatte ihm sehr liebenswürdig ein paar gar nicht dumme Fragen über Musik gestellt. Dann aber war das Gespräch auf die Fastenzeit gekommen. Und da konnte er kaum seinen Ohren trauen. Sie war eine *Freidenkerin!* Eine Ungläubige! Eine Atheistin, und das im zarten Alter von siebzehn Jahren! Bruckner verstand die Welt nun weniger denn je. Kein Wunder, wenn eine *solche* Welt Brahms feierte und ihn erniedrigte. In so einer Welt war ihm nicht nach Tanzen zumute.

Trotz seiner zahllosen Balleinladungen tanzte Brahms überhaupt nicht. Der Fasching amüsierte ihn, wie eben die Wiener ganz im allgemeinen, aber für sein kühles, norddeutsches Temperament war das alles zu ausgelassen, zu ungezügelt. Überdies war er nicht gewillt, etwas an seinem Tagesablauf zu ändern, der damit begann, daß er um 5 Uhr früh aufstand. Und selbst wenn der Fasching in Wien zu einer vernünftigeren Zeit stattgefunden hätte, etwa gleich nach seinem Nachmittagsschläfchen, so wäre Brahms in diesem Januar 1889 für außertourliche Belustigungen viel zu beschäftigt gewesen.

Er stand vor einer schwierigen Aufgabe, und da durfte nichts dem Zufall überlassen bleiben. Der Violinvirtuose Joseph Joachim war wieder einmal in Wien und bereitete ein Brahmskonzert vor. Der Komponist persönlich sollte ihn am Klavier bei seiner eben erst publizierten Violinsonate in d-Moll begleiten. Für einen solchen Auftritt plante Brahms selbst die kleinste Kleinigkeit voraus – sogar die Verbeugungen, die er vor seinem jubelnden Publikum machen würde. Dabei ließ er sich gerne vom Dirigenten mit sanfter Gewalt aus seinem Versteck hinter dem Vorhang hervorzerren. Er liebte es, sogar die ihm dargebrachten Ovationen fein abzustimmen, als wären sie ein kostbares Instrument. Das war *sein* Karneval.

Während des Faschings verbarg sich Dr. Sigmund Freud mit noch größerer Überzeugung als sonst. Mehr denn je fühlte er sich in dieser Zeit als Außenseiter und nahm an all dem bunten Treiben überhaupt nicht teil. Die Stadt sang aus Millionen Kehlen, schwang Millionen von Beinen im Tanz, aber Freud war allem Rhythmus gegenüber buchstäblich taub. Seine Frau wollte ihn dazu überreden, bei einem der nachweihnachtlichen Ausverkäufe ein Klavier zu erwerben, auf dem die kleine Mathilde eines Tages spielen lernen könnte. Doch der Haushaltsvorstand legte ein Veto ein, das noch bis in spätere Jahre des Wohlstandes in Kraft bleiben sollte. Kein Klavier, keine Geige, nichts dieser Art kam ihm ins Haus. In der musikalischsten Stadt der Welt verbot Freud die Musik.

Der Fasching brachte auch Unordnung in seine einzige Geselligkeit, die allsamstägliche Tarockpartie. Seine Kartenpartner und Kollegen von der Kinderklinik, Dr. Rie und Dr. Königswart, gingen an einigen sonst dem Tarockspiel vorbehaltenen Abenden zu Ballveranstaltungen. Freud hatte für den Fasching kein Geld im Budget. Er mußte seine Zeit und sein Geld für Wichtigeres sparen. Zu dieser Jahreszeit fanden seine spätnachmittäglichen Eilspaziergänge um den Ring oft schon bei Dunkelheit statt, in der sich Menschen in glitzerndem Schmuck und Abendkleidung drängten. »Es ist im ganzen ein Schaustück für die geistreiche, schönselige und gedankenlose Welt... Man kann dort auch prächtig allein sein in all dem Getümmel.« So hatte Freud im Jahr 1873 noch als Gymnasiast über die Wiener Weltausstellung geurteilt. Das galt auch jetzt noch für ihn, während er achtlos durch den Fasching des Jahres 1889 wanderte. Schließlich langte er wieder in seinem Arbeitszimmer in der Maria-Theresien-Straße an – kontinenteweit von den maskierten Gesichtern entfernt, die da auf der Straße unter seinem Fenster lachend vorbeieilten. Und seine Arbeit über die Hysterie, die auf seinem Schreibtisch auf ihn wartete, führte ihn von alledem noch weiter fort. Nicht einmal befreundete Kollegen wie Breuer und Chrobak konnten ihm hier Gesellschaft leisten. Seine Forschung sollte ihn auf eine Reise führen, die nicht nur weiter war, als er ahnen konnte, sondern auch tief in jene Bereiche der Seele eindrang, die immer noch *Terra incognita* waren.

Begonnen hatte er diese Arbeit noch als Neurologe. Als er sich dem Ende näherte, war er bereits Analytiker. Auf diesem »langen Marsch« in ein anderes Forschungsgebiet hatte er sich von den großen Vätern der Neuropathologie, von Helmholtz, Brücke und Meynert, trennen müssen – von geistigen Größen, deren Werke einst seine Bibel gewesen waren und deren kühne Gedankengänge er bewundert hatte. Für sie, und auch für das Wissenschaftsbild des neunzehnten Jahrhunderts, war das Bewußtsein des Menschen fest in der Anatomie seines Nervensystems begründet. Am Ausgangspunkt seiner Untersuchungen war für Freud diese Prämisse noch intakt. Als er aber seine Forschungen weiterverfolgte, gelangte er zu einer Erkenntnis, die die Grundlage, die seinen Mentoren als Basis gedient hatte, einfach umstieß. Er sah, daß das Bewußtsein eine Welt mit eigener Gesetzmäßigkeit war, eine Welt der Tiefe, die die anatomischen Wahrheiten der Schulmedizin zu überlisten oder zu überstimmen vermochte.

Freud arbeitete an diesem Manuskript vor, während und nach dem Fasching 1889. Der Titel lautete: »Quelques Considérations pour une Étude Comparative des Paralysies Motrices Organiques et Hystériques« (Erwägungen im Rahmen einer vergleichenden Untersuchung organischer und hysterischer Lähmungen). Er schrieb diese Arbeit auf Französisch, was eigentlich logisch war, da er vorhatte, sie in den von seinem früheren Lehrer Jean Charcot herausgegebenen *Archives de Neurologie* zu veröffentlichen. Des Menschen Geist aber ist wahrlich ein listenreicher Teufel, dem es immer wieder gelingt, das Wesentliche im scheinbar Nebensächlichen zu verbergen. So war es kein Zufall, wenn Freud ohne Klavier in einer Stadt der Musik lebte; daß er in einer Sprache schrieb, die niemand um ihn herum sprach; und daß er, der scheinbar allen Verlockungen des Faschings gegenüber taub war, begonnen hatte, auf eine unerhörte Zügellosigkeit und Ausschweifung auf dem Grunde seiner Seele zu lauschen.

Nur etwa tausend Meter weiter am Ring entlang hatte Arthur Schnitzler sehr wohl mit dem Fasching zu tun. Selbst wenn er es gewollt hätte, gab es keine Möglichkeit, ihm aus dem Weg zu gehen, denn der Fasching kam direkt zu ihm in sein Haus. Am Neujahrstag gab sein Vater einen Hausball. Das war zwar etwas verfrüht, denn der Fasching begann offiziell ja erst fünf Tage später, doch das Fest wurde veranstaltet, um die bevorstehende Eheschließung von Arthur Schnitzlers Schwester Gisela zu feiern. Wenn Herr Hofrat Professor Dr. Johann Schnitzler einlud, dann kam auch alle Welt. Fiaker mit den großen Stars der Hofoper und des Burgtheaters fuhren vor dem Haus Burgring Nr. 1 vor. Charlotte Wolter erschien und auch Katharina Schratt und noch viele andere Freunde und Patienten von Professor Schnitzler. Natürlich war auch Arthur anwesend. Sein »süßes Mädel« Jeanette aber durfte er nicht einladen.

Auf Wunsch seines Vaters mußte sich Arthur auch noch mit anderen Faschingsangelegenheiten befassen. In seiner Eigenschaft als Vorstand der Poliklinik hatte Professor Schnitzler seinen Sohn ersucht, sich um die Vorbereitungen und die Organisation des Poliklinik-Kränzchens zu kümmern. Anfang Januar wurde aus der bis dahin bloß langweiligen Aufgabe eine ausgesprochen unangenehme. Es stellte sich nämlich heraus, daß ein Mitglied von Arthurs Ballkomitee auf eigene Verantwortung ein Inserat für den Ball in das *Deutsche Volksblatt* eingeschaltet hatte, dessen antisemitischer Grundton allgemein bekannt war. Arthur berief eine Sitzung des Ballkomitees ein. Nach äußerst scharfer Debatte wurde abgestimmt und die Handlungsweise des betreffenden Kollegen für eigenmächtig und ordnungswidrig erklärt. Damit war die Angelegenheit bereinigt – allerdings nur für den Augenblick.

Gleichzeitig geschah aber auch etwas Erfreulicheres: Am 15. Januar wurde erstmals ein Beitrag Arthur Schnitzlers in einer angesehenen literarischen Wochenschrift abgedruckt. *An der schönen blauen Donau* brachte jetzt endlich die Erzählung *Mein Freund Ypsilon.* Sie war zart und pretiös geschrieben und handelte von einem übersensiblen Schriftsteller, der schließlich eben jener Nemesis zum

Opfer fällt, die er eigentlich für den Helden seiner Geschichte erfunden hatte. Seltsamerweise beschreibt Schnitzler am Anfang seiner Erzählung diesen Schriftsteller als »traurig, wenn er an einem sentimentalen Thema arbeitete…, zum Beispiel… über einen Prinzen, der an einem zerschmetterten Schädel starb…«

Am Ende des Monats sollten eben diese Worte von einer Grenze der Monarchie bis zur anderen widerhallen.

20

In der letzten Januarwoche 1889 beschwor Rudolfs Name in der politischen Szene Budapests eine Sensation herauf, obwohl er selbst in Wien weilte.

Den Auftakt zu dem Eklat bildete ein durchaus vertrautes Bild; ungarische Studenten demonstrierten lauthals für die volle Autonomie ihres Landes. An der Universität von Budapest waren Studentendemonstrationen fast so alltäglich wie Vorlesungen. In diesem Januar allerdings verlangten einige Übereifrige mit Nachdruck das Ende der Zollunion zwischen den beiden Reichshälften. Diese Forderung richtete sich gegen den Lebensnerv, der die Doppelmonarchie aufrechthielt.

In Wien raschelte es im Blätterwald, und in den Kaffeehäusern wurde getuschelt. Dann schien es, als schliefe die ganze Sache wieder ein. Faschingswalzer schwemmten den Mißton hinweg. Nur Leute wie Gustav Mahler kamen durch diese Vorgänge in ernsthafte Schwierigkeiten. Deshalb hatte Baron Bernizcky auch von Wien aus ein Auge auf ihn. Denn es war ja der für sämtliche Bühnen und Theater Seiner Majestät verantwortliche Baron gewesen, der den jungen Österreicher zum Direktor des königlichen Opernhauses in Budapest ernannt hatte. Niemand wußte besser als Bernizcky, daß in dieser temperamentgeladenen Atmosphäre die Musik leicht politisch, wenn nicht gar militärisch ausgenutzt werden konnte. Mahler mußte seine Oper führen, als wäre sie eine Burg unter Belagerungszustand. Bisher hielt sich der junge Mann gottlob ausgezeichnet.

Und tatsächlich hatte sich Gustav Mahler diesem Problem schon gleich zu Beginn seiner Budapester Zeit zugewandt. Magyarische Empfindlichkeiten mußten besänftigt werden; magyarische Kaprizen befriedigt. Mahler hielt seine eigene Reizbarkeit zurück. Er begann sofort Ungarisch zu lernen und nahm auch die Hilfe zweier jüdischer ungarischer Freunde in Anspruch, um sich in Budapest schneller zu assimilieren. Moritz Warman stattete Mahlers Hotelappartement *à la Hongroise* aus, und Sigmund Singer machte ihn durch seine Verbindungen beim ungarischen Adel (der weniger antisemitisch als die österreichische Aristokratie war) mit dem kulturellen Geschmack und den Vorlieben der Budapester Blaublütigen vertraut. Bereits fünf Tage nach seiner Ankunft in Budapest im Herbst 1888 wurde Mahler von Albert Graf Apponyi zum Diner eingeladen, einem der Mächtigen im Budapester Parlament.

Ja, in Wien hatte Baron Bernizcky seinem Kaiser, der auch Apostolischer König der Magyaren war, nur Gutes über Gustav Mahler zu melden. Mit der für ihn charakteristischen raschen Auffassungsgabe hatte Mahler die dringenden Anliegen der Ungarn sofort erkannt und nahm dann auch prompt in der ersten Rede, die er vor seinem versammelten Stab hielt, dazu Stellung. Ab nun, so erklärte er, würden ausländische Stars an der Budapester Oper nicht mehr bevorzugt, und man würde ihnen auch nicht mehr alle Wünsche erfüllen. Keine Primaballerina wie etwa Madame dell'Era würde in Budapest gastieren, die eine sechsspännige Galakutsche verlangt und auch bekommen hatte, dazu noch einen Negerpagen zu ihrer persönlichen Verfügung während ihres dreiwöchigen Engagements. Damit sei es jetzt vorbei. Auch einer Pauline Lucca würde man nicht mehr zu Willen sein, die nur zu singen bereit war, wenn acht neue Kostüme nach ihren verrückten persönlichen Vorstellungen angefertigt würden. Mit dem Kult ausländischer Stars war es endgültig vorbei. Mahler würde am Königlichen Opernhaus in Budapest ein ungarisches Ensemble aufbauen und sich überhaupt mehr auf ungarische Talente stützen, was Gesang, Tanz, Bühnenentwürfe und Musik anlangte.

Fast augenblicklich ging Mahler daran, alle Besetzungslisten der Herbstproduktion mit ungarischen Künstlern zu füllen. Unter der Leitung dieses knorrigen Wunderkindes, dieses seltsamen kleinen österreichischen Giganten, ging es ab Januar im Budapester Opernhaus wie in einem Bienenstock zu. Mit seiner ruckartigen Eile, seiner stotternden Beredsamkeit, seiner mitreißenden Initiative war er einfach überall. Das offizielle Wien war mit ihm zufrieden.

Mahler stellte die ungeheure Vielfalt seiner Energien und Talente in den Dienst einer Sache, die sie alle forderte: Er wollte zum ersten Mal in der Musikgeschichte einen kompletten Ring-Zyklus mit ungarischen Sängern in ungarischer Sprache herausbringen. Nicht einmal durch die Premiere seiner eigenen Oper in Wien ließ er sich ablenken. Am 18. Januar wurden *Die drei Pintos* uraufgeführt und von der Wiener Presse in der Luft zerrissen. Aber auch das schien Mahler nicht sehr zu stören.

Man hatte geglaubt, daß die Wiener Musikkritiker – ähnlich wie Staatssekretär Dr. Bernizcky – in irgendeiner Weise die Tatsache zu würdigen wußten, daß es der überragenden Musikalität dieses Mannes gelungen war, die österreichisch-ungarischen Beziehungen wieder zu verbessern. Vielleicht hatte man auch gehofft, daß die Faschingslaune die Kritiker versöhnlich stimmen würde. Doch dem war nicht so. Wenn es um Mahlers künstlerischen Beitrag zur Weber-Mahler-Oper ging, gab es keine Faschingsstimmung, kannte man keine Gnade.

Das Wiener *Salonblatt* urteilte empört: »Also zur Vorschubleistung der im großen Ganzen Mahler'schen Factur mußte der ehrliche Name des gottbegnadeten Schöpfers des Freischütz herhalten!« Die *Abendpost* warf Mahler monotone Rhythmen und einen pseudowagnerischen Schwulst vor, der den Charme der Melodien Webers zerstöre. Der in den Wolken höchster Autorität thronende Hanslick gab in der *Neuen Freien Presse* zu, daß »Herr August (sic!) Mahler« bei der Orchestrierung und der Imitation einiger Weberscher Ausdruckselemente Geschick bewiesen habe. Andererseits aber rümpfte er die Nase über den schwerfälligen Einsatz der Schlaginstrumente und fand auch, daß Mahlers Behandlung der Blechbläser für eine leichte Oper wie *Die drei Pintos* zu massiv sei. Er erwähnte auch, daß das Publikum während des zweiten Aktes ziemlich gelangweilt gewirkt hatte.

Mahler war nicht einmal zur Premiere seiner Oper nach Wien gekommen, und wie sich zeigte, hatte er gut daran getan. Er mußte in Budapest seinen Wagner-Zyklus vorantreiben. Aber auch dort erhoben sich bald kritische Stimmen. Das Königliche Opernhaus war jetzt ungarischer als früher; das war zwar gut, aber bedeutete andererseits auch, daß nun jene internationalen Stars, die die Magnaten aus ihren Pußta-Palästen nach Budapest in die Oper gelockt hatten, fehlten und damit auch der weltstädtische Glanz. Der Hochadel kam jetzt nicht mehr so oft, denn als Attraktion gab es einfach nur noch gute Musik. Die Fürstinnen Esterházy und Palffy waren – wenn sie überhaupt kamen – längst nicht mehr so elegant gekleidet wie früher.

Das war die eine Seite der Klagen. Auf der anderen Seite murrten die ungarischen Chauvinisten darüber, daß dieser neue deutschsprechende Dirigent der ungarischen Zunge den urteutonischen Richard Wagner aufdränge, während ungarische Opernkomponisten immer noch auf das Schändlichste vernachlässigt würden.

Das offizielle Wien hatte nun etwas weniger Grund zur Freude. Mahler aber arbeitete unbeirrt weiter. Er konnte es nicht ändern, wenn die Fürstin Esterházy jetzt nur noch ihr zweitteuerstes Kollier zum *Rigoletto* trug. Es war auch nicht seine Schuld, daß weder Mozart noch Verdi, noch Wagner in Debrecen das Licht der Welt erblickt hatten. Er hielt an seiner Aufgabe fest und sah über so manche ironische Äußerung oder bittere Kritik hinweg. So konnte zum Beispiel einer seiner Gegner im ultramagyarischen Lager, der Budapester Journalist Maurus Vavrinecz, selbst so schlecht Ungarisch, daß er seine wütenden Angriffe gegen Mahler und alles Deutsche in deutscher Sprache verfaßte, um sie dann erst zur Veröffentlichung in der fanatisch magyarischen Zeitung *Fövárosi Lapok* übersetzen zu lassen.

Mahler ließ sich nicht beirren und arbeitete weiter. Tag und Nacht probte er den Ring-Zyklus. Er lebte, schlief, aß und trank im Opernhaus; er drohte, bat, bettelte, verführte und beeindruckte seine Sänger und Musiker. Am 26. Januar zog er dann seinen Frack an, ging mit seltsam eckig-schleifenden Schritten zum Dirigentenpult, verneigte sich und hob den Taktstock zur Welturaufführung des *Rheingold* in ungarischer Sprache. Die Musik schwoll an, die Rheinjungfrauen erhoben sich und schwebten – und das Publikum schrie entsetzt auf. Eine der Jungfrauen hing plötzlich wie leblos in den Seilen. Sie war in der Luft ohnmächtig geworden, denn auf der Bühne war ein Brand ausgebrochen.

Die Menschen schrien, einige versuchten, sich zu den Ausgängen durchzudrängen. Mahler aber war von seiner großen Aufgabe wie besessen. Er kümmerte sich nicht um das Feuer, sondern dirigierte unbeirrt weiter und zwang so das Orchester, durch die reine und gewaltige Kraft großer Musik den Schrecken zu bannen. Das Feuer wurde rasch gelöscht. Die Vorstellung ging weiter. Mahler war nicht mehr aufzuhalten.

Beim letzten Vorhang brachte ihm das ganze Haus eine Ovation dar: Alle waren aufgesprungen und jubelten Mahler mit einer Begeisterung zu, wie dies nur Ungarn vermögen. Am nächsten Tag konnte man in den Budapester Zeitungen fast ausschließlich begeisterte Kritiken lesen, und selbst der bissige Vavrinecz mußte sich ein paar Lobesworte übersetzen lassen.

In dieser Woche gehörte in Budapest aller Ruhm Gustav Mahler. Und doch beherrschte Rudolf, wenn auch indirekt, die Nachrichten. Plötzlich fand sich die Oper von den Titelseiten verdrängt.

Am 25. Januar 1889, also einen Tag vor der Magyarisierung Richard Wagners, erhob sich im Parlament Graf Stefan (Pista) Károlyi, um vor seinen Mitabgeordneten eine erstaunliche Rede zu halten. Er griff das neue Wehrgesetz an, das vorsah, daß sich ungarische Reserveoffiziere einer Prüfung in deutscher Sprache unterziehen mußten. Natürlich waren auch andere gegen das neue Gesetz. Aber – *Károlyi?* Es war bekannt, daß Károlyi zu Rudolfs engsten Jagdfreunden zählte. Die Budapester Zeitungen druckten sogar unmittelbar nach seiner Rede die Nachricht ab, daß der Kronprinz Graf Károlyi ersucht hatte, für einen gemeinsamen Freund, der von einer Safari in Afrika zurückkehrte, einen Empfang zu geben.

Bisher hatte der Kronprinz sich leidenschaftlich und in aller Öffentlichkeit für die Beibehaltung des Deutschen als der einen einigenden Kommandosprache in dem Sprachenbabel der Donaumonarchie eingesetzt. Graf Károlyi würde niemals im Parlament die entgegengesetzte Auffassung vertreten, ohne dazu von seinem hochgestellten Freund ermutigt worden zu sein. Hatte sich Rudolf also nun doch ins Lager der ungarischen Nationalisten begeben? War etwas Wahres an dem Gerücht, daß er sich zum König von Ungarn krönen lassen wollte? Daß er sich gegen Franz Joseph wenden und seinem Vater das Apostolische Königtum entreißen wollte? Was war mit Rudolf geschehen?

21

Mit dem Kronprinzen war inzwischen sehr viel geschehen. Das am meisten Trügerische mag wohl ein Schimmer von Hoffnung gewesen sein.

Die letzten Tage des Jahres 1888 hatte Rudolf in dem österreichisch-ungarischen Winter-Nobelort Abbazia verbracht, dem an der Adria gelegenen Cannes der Monarchie. Dort war es warm und sonnig, aber auch höchst erzherzoglich und fad. Orchideen, Palmen und exotisches Strauchwerk schmückten den Garten der Villa Angiolina, in der die Kronprinzessin residierte und wo es Rudolf knapp achtundvierzig Stunden lang aushielt. Er quälte sich durch eine langweilige Soiree mit dem Großherzog von Toskana und machte mit Erzherzog Johann die obligate Rundfahrt auf dessen Jacht *Bessie*. Dann aber hing ihm all das Geschwätz über Hundezucht und Pferderennen und über die altbekannten Schlafzimmerprobleme, die König Milan mit seiner Königin Natalie hatte, schon zum Hals heraus. Am 29. Dezember fuhr er mit dem Nachtzug nach Wien zurück.

In der Reichs-Haupt- und Residenzstadt weckte die kalte Luft seine Lebensgeister aufs neue. Noch nahm er nicht seine Zuflucht zu geheimen Rendezvous mit Mary Vetsera; er hatte Lust, es einmal auf eine Kraftprobe ankommen zu lassen. Am 1. Januar wurde wieder einmal eine Armeekommandokonferenz abgehalten, die sich mit der Novellierung der Beförderungsregelung befassen sollte. Wohl war Rudolf Generalinspekteur der Infanterie, aber man hatte seine Anwesenheit nicht erbeten, da man (wie der Kriegsminister sich zu erklären beeilte) angenommen habe, Seine Kaiserliche Hoheit seien in Abbazia. Nun, Seine Kaiserliche Hoheit waren nicht mehr in Abbazia und erschienen demzufolge – eingeladen oder nicht – bei der Konferenz. Dort sprach sich Rudolf dann unzweideutig dafür aus, das Adelsprivileg als Kriterium bei der Beförderung zu beschneiden. Es entstand durchaus der Eindruck, als hörten die Generäle auf ihn.

Am 2. Januar sandte er an Berthold Frischauer, Moritz Szeps' rechte Hand beim *Tagblatt*, in Beantwortung von Neujahrswünschen eine recht optimistische Botschaft:

»Möge das Jahr 1889 für uns alle nicht allzu schlecht werden.

Möge es uns erregende, interessante Monate bringen. Ich hoffe, wir werden einander in diesem Jahr wieder bei einigen interessanten politischen Unternehmen treffen.«

Das erste Unternehmen jedoch, zu dem er aufgerufen wurde, war weder politisch noch interessant, sondern lähmend. Er »durfte« an einer Jagd seines Vaters in Mürzsteg in der Steiermark teilnehmen. Gegen Jagden hatte Rudolf nichts einzuwenden, aber mit dem Hofstaat seines Vaters, der sich weitgehend aus den gleichen erzherzoglichen Schwätzern zusammensetzte, denen er eben erst in Abbazia entronnen war, bereitete ihm das Jagen keine Freude. Die Förmlichkeit, mit der ihn der Kaiser behandelte, das endlose, idiotische Geplapper der diversen Hoheiten gingen ihm auf die Nerven. Erst knapp zwei Jahre zuvor hätte er bei einer solchen Treibjagd in Mürzsteg seinen Vater beinahe erschossen.

Diesmal verlief die Jagd ohne Zwischenfälle, und nur Wild kam dabei zu Schaden. Erst als Rudolf am 6. nach Wien zurückkehrte, wurde der Januar wirklich schwierig für ihn. Der Fasching hatte eben erst begonnen. In diesem Jahr bedeutete er für den Kronprinzen eine epaulettengeschmückte Zwangsjacke.

Die diesjährige Faschingssaison wurde für Rudolf viel bedrükkender als in vergangenen Jahren. Für gewöhnlich pflegten der Kaiser und der Kronprinz gemeinsam bei einer Reihe von Bällen zu erscheinen, was Rudolf durchaus nicht als Bürde empfunden hatte. Zumindest blieb sein Vater bei solchen Gelegenheiten nie sehr lange. Sobald er seinen Repräsentationspflichten beim Cercle Genüge getan hatte, ein wenig herumgegangen war und da und dort ein paar Worte geplaudert hatte, wandte er sich mit dem unvermeidlichen »Es war sehr schön. Es hat mich sehr gefreut« an den jeweiligen Präsidenten der Veranstaltung und verabschiedete sich. Dann verließen Seine Majestät, von Fanfarenklängen begleitet, durch ein Spalier tiefer Verneigungen den Saal. Nun konnte Rudolf entweder auch gehen und war für den Rest der Nacht frei, oder aber er konnte bleiben und sich ohne die Zwänge der Allerhöchsten Gegenwart dem Ballvergnügen hingeben.

Im Januar 1889 jedoch waren wegen der Hoftrauer alle Bälle vom Kalender des Monarchen gestrichen. Statt dessen gab Franz Joseph eine Unzahl feierlicher Diners, denen Rudolf vom Anfang bis zum Ende beiwohnen mußte. Darüber hinaus mußte Rudolf auf Anordnung seines Vaters selbst eine Reihe weiterer Diners in eigener Regie geben. Und das war sogar noch schwerer zu ertragen für einen Kronprinzen, den ohnehin schon das Protokoll und die Leere seines Lebens zerstört hatten.

Wieder und wieder mußte er einen ganzen Abend lang wie angekettet auf dem einen oder anderen vergoldeten Stuhl sitzen, verdammt dazu, dem obskuren Gewäsch irgendeiner Herzogin zu seiner Rechten, einer juwelenbehängten Langweilerin zur Linken andächtig zu lauschen. Besonders im Fasching drängten von allen Seiten ausländische Hoheiten nach Wien, und Rudolf mußte die Zwangsrolle höfischer Gastfreundschaft immer von neuem spielen. Am 6. Januar mußte er ein Diner für Leopold von Bayern geben und am Abend des 7. ihn dann auch noch zu einer kabarettistischen Revue ins Ronacher begleiten, die er selbst schon dreimal gesehen hatte. Den folgenden Abend mußte er an der Hoftafel seines Vaters verbringen, der eine Reihe russischer Potentaten eingeladen hatte. Wieder einen Abend später mußte dann Rudolf die Russen in seinen eigenen Appartements bewirten – ausgerechnet die Russen, die ihm am meisten von allen verhaßt waren!

Und das war erst der Anfang. Weitere Hoheiten hatten ihre Besuche angekündigt. Er wurde zum Gefangenen der von seinem Obersthofmeister aufgestellten Pläne, war zu schärpen- und ordengeschmückter Sklavenarbeit verurteilt. Hofdiners, Diplomatendiners und Regierungsdiners lagen gleichfalls noch vor ihm. Und als wäre das alles noch nicht genug, kehrte am 9. Januar Kronprinzessin Stephanie aus Abbazia zurück. Sie liebte es, in Hofroben mit langer Schleppe, die Brillantentiara im Haar, die großartige Gastgeberin zu spielen. Man konnte sich darauf verlassen, daß sie die für Rudolf an sich schon unerträglichen Stunden noch weiter ausdehnen würde.

Manchmal gelang es ihm während dieser endlosen Abende, auf eine Minute ans Fenster zu treten und einen Blick hinauszuwerfen. Draußen brauste der Fasching über Plätze und Straßen, frei wie der Wind. Da und dort ließ der Schein der Laternen eine Gestalt aufleuchten – in die Maske ihrer Träume gekleidet. Die Leute draußen durften ihren verrücktesten Phantasien freien Lauf lassen. Er, der Kronprinz, das Traumbild so vieler anderer, konnte nur zur Enge seines Platzes an der Tafel zurückkehren.

Um die Mitte des Monats fanden weitere Armeekommandositzungen statt. Diesmal ging es um Änderungen in der Grundausbildung der Rekruten. Wieder sorgte Rudolf für seine Teilnahme. Er äußerte seine Ansichten zu dem Thema, und sein Onkel Albrecht, der Erzherzog und Feldmarschall, zeigte ein leises Lächeln. Nicht auf Rudolfs Worte, sondern auf dieses Lächeln reagierten die anwesenden Generäle. Was den Kronprinzen betraf, so lauteten ihre Instruktionen, ihm die Ehrenbezeigung zu erweisen und ihn sonst zu ignorieren.

Die geisttötende Untätigkeit, zu der ihn dieses Vakuum verurteilte, wurde für Rudolf immer unerträglicher. Er hatte einen kühnen Intellekt, der durch eine ausgezeichnete Erziehung noch entsprechend geschärft war. Er hatte das Temperament eines geborenen Herrschers und die ganze Ungeduld eines begabten jungen Mannes, der mit dreißig noch immer arbeitslos ist. Überall priesen die Menschen seinen Charme, seine Eleganz und die Sicherheit, mit der er sein Reich zu historischer Größe führen würde – irgendwann einmal. Jetzt aber durfte er nichts tun, nichts berühren, nichts sagen, nichts denken, nichts verändern. Er war auf seine kommenden Aufgaben so gut vorbereitet wie ein hochgezüchteter Bolide auf ein Grand-Prix-Rennen – und dazu angehalten, untätig vor sich hin zu glitzern. Er glich einer gekrönten Marionette.

Politisch waren ihm auch weiterhin die Hände gebunden. In Serbien verfielen Macht und Einfluß des österreichischen Satrapen Milan immer mehr. Die österreichische Regierung aber war nicht, wie Rudolf ein über das andere Mal in seinen Memoranden vorschlug, gewillt, ihre Unterstützung irgendeinem populäreren Gegenkandidaten angedeihen zu lassen. Auch auf diesem Gebiet mußte der Kronprinz hilflos zusehen, wie das Erbe einer weiteren Gefahr auf ihn zukam, die man hätte vermeiden können.

Sogar seine gesellschaftliche Stellung grenzte ans Lächerliche. Einerseits war er des Kaisers erster und glänzendster Untertan. Andererseits war es ihm sogar verwehrt, einen Ball für das karitative Projekt zu organisieren, das ihm am meisten am Herzen lag. Gemeinsam mit Wiens bekanntestem Chirurgen Theodor Billroth hatte er den Rudolfinerverein gegründet, der seinen Namen trug. Sein Zweck war es, Krankenpflege außerhalb der engen Grenzen der katholischen Schwesternorden zu betreiben, die bis dahin auf diesem Gebiet beinahe ein Monopol gehabt hatten. Trotz des Widerstandes klerikaler Kreise um den Kaiser war die Rudolfinerstiftung eine geachtete Einrichtung geworden. Dennoch war es ihr nie gelungen, die Geldmittel aufzubringen, die sie notwendig brauchte. Die Hofkamarilla grub ihr leise, aber dafür um so wirksamer das Wasser ab. Rudolf, dem man den – verdienten oder unverdienten – Ehrenschutz zahlloser Feste anbot, eben dieser Rudolf sah sich außerstande, für seine Rudolfinerstiftung auch nur eine einzige Faschingsveranstaltung in Gang zu bringen.

So waren die Mauern beschaffen, die ihn allseits einengten. Er wurde es allmählich müde, immer wieder gegen sie anzukämpfen. Er verwendete Mayerling nun nicht mehr als das Refugium, in dem er seine anonymen Artikel für das *Wiener Tagblatt* verfaßte. Schreiben war für ihn immer die beste Zuflucht gewesen. Jetzt aber mangelte es ihm nicht nur an Zeit, sondern auch an Energie und Konzentration, etwas Druckenswertes zu verfassen.

Und auch mit dem Druck, der sich in ihm aufbaute, wurde er immer schlechter fertig. Er fürchtete das Wiederauftreten einer Gonorrhöe, die er sich vor Jahren zugezogen hatte; er nahm Morphium gegen seinen hartnäckigen, quälenden Husten. Und noch etwas mehr Morphium und etwas mehr von seiner Spezialmischung aus Champagner und Cognac, für all jene Stunden, wo in der Hofburg bereits der Morgen graute und er seinen Dienern läutete, die ihm alles brachten außer Schlaf. Zu Freunden sagte er einmal: »Ich bin der nervöseste Mensch in diesem nervösesten Jahrhundert.«

Natürlich gab es einen sehr raschen Weg, dem neunzehnten Jahrhundert auf immer zu entrinnen. Schon seit einer Weile hatte sich der Verdacht in ihm breitgemacht, er würde langsam, aber sicher aufgerieben, lange vor Anbruch des zwanzigsten Jahrhunderts. Also hatte er begonnen, auf diesen anderen, rascheren Ausgang zuzugehen. Und dann wieder fort von ihm. Und dann um ihn herum. Er führte über den dunklen Abgrund hinaus und mitten hinein in das Mysterium des jüdischen Mädchens in Prag, auf dessen Grab er verspätete Rosen gelegt hatte und dessen Antlitz er nun, wie dem Grab entrissen, in den Zügen Mary Vetseras wiedererkannte.

»Liebe Hermine, ich muß Ihnen heute ein Geständnis machen…«, schrieb Mary Vetsera am 14. Januar an ihre Freundin und Vertraute. »Ich war gestern von 7 bis 9 Uhr bei ihm. Wir haben beide den Kopf verloren. – Jetzt gehören wir uns mit Leib und Seele an! Ich hoffe, mich am Samstag von dem Balle loszumachen, und dann eile ich zu ihm!«

Unmittelbar nachdem sie dies geschrieben hatte, ging sie zu Rodeck, dem teuersten Juwelier Wiens, und kaufte eine »goldene Cigarettentasche«, in die sie gravieren ließ: »13. Jänner. Dank dem Schicksal«. Es war ein Geschenk für ihren Geliebten.

Liebende im eigentlichen Sinn waren sie endlich am Abend des 13. Januar geworden. Bald wurden sie einander noch mehr – nämlich Gefährten in einem endgültigen Pakt. Tatsächlich hatte Rudolf schon einem anderen Mädchen vor Mary die Idee eines gemeinsamen Selbstmordes vorgeschlagen. Mizzi Caspar, mit der er sich immer noch gelegentlich traf, hatte es schon im vorangegangenen Monat gehört. Mizzi aber lebte nicht so nahe am Abgrund wie er. Sie hatte bei Rudolfs Vorschlag nur gelacht – sicherlich sollte das nur ein Witz sein! – und war nicht weiter darauf eingegangen.

Mary Vetsera lachte nicht. Sie begann zu weinen, sie umarmte ihn und ließ diese Idee ganz mit ihrer Leidenschaft verschmelzen. Sie glühte förmlich. Sie war bereits die ungekrönte Königin der Mode. Aber Mode wurde so rasch unmodern. Bald schon würde ihr Name einen Glanz erlangen, den selbst Jahrzehnte nicht zum Erlöschen bringen konnten: *Mary Vetsera, Kronprinzessin vor der Geschichte.*

Nachdem sie ihren Entschluß abgesprochen und besiegelt hatten, empfand Rudolf Mary gegenüber anders. Nun mußte er sich hinsichtlich der Geheimhaltung ihrer Beziehung nicht mehr so sehr Mühe geben. Das Band zwischen seinem Fleisch und dem ihren war nun weniger wichtig als die Liebesaffäre, die für sie beide noch in der Zukunft lag – zwischen ihren Gebeinen. Der Totenschädel, den er auf seinem Schreibtisch liegen hatte: war es wesentlich, was für ein Haar ihn einst bedeckt hatte? Nein, für ihn waren nur die Gebeine Mary Vetseras einmalig. Das pulsende Leben, das diese Knochen umspielte, war im Vergleich zu diesen etwas Gewöhnliches – eben das Leben eines jungen Mädchens, gleich dem vieler anderer Mädchen, die er gekannt hatte.

Und das allein schon empfand er als befreiend. Er war keineswegs in die lebende Mary verliebt – wenn er überhaupt je in ein Mädchen verliebt gewesen war. Alles, was er mit Händen berühren konnte, vermochte ihn nicht mehr ans Leben zu binden oder zu verraten. Und noch eine andere Freiheit entdeckte er jetzt: Er spielte sein eigenes Leben, als wäre es eine Rückblende vom gefestigten Standpunkt der Ewigkeit aus gesehen. Nach der Mitte Januar gefallenen Entscheidung verwandelte sich die Welt für ihn in eine Kaskade von

Illusionen, die bald schon versiegen sollte – so rasch, wie der Fasching bei Anbruch des Aschermittwoch sein jähes Ende fand.

Von diesem Tag an begann sein eigener Fasching. Die Rollen, die ihm sein offizielles, heraldisches Leben zuteilte – jetzt wurden sie alle zu Kostümen, die ein Maskierter auf verschiedenen Bällen trug. Von nun an konnten alle seine Feinde ihr böses Spiel nur noch mit einer leeren Maske treiben.

In den letzten beiden Wochen des Monats gelang es Rudolf, mehrere durchaus unterschiedliche Männer fehlerlos darzustellen. Am 15. Januar traf der inzwischen abgesetzte Regent Bulgariens, Prinz Alexander Battenberg, in Wien ein. Rudolf schlüpfte in die Rolle des Kronprinzen und setzte sich allen verschnörkelten Zwängen der Hofetikette mit vollendetem Können aus. Er besuchte Battenberg in dessen Suite im Hotel Imperial; empfing Alexanders Gegenbesuch in der Hofburg; gab gemeinsam mit Stephanie für Battenberg ein Diner in seinen eigenen Gemächern und nahm schließlich den Prinzen zu einer Vorstellung von *Wilhelm Tell* in die Oper mit und aß mit ihm im Hotel Sacher den schon damals berühmten Tafelspitz.

All das tat er so perfekt, daß Battenberg am 1. Februar, also schon nachdem Rudolf seine Charade beendet hatte, in einem beinahe verblüfften Kondolenzschreiben erwähnte, daß er »noch vor einer Woche das Glück hatte, S. K. H. den Kronprinzen wohl und gesund in vollster Manneskraft zu sehen, zu sprechen und sich auch an dem Anblicke dieses herrlichen Prinzen zu erfreuen und zu erbauen«.

Aber auch während weit weniger erfreulicher Angelegenheiten, die Mitte Januar stattfanden, bewahrte Rudolf Contenance. Gemeinsam mit der Kronprinzessin nickte und lächelte er sich durch ein Diner, das sie für hohe Hofbeamte gaben; während eines anderen Diners war er charmant um die Botschafter des in Wien akkreditierten Diplomatischen Corps bemüht; und bei wieder einem anderen Diner war gar Ministerpräsident Graf Taaffe der Ehrengast, der Mann, durch den er sich, von seinem eigenen Vater abgesehen, am wirksamsten an der Ausführung all seiner Pläne gehindert fühlte. Und mit seinem »Hemmschuh« Nummer eins, seinem Vater, wohnte er einem Ballettabend bei. Man gab *Die Puppenfee* und *Wiener Walzer,* während die beiden am 22. Januar gemeinsam in der Kaiserloge der Hofoper saßen. Sie lächelten, lächelten und lächelten, während ihnen ihre Untertanen Ovationen darbrachten.

Am 15. Januar war Rudolf allein im Carl-Theater erschienen und hatte der Aufführung von Offenbachs Operette *Pariser Leben* Beifall gespendet. Und am 23. besuchte er das Theater in der Josefstadt, um *Die Gigerln von Wien,* die große Erfolgskomödie der Saison, zu sehen. Als man ihn im Publikum entdeckte, brach lauter Jubel aus. Er verdiente den Applaus, und selbst wenn er nur seiner unfreiwilligen Pointinierung des Stückes gegolten hätte. Ein »Gigerl« ist in Wien ein eleganter Stutzer, ein hübscher Modejüngling, also sozusagen die Karikatur all dessen, was der Kronprinz seinen Wienern bedeutete.

In diesen Januarwochen lebte er das Klischee vom »feschen Kronprinzen« bis zur Vollendung aus. Verbrachte er die Abende und Nächte im Glanz der Soireen und Unterhaltungen, so war er bei Morgengrauen doch schon wieder mit Fernglas und Büchse unterwegs. Trotz der Kälte war ihm auf der Jagd in Niederösterreich mancher Erfolg beschieden. In Mannswörth schoß er am 13. Januar sechs Breitschwanzadler, drei weitere am 20. bei Schloß Orth und noch drei am 21. Am 23. Januar bestand seine Strecke aus fünf Stück Rotwild und zwei Mardern. Als er schließlich am 25. mit Erzherzog Otto an einigen eisfreien Lacken in den Donauauen auf Wasserwild ging, brachte er nicht weniger als sechsundzwanzig Erpel zur Strecke.

Aber er fand auch noch Zeit, am zweiten Band der *Österreichisch-Ungarischen Monarchie in Wort und Bild* zu arbeiten. Bei all diesen Anlässen blieb er der erstaunlich informelle Volks-Prinz. Im Unterschied zu den meisten Erzherzögen ließ er Bürgerliche nie durch seinen Obersthofmeister zu sich bestellen. Um etwa seine Mitherausgeber zu einer Redaktionsbesprechung zu bitten, schickte er jedem von ihnen auf einfachem Briefpapier ohne Monogramm ein paar herzliche Worte als Einladung. Diese natürliche Offenheit veranlaßte Hanslick, den Musikberater der Buchreihe, zu dem Ausspruch, dies sei »für die anziehende und moderne Einfachheit des Kronprinzen charakteristisch«.

Vielleicht war es auch »modern« von Rudolf, bei einer weiteren Armeekommandobesprechung am Nachmittag des 22. Januar zu dem Schluß zu gelangen, daß er, der Kronprinz, Feldmarschalleutnant und Generalinspekteur, von nun an nicht mehr ignoriert werden wollte. Vielleicht ließ er sich in seiner »modernen« Frustration von seinen ungarischen Freunden zu einem Abenteuer verlocken, das seinen explosiven und aufsehenerregenden Ausdruck in der Rede Graf Károlyis vom 25. Januar vor dem Budapester Parlament finden sollte. Wahrscheinlicher allerdings ist es, daß Rudolf mit alledem gar nichts zu tun hatte. Mit Aufruhr und Usurpation zu flirten war vermutlich nur eine weitere Rolle, die nicht tiefer ging als Rudolfs Maske. Die Politik war ihm nun nur noch Vorspiegelung, Bühnenschminke – denn sie besaß für ihn keine Realität, barg keine Hoffnung mehr. Sein Pakt mit Mary Vetsera ließ die Welt zu Schall und Rauch verblassen – zu einem schemenhaften Vorspiel.

Für andere, wie etwa für Kaiser Franz Joseph, blieb die Welt schmerzlich real. Schmerzlich real waren die Berichte gewisser Agenten, aber auch gewisse Telegramme, die Rudolf nach Ungarn und anderen Orten geschickt hatte. Der Marquis von Bacquehem, Handelsminister seiner Kaiserlichen Majestät, leitete auch das k. u. k. Telegraphenbureau und wachte mit Adleraugen über Rudolfs Kabelverkehr. Kopien der wichtigeren Telegramme wurden dem Kaiser vorgelegt, ehe man sie vernichtete. Gegen Ende Januar festigte sich in Franz Joseph offenbar zunehmend das Gefühl, daß sein Sohn, der ihm in den letzten Jahren immer rätselhafter geworden war, nun auch allmählich gefährlich wurde. Der junge Herr mußte zur Besinnung gebracht werden.

In der letzten Woche dieses Monats aber bewegte sich Rudolf bereits in einer Bahn, die auch dem Allerhöchsten Befehl nicht mehr zugänglich war. In diesen Tagen schienen die beiden Lipizzaner, die seinen Landauer zogen, überhaupt nicht mehr zur Ruhe zu kommen. Selbst der schnelle Bratfisch war dem Kronprinzen jetzt nicht mehr schnell genug. Am Donnerstag, dem 24. Januar, traf er Mary auf einer einsamen Praterwiese. Sie setzten das Datum für Mayerling für den kommenden Montag fest, für den Rudolf auch einige Jagdfreunde dorthin eingeladen hatte. Anschließend fuhr er in die Hofburg, zum Umkleiden, und von dort zur Hofoper, wo er Gustav Mahlers *Die drei Pintos* hören wollte.

Ein seltsames doppeltes Zusammentreffen kennzeichnete die Woche: In Budapest sollte in den nächsten achtundvierzig Stunden die Premiere der ungarischen Fassung von *Das Rheingold* unter Gustav Mahler stattfinden, gleichzeitig mit der parlamentarischen Bombenexplosion, die Rudolfs Freund Graf Károlyi mit seiner Rede hervorrief. Aber auch in Wien waren in dieser Zeit die Schicksale von Gustav Mahler und Rudolf Habsburg miteinander verwoben. Am Abend des 24. Januar blieb Rudolf in der Kaiserloge der Hofoper nicht allein. Unmittelbar vor Beginn der Vorstellung wurden die Vorhänge im Hintergrund der Loge zur Seite gezogen. Franz Joseph trat ein.

Niemand hatte ihn erwartet. Musikalische Ereignisse lockten den Kaiser nur selten an. Er zog das Burgtheater vor – auch schon ehe er Frau Schratt kennengelernt hatte –, und nur Ballettvorführungen wurden normalerweise mit der Allerhöchsten Gegenwart in der Hofoper ausgezeichnet. Und doch erschien er an diesem Abend, um das Mahler-Weber-Werk zu hören, das die Kritiker nicht zu begeistern vermocht hatte. Sein Erscheinen während der Ouvertüre lenkte die Augen aller auf die Hofloge, und viele der Opernbesucher konnten sehen, wie der Kronprinz aufstand, um die Hand seines Kaisers und Vaters zu küssen; wie die beiden dann flüsternd in ein längeres und offenbar ernstes Gespräch vertieft waren; und wie schließlich der Kaiser nach dem zweiten Akt plötzlich aufstand und ging – doch nicht ehe sich auch der Kronprinz erhoben und die Vorhänge für ihn geteilt hatte.

Es war ein historisch bedeutendes Flüstern, das die Harmonien Mahlers hier umbrandet hatten, selbst wenn sein Inhalt nicht überliefert ist. Eines jedenfalls steht fest: Von diesem Abend an trug Rudolf wieder eine Maske, eine der letzten seines Lebens – unbedingte, korrekte Höflichkeit seinem Vater gegenüber. Mochte der Kaiser ihn ruhig wegen seiner Voreiligkeit in dieser ungarischen Angelegenheit oder für sein Abenteuer mit Mary Vetsera tadeln oder zur Rede stellen. Er war bereit, den Tadel gelassen hinzunehmen, undurchdringlich, mit einem Gesicht, in dessen bleicher Ausdruckslosigkeit das rasche Lächeln seiner Jugend und das strahlende Blau seiner Augen verblaßt, ja beinahe verschwunden waren. Rein äußerlich würde er seinem Vater allen schuldigen Respekt erweisen, nicht weniger, aber auch um nichts mehr. Er hatte sich bereits an etwas weit Größeres hingegeben als an eine Doppelkrone. Und auf *dieses* Ziel strebte er nun mit der unentwegt prickelnden schlafwandlerischen Sicherheit eines Schlaflosen zu.

Am folgenden Tag, einem Freitag, schoß der Landauer wieder aus dem Burgtor, und Rudolf kutschierte schnell, viel zu schnell, ostwärts, bis in die jenseits des Praters gelegenen Donauauen, um noch etwas zu jagen. Nachher fuhr er in die Stadt zurück, zum Tierpräparator Hodek in der Mariahilfer Straße Nr. 51. In der Firma Hodek war man eben dabei, seine jüngsten Trophäen auszustopfen – die sechs leeren Bälge der Breitschwanzadler wurden kunstvoll in die Form verschiedener Flugphasen gebracht. Rudolf mochte das. Er gratulierte den Kunsthandwerkern zu ihrem Geschick, trat wieder auf die Straße hinaus, wurde erkannt und bejubelt, fuhr zurück zur Hofburg, schlüpfte in die Uniform eines Generals der Infanterie, fuhr in die Gußhausstraße zum Atelier des Malers Taddheus Adjukiewicz, wo er für ein Porträt saß, das ihn zu Pferd zeigt, in der geschmeidigen, leicht vorgeneigten Haltung, die die »Gigerln« so sehr bewunderten. Mit eiserner Geduld saß nun *er* seinem Präparator: Der Maler belebte mit Farbe einen Kern, der nur aus nackter Geschwindigkeit bestand, aus sausender Eile, die auf tausend Wegen und Umwegen dem Montag in Mayerling zustrebte. Nach beendeter Sitzung ging es wieder in die Hofburg zu einem Diner.

Auch an den nächsten beiden Tagen, Samstag und Sonntag, sauste Rudolf in seiner leichten, offenen Kutsche durch die winterliche Luft: zur Jagd, zum Tierpräparator Hodek (der sein Geschäft sogar am Wochenende für Rudolf geöffnet hielt), zum Atelier des Malers. Am Sonntag nachmittag raste er von der Porträtsitzung in die Hofburg; zog Zivilkleidung an; fuhr zum Lieferanteneingang des Grand Hotel; hastete die Hintertreppe hinauf; traf Gräfin Larisch in ihrer Suite, um zu besprechen, wie sie die Sache am Montag für ihn mit der Familie Vetsera regeln würde; eilte wieder die Treppe hinunter; sprang in seinen Landauer, um in den Prater zu fahren; fand Mary auf der vereinbarten Wiese; sprach mit ihr rasch über letzte Dispositionen, raste in die Residenz zurück, wo sein Kammerdiener schon die nächste Uniform für ihn bereithielt. Und so verliefen seine letzten Tage im Trommelwirbel der Lipizzanerhufe.

Die Nächte waren schlimmer, vor allem die beiden letzten in dieser Woche. Beide nämlich waren der Ehrung seines Feindes, des Preußenkaisers Wilhelm, gewidmet. Am Samstag um sechs Uhr abends hatte Franz Joseph den Hofstaat in der großen Marmorhalle der Hofburg zu einem Geburtstagsdiner zu Ehren des Deutschen Kaisers versammelt. Rudolf mußte als Oberst des Zweiten Brandenburgischen Ulanenregiments erscheinen, Weinkelche heben und stundenlang lächeln, während dieser taktlose Rüpel in zahllosen Toasts und Tischreden verherrlicht wurde. Aber er hielt sich tapfer

– ganz so tapfer wie irgendeine der glasäugigen ausgestopften Geschöpfe beim Tierpräparator Hodek.

Am nächsten Abend, Sonntag, mußte er die preußische Uniform noch einmal anziehen. Prinz Reuß, der deutsche Botschafter am Wiener Hof, gab nun seinerseits einen Empfang zu Ehren des Geburtstages seines Kaisers. Dabei war für die österreichische kaiserliche Familie sozusagen Anwesenheitspflicht (»...was mich wenig freut«, wie Franz Joseph an Frau Schratt schrieb). Aber wenigstens fand diese Soiree relativ spät statt, um neun Uhr dreißig abends, was Rudolf noch etwas mehr Zeit gab, in seinem Landauer durch den Tag zu hetzen und sich auf das große Morgen vorzubereiten.

In der deutschen Botschaft waren nicht nur der Hof und die Mitglieder der Regierung eingeladen, sondern auch die Elite des Wiener Großbürgertums – daher auch die Familie Vetsera. Einen Augenblick lang gab es im Rahmen des Cercle eine seltsame Konfrontation: Das Mädchen, das sich der Teilnahme an einem erhabenen Dreiecksverhältnis erfreute, begegnete der legitimen Frau ihres Geliebten, die sie beargwöhnte und verachtete. Kronprinzessin Stephanie, in königlicher perlgrauer Abendtoilette, die diamantene Tiara im Haar, stand Angesicht zu Angesicht mit Mary Vetsera, die mit dem Kronprinzen erst wenige Stunden vorher im Prater beisammen gewesen war und die nun förmlich glühte, in ihrem blaßblauen Ballkleid mit gelber Stickerei. Einen Moment lang – später hieß es da und dort, daß es mehrere Augenblicke gewesen sein sollen – schien es, als wolle die Baronesse vor Ihrer Kaiserlichen Hoheit keinen Hofknicks machen. Aber dann tat sie es doch... und das Geplauder im Salon der Botschaft wurde wieder aufgenommen.

Während des Empfangs blieb Rudolf ebenso still, wie er bleich war. Er sprach kaum mit jemandem, außer mit dem Bildhauer Viktor Tilgner, einem der wenigen anwesenden Bürgerlichen. Während eines sonst eher nichtssagenden Gesprächs hob der Kronprinz plötzlich die Schultern, als wolle er die silbernen Epauletten abschütteln. »Diese ganze Uniform ist mir zuwider«, sagte er zu Tilgner, »unerträglich schwer...«

Es war kein wirklicher Ausbruch. Er war schnell vorüber. Rudolf bemerkte Graf Hoyos unter den Gästen und mahnte ihn scherzend, nicht ihre Jagdvereinbarung in Mayerling zu vergessen. Franz Joseph zog sich zurück. Rudolf küßte seine Hand, verneigte sich kurz vor Mary, mit der er nur Blicke getauscht hatte, verbeugte sich vor den anderen Mitgliedern der Familie Vetsera, verabschiedete sich ringsum und saß Minuten später wieder in seinem Landauer. Wieder schlugen die Hufe seiner Pferde Funken aus dem Pflaster, Räder drehten sich rasend und schleuderten um nächtliche Ecken bis zum Haus Heumühlgasse Nr. 10, wo ihn Mizzi Caspar empfing.

Nun blieben ihm nur noch zwölf Stunden in der Reichs-Haupt- und Residenzstadt, die er niemals erben würde. Er nützte diese Zeit, um noch ein letztes Mal in souveräner, konzentrierter Eile all die Rollen durchzuspielen, die er im Laufe der Zeit in Wien verkörpert hatte.

In Mizzis einfacher Wohnung trank er seinen mit Cognac versetzten Champagner, scherzte und war zärtlich und ließ ganz beiläufig die Bemerkung fallen, daß er morgen auf die Jagd gehen würde – für immer. Er sagte es so nebenbei, mit seinem lebhaften spontanen Charme, so wie er schon früher manchmal eine derartige Bemerkung gemacht hatte. Mizzi mußte lachen; das war so absurd. Dann war sie aber doch überrascht, daß er, ein durchaus nicht kirchenfrommer Mann, ihr das Kreuzzeichen auf die Stirn machte, als er sie um drei Uhr früh verließ.

Um sieben Uhr morgens war er schon wieder auf in seinem Appartement in der Hofburg. Ein umfangreiches Tagesprogramm erwartete ihn. Er erledigte es rasch, Punkt für Punkt. Er sah zuerst die (schon vor der Zustellung von den Agenten seines Vaters kontrollierten) Telegramme durch, die über das Parlamentsgeplänkel in Budapest in Zusammenhang mit dem neuen Wehrgesetz berichteten. Seinem Stab gegenüber gab er deutlich, doch ohne erkennbare Parteilichkeit seiner Ungeduld darüber Ausdruck, daß man die Abstimmung darüber verschoben hatte. Dann empfing er Berthold Frischauer vom *Tagblatt*, der ihm die allerneuesten Nachrichten über die Wahlen in Frankreich brachte, die die Redaktion während der Nacht telegraphisch von ihrem Pariser Korrespondenten erhalten hatte. Als nächstes kam Prinz Battenberg, um sich vor seiner Reise nach Venedig zu verabschieden. Er dankte dem Kronprinzen für seine großartige Gastfreundschaft; doch Rudolf – eben ganz der perfekte Gastgeber – ging über den Dank lächelnd hinweg und drückte nur sein Bedauern darüber aus, daß die Pläne seines Gastes diesem nicht erlaubten, an der für den folgenden Tag in Mayerling geplanten Jagd teilzunehmen.

Danach erschien Oberstleutnant Albert Mayer bei Rudolf zur

Audienz. Mayer war Generalstabschef der 25. Infanterie-Division, deren nomineller Kommandant Rudolf war. Der Oberstleutnant überbrachte ihm Dutzende von Befehlen, die Rudolf unterschreiben mußte – die typische Routinearbeit, die derlei symbolische Ehrenfunktionen mit sich bringen. Als dies erledigt war, standen noch ein Zusammentreffen mit Erzbischof Graf Schönborn-Buchheim und anschließend eine Konferenz im Heeresmuseum auf seinem Terminkalender. Aber da schlug die Glocke der Michaelerkirche gerade elf. Der Kronprinz rief einen seiner Adjutanten und trug ihm auf, die für heute noch verbleibenden Verpflichtungen abzusagen.

Jetzt war er bereit. Er ließ seinen Leibjäger rufen, einen treuen, ehrlichen Mann namens Püchel. Ihm trug er auf, seine Privatgemächer am kommenden Tag um fünf Uhr nachmittags bereitzuhalten, denn um diese Zeit würde er zurückkehren, um an einem vom Kaiser gegebenen Familiendiner teilzunehmen. Die gleiche Absicht teilte Rudolf auch Stephanie und seiner kleinen Tochter Elisabeth mit, als er sich von ihnen in ihren Räumen verabschiedete. Püchel hielt die Pferde, als Rudolf in den »Kutschierwagen« sprang. »Eure kaiserliche Hoheit, Weidmannsheil!« rief er seinem Herrn zu.

»Weidmannsdank, Püchel – auf Wiedersehen!« gab dieser zurück.

Die bereits unruhig gewordenen Pferde zogen an. Da der Kronprinz sich noch einmal umwendete, war Püchel der Meinung, er habe noch einen Befehl für ihn und eilte zum Wagen. Der Kronprinz hielt an und fragte: »Püchel, wünschen Sie noch etwas von mir, haben Sie noch etwas für mich?« Der antwortete: »Nein, ich dachte, Eure kaiserliche Hoheit hätten noch einen Befehl.« Rudolf schüttelte den Kopf. »Ich danke, ich brauche nichts mehr«, gab der Kronprinz zur Antwort und fuhr aus der Burg hinaus.

Das spielte sich am Montag morgen, dem 28. Januar, um etwa elf Uhr dreißig ab. Die Fahrt des Kronprinzen durch die Stadt wurde, wie dies meist der Fall war, durch den Polizeioffizial Wiligut in einem Kabel an das Polizeipräsidium gemeldet. Ein wichtiger Umstand jedoch war Wiligut und seinen Vorgesetzten entgangen. Sie hatten keine Ahnung, daß der Landauer Rudolfs zu diesem Zeitpunkt nur noch Teil eines zeitlich genau festgelegten Manövers war, das bereits begonnen hatte.

Etwas früher, ungefähr um zehn Uhr dreißig, waren Mary Vetsera und Gräfin Larisch vom Stadtpalais der Vetseras in der Salesianergasse aufgebrochen. Sie wollten – so erzählten sie Marys Mutter – am Kohlmarkt, der eleganten Einkaufsstraße, ein paar Besorgungen machen. Der Fiaker, den sie aufnahmen, schlug jedenfalls diese Richtung ein; aber schon nach zwei Häuserblocks neigte sich die Gräfin aus dem Fenster und gab dem Kutscher eine andere Adresse: die Augustinerbastei, eines der abgelegeneren Befestigungswerke im alten Teil der Hofburg. Hier schlüpften die beiden Damen aus dem Fiaker und verschwanden durch eine eiserne Pforte, die man eigens für sie offengelassen hatte. Hinter dieser Tür stand Rudolfs alter Kammerdiener Nehammer und nahm sich der beiden Damen an, bis fünfzehn Minuten später, auf die Minute genau, Bratfisch eintraf. Zwei Sekunden später war Mary durch die Eisentür und in den wartenden Fiaker gestiegen. Punkt elf Uhr begann ihre Reise in den Wienerwald.

Um elf Uhr dreißig verließ Rudolf mit seinem Fiaker die Hofburg. Beide Fahrzeuge folgten den gleichen Straßen, nur durch etwa 15 Kilometer voneinander getrennt. Das erste wurde von den Rappen Bratfischs gezogen, das zweite von den grauweißen Lipizzanern des Kronprinzen. Erst ging es die Ringstraße entlang. Die historischen Konturen und großartigen Umrisse ihrer Prunkbauten hoben sich in der frischen Kühle des Tages geschliffen klar vom Himmel ab. Sie fuhren an der Hofoper vorbei und weiter zum Kai des Wienflusses, überquerten den Fluß auf der nach dem Kronprinzen benannten Brücke und hielten dann in südlicher Richtung auf Schönbrunn zu. Schließlich war man bei den ersten Hängen des südlichen Wienerwaldes angelangt, wo vor einer Gruppe hochgewachsener Buchen das abgeschiedene Ausflugslokal »Roter Stadel« lag. Hier hielt der erste Fiaker. Das Lokal war den Winter über geschlossen. Mary Vetsera wartete in der Kutsche. Bratfisch pfiff einen langsamen, lieblichen Walzer und schlug gegen die Kälte im Takt dazu die Arme gegeneinander.

Es dauerte etwa zwanzig Minuten, bis ein Mann in pelzbesetztem Winterrock zwischen den Buchen hervorspazierte: der Kronprinz. Als sein Landauer nicht weit von hier an einer dichten Buschgruppe vorbeigekommen war, hatte Rudolf die Zügel einem mitfahrenden Kutscher übergeben, dem verblüfften Mann befohlen zu wenden und war aus dem Wagen gesprungen. Die Polizei, die wie stets den Landauer beschattete, folgte diesem pflichtschuldigst, als er wieder aus dem Buschwerk zum Vorschein kam und die Richtung zurück nach Wien einschlug. Als er sich seiner Verfolger ledig wußte, schlenderte Rudolf zum »Roten Stadel« hinüber. Dort kletterte er in den Fiaker und fragte scherzend, »ob er die Herrschaften am Ende habe zu lange warten lassen«?

Sie lachten. Bratfisch schnalzte mit der Zunge, und die Pferde setzten sich in Trab. Pfeifend lenkte er sein Gefährt durch die verschneiten Wälder. Weiße Hügelketten und pechschwarze Baumsilhouetten glitten vorbei. »Es eilt nicht«, sagte der Kronprinz. Es gab keinen Grund, vor Einbruch der Abenddämmerung in Mayerling anzukommen.

An diesem Montag abend, dem 28. Januar 1889, ging die Sonne um vier Uhr zweiundfünfzig unter. Der Planet Venus, dessen Bahn sich seit Monaten der Erde genähert hatte, schien nun zum Greifen nahe. Schon beim ersten Beginn der Dämmerung strahlte der Abendstern in übernatürlichem Glanz. Wie ein Eiszapfen durchbohrte sein Schein das klare, leuchtende Violett des Himmels.

Die amtliche *Abendpost* fühlte sich sogar bemüßigt, in dieser Woche über das erstaunliche Phänomen zu berichten. Und Rudolf und Mary konnten das glänzende himmlische Schauspiel vom Billardzimmerfenster des Jagdschlößchens aus in Muße beobachten, denn die erwartete Jagdgesellschaft sollte erst am folgenden Morgen eintreffen. Und erst am kommenden Abend würden sie selbst ihren großen Abschied nehmen. Inzwischen waren sie mit einigen wenigen Bediensteten allein, Buchenscheite brannten im großen Kamin, und der eisige Friede des winterlichen Wienerwaldes umfing sie.

Kaum fünfundzwanzig Kilometer von ihnen entfernt, im faschingsfestlichen Wien, begannen hundert oder mehr Orchester für die Nacht ihre Instrumente zu stimmen. Tausende Herren in Frack und Smoking knoteten ihre weißen Maschen. In den Boudoirs verwendeten Damen in Abendtoilette Parfüm für ihre Dekolletés.

Nur im Palais Vetsera nahm die Faschingsfröhlichkeit bereits Montag ein jähes Ende, vierundzwanzig Stunden bevor es im ganzen übrigen Wien damit vorbei sein sollte.

Um etwa ein Uhr mittags kam Gräfin Larisch in der Salesianergasse an. Ganz plötzlich hatte ein unerklärliches heftiges Schuldgefühl sich ihrer bemächtigt. Gewisse Andeutungen, die Rudolf gemacht hatte, düstere und rätselhafte, versetzten sie nun in nackte, panische Angst. Vielleicht hatte sie die Hilfe, die sie dem jungen Paar gewährte, zur Komplizin in einem unnennbaren Drama gemacht. Sie stürzte unangemeldet bei Baronin Helene Vetsera herein, die noch beim Mittagmahl saß. Stammelnd brachte sie vor, sie habe Mary plötzlich aus den Augen verloren. Während ihrer »Besorgungen« sei Mary plötzlich verschwunden, erklärte sie Marys Mutter, sie mußte nun befürchten, sie vielleicht an den Kronprinzen verloren zu haben – und sie hatte Angst.

Näher konnte oder wollte sie sich nicht erklären, doch das genügte: Marys Mutter wurde von ihrer Furcht angesteckt. Zweimal an diesem Nachmittag schickte Baronin Vetsera Marie Larisch zum Polizeipräsidenten von Wien, Baron Franz Krauß. Einmal ging Gräfin Larisch allein, das zweite Mal in Begleitung Alexander Baltazzis, des Onkels des verschwundenen Mädchens. Beide Male kehrten sie unverrichteter Dinge wieder und konnten sich nur über die eiserne, wortkarge Vorsicht des Polizeipräsidenten wundern.

So, so, die kleine Baronesse sei also verschwunden? hatte er gesagt. Diese bezaubernde kleine Modedame? Nun, die kleine Baronesse würde von ihrem Ausflug schon wieder zurückkommen. Nein, er könne nicht zur Aufgabe einer Verlustanzeige raten. Nicht, wenn möglicherweise Seine Kaiserliche Hoheit im Spiele waren. Das hätte überhaupt keinen Sinn, denn die Polizei, selbst ihren höchstrangigen Kriminalbeamten, sei es durch die Verfassung verboten, Mitglieder des Erzhauses oder deren Besitztümer und Räumlichkeiten in eine Untersuchung einzubeziehen, ja auch nur zu berühren. Nein, Informationen, die auf derlei Dinge Bezug hatten, wurden nur an den Kaiser selbst weitergeleitet – und an sonst niemanden. Nein, er, der Präsident, würde raten, den morgigen Tag abzuwarten, an dem die kleine Baronesse zweifellos zurückkehren würde. Man wisse ja, wie das sei, junge Mädchen seien eben junge Mädchen und Kronprinzen – nun eben: Kronprinzen. Letzten Endes würden sich auch Allerhöchste Unregelmäßigkeiten wie diese letztlich wieder in Ordnung bringen lassen.

Und am nächsten Morgen, am 29. Januar, schien tatsächlich alles in Mayerling in Ordnung zu sein. Graf Hoyos und Rudolfs Schwager, der Prinz von Coburg, langten zur Jagd in Rudolfs Refugium ein. Wohl waren an allen vier Fenstern von Rudolfs ebenerdigem Schlafgemach die Jalousien dicht geschlossen, aber das war an sich nicht ungewöhnlich. Im Billardzimmer begrüßte Rudolf seine Gäste allein und noch im Morgenrock. Einen Seidenschal hatte er locker um den Hals geschlungen, und er war wieder einmal ganz der charmante Prinz. Er ließ wissen, daß seine Nase die Unverschämtheit gehabt habe, sich einen Schnupfen zuzulegen, was ihn leider daran hinderte, selbst an der Jagd teilzunehmen. Keinesfalls aber könnte er ihn davon abhalten, mit seinen lieben Gästen ein gemütliches und ausgiebiges Frühstück einzunehmen. Er fragte die Freunde, was sie jüngst aus Budapest gehört hätten, über den Wirbel, den es dort im Parlament gegeben hatte. Selbst die Vögel hier im Wienerwald pfiffen diese Geschichte ja nun schon von den Ästen. Die Herren lachten, sie genossen den starken Kaffee, den ihnen Rudolfs Kammerdiener Loschek eingoß, und dann wünschte ihnen der Kronprinz »Weidmannsheil« und schickte sie auf die Jagd.

Für den Prinzen von Coburg war es nur eine kurze Jagd. Um ein Uhr kehrte er zum Jagdschloß zurück, um rechtzeitig nach Wien aufbrechen zu können. Als Schwager Rudolfs war er zum Familiendiner in der Hofburg eingeladen. Überraschend erklärte Rudolf, er selbst würde nicht mitfahren, sondern in Mayerling bleiben. Schuld, so sagte er, sei diese unverschämte Erkältung: sie hatte die Frechheit gehabt, anstatt sich zu bessern, nur noch schlimmer zu werden. Im Augenblick sei sie zwar nur eine wenn auch lästige Bagatelle; durch die eisige Fahrt in die Stadt aber könnte sie sich leicht zu einer Lungenentzündung auswachsen. Würde Coburg ein Schatz sein? Ja? Könnte er bitte dem Kaiser bestellen, daß sein Sohn ihm ergebenst die Hand küsse und bitte, ihn für diesen Abend zu entschuldigen?

Coburg versprach es und fuhr ab. Wenig später sandte Loschek einen der rangniederen Bediensteten nach Alland, zum Telegraphenamt.

> An Ihre Kaiserl. und königl. Hoheit, die durchlauchtigste Frau Kronprinzessin Erzherzogin Stephanie, Wien, Burg:
> Ich bitte Dich, schreibe Papa, daß ich gehorsamst um Verzeihung bitten lasse, daß ich zum Diner nicht erscheinen kann, aber ich möchte wegen starkem Schnupfen die Fahrt jetzt Nachmittag unterlassen und mit Josl Hoyos hier bleiben.
> Umarme Euch herzlichst
> Rudolf

Rudolfs vorbildliches Benehmen fand seine Fortsetzung, als Hoyos abends von der Pirsch heimkehrte. Die beiden Herren plauderten im Billardzimmer. Die Strecke des Tages war dürftig geblieben, doch Rudolf meinte scherzend, dies sei nicht auf mangelndes weidmännisches Geschick des Gastes, sondern vielmehr darauf zurückzuführen, daß die skandalösen politischen Wirren in Ungarn selbst hier das Wild scheu gemacht hätten. Deshalb sei er auch nicht sehr böse darüber, daß ihn sein Schnupfen gezwungen habe, das Haus zu hüten.

Nun setzten sie sich zu einem soliden Diner, das aus Gänseleberpastete, Roastbeef, Wild und Rotwein bestand. Der Kronprinz aß ausgiebig, trank mäßig. Er zeigte Hoyos einige der Nachrichten, die er während des Tages erhalten hatte. (Aus gutem Grund wurde der Stab des k. u. k. Telegraphenamtes in Alland in der Zeit, in der sich Rudolf in Mayerling aufhielt, verdreifacht.) Die meisten Depeschen waren aus Budapest und berichteten über den Konflikt um den Entwurf für das neue Wehrgesetz. Allerdings zeichnete sich immer noch keine Lösung ab. Zu Gerüchten, die ihn mit den radikaleren Reden im Budapester Parlament in Verbindung brachten, zuckte Rudolf nur die Achseln. Er verglich die parlamentarischen Extratouren magyarischer Grafen mit den Eigenheiten erstklassiger Jagdhunde. Er könne seine Károlyis und Telekis gut leiden; in ihrer Gesellschaft käme keine Langeweile auf. Aber im großen und ganzen sei es leichter, mit vierbeinigen »Reinrassigen« auszukommen als mit der anderen Sorte.

Hoyos und Rudolf lächelten. Dann tranken sie einander mit gutem Badner Rotwein zu und zündeten sich Zigaretten an. Der Kronprinz war charmant. »Er... ließ«, sollte Hoyos später sagen, »den ganzen Zauber seines Wesens auf mich wirken.«

Gegen neun Uhr abends zog sich Hoyos in seine Räumlichkeiten zurück, die im früheren Wirtschaftstrakt des Anwesens etwa 500 Meter vom Jagdschloß entfernt lag. Erst dann kam Mary Vetsera aus Rudolfs Schlafzimmer. Das »Einkaufskleid«, das sie schon seit dem Vormittag des Vortages trug, war verdrückt, und Mary selbst war hungrig. Es war nicht möglich gewesen, ihr Speisen bringen zu lassen, während sie sich hinter diskreten Jalousien verbarg. Aber das war ihr alles gleichgültig.

Loschek servierte ihr kaltes Wildbret. Er stellte frische Weingläser vor sie und Rudolf, steckte am Kandelaber neue Kerzen auf, legte frische Buchenscheite in den Kamin, holte Champagner aus dem Keller, klopfte dann im Bediententrakt an die Tür von Bratfischs Zimmer. Bratfisch kam heraus; er wußte, was man von ihm wollte. Als er ins Billardzimmer trat, applaudierten Mary und Rudolf. Er setzte sich auf einen Stuhl, als sei es ein Kutschbock, und begann nach und nach all die Lieder und Melodien zu singen und zu pfeifen, die das junge Paar so gut kannte und von denen es nie genug bekommen konnte: die traurigen Lieder aus dem alten Wien, lang bevor die Ringstraße gebaut wurde; besinnliche Verse über guten Wein, den man vor langer Zeit getrunken hatte; lustige Lieder wie die Couplets der streitenden Liebhaber aus *Die Gigerln von Wien;* sentimentale Weisen über den »Alten Nußbaum drunt' in Heiligenstadt«, der an der Donau dahinsiechte, und zu guter Letzt das Lied vom Erzherzog Johann, der eine Postmeisterstochter geheiratet hatte. Das war Rudolfs – und daher auch Marys – Lieblingslied.

So sang und pfiff Bratfisch bis tief in die Nacht hinein, bis die mächtigen Scheite im Kamin zu Asche zerfallen, der Champagner getrunken, die Kerzen heruntergebrannt und das Licht der Venus am Nachthimmel verblaßt war.

Dann war auch das vorbei. Hand in Hand gingen Rudolf und Mary ins Schlafzimmer.

Hinter ihnen trug Loschek eine allerletzte Garnitur Wachskerzen hinein. Rudolf gab ihm seine Anweisungen: um acht Uhr das Frühstück allein mit Hoyos und Coburg, der am frühen Morgen aus Wien zurückerwartet würde; anschließend wieder eine Pirsch, an der Rudolf vielleicht teilnehmen würde. »Einstweilen aber«, sagte der Kronprinz lächelnd, »läßt du niemand in dieses Zimmer – und wenn es der Kaiser selbst wäre.«

Der Kaiser kam nicht, wohl aber der Schlaf, in den Loschek, der treueste aller Diener, bald versank, denn es war inzwischen schon nach zwei Uhr morgens. Er schlief nicht lange. Um sechs Uhr dreißig weckten ihn Schritte. Der Kronprinz stand an seinem Bett, die Hände in den Taschen seines Morgenmantels vergraben, den seidenen Schal immer noch um den Hals geschlungen. Er befahl Loschek, ihn um sieben Uhr dreißig zum Frühstück zu rufen und Bratfisch die Pferde bereithalten zu lassen. Dann ging Rudolf in sein Schlafzimmer zurück. Dabei pfiff er leise eines der Lieder vom vergangenen Abend vor sich hin.

Loschek zog sich an, weckte das Küchenpersonal und sah sich dann nach Bratfisch um. Pünktlich um sieben Uhr dreißig pochte er an die Tür zum Schlafzimmer des Kronprinzen. Er klopfte noch einmal. Draußen vor den Fenstern krächzten Krähen im Schnee, der von der eben aufgehenden Sonne rosafarben überhaucht war. Loschek klopfte. Der Wind seufzte in den Schwarzföhren. Loschek pochte lauter. Meist hatte der Kronprinz einen leichten Schlaf. Jetzt hämmerte Loschek gegen die Tür. »Kaiserliche Hoheit!« rief er, »Kaiserliche Hoheit!« Die Krähen krächzten. Loschek lief die Haupttreppe des zweigeschossigen Gebäudes hoch und dann wieder eine kleine Wendeltreppe hinunter, die zum Hintereingang des Schlafzimmers führte. Er erreichte die Hintertür. Auch hier klopfte er heftig. Die Krähen krächzten. Die Meute Jagdhunde hatte, vom ungewohnten Lärm alarmiert, zu bellen begonnen. Loschek klopfte. Er klopfte, so laut er konnte. Er klopfte und rief. Er schrie, um seinen Herrn zu wecken. Wieder raste er die Wendeltreppe hoch und auf der anderen Seite ins Erdgeschoß hinunter. An der Vordertür des Schlafzimmers angelangt, griff er nach einem Holzscheit und begann auf die Türfüllung einzuhämmern.

Inzwischen hatte sich das übrige Personal im Hintergrund des Vorzimmers versammelt. Bratfisch hinderte sie daran, näher heranzukommen. Graf Hoyos kam aus seinen Gemächern angerannt. Unmittelbar danach jagte der Prinz von Coburg herbei, der eben erst aus Wien angekommen war. Die beiden Aristokraten begannen nun auch, an die Tür zu trommeln und laut zu rufen. Dann hielten sie plötzlich inne. Sie konnten das alles einfach nicht glauben und befahlen Loschek, die Tür einzuschlagen. Loschek, immer noch völlig außer Atem und den Tränen nahe, flüsterte, er müsse den durchlauchtigsten Herren gestehen, daß sich eine Dame, die Baronesse Vetsera, im Zimmer Seiner Kaiserlichen Hoheit aufhalte.

Coburg und Hoyos schraken zurück. Sie begaben sich ins Billardzimmer. Jetzt mußten sie eine Entscheidung treffen. Loschek klopfte und rief weiter. Ein Küchenmädchen begann zu wimmern. Kaum eine Minute später traten die beiden Herren aus dem Spielzimmer, leichenblaß, und wiederholten ihren Befehl: Die Tür müsse eingeschlagen werden. Irgendein Bedienter hatte inzwischen eine Axt gebracht. Loschek schwang sie hoch, um das Schloß zu zertrümmern. Das Schloß leistete Widerstand. Loschek hackte nun auf die weißlackierte Türfüllung ein. Die Axt krachte gegen das Holz;

die Paneele splitterten. Vor den Fenstern flogen die Krähen erschreckt vom Schnee auf. Die Hunde bellten und heulten zum Echo der Axtschläge. Schließlich hatte Loschek einen Spalt geschlagen, der sich allmählich zu einem Loch weitete. Vom zersplitterten Holz gerahmt, konnte man nun in den Raum blicken. Er war rauchig von den herabgebrannten Kerzen und durch die herabgelassenen Jalousien in Dämmerung getaucht.

Jetzt erst ließ Loschek die Axt sinken. Die Stille, die nun folgte, veränderte die Monarchie.

22

Im Morgengrauen des gleichen Tages, am Mittwoch, dem 30. Januar, stand ein Diener nahe der Türe zum Schlafzimmer des Kaisers und lauschte. Es war seine Pflicht, die ganze Nacht hier auszuharren, bis er das entsprechende Geräusch vernahm. Es kam pünktlich um vier Uhr: ein kurzes metallisches Geräusch der Federn.

Seine Majestät waren von Ihrer eisernen Bettstatt aufgestanden. Der Diener klopfte, trat ein, verbeugte sich tief und ging mit Kerzenleuchter, Schwamm und Handtuch zu dem einfachen Waschgestell. Dort wartete bereits Franz Joseph, der von den Bequemlichkeiten eines modernen Badezimmers nichts wissen wollte. In keuscher Abfolge begann er sein langes Nachthemd hier und dort zurückzuschlagen und so für den Schwamm einen Körperteil nach dem anderen freizumachen. Stück um Stück befeuchtete der Diener den Herrscher, seifte ihn ein, wusch ihn ab und trocknete ihn. Manchmal mußte er sich auch an seinem Kaiser anhalten, denn die Nachtwache war lang gewesen und Bier kein zu verbergendes Stärkungsmittel. Franz Joseph ließ sich das ruhig gefallen. Er war daran gewöhnt, seinen Untertanen eine Stütze zu sein.

Der Diener war fertig. Er verbeugte sich wieder tief; dann schritt er, das Gesicht dem Kaiser zugewandt, rücklings zur Tür – und zum wohlverdienten Schlaf. Seine Arbeit war getan. Für Franz Joseph hatte der Arbeitstag eben begonnen.

Als nächster kam Pachmayer, sein oberster Kammerdiener, um 4 Uhr 20 mit der ersten der verschiedenen Uniformen des Tages. Der Kaiser ließ sich ankleiden, nahm eine Schale Kaffee und ein Kipferl bei dem Tisch neben seinem Bett zu sich und ging zu seinem Rokokoschreibtisch ins Nebenzimmer, ehe es noch fünf Uhr geworden war. Der größte Teil seines Reiches schlief noch; von der Schweizer bis zur türkischen Grenze schnarchten seine Städte. Die Kandelaber aber zu beiden Seiten seines Rosenholz-Schreibtisches flackerten bereits.

Franz Joseph hatte einen Tag vor sich, der etwas besser als die vergangenen zu werden versprach. Am Montag hatte er eine quälende Zahl von Audienzen absolvieren müssen; sie häuften sich immer, wenn er im Begriff war, die Stadt zu verlassen. Am vergangenen Abend – Dienstag – hatte es Ärger durch Rudolfs Fehlen beim Familiendiner gegeben. Heute aber fiel sein Blick auf einen erfreulichen Termin in seinem Kalender. Er sprang ihm aus der Kalligraphie des großen Blattes mit der heutigen Tagesordnung, das oben an seine Aktenmappe geheftet war, förmlich in die Augen. Hier stand: *Elf Uhr – Besuch Seiner Majestät bei Ihrer Majestät.*

In diesem einen Satz lag nicht nur Freude, sondern auch Konvenienz. Er bedeutete, daß Franz Joseph nicht nach Schönbrunn hinausfahren mußte, um Katharina Schratt zu sehen. Er mußte nicht um sieben Uhr früh im eisigen Schloßpark spazierengehen, und sie, das arme Ding, mußte auch nicht zu unchristlich früher Stunde komplett frisiert und angekleidet sein, um ihren kaiserlichen Anbeter dort durch vorausgeplanten Zufall zu treffen. Nur solche umständliche Arrangements machten es für eine Bürgerliche möglich (und geziemend), sich der Majestät außerhalb der Formalitäten einer Audienz zu nähern.

Heute aber würde alles viel einfacher sein. Mit Hilfe der Kaiserin konnte das Paar eine der seltenen Anwesenheiten Frau Schratts in der Hofburg nutzen. Ihre Stellung bei Hof war die der »Vorleserin Ihrer Kaiserlichen Majestät«. Heute würde die Schauspielerin Elisabeth in dieser Eigenschaft aufsuchen. Und während des Vorlesens würde Franz Joseph seiner Gemahlin einen Besuch abstatten.

Doch bis zu diesem herbeigesehnten Augenblick war noch eine Unmenge Arbeit zu erledigen. Um fünf Uhr morgens begannen Kuriere sich unter Verbeugungen dem Schreibtisch des Kaisers zu nähern. Der gesamte Staatsapparat hatte sich im Laufe der Jahre dem Frühaufstehertum des Monarchen angepaßt. Die Maschinerie summte rotäugig und mit sorgfältig unterdrücktem Gähnen, aber sie summte. Der Generaladjutant der Kaiserlichen Hofkanzlei erschien, um seine Befehle für den Tag entgegenzunehmen, und dann machte der Obersthofmeister seine Aufwartung.

Um sieben Uhr brachte der Erste Sekretär jene Schriftstücke zum Schreibtisch des Herrschers, die ihn den ganzen Vormittag beschäftigen würden. Es war ein großes Bündel von Vorschlägen für den bevorstehenden Aufenthalt Franz Josephs und seines Hofstaates in Budapest. Dort sollte seine persönliche Beliebtheit – und vor allem die seiner Gemahlin – den magyarischen Aufruhr besänftigen und dem Entwurf des neuen Wehrgesetzes durch die Stromschnellen des Parlaments verhelfen. Das kaiserliche Charisma mußte jedoch mit Vorsicht eingesetzt werden, und keiner war vorsichtiger als der Kaiser selbst. Sein Gefühl für das Detail war den mit den Budapester Angelegenheiten befaßten staatlichen Stellen – seinem Kriegsminister, seinem ungarischen Ministerpräsidenten und dem ungarischen Palatin – wohlbekannt. Folglich hatten sie eine Reihe von Vorschlägen für alle Einzelheiten des Allerhöchsten Aufenthalts in Ungarn ausgearbeitet: die Sitzungen, bei denen Franz Joseph als Apostolischer König Ungarns den Vorsitz führen mußte; die Audienzen, die er zu gewähren hatte; die Auszeichnungen, die er verleihen, und die Ernennungen, die er vornehmen mußte; die Diners, Déjeuners und Empfänge, die festgesetzt und vorbereitet werden mußten; die Listen der einzuladenden Gäste; die protokollarischen Aspekte, die zu betonen, abzuschwächen oder subtil zu modulieren waren.

Es war ein erschöpfendes Dossier, dessen entsprechende Durcharbeitung tausend Entscheidungen erforderte, einige groß, die meisten nur klein. Einen Großteil des Vormittags tat Franz Joseph, was seine Vorfahren viele Generationen lang getan hatten. Er entschied und verwarf mit absolutem Selbstvertrauen, mit unanzweifelbarer Kompetenz und ohne die leiseste Phantasie. Unaufhaltsam kratzte die kaiserliche Feder weiter. Er wendete Seite um Seite, verschaffte sich schnell einen Überblick, gelangte zu raschen Entscheidungen. Jeder Absatz auf jeder Seite erhielt am Rande eine Allerhöchste Bemerkung. Er billigte uneingeschränkt oder mit Abstrichen oder unter gewissen Bedingungen, die er genau festhielt; oder er verlangte eine Erweiterung oder einen Rat von Fachleuten; oder er legte bis auf weiteres sein Veto ein; oder er strich augenblicklich, ersatzlos und unwiderruflich. Er zögerte selten, und er arbeitete durch bis kurz vor elf Uhr.

Um etwa zehn Uhr achtundfünfzig erhob er sich von seinem Arbeitstisch und ging an den Ehrenbezeigungen von Adjutanten und Burgwachen vorbei. Jede einzelne dieser Ehrenbezeigungen erwiderte er völlig korrekt – beinahe lächelnd. Schließlich war er auf dem Weg zu den Gemächern seiner Gemahlin und damit zu Katharina Schratt.

Vor dem Salon der Kaiserin stand Baron Nopsca, ihr Obersthofmeister. Als er den Kaiser kommen sah, machte er eine tiefe Verbeugung. Merkwürdigerweise schien er dabei auch leise den Kopf zu schütteln. Noch seltsamer: Als Franz Joseph ganz herankam, trat Baron Nopsca nicht zur Seite, sondern schüttelte noch merklicher den Kopf. Schließlich richtete er sich voll auf und zeigte ein Gesicht, das aus Wachs und Tränen geformt war. Der Kaiser sah es im selben Augenblick, in dem er aus dem Salon ein Schluchzen hörte. Er griff nach dem goldenen Türknopf, doch der Baron hielt ihn am Arm zurück. Und dann sah sich Franz Joseph einer Situation gegenüber, die er nicht begreifen konnte. Das erstemal in seinem Leben blieb eine Tür, vor der er stand, verschlossen.

Auch Elisabeth, die Kaiserin und Königin, war früh aufgestanden. Ihr Tagesablauf am Hof unterschied sich deutlich von ihrem Leben fern von Wien – und sie verbrachte den Großteil des Jahres im Ausland.

Mit einundfünfzig Jahren war Elisabeth noch immer für ihre bleiche Schönheit berühmt, für die Diät und das gymnastische Training, durch die sie ihrem Körper fabelhafte Schlankheit erhielt, vor allem aber für ihre Ruhelosigkeit. Sie durchstreifte inkognito als Gräfin Hohenembs die halbe Welt. Oft begleitete sie nur eine Hofdame auf ihren höchst unvorhergesehenen Reisen. Ebensooft aber war sie allein, wenn sie durch die schottische Heide galoppierte oder sechsstündige Bergtouren in den Bayerischen Alpen machte; oder tiefverschleiert durch die Basare von Smyrna schlenderte; oder im Sonnenuntergang draußen vor dem Hafen von Amsterdam ruderte oder auf einer menschenleeren Adria-Düne saß und mit der Spitze ihres Sonnenschirms seltsame Verse in den Sand schrieb.

Sie lebte nur selten kaiserlich, außer während ihrer gelegentlichen Aufenthalte in Wien wie eben in den Wochen vor und nach Neujahr 1889. An jenem Mittwochmorgen des 30. Januar erhob sie sich um sechs Uhr dreißig, um ein ausgiebiges duftendes Bad in einer Wanne zu nehmen, die Bedienstete in ihr Schlafzimmer getragen hatten. Ihr

Masseur, ein Fachmann aus Wiesbaden, linderte anschließend ihre Gelenkschmerzen. Dann kam die »Haarjungfer«. Um acht Uhr hatte die »Haarjungfer« (wobei sie diskret einige Silberfäden auszupfte) Elisabeths dunkle Haarpracht fertiggekämmt, die immer noch zu den glänzendsten Europas zählte. Eine Kammerjungfer brachte das Frühstück, Kräutertee und Toast. In ihrem Gymnastikraum, nur wenige Schritte entfernt, erwartete sie ihr Sportarzt Dr. Kellgrün und übte mit Ihrer Majestät einige neue Übungen an den Ringen und auf der Matte.

Um zehn Uhr halfen ihr die Kammerzofen aus der Turnkleidung. Elisabeth war nun hellwach und für ihre Griechisch-Lektion bereit. Ihr Lehrer, Monsieur Rhoussopholous, war bereits in den Salon geführt worden. Er begann, einige Verse aus der *Ilias* zu lesen, in denen der Charakter des Achilles beschrieben wurde. Gewohnheitsmäßig schrieb die Kaiserin Fragen in ihr kleines Ledernotizbuch, die sie ihrem Lehrer über die Sprache Homers stellen wollte. Die Dichtung war sehr schön, aber auch schwierig, und ein Klopfen an der Tür machte sie ungehalten. Das Klopfen kam zu früh. Ihre Uhr zeigte zehn Uhr fünfundvierzig – fünfzehn Minuten vor dem Termin für Frau Schratt.

Es war aber nicht Frau Schratt. Es war eine Hofdame, Ida von Ferenczy, die Ihrer Majestät Vergebung erbat, daß sie berichten müsse, ihr Obersthofmeister Baron Nopsca, habe eine wichtige Nachricht von Graf Hoyos. Die Kaiserin sagte kurz angebunden, daß die Nachricht warten müsse. In diesem Augenblick trat Baron Nopsca ein, ohne die Erlaubnis abzuwarten. Elisabeth erhob sich erzürnt. Dann aber sah sie Nopscas Gesicht. Das kleine ledergebundene Notizbuch fiel zu Boden. Der Tag Ihrer Majestät – noch strenger eingeteilt als der ihres Gemahls – war jäh unterbrochen.

Nach und nach wurde jedermanns Tag jäh unterbrochen. Im gleichen Stockwerk der Hofburg nahm Kronprinzessin Stephanie eine Gesangsstunde. Ihre Lehrerin, Frau Niklas-Kempner, sang ihr eben den Refrain einer rumänischen Volksballade vor – doch die Rokokotüre wurde aufgerissen, und sie sang nie mehr zu Ende.

Auch Ministerpräsident Taaffe kam nicht dazu, im Konferenzsaal des Parlaments, auf der gegenüberliegenden Seite der Ringstraße, sein Gespräch mit den Delegierten Galiziens zu Ende zu führen. Kurz nach zwölf Uhr deutete ihm ein Page durch dringende Gesten an, er möge sich kurz von seinen Gesprächspartnern entfernen. Der Graf beschloß, nicht zu reagieren. Wahrscheinlich war das nicht mehr als eine neuerliche Nachricht über das verschwundene Vetsera-Mädchen. Die Mutter hatte ihn schon gestern abend damit belästigt. Aber er wollte sich dadurch nicht in seinem geschäftigen Nachmittag stören lassen, schon gar nicht diesen Nachmittag, an dem die neue elektrische Beleuchtung im Parlament ausprobiert werden sollte, um – unter anderem – auch die gewagte neue Krawatte des Ministerpräsidenten zu beleuchten.

Also bedeutete er dem Pagen, zu verschwinden. Zu Taaffes Erstaunen aber verschwand dieser keineswegs, sondern beugte sich zu ihm nieder, um ihm etwas in unverschämter Vertraulichkeit ins Ohr zu flüstern. Was nun geschah, hatte man im Hohen Haus am Ring noch nicht gesehen: Der Ministerpräsident sprang auf und rannte so schnell davon, daß er den für ihn charakteristischen Seidenzylinder und seinen eleganten Überzieher vergaß.

Der Bruch ging immer weiter und tiefer. Zusammen mit der Wachablöse war in den Burghof eine Militärmusikkapelle einmarschiert. Ihr folgte die übliche Volksmenge, die von den Marschklängen so fasziniert war, daß sie weder der Kälte noch der geschäftig werkenden Taschendiebe achtete. Kurz vor ein Uhr hatte die Kapelle eben zum *Marsch der Hugenotten* übergeleitet, als ein Hofbeamter auf den Kapellmeister zutrat. Dieser winkte die Musik mit zwei Streichen seines Taktstocks ab.

Jählings verstummte die Musik. Die Leute auf der Straße konnten das einfach nicht verstehen. Wann war das je zuvor geschehen? Doch die Musik verstummte überall. In den hehren Hallen des Musikvereinssaals, wo Johannes Brahms eben mit dem Violinvirtuosen Joseph Joachim zum Dirigentenpult schlenderte, begann sie nicht einmal. Komponist und Solist glaubten, sie würden nun gemeinsam die zweite Wiener Aufführung von Brahms' Doppelkonzert proben. Sie irrten sich. Vor ihren ungläubigen Augen verließ das Orchester seine Sitze. Als sie bis zum Konzertmeister vorgedrungen waren, war dieser völlig verwirrt. Ein Sekretär aus dem Direktionsbüro war eben angerannt gekommen, um zu sagen, daß die Probe sofort eingestellt werden müsse; das Konzert sei abgesagt.

In der ganzen Stadt klingelten nun überall Telephone mit der gleichen Botschaft: *Absage.* Sie läuteten in den Direktionsbüros der

Hofoper, des Burgtheaters, von Konzertsälen, Kabaretts, Ballokalen und auf den Schreibtischen zahlloser Komitees für Faschingsveranstaltungen. Wo es keine Telephone gab, erschienen Boten und Telegrammzusteller. Manche von ihnen trugen bereits Trauerschleier am Ärmel, ohne noch recht zu wissen, welch bedeutender Todesfall sich irgendwo in der Stadt ereignet hatte.

Am Nachmittag durchraunte ein gigantisches, doch noch ungewisses Flüstern die Stadt. Es nannte den Namen des Kronprinzen in Zusammenhang mit einer Katastrophe. Aber noch immer war nichts Genaueres bekannt. Von überall her schoben sich Menschenmengen auf die Hofburg zu. Die Burgwachen standen unbeweglich. Ihre Waffen blitzten, wenn sie vor Hofkarossen das Gewehr präsentierten. Immer mehr erzherzogliche Gespanne rasten zu den Burgtoren. Gegen Abend ging die Venus im kalten Dämmerlicht auf, genauso strahlend wie am Abend zuvor.

Schließlich, am Morgen, gerann der Schrecken zu Schlagzeilen. Jede Titelseite jeder Zeitung war ein Schrei: Unser Kronprinz tot!

Tot mit dreißig, durch einen Schlaganfall. Tot durch eine Herzattacke, schrieb ein anderes Blatt, sich auf eine andere offizielle Quelle berufend. Tot durch eine zufällige Schußverletzung, schrieb ein drittes – und wurde sofort konfisziert.

Am 1. Februar machte die Abendausgabe des *Wiener Tagblatts* mit einer schwarz umrandeten, kolossalen Schlagzeile auf: DIE SCHRECKLICHE WAHRHEIT. Es war die offizielle Bekanntgabe des Selbstmordes. Kronprinz Rudolf war in Mayerling gefunden worden, allein, getötet durch einen von ihm selbst abgefeuerten Pistolenschuß.

Aber *was* war die Wahrheit? Was verbarg sich hinter all diesen verwirrenden Widersprüchen? Die Wiener, wahre Meister im eleganten Verschleiern unerfreulicher Tatsachen, die sich so gut darauf verstanden, die häßliche Wirklichkeit mit Engelchen und Rosengewinden zu übermalen – sie waren wie vor den Kopf geschlagen, nicht nur durch das schreckliche Ereignis, sondern vor allem durch das plumpe Ungeschick, mit dem die Regierung es zu kaschieren versucht hatte. Plötzlich war der Mythos ein Trümerhaufen. Noch vor wenigen Tagen hatte der Kronprinz seine Lipizzaner über die Ringstraße tänzeln lassen. Nun hatte etwas Furchtbares seinen Schatten über die Monarchie geworfen.

23

Erschreckte Millionen rätselten über die Wahrheit. Aber nur drei Männer hatten sie in ihrer krassen Unmittelbarkeit gesehen: der Prinz von Coburg, Graf Hoyos und der Kammerdiener Loschek. In Mayerling, am Mittwoch um acht Uhr früh hatten sie sie durch die zersplitterten Trümmer einer Tür angestarrt. Sie hatten das Paar auf dem Bett gesehen, voll bekleidet, beide mit ausgetretenem Gehirn. Das Mädchen lag ausgestreckt, vom losen Haar umflossen, die Hände um eine Rose gelegt. Der Mann saß halb aufrecht, gegen einen Nachttisch gelehnt, dessen Spiegel ihm beim Zielen auf die eigene Schläfe geholfen hatte. Er blutete noch immer aus dem Mund. Sein und ihr Blut flossen, schon fast eingetrocknet, auf dem blütenweißen Bettuch ineinander.

Der Prinz von Coburg brach bei diesem Anblick zusammen. Hoyos lief mit Bratfisch zum Fiaker. Sie langten beim Badner Bahnhof der Südbahn eben rechtzeitig an, um durch ein besonderes Notsignal des Stationsvorstehers den Kurierzug von Triest anhalten zu lassen. Um 9 Uhr 18 sprang Graf Hoyos in den Zug. Um 9 Uhr 50 sprang er am Südbahnhof in Wien heraus. Er hastete zur nächsten Droschke und langte knapp vor 10 Uhr 15 in der Hofburg an.

Hier verließ ihn der Mut. Was er gesehen hatte, war zu schrecklich, um telegraphiert zu werden. Aber nun fühlte er, daß es auch zu ungeheuerlich war, um es auszusprechen. Nie konnte er das seinem Kaiser ins Gesicht sagen. Er stolperte in das Büro von Rudolfs Obersthofmeister, der ihn zu Baron Nopsca führte. Mit dessen Hilfe erhielt er Zutritt zur Kaiserin, wo er hervorstotterte, Mary Vetsera hätte den Kronprinzen und dann sich selbst vergiftet. Diese leicht entstellte Schauergeschichte erzählte die Kaiserin schluchzend Franz Joseph, als dieser eintrat.

Zur gleichen Zeit breitete sich die Nachricht vom Badner Bahnhof aus. Um den Kurierzug in einer Provinzstadt anhalten zu lassen, war Graf Hoyos gezwungen gewesen, dem Stationsvorsteher eine Andeutung zu machen. Dieser telegraphierte prompt an den Eigentümer der Bahn, Baron Nathaniel Rothschild. An diesem Nachmittag wurde die Börse, wie alle öffentlichen Einrichtungen, plötzlich geschlossen. Aber dank Rothschild schloß sie etwas besser informiert als die anderen. Wer konnte, stieß seine Aktien ab. Bald aber siegte die Spekulation auf lange Sicht über den kurzfristigen Schock. Am Donnerstag, als der Tod des kaiserlichen Liberalen offiziell war, öffnete die Börse in kauflustiger Stimmung.

Nach dem ersten, niederschmetternden Augenblick schien Franz Joseph den Schicksalsschlag ebensogut zu verkraften wie der Markt. Er war benommen, und diese Benommenheit war ein Schutz gegen die Agonie. Benommen tröstete er seine Gemahlin. Katharina Schratt kam und versuchte sie beide zu trösten. Dann ging Franz Joseph zurück in sein Büro und versuchte, sich mit Arbeit noch weiter zu betäuben. Er arbeitete bis spät abends und telegraphierte noch um zehn Uhr nachts an seinen ungarischen Ministerpräsidenten, er möge gegen jede weitere Obstruktionspolitik wegen des neuen Wehrgesetzes energische Maßnahmen ergreifen.

Um vier Uhr morgens war er auf wie gewöhnlich, bereit weiterzuarbeiten. Wenig später, als der Tagesanbruch die Fenster der Hofburg zu röten begann, empfing er Dr. Widerhofer, den kaiserlichen Leibarzt, der eben aus Mayerling zurückgekehrt war. Der Doktor konnte ihm nicht verhehlen, was er herausgefunden hatte. Und nun kam die Wahrheit wie ein Keulenschlag: Der Kronprinz, so berichtete Dr. Widerhofer, war nicht vergiftet worden. Seine Kaiserliche Hoheit hatten Mary Vetsera mit einem Revolverschuß getötet, und zwar etwa zwei Stunden, ehe er sich selbst erschoß.

Aber das war nicht alles. Da war auch noch die Sache mit Rudolfs Abschiedsbriefen. Nur einen von ihnen hatte er erst in Mayerling geschrieben, als Mary bereits tot neben ihm lag. »Ich habe kein Recht mehr zu leben«, hieß es im Brief an seine Mutter, »ich habe getötet!« Er bat dann, daß Mary und er gemeinsam am Friedhof des Stiftes Heiligenkreuz, nahe bei Mayerling, begraben würden.

In einem weiteren Brief riet Rudolf seiner Schwester Valerie, nach Franz Josephs Tod auszuwandern, »...da es unabsehbar sei, was dann in Österreich geschehen werde«. Seiner Gattin Stephanie schrieb er, sie sei nun von seiner Gegenwart befreit und auch von der Last, die er für sie gewesen wäre. Er hinterließ Briefe an Baron Hirsch und an Mizzi Caspar, die der Kaiser las, deren Inhalt aber ein Geheimnis des Hauses Habsburg blieb. An seinen Kammerdiener Loschek schrieb er einen Brief, in dem er diesen bat, als seinen letzten Auftrag einen Priester zu holen, und ihm für viele Jahre treuer Dienste dankte.

Für seinen Vater, den Kaiser, gab es nichts. Keinen Brief. Nicht die kürzeste Notiz. Nicht eine Zeile. Nichts.

Das war eine erschreckend beredte Unterlassung. Dr. Widerhofer mußte das Franz Joseph enthüllen, an diesem frühen Morgen, am Mittwoch, dem 31. Januar. Die beiden Männer standen allein im Morgengrauen auf dem harten Marmor der Hofburg, Herrscher und Arzt, und der Herrscher sank langsam zu Boden und weinte.

Er ließ sich nicht helfen. Er mußte liegengelassen werden. Er hörte zu zittern auf. Er stand wieder auf. Er fragte, ob man den Leichnam schon, wie er befohlen hatte, in die Hofburg zurückgebracht und auf Rudolfs Bett gelegt hatte. Man versicherte ihm, der Befehl sei bereits ausgeführt. Dann ordnete er an, der Generaladjutant seines Sohnes möge diesem weiße Offiziershandschuhe anziehen. Er schnallte sich selbst seinen Degen um, zog seine eigenen Handschuhe an. Er ging in das Schlafzimmer seines Sohnes.

Da lag der Kronprinz, die behandschuhten Hände über einer Decke gekreuzt, die man ihm bis ans Kinn gezogen hatte, die Stirn mit einer schneeweißen Bandage kaschiert – alles wie befohlen. Franz Joseph stand kerzengerade aufgerichtet, unbeweglich wie ein Standbild, während einer fünfzehnminütigen Totenwache. Tradition und Reglement entsprechend nahm er Abschied von einem Offizier und Kameraden.

Der Sohn hatte seine einzig mögliche und verzweifelte Auflehnung vollbracht. Draußen vor der Hofburg hatte Wien vor Auflehnung zu zittern begonnen. In der Burg selbst aber fand die letzte Konfrontation nach den Spielregeln des Vaters statt – korrekt bis zur Farbe der Handschuhe.

Diese Zeremonie stellte das herrscherliche Gleichgewicht wieder her. Franz Joseph wurde wieder er selbst. Die Majestät kehrte in seine Adern zurück. Einmal mehr war er das zentrale Symbol seiner Völker. Solche Symbole weinen nicht. Sie sind leitende und ordnende Kräfte. Sie strahlen Ordnung in das fürchterliche Chaos der Welt aus. Auch dies, der unaussprechliche Eklat von Mayerling, mußte in ein entsprechendes Schema gebracht werden. Darin lag nun des Kaisers Aufgabe: das Unaussprechliche zu bürokratisieren, es in Verwaltungsakte aufzulösen und damit für seine Untertanen und sich selbst erträglicher zu machen.

Zwei Dinge galt es vor allem durchzusetzen: Trotz der Umstände mußte Rudolf ein katholisches Leichenbegräbnis erhalten. Und Mary Vetsera mußte aus dem Bewußtsein der Öffentlichkeit getilgt werden – ihr Name, ihr Tod, ihr Leichnam. Die letzte Notwendigkeit war die dringendste von allen.

Marys Mutter fühlte den Druck als erste, das heißt, in dem Maße, in dem sie überhaupt etwas fühlen konnte. Ihr ganzes Leben lang war die Baronin eine Frau von eisernem Willen gewesen. Ihre luxuriöse Garderobe, ihr Sinn für Haute Couture, ihr Schmuck, ihr gesellschaftlicher Schliff, ihre Soireen, ihre Töchter – vor allem Mary – waren stets auf Aufstieg gerichtet gewesen. Und nun stürzten diese stets erstrebten, mit wahrem Pilgereifer angepeilten Höhen plötzlich lawinenartig auf sie herab. Ihre Mary war von ihnen verschlungen worden. Nun vernichteten sie ihre Rechte als Mutter. Sie begruben Sinn und Zweck ihres Lebens.

Sie war am Mittwoch morgen in der Burg gewesen und hatte ihre Tochter gesucht. Völlig unerwartet war sie von der Kaiserin empfangen worden. Ein lebenslanger Traum wurde wahr, als Alptraum. Ihre Majestät eröffnete der Baronin, daß ihre beiden Kinder tot seien. Wie vor den Kopf geschlagen, kehrte Baronin Vetsera nach Hause zurück. Unmittelbar darauf ließ sich der Generaladjutant des Kaisers bei ihr melden und erklärte ihr, Mary habe den Kronprinzen vergiftet. Sie als die Mutter müsse Wien noch vor Einbruch der Nacht verlassen, um dem Volkszorn zu entkommen.

Sie besaß nicht mehr die Kraft, zu fragen, sich zu wehren, auch nur zu verstehen. Sie reiste noch am selben Nachmittag nach Venedig ab, stieg aber auf halbem Wege, an einer Station in den Alpen, aus, um umzukehren. Nicht aus Auflehnung, sondern aus dem dumpfen, kaum bewußten Drang heraus, an der Seite ihrer toten Tochter zu sein. Ein nordwärts fahrender Zug brachte sie nach Hause zurück. Sofort schlugen die Höhen wieder zu: Sie fand ihr Stadtpalais von Polizeiagenten umstellt. Man legte ihr unmißverständlich nahe, Wien sofort wieder zu verlassen.

Noch ein letztes Mal bäumte sich die Aufsteigerin in ihr auf: Sie würde eine solche Empfehlung nur von einem entsprechend hochgestellten persönlichen Abgesandten des Kaisers annehmen.

In weniger als einer Stunde erschien Ministerpräsident Graf Taaffe, höflich und gnadenlos, mit Zylinder und Zigarre. Er war wahrhaftig der am besten geeignete Mann – der einzige in der

Hauptstadt, der diesem Tag eine gewisse grimmige Befriedigung abgewann. Ihm war der Kronprinz nie sonderlich sympathisch gewesen. Diese Krise aber lag ihm. Sie verlangte die größte Perfektion im »Fortwursteln«.

Der Ministerpräsident begann damit, der Baronin sein persönliches Beileid auszudrücken. Das tragische Ereignis, sagte er, habe sich nun als Doppelselbstmord mit einer Pistole aufgeklärt. Es läge daher im allgemeinen Interesse, wenn die Baronin die Stadt sofort wieder verließe, zumindest für die Zeit der Trauerfeierlichkeiten für den Kronprinzen. Daß sie, ebenfalls sofort, zur heimlichen, jedoch katholischen Beisetzung ihrer Tochter in einem unauffälligen Grab im Stift Heiligenkreuz ihre Einwilligung gäbe. Und weiters dürfe die Baronin weder durch ihren Besuch noch durch andere Zeichen die Aufmerksamkeit auf diesen Begräbnisort lenken – wenigstens nicht, solange sich nicht die Neugier des Volkes etwas gelegt hätte. Die Regierung Seiner Majestät würde sich für das Einverständnis der Frau Baronin dankbar zeigen; sie würde ihr beziehungsweise ihrem Schwager, dem Grafen Stockau, sogar die in Mayerling gefundenen Abschiedsbriefe ihrer Tochter aushändigen. Alle von ihm gemachten Vorschläge entsprächen dem Allerhöchsten Willen. Sicherlich werde sie sich, als Dame der Gesellschaft, dem allen nicht entgegenstellen.

Graf Taaffe lehnte sich mit seiner Havanna zurück; er hatte der Baronin gegenüber seine im Parlament so gefürchtete mörderische Gewandtheit ausgespielt. Ihr blieb nichts übrig als einzuwilligen. Noch am gleichen Tag erhielt sie die Abschiedsworte ihrer armen Mary. Sie las sie. Wie der Kaiser weinte sie.

»Liebe Mutter!« hatte Mary geschrieben. »Verzeiht mir, was ich getan; ich konnte der Liebe nicht widerstehen. In Übereinstimmung mit ihm will ich neben ihm am Friedhof von Alland begraben sein. Ich bin glücklicher im Tode als im Leben. Deine Mary.« In dem Brief an ihre Schwester empfahl sie dieser, nur aus Liebe zu heiraten; und Mary bat, alljährlich am 13. Januar – dem Tag, an dem Rudolf ihr Geliebter geworden war – eine Gardenie auf ihr Grab zu legen.

Aber durch all das Makabre blitzte der Glanz der übermütigen Modedame, des »Turf-Engels«, der die Rennen wie eine Königin beherrschte, der heiteren, siegreichen Schönheit. »Bratfisch hat ganz wunderbar gepfiffen!« schrieb sie als Postskriptum an ihre Mutter. Und der Brief an den Herzog von Braganza, einen ihrer bevorzugten Anbeter, war eine einzige, lange Neckerei darüber, ihm ihre berühmte Boa zu vermachen, damit er sie über seinem Bett aufhängen könne. »Servus Wasserer«, hatte Rudolf diesem Brief hinzugefügt. »Wasserer« war der Spitzname des Herzogs, weil dieser sich gern mit Halstüchern zeigte, wie sie die Burschen trugen, die den Pferden bei den Fiakerstandplätzen das Wasser brachten.

Servus... die Heiterkeit von irgendwo oben. Ihr Lachen widerhallte durch einen gespenstischen Schleier. Die Baronin weinte und reiste ab.

24

Der Leichnam Mary Vetseras wurde nun der kaiserlichen Maschinerie überlassen, deren Räder sich bereits knirschend in Bewegung gesetzt hatten. Verfassungsmäßig stand die Allerhöchste Familie jenseits des Zugriffs von Polizei und Rechtsprechung. Nach den persönlichen Anweisungen des Kaisers vollzog das Obersthofmarschallamt die Rechtsangelegenheiten des Hauses Habsburg mit Allerhöchster Befugnis; ihm mußten sich auch die höchsten Gerichte des Reiches beugen. Diesem Obersthofmarschallamt wurde nun der »Fall Mayerling« übergeben.

Selbst für ein mit so uneingeschränkten Vollmachten ausgestattetes Amt war das keine leichte Aufgabe. Da Mary Vetsera nicht dem Haus Habsburg angehörte, unterstand sie – im Leben wie im Tod – der ordentlichen Gerichtsbarkeit des Reiches. Wenn sie nun die zuständigen Behörden zum Opfer eines Mordes erklärten – das sie ja zweifellos, wenn auch freiwillig, war –, dann mußte bei der Staatsanwaltschaft Baden Anklage erhoben und eine Untersuchung eingeleitet werden; die Konsequenzen wären nicht abzusehen. Wenn aber Mary Vetsera als Selbstmordfall behandelt würde, dann könnte die Krone ihr Versprechen, für eine katholische Beisetzung zu sorgen, nicht gut einlösen, kurz: dann würde man ihr die geweihte Erde des Stiftes Heiligkreuz verweigern. Das heißt: unter gewöhnlichen Umständen.

Das Obersthofmarschallamt richtete an den Abt des Stiftes, Heinrich Grünbeck, ein Telegramm. Darüber hinaus schrieb Rudolfs Obersthofmeister an Grünbeck einen Brief, in dem er ihm einen Allerhöchsten Wunsch unterbreitete. Mit diesem Schreiben in der Tasche galoppierte ein Polizeikurier nach Heiligenkreuz. Von zwei mächtigen staatlichen Stellen doppelt unter Druck gesetzt, ließ sich der Abt zu einem ganz außergewöhnlichen Zugeständnis herbei. Der Friedhof des Stiftes würde den Leichnam aufnehmen.

Auf diese Weise konnte die wahre Todesursache von Mary Vetsera vor dem Gesetz verschleiert werden. Als nächstes ging es darum, ihren Leichnam verschwinden zu lassen.

Noch am Nachmittag des 31. Januar begaben sich die beiden Onkel von Mary Vetsera, Alexander Baltazzi und Georg Graf Stockau, nach Mayerling. Sie fuhren in Graf Stockaus unauffälligem Wagen und vermieden die Hauptstraßen. Ihnen folgte ein Beamter des Obersthofmarschallamtes zusammen mit einem Hofarzt. Vorbei ging es an den bewaffneten Wachen, an den ruhelosen Krähen, an den immer noch heulenden Hunden. Im Inneren des Gebäudes entfernten sie ein an einer bestimmten Tür angebrachtes kaiserliches Siegel. Im Raum dahinter lag unter einem Berg alter Kleider Mary Vetsera, die nun schon seit vierzig Stunden tot war. In den blutleeren Händen hielt sie noch immer die verwelkte Rose.

»Hätte ich eine solche Szene in einem Schauerroman gelesen«, erzählte später Heinrich Slatin, der Beauftragte des Obersthofmarschallamtes, »ich hätte das für eine übertriebene Schilderung gehalten, was ich jetzt erlebte.«

So aber lautete sein offizieller Bericht: »Am 30. Jänner 1889 morgens wurde im Gemeindegebiet Mayerling ein weiblicher Leichnam aufgefunden. Der Herr Leibarzt Dr. Franz Auchenthaler constatirt zweifellos Selbstmord mittels Schußwaffe... Der mitgefertigte Herr Georg Graf Stockau sowie der gleichfalls mitgefertigte Herr Alexander Baltazzi agnoscieren den Leichnam als jenen ihrer Nichte, der am 19. März 1871 in Wien geborenen Marie Alexandrine Freiin von Vetsera...«

Während Slatin sein Protokoll schrieb, wusch der Arzt das gestockte Blut vom Leichnam. Dann wurde die Tote mit Mantel, Hut, Schleier, Boa und Schuhen bekleidet und auf die Beine gestellt. Die beiden Onkel hakten sich rechts und links bei ihrer Nichte ein und führten sie langsam in die Nacht hinaus, vorbei an möglicherweise argwöhnischen Blicken, durch das Heulen des Sturmes, vorbei an Rudolfs bellenden Hunden, bis zu Graf Stockaus Wagen. Ein Leichenwagen hätte selbstverständlich zuviel verraten und auch zuviel

Aufmerksamkeit erregt an einem Ort, wo jeden Augenblick Journalisten auftauchen konnten.

Die beiden Onkel hoben Mary vorsichtig in die Kutsche, brachten sie in Sitzposition, nahmen sie eng zwischen sich, schoben einen Besenstil zwischen Marys Rückgrat und Seidenkleid, um sie aufrecht zu halten. Ein Kriminalbeamter stieg auch ein.

Dann begann der Wagen, von einer einsamen Laterne erleuchtet, langsam zu rollen. Der Beauftragte des Obersthofmarschallamtes folgte mit dem Leibarzt in einer zweiten Kutsche. Die Schatten von Rossen und Wagen zogen an jenen der winterkalten Bäume vorbei. Und so trug der Kadaver, der, als er noch vor Leben sprühte, die Federboa zum Modeschlager von Wien gemacht hatte, auch im Tode noch das Markenzeichen des Schicks. So kam es, daß Mary Vetsera, der leuchtende Mittelpunkt so vieler Kostümfeste, zum Star einer allerletzten Maskerade wurde. Und so mußte sich in dieser Nacht des 31. Januar 1889 Alexander Baltazzi, der im Jahr 1876 das englische Derby gewonnen hatte, mit einer weit langsameren Gangart seiner Pferde begnügen.

Langsam, über vereiste Wagengeleise, unter plötzlichen Regenschauern, bewegte sich der kleine Zug holpernd auf Nebenstraßen durch die Dunkelheit. Regentropfen klatschten gegen die Fenster. Marys Körper schwankte mit jedem Stoß. Die Pferde glitten immer wieder aus. Oft mußten die Kutscher anhalten, um die Stollen der Hufeisen nachzusehen. Obwohl es keine besonders lange Strecke zu überwinden galt, brauchte man doch länger, als vorgesehen war. Erst kurz vor Mitternacht langten die beiden Wagen in Heiligenkreuz an. Am Friedhof des Stiftes erwartete sie bereits eine Gruppe hochrangiger Polizeibeamter.

Der Wagen, in dem Marys Leiche saß, fuhr sofort zur Grabkapelle, wo ihr Onkel sie in einen von einem Tischler hastig zusammengenagelten Sarg legte. Der Beauftragte des Obersthofmarschallamtes begab sich direkt ins Stift, wo der Bezirkshauptmann das Protokoll der Totenbeschau unterfertigte und verschiedene andere Unterlagen erledigte, die bei absoluter Geheimhaltung dem Vorgang doch wenigstens den Anschein von Legalität gaben.

Dann war es Zeit, Mary endgültig in der Erde zu verbergen. Doch Sturm und Regen waren inzwischen so heftig geworden und die Dunkelheit so undurchdringlich, daß die Totengräber für ihre Arbeit zahlreicher Laternen bedurft hätten. Damit aber hätte man möglicherweise wieder zuviel Aufmerksamkeit erregt. Also richtete der leitende Polizeibeamte, Kommissär Gorup, eine Chiffrekabel an das Präsidium in Wien. Dort befand sich ein Krisenstab die ganze Nacht hindurch in Dauersitzung. Kommissär Gorup erbat die Erlaubnis, die Beisetzung bis Tagesanbruch aufzuschieben.

Also zog sich die gesamte versammelte Beamtenschaft zu einer kleinen Erfrischung in den Stiftskeller zurück. Da der Stiftswein mit Recht berühmt und die Wichtigkeit dieser Mission an sich schon berauschend war, wurde die Stimmung schließlich recht lebhaft. So lebhaft, daß sich der Beauftragte des Obersthofmarschallamtes noch viele Jahre später dieser Gemütlichkeit mit Mißbilligung erinnerte. Als die Nacht fortschritt und die Fröhlichkeit zunahm, mußte schließlich ein Mönch ein paar Worte der Mahnung sprechen und an den Anlaß des Hierseins erinnern.

Schließlich wechselte die Farbe des Regens von schwarz zu grau. In diesem elenden Morgengrauen zog nun eine kleine Prozession schwarzer Regenschirme über nasse Schneeflocken hin zur Grabstätte. Ein Prior sprach den Segen, während seine Soutane vom strömenden Regen durchweicht wurde. Ein Leichnam verschwand in der offenen Grube. Um zehn Uhr vormittags schließlich sandte Kommissär Gorup ein Telegramm an das Polizeipräsidium. Entschlüsselt waren es nur zwei Worte: »Alles abgethan.«

Alles war »abgethan«, bis auf den Totenschein, der nie ausgestellt wurde. Und bis auf jene Eintragung im Sterberegister der Pfarrgemeinde, die erst viele Wochen später geschrieben werden sollte. Sonst war von offizieller Seite »alles abgethan«, was die Person der Baronesse Mary Vetsera betraf. Über Nacht hatte sie sich buchstäblich in Luft aufgelöst – war sozusagen verdampft. Bis in die entferntesten Ecken der Doppelmonarchie erschien ihr Name nur noch ein einziges Mal in Druck, und zwar in einem Provinzblatt mit dem schönen Titel *Illustriertes Grazer Extrablatt.* Dieses veröffentlichte eine Meldung, in der behauptet wurde, Baronesse Vetsera, eine gesellschaftlich arrivierte junge Dame in der Reichs-Haupt- und Residenzstadt, sei in Venedig verstorben und ruhe nun in der Familiengruft in Pardubitz in Böhmen. Irgendwie war dieser Artikel durch die Zensur geschlüpft.

Abgesehen von dieser kleinen Phantasterei aber erschien ihr Name nie wieder in einem Buch, Magazin oder einer Zeitung, die in der österreichisch-ungarischen Monarchie veröffentlicht wurden.

Weder ihr Tod noch ihr früheres Leben wurden je wieder erwähnt. Es war, als könne sich plötzlich keiner mehr daran erinnern, daß sie auf Erden geweilt hatte. Ihre Existenz als Tochter, Schwester und Nichte, als Flirt oder Geliebte, als umschwärmte Ballkönigin oder Glücksbringer bei Pferderennen, ihre ganze Karriere als Glamour-Prinzessin in den Mode- und Gesellschaftsspalten der Tagespresse – all das war von den Wurzeln her ausgelöscht, »abgethan«. Es war nie geschehen. Es hatte nie begonnen.

Es war »alles abgethan«, und es war doch nicht alles abgetan. Die spurlose Beseitigung Mary Vetseras brachte die Affäre, in die sie verwickelt gewesen war, nur zur Hälfte zu Ende. War es notwendig, Marys Beisetzung heimlich und bei Nacht und Nebel zu vollziehen, so mußte der letzte Weg Rudolfs notwendigerweise zu einem Trauerfest im vollsten Licht des Tages und mit allem nur möglichen Pomp von Kirche und Staat gestaltet werden.

Zu diesem Zweck wurde eine Autopsie des Kronprinzen durchgeführt. Am 31. Januar 1889 um acht Uhr abends – zu dem Zeitpunkt, wo Mary von ihren beiden Onkeln für die bizarre Fahrt durch den nächtlichen Wienerwald eingekleidet wurde – befaßten sich Hofbeamte in der Burg mit dem Leichnam von Marys Liebhaber. Ein Kämmerer öffnete die Tür zu Rudolfs Schlafzimmer, um die Kommission eintreten zu lassen. Sie bestand aus Professor Dr. Hermann Widerhofer, dem obersten Leibarzt seiner Kaiserlichen und Königlichen Majestät; Hofrat Dr. Eduard Hofmann, Professor für die Gerichtsmedizin an der Universität Wien; und Professor Dr. Hans Kundrath, dem Vorstand des Institutes für Pathologie an der Universität Wien.

Diese hochgeachteten Wissenschaftler sezierten und untersuchten den Kronprinzen bis zwei Uhr früh. Dann verbrachten sie die restliche Nacht damit, ihren Bericht abzufassen. Diesem war zu entnehmen, daß Seine Kaiserliche und Königliche Hoheit, der allergnädigste Kronprinz, an einer Zertrümmerung seines Schädels und der vorderen Hirnpartien gestorben seien; daß eine Kugel aus einem mittelkalibrigen Revolver die beschriebenen Verletzungen hervorgerufen hatte; und daß Seine Kaiserliche und Königliche Hoheit diesen Schuß selbst abgefeuert hatten. Schließlich aber, und das war besonders wichtig, wurde noch festgestellt, daß man bei der Obduktion gewisse krankhafte Veränderungen entdeckt hätte. Es wurde dargelegt, »...die deutliche Abflachung der Hirnwindungen und die Erweiterung der Hirnkammern sind pathologische Befunde, welche erfahrungsgemäß mit abnormen Geisteszuständen einherzugehen pflegen und daher zur Annahme berechtigen, daß die That in einem Zustand von Geistesverwirrung geschehen ist«.

Kurz gesagt: Rudolf war nicht bei klarem Verstand gewesen, als er sich den Revolver an die Schläfe setzte. Damit war seine Tat aber auch in den Augen der katholischen Kirche kein Selbstmord. Folglich konnte er, der Tradition des Erzhauses folgend, mit allen kaiserlichen und königlichen Ehren und habsburgerischer Feierlichkeit so wie alle seine Vorfahren in der Kapuzinergruft beigesetzt werden.

Hatten die hochgestellten Herren Mediziner den Tatsachen Gewalt angetan, um zu ihrem Urteil zu gelangen? Im damaligen Österreich wurde recht häufig bei der Leichenschau die Wahrheit ein wenig retuschiert. Wien war wie gesagt in diesen Tagen eine Stadt von katholischen Selbstmordkünstlern. Die Ärzte der Metropole hatten offenbar schon ein gewisses Geschick entwickelt, durch die Feststellung pathologischer Veränderungen in solchen delikaten Fällen ein kirchliches Begräbnis zu ermöglichen. In dem barocken Klima dieser Stadt war die Wahrheitsfindung ein geheiligter Ritus, der nicht in engherzige Pedanterie ausarten durfte.

Für die kaiserliche Familie war die Wahrheit ganz besonders anpassungsfähig. So wie die von den Habsburgern gesetzten Taten und Rechtsakte die Kompetenz der weltlichen Gerichtsbarkeit überschritten, so lag auch ihr religiöses Leben hoch über den Instanzen von Pfarre und Diözese. Der kaiserliche und königliche Hofkaplan, Dr. Laurenz Mayer, war nicht wie andere Priester dem Erzbischof von Wien unterstellt, sondern direkt und unmittelbar dem Papst selbst. Er genoß die uneingeschränkten Rechte eines Kardinals. Gleichzeitig aber gehörte er auch dem kaiserlichen Hofstaat an und war als solcher bereit, seinem Kaiser zu Diensten zu sein. In dieser Situation gründete sich sein Urteil betreffend des Begräbnisses des Kronprinzen auf das Protokoll der Autopsie: Rudolf gebührten Trauerfeierlichkeiten mit vollen kirchlichen Ehren. Nur auf Ersuchen des Kaisers unterzog sich Dr. Mayer noch der Formalität, sein schon feststehendes Urteil auch noch durch den Apostolischen Nuntius und damit durch den Heiligen Stuhl selbst ratifizieren zu lassen.

Auf das hin ließ sich unter der hohen Geistlichkeit der Monarchie, vor allem aber seitens des Erzbischofs von Prag, des Grafen

Schönborn, ein lautes Murren vernehmen. Rudolf, dieser Freidenker und Liberale, war nie ein besonderer Freund der Kirche gewesen. Auch hatte er für den Erbadel, aus dem sich viele Kirchenfürsten des Reiches rekrutierten, nie viel Sympathie und Verständnis gezeigt. Warum sollte nun diesem toten Wüstling eine Ehre erwiesen werden, die er sich weiß Gott nicht verdient hatte?

Weil der Kaiser es so befahl. Oder um es genauer zu sagen, weil der Kaiser bereits so entschieden hatte. Am 1. Februar führte der Oberste Zeremonienmeister des Kaisers den Vorsitz bei einer Besprechung in der Hofburg, der unter anderem der Hofkaplan, der für die Kapuzinergruft verantwortliche Pater Guardian des Ordens, der Oberstallmeister, der Hofmusikmeister, der Kammer- und Hofbeschlagmeister und der Kommandant der kaiserlichen Leibwache beiwohnten. Bei dieser Besprechung, über die sich in der offiziellen Hofchronik genaue Aufzeichnungen finden, wurde das Zeremoniell einer kirchlichen Beisetzung geplant, »wie sie von seiner Majestät schon am vorangegangenen [!] Tag Allerhöchst genehmigt worden war«.

Diese »Allerhöchste Genehmigung« ist auch im Zeremonienprotokoll festgehalten und datiert. Sie wurde sogar noch früher als »am Vortag« gegeben, der ja der 31. Januar gewesen wäre. Franz Joseph genehmigte – und verfügte damit – kirchliche Zeremonien »...am Nachmittag des 30. Jänner«, also mehr als vierundzwanzig Stunden vor der Autopsie und der auf ihrem Ergebnis fußenden »Entscheidung« des Hofkaplans.

Nun mußte der traurige Allerhöchste Befehl auch ausgeführt werden. Es galt, Tag um Tag Feierlichkeiten zu inszenieren, die sich nach und nach bis zum Höhepunkt der endgültigen Beisetzung in der Kapuzinergruft steigern sollten. Zu seinen Lebzeiten war Rudolf eine recht widerspenstige Marionette gewesen. Sein lebloser Körper aber war so fügsam, wie man nur wünschen konnte.

Dreimal lag er, an drei aufeinanderfolgenden Tagen, an drei verschiedenen Orten feierlich aufgebahrt. Am 31. Januar ruhte er in seinem eigenen Schlafzimmer, wo nur Mitglieder der engsten kaiserlichen Familie die Totenwache hielten. Nach der Obduktion wurde dann am 1. Februar Rudolfs zertrümmerter Schädel mit Wachs verschlossen und sein Haar gekämmt. Dann wurde sein Körper einbalsamiert, in die Paradeuniform eines österreichischen Feldmarschallleutnants eingekleidet und auf einer Bahre in einen der Audienzsäle gebracht. Der Waffenrock war mit Orden und Dekorationen geschmückt, und um die Brust hatte man ihm das rot-grüne Band des Stephansordens geschlungen. Zwischen den erkalteten Fingern hielt Rudolf ein Elfenbeinkreuz.

Zwei Tage lag der Kronprinz hier öffentlich aufgebahrt. Der Duft von Räucherwerk, Wachskerzen und zahllosen Blüten vermischte sich in dem Saal zu einem wahrhaft unirdischen Dunst. Angehörige des Hofes kamen zum Gebet hierher, bahnten sich den Weg an knienden Priestern und Mönchen vorbei, an der kaiserlichen Leibwache, die die Totenwache hielt, und vorbei an zahllosen Kränzen. Hunderte Kaiser, Könige, Präsidenten, geistliche und weltliche Potentaten hatten durch ihre Botschafter Blumengrüße übersandt. Tausende von Städten, Gemeinden, Gilden und Zünften aus allen Teilen der riesigen Donaumonarchie waren ihrem Beispiel gefolgt. Und auch der Journalisten- und Schriftstellerverein Concordia hatte einen Kranz geschickt, auf dessen Schleife die schlichten Worte zu lesen waren: »Dem Schriftsteller Kronprinz Rudolf.«

Am 3. Februar um neun Uhr abends erschien eine Gruppe in schwarzen Roben. Während sie Palestrinas *Miserere* sangen, begleitete der Knabenchor der Hofburgkapelle den Leichnam zu einer weiteren Aufbahrungsstelle, und zwar in die Hofburgkapelle, die man für diesen Anlaß in eine sakramentale schwarze Höhle verwandelt hatte. Bänke, Altar und Chor waren schwarz verhüllt, der Boden mit schwarzen Teppichen ausgelegt. Auf einem schwarzdrapierten Podest schien Rudolfs Körper, ganz in Weiß und auf ein schwarzes Kissen gebettet, unter einem schwarzen Baldachin zu schweben. Seine Krone als Prinz des Erzhauses, sein Erzherzogshut, sein kaiserlicher Degen und sein Generalssäbel, sein Orden vom Goldenen Vlies – all das lag auf schwarzen Samtkissen, die ihn umgaben. Über den zahllosen Kränzen ragte ein Wald schwarzer Kandelaber auf. Bleiche Flammen züngelten auf Kerzen, die länger als Bajonette waren. Offiziere aus Rudolfs Regiment hielten mit gezogenem Degen und schwarzen Schärpen die Totenwache. Aus einer unsichtbaren Nische drang der gedämpfte Klang von Totenliedern, wobei eine Gruppe von Sängern die andere ablöste.

Um sieben Uhr früh des folgenden Tages wurde die Kapelle geöffnet. Zum erstenmal konnte nun die Öffentlichkeit den Leichnam des Kronprinzen sehen. Die Öffentlichkeit aber, das heißt ganz

Wien, war schon seit Stunden zu ihrem Kronprinzen unterwegs. Aus einem dunkel verhangenen Himmel hatte es zu schneien begonnen, und durch den Flockenwirbel kamen sie nun von allen Seiten an: aus den inneren Bezirken und aus den entlegensten Vororten, aus Ottakring und Erdberg – von überall her strebten Menschenmengen zur Hofburg hin. Sie kamen in Kutschen, in Pferdestraßenbahnen und zu Fuß. Sie kamen in Schwarz. Sie hatten die Geschäfte von allen schwarzen Kleidungsstücken leergekauft. Einige hatten sich sogar schwarze Faschingsmasken so elegant um den Arm gebunden, daß sie wie Trauerarmbinden aussahen.

An der Menschenmenge selbst aber war wenig Elegantes zu bemerken; Stil und Würde waren aus den Straßen verschwunden. Diese Massen trampelten schwerfällig und unbeholfen durch den nassen Schnee. Das waren keine Wiener mehr. Unter schwarzen Fahnen stolperten sie im Halbdunkel gegeneinander. Schwarze Tücher und Banner hingen so dicht von Fenstern, Dächern und Erkern, daß manche schmale Gäßchen wie schaurige Zelte, andere wieder wie Tunnels aussahen. Auch Torbögen, Einfahrten, Laternen und Geschäftsschilder waren schwarz drapiert.

Ganze Familien waren auf dem Marsch durch die verschneite Düsternis, von Großvätern mit Gehstöcken bis zu kleinen Knirpsen in Kinderwagen. Man hatte für die Leute um die Hofburg und entlang der Ringstraße Platz freigehalten. Aber dieses Areal konnte nicht alle fassen. Der Druck der Massen riß Barrikaden nieder und drängte den Kordon der Burgwache ab. Als die Hofburgkapelle geöffnet wurde, flutete die Menge vorwärts. Das Gedränge wurde unerträglich; Kinder brüllten, Frauen fielen in Ohnmacht. Ganze Kirchenbänke wurden zertrümmert. Die Polizei schrie, und Soldaten versuchten, eine Phalanx zu bilden. Erst als die Kavallerie eintraf, gelang es, die Menge zur Vernunft zu bringen und den Ansturm wieder in geordnetere Bahnen zu lenken. Krankenwagen mußten herbeigerufen werden; Sanitäter transportierten zweiundzwanzig Verletzte ab. Mehrere Frauen erlitten Weinkrämpfe und mußten zur Behandlung weggebracht werden.

Inzwischen begann das Vorbeidefilieren an der Leiche. Scharen von Menschen kamen und gingen. Neue Scharen schoben sich an ihre Stelle. Selbst gegen Abend ließ der Andrang nicht nach. Um vier Uhr nachmittags gab die Polizei bekannt, man würde die Kapelle zum Schutz der Leute schließen. Alles sollte heimgehen.

Keiner ging. Niemand bewegte sich auch nur. Die Menschenmenge stand regungslos im Schneefall, der allmählich in Matschregen übergegangen war. Tausende standen naß und unbeweglich wie die Statuen auf den Dächern der Ringstraßenpalais. Ein leiser Trauerchor breitete sich allmählich immer mehr aus: »Wir wollen auch hinein, wir wollen auch unseren Kronprinzen sehen!«

Nach einer Verlegenheitspause verkündeten dann berittene Polizeiorgane plötzlich: Der Kaiser selbst habe interveniert. Auf Allerhöchsten Befehl würden die Tore der Hofburgkapelle noch drei Stunden dem Volk geöffnet bleiben.

Franz Joseph intervenierte überall, orchestrierte sogar jedes Detail der Trauer. Seine Gemahlin lag schluchzend im Bett, völlig verstört. Seine Töchter standen noch unter Schock und wurden von ihren Hofdamen gepflegt. Er aber, Franz Joseph I., saß an seinem Schreibtisch. Er tat seine Pflicht. Mehr denn je hatte er alle persönlichen Vatergefühle in sich zurückgedrängt. War ganz zum Vater seiner Völker geworden; hatte sich zum alles erduldenden, allen Zuflucht und Schutz bietenden Erzbürokraten verwandelt. Rudolf, sein Nachfolger, hatte sich umgebracht; Franz Joseph aber war am Werk, selbst den Tod in die Kontinuität des Reiches einzubinden. In seinen Händen wurde sogar die Katastrophe zum Ritual; und Ritual zur dynastischen Feier. Er gönnte sich nicht die kleinste Pause; schrieb, beorderte, bestellte, genehmigte und befahl.

Mit seinem Ersten Obersthofmeister legte er die Größenordnung der Hoftrauer fest: im ersten Monat tiefste Trauer. Im zweiten Monat tiefe Trauer. Im dritten Monat dann beschränkte Trauer. Jede dieser Phasen sah verschiedene Bekleidungsvorschriften für die verschiedenen Ränge vor, vom schwarzen Schmuck der Erzherzoginnen und den schwarzen Degenscheiden der Wirklichen Hofräte im ersten Monat bis zu den schwarzen Mützenschirmen und weißen Handschuhen, die k. u. k. Botschafter im Ausland noch im dritten Trauermonat zu tragen hatten.

Um all das kümmerte sich der Monarch höchstpersönlich. Er bestellte auch die zwei Särge: den vorläufigen hölzernen und den reichgeschmückten Metallsarkophag, an dem Kunsthandwerker monatelang arbeiten würden. Er sah zahllose Kondolenztelegramme durch, die ihm von den Staatsoberhäuptern der ganzen Welt zugingen, und machte genaue Notizen auf den Antworten und

Danksagungen, die seine Sekretäre in der Hofkanzlei konzipiert hatten.

So mußte etwa das Danktelegramm an den König von Griechenland korrigiert werden; es war nicht in Du-Form abgefaßt. Auch die Antwort an Kaiserin Eugenie von Frankreich mußte geändert werden, da sie darin nicht als »Eure Majestät« angesprochen wurde.

Der jähe Lauf der Ereignisse mochte seine Untertanen überwältigt haben; Franz Joseph jedoch trug seine Trauer mit Fassung. Er überblickte nicht nur das Meer von Botschaften von gekrönten Häuptern und Hoheiten im Ausland, sondern auch von Bezirkshauptmännern und kleinen Bürgermeistern in den Erblanden, ja sogar von Tausenden kleinen Dörfern wie etwa jenem in Südungarn, das seinem Allerhöchsten Monarchen folgendes Telegramm gesandt hatte:

> »Die schlichten Einwohner eines ferne gelegenen kleinen Dorfes vergrößern mit ihren Tränen das Meer der Schmerzen.
>
> Gemeinde Bögöz«

Franz Joseph sorgte dafür, daß auch solche Botschaften postwendend beantwortet wurden, freilich nicht von ihm selbst:

> »Seine Majestät danken für den rührenden Beweis der Teilnahme.
>
> Prinz Hohenlohe,
> Erster Obersthofmeister«

Schließlich mußte noch eine höchst heikle Angelegenheit telegraphisch abgewickelt werden. So gut wie alle Staatsoberhäupter Europas wollten zur feierlichen Beisetzung Rudolfs nach Wien eilen. Daran mußte man sie möglichst diplomatisch hindern. Also befahl der Kaiser seinem Minister des Äußern, an alle betroffenen k. u. k. Botschaften gleichlautende Kabel zu schicken. Auch hier überwachte er höchstpersönlich die Formulierung.

> »Auf Allerhöchsten Befehl theile ich Ihnen mit, daß Seine Majestät der Kaiser, auf das tiefste ergriffen und von Schmerz gebeugt über das entsetzliche Unglück, welches Ihn und die Seinen getroffen, angeordnet hat, daß die Leichenfeier im engsten

Familienkreis stattfindet und alle Wünsche und Anfragen über etwaige Hieherkunft fremder Herrschaften und Missionen in dem Sinne beantwortet werden sollen, daß Allerhöchstderselbe für alle Beweise der Theilnahme mit inniger Rührung dankt, jedoch wünscht, nur die nächsten Familienmitglieder bei diesem erschütternden Trauerakte um sich zu sehen.«

In manchen Fällen war das nicht deutlich genug. An den Deutschen Kaiser mußte Franz Joseph im eigenen Namen das direkte Ersuchen richten:

»Sr. Majestät Kaiser Wilhelm
Die liebevollen Worte Deiner innigen Theilnahme an unserem Schmerze haben die Kaiserin und mich tief bewegt und unserem trauererfüllten Herzen wohl gethan. Nimm unseren wärmsten Dank für Deine treue Freundschaft sowie für die Absicht hieher zu kommen. Wenn ich Dich bitte dies nicht zu thun, so mögest Du ermessen, wie tief gebeugt die Meinen sind, um diese Bitte auch an Dich richten zu müssen.
Franz Joseph I.«

Das wäre wirklich zu viel gewesen – die gedämpfte Schadenfreude des Preußen an Rudolfs Bahre. Aber auch der Andrang der anderen gekrönten Häupter wäre zuviel gewesen. Die Kaiserin war keinesfalls in einem Zustand, in dem sie die für solche Staatsbesuche erforderlichen Zeremonien und Formalitäten hätte ertragen können. Oder was das betrifft, die oft ganz primitive Neugier, die ein solcher Tod selbst bei allerhöchsten Persönlichkeiten auslöst. Franz Joseph, der alles ertragen konnte, hatte einen anderen Grund, warum er die Fürsten nicht an seiner Seite haben wollte: Die Totenfeierlichkeiten sollten von jener schlichten Großartigkeit sein, die das Augenmerk aller Beteiligten nur auf Vater und Sohn lenkte. War Rudolfs Tod auch ein großer Bruch in der Regierungszeit Kaiser Franz Josephs, so sollte sich seine Beisetzung doch zu einer ihrer bedeutsamsten pompösen Feierlichkeiten gestalten, kontrolliert und dominiert vom Monarchen allein.

Und genau so geschah es dann auch. Dreißig Jahre vorher, im Jahr 1858, hatte eine sorgfältig ausgewählte Zuhörerschaft im alten Hofburgtheater einer Galavorstellung zu Ehren der Geburt des Thronerben beigewohnt. Im Jahr 1889 wurde ein ähnlich ausgewähltes Publikum an genau der gleichen Stelle Zeuge des Dramas seiner Totenfeier. An dem Platz, an dem das alte Burgtheater gestanden hatte, das inzwischen demoliert worden war, wurde eine riesige, schwarzdrapierte Tribüne errichtet. Hier nahmen am 5. Februar um drei Uhr nachmittags hohe Würdenträger aus der ganzen Monarchie ihre Plätze ein. Von hier aus konnte man die Trauerprozession am besten überblicken.

Ringsum hatten sich die Massen versammelt. Sie waren sogar in noch größerer Zahl gekommen als zur Aufbahrung Rudolfs in der Hofburgkapelle. Die Nachströmenden reichten so weit in den nördlichen Teil der Ringstraße hinein, daß sich Johann Pfeifer, der »König der Vögel«, mit seiner Riesenvolière in den Hof eines Gebäudes zurückziehen mußte. Viele in der Menge lagerten bereits seit Tagen auf dem Straßenpflaster, so wichtig war es ihnen, einen allerletzten Blick auf ihren Kronprinzen zu werfen. Die Armee hatte für sie Feldlatrinen bereitgestellt. Sie nährten sich von mitgebrachten Lebensmitteln oder kauften Würste und Brot von fliegenden Händlern. Andere Straßenverkäufer boten schwarzgerahmte Bilder des hohen Verblichenen, in großer Eile gedruckte Broschüren mit seiner Biographie und kleine Maiglöckchensträußchen mit Trauerflor an. Maiglöckchen waren die Lieblingsblumen des Toten gewesen.

Am Nachmittag des 5. Februar endeten das Drängen der Volksmenge, der Andenkenverkauf und die Ungeduld mit einem Schlag. An diesem Dienstag nachmittag wendeten sich plötzlich die bleichen Gesichter und schwarzen Hüte in den Straßen alle in eine Richtung. Jedes Fenster entlang der Route des Trauerzuges war randvoll mit Gesichtern. Einige Burschen balancierten sogar auf den Stangen, von denen die schwarzen Fahnen wehten. Die Sonne schien. Nach Tagen mit Regen und Schnee hatte der Himmel nun tatsächlich für diesen Höhepunkt aufgeklart. Die Sonne schien hart, kalt und klar. Die Menge trat von einem Bein auf das andere; sie seufzte und wartete weiter. Gelegentlich vernahm man Hufschlag und gedämpfte Befehle. Berittene Polizei mußte den Weg von der Hofburgkapelle über Michaelerplatz, Josefplatz, Augustinerstraße und Tegetthoffstraße bis zur Kapuzinerkirche am Neuen Markt freihalten. In den Straßenzügen breitete sich Stille aus, das bedeutsame Schweigen einer großen Menschenmenge.

Pünktlich um vier Uhr begannen die Glocken der Hofburgkapelle zu läuten. Von einer langsam reitenden Schwadron Husaren angeführt, rollte der uralte schwarze Trauerwagen der Habsburger langsam aus dem Inneren Burghof, von einem Paar Rappen gezogen. Drin saß der Kaiser. Ausnahmsweise jubelte ihm sein Volk diesmal nicht zu. Tausende Hände zogen vor ihm Tausende von Hüten. Zahllose Köpfe neigten sich schweigend, Soldaten präsentierten das Gewehr. Glocken läuteten, nicht mehr nur die der Burgkapelle, sondern auch die des Stephansdomes und all der anderen Kirchen der Hauptstadt – alle im gleichen bedächtigen, hallenden, melancholischen Rhythmus.

Die Kutschen der Erzherzöge folgten: vorn saßen die Kutscher, hinten standen die Lakaien in schwarzer Livree, mit schwarzen Dreispitzen, schwarzen Strümpfen und schwarzen Schnallenschuhen. Dann kam ein einzelner Lipizzaner, auf dem ein Reiter in formeller spanischer Trauerkleidung saß. Ihm folgte eine sechsspännige Hofkarosse mit Rudolfs Obersthofmeister und den wichtigsten Angehörigen seines privaten Hofstaates. Dann erst kam der prunkvolle Leichenwagen, eine schwarze Barockskulptur, von sechs grauen Lipizzanern gezogen. Unter einem schwarzen Baldachin, der auf durchbrochenen schwarzen Säulen ruhte und vom goldenen Wappen Rudolfs gekrönt war, schwebte der Sarg durch das Glockengeläute. Glocken, immer mehr Glocken, sie läuteten langsam von zehntausend und einem Kirchturm in der ganzen Monarchie, vom Bodensee nahe der schweizerischen Grenze bis in die wilden Berge im südöstlichsten Zipfel des Reiches. Wo immer man sich auch befand, man konnte dem metallenen Klagen nicht entgehen.

Zu beiden Seiten des Leichenwagens leuchteten brennende Fackeln. Pagen in mittelalterlicher Hoftracht hielten sie hoch erhoben, hintereinander gehend. Zu ihrer Rechten ritt, gleichfalls hintereinander, eine Ehrenwache von sechs Arciers, mit weißen Federn auf silbernen Helmen, die karmesinroten Waffenröcke mit Gold besetzt; auf der linken Seite neben den Fackelträgern ritten sechs ungarische Ehrenwachen auf Schimmeln, die Tuniken silberverschnürt, mit von der einen Schulter flatternden, tigergestreiften Umhängen. Dann kam eine berittene mittelalterliche Leibwache mit Hellebarden und schwarzem Helmbusch. Dahinter marschierte in steifem Paradeschritt ein Bataillon, das aus einem Mosaik der bewaffneten Macht der k. u. k. Monarchie bestand – eine Kompanie der k. u. k.

Infanterie, eine des Landsturms, eine der ungarischen Nationalgarde, eine Kompanie bosnischer Scharfschützen mit Fes und eine Kompanie Marineinfanterie in der Uniform der österreichisch-ungarischen Kriegsmarine. Diesen folgten zu Fuß die weniger hochgestellten Mitglieder von Rudolfs Hofstaat. Die Nachhut bildete wieder eine Schwadron Husaren.

Doch noch andere Bilder schwebten, weder sichtbar noch hörbar, mit dieser Prozession vorbei und regten die Phantasie der gaffenden Massen an. Es waren die Gerüchte über das Ende des Kronprinzen: Ein Wilderer habe ihn erschossen; der empörte Bruder eines Mädchens habe den Kronprinzen niedergestochen; ein Feind bei Hof habe ihn ermordet; er habe sich in einer galanten Affäre duellieren müssen...

Während die Glocken läuteten, die Fackeln loderten und die Rosse der Husaren tänzelten, wuchsen diese hinter vorgehaltener Hand weitergegebenen Geschichten weit über bloßen Skandal hinaus. Sie wurden zu einem Teil des Trauerzuges, der dessen Gepränge noch vergrößerte. Sie verdichteten sich zu einem heraldischen Fries, zu einer neuen Verbrämung des Habsburgermythos, mit dem die Stadt nun schon seit mehr als sechshundert Jahren lebte.

Und nun wurde dieser Mythos wieder einmal, wie schon in so vielen Generationen zuvor, durch einen Allerhöchsten Tod unterstrichen, durch das Anhalten einer erhabenen Prozession vor der kleinen, schmucklosen Kapuzinerkirche.

Karl Graf Bombelles, Rudolfs Erster Obersthofmeister, entstieg seiner Kutsche. Mit einem goldenen Stab pochte er an die schlichte Pforte. Die Wechselrede begann – uralt und kurz.

»Wer begehrt Einlaß?« fragte ein Mönch von drinnen.

»Seine Allergnädigste Kaiserliche und Königliche Hoheit, der Erzherzog Kronprinz Rudolf von Habsburg.«

»Wir kennen ihn nicht.«

Das Tor blieb verschlossen. Wieder wurde mit dem goldenen Stab angeklopft.

»Wer begehrt Einlaß?«

»Der Kronprinz Rudolf.«

»Wir kennen ihn nicht.«

Das Tor blieb geschlossen, und ein letztes Mal mußte Graf Bombelles mit dem goldenen Stab klopfen.

»Wer begehrt Einlaß?«

»Euer Bruder Rudolf, ein armer Sünder.«

Das Tor öffnete sich. Man ließ den Sarg passieren, den schwarzgekleidete Lakaien inzwischen aus dem Leichenwagen gehoben hatten. Der Kaiser folgte.

Innen war die kleine, enge Kirche von Glanz und Würdenträgern erfüllt: der Kardinal und Fürsterzbischof von Wien; der päpstliche Nuntius; die österreichischen Bischöfe in ihren Festornaten; die bei Hof akkreditierten außerordentlichen und bevollmächtigten Botschafter in Diplomatenuniform mit Degen; die Hocharistokratie; das Kabinett des Kaisers; die Generalgouverneure der einzelnen Provinzen des Reiches und die Bürgermeister der großen Städte, unter ihnen ein riesiger weißbärtiger Patriarch – Beg Mustapha Fazli Paschic, der Oberbürgermeister von Sarajewo.

Kaiser Franz Joseph schritt zu seinem Sitz in der ersten Reihe, gleich neben dem König und der Königin von Belgien, dem einzigen Herrscherpaar, dessen Kommen er nicht hatte verhindern können. Immerhin waren sie die Eltern der Witwe. Gemeinsam mit den anderen Anwesenden lauschte der Kaiser den Gebeten des Kardinals. Er sang, kniete und bekreuzigte sich, und als die Totenmesse zu Ende war, tat er etwas, das sein Hof nicht glauben konnte. Er, das lebendige Wahrzeichen dynastischen Rituals, durchbrach das Protokoll.

Dieser Augenblick kam, nachdem die Lakaien den Sarg aufgehoben hatten. Rudolfs Erster Obersthofmeister ging dem Zug voran in die Krypta, um dort die sterblichen Überreste seines Herrn, zusammen mit den Schlüsseln zum Sarg, der immerwährenden Obsorge des Pater Guardian anzuvertrauen. Das festgelegte Zeremoniell forderte, daß der Erste Obersthofmeister bei dieser seiner letzten Amtshandlung allein zu sein hatte – und eben dieses Zeremoniell wurde vom Kaiser selbst verletzt.

Einer plötzlichen Eingebung folgend, schritt Franz Joseph mit Graf Bombelles die Stufen hinab. Nicht nur das: Als der Sarg in der Krypta abgestellt wurde, fiel er auf die Knie, küßte das Holz, schluchzte und flüsterte schluchzend das Vaterunser. Eine volle Minute lang war er der gebrochene, selbstvergessene, arme sündige Vater eines armen toten Sünders.

Dann stand er ohne Hilfe auf. Er nahm das Taschentuch zur Hand und trocknete sich Gesicht und Augen. Mit festem Tritt und trockenem Auge ging er hinaus. Er war von Gottes Gnaden Kaiser von Österreich und Apostolischer König von Ungarn, bereit, die Geschicke seiner Völker noch siebenundzwanzig Jahre zu lenken. Die Episode war vorbei.

25

»Nur einzelne wußten«, berichtete der deutsche Militärattaché in Wien, »daß all die schweren Tage hindurch der Kaiser keine militärischen Vorträge und Rapporte, keine Unterschrift auch nur einen Tag später erledigte wie sonst, und daß er am 30. Jänner und nachher genau so gearbeitet hat wie vorher...«

Franz Joseph hatte sich von der privaten Verzweiflung durch ein sorgfältig geplantes Feuerwerk öffentlicher Trauer befreit. Seine Hauptstadt konnte sich nicht so rasch erholen. Vielleicht zum erstenmal war der Stadt mit Spektakel nicht zu helfen. Am Tag nach der Beisetzung Rudolfs erwachte Wien wie von einem fürchterlichen Rausch. Die Sonne war verschwunden. Von dem pompösen Trauerzug war nur Straßenmüll geblieben und vom Frost bereifte Lipizzaneräpfel.

Die Schau war vorbei, und die nackte Tatsache wurde bewußt. Wie hatte es geschehen können? Was genau war das, was der große schwarze Zirkus von gestern hatte wegfeiern wollen? Was hatte diesen Märchenprinzen, diese Hoffnung auf Größe, zu einem Leichnam gemacht? Niemand wußte Genaues. Jeder mißtraute allem, besonders offiziellen Verlautbarungen. Viele Menschen glaubten das Verbotene, also die im Ausland gedruckten Zeitungsmeldungen, außerhalb der Reichweite der Zensur.

Es war der Auslandspresse nicht entgangen, daß eine gesellschaftlich prominente junge Dame genau dann spurlos verschwunden war, als der Kronprinz starb. Außerhalb der Monarchie sprudelten die Sensationsmeldungen auf den Titelseiten und ergossen sich dann über die österreichischen Grenzen. Es wurde Aufgabe der Polizei, eine Springflut von Meldungen zu konfiszieren. An einem einzigen Tag, dem 19. Februar, wurden in Wien 4790 Exemplare verschiedener ausländischer Blätter beschlagnahmt. Dennoch entwickelte sich rasch ein Schwarzmarkt für Enthüllungen über Rudolf. Die meisten Fiaker – diese ewigen Mißächter staatlicher Autorität – hatten unter ihren Sitzen eine Mayerling-Leihbibliothek verborgen. Die Gebühr betrug vierzig Kreuzer und die längste Leihzeit zehn Minuten. In dieser Zeit konnte die Kundschaft etwa eine Ausgabe der Münchner *Neuesten Nachrichten* verschlingen, in deren Schlagzeile der Name »Vetsera« prangte.

Aber Doppelselbstmord mit der Baronesse war durchaus nicht die einzige populäre Version. Eine andere wurde in München in Buchform nur vierzehn Tage nach der Beisetzung veröffentlicht. Hier wurde eine schwangere Mary Vetsera zur Mörderin des Kronprinzen und seine Leibwache zu ihrem Hinrichtungskommando. In anderen Versionen fiel Rudolf Marys Bruder oder dem Herzog von Braganza oder aber einem Förster zum Opfer, der die Verführung seines Weibes rächen wollte, oder einem von der Kronprinzessin, von deren Bruder, von den Jesuiten, von den Freimaurern, von Bismarck, vom Deutschen Kaiser, von der Geheimpolizei des Zaren gedungenen Mörder...

Aber all diese Gerüchte erregten nicht wirklich. Sie beunruhigten. Die Beisetzungszeremonie selbst, mit all ihrem prächtigen Prunk, trug nun, in der Rückschau, nur noch zur Verwirrung bei. Kaiserin Elisabeth, die Mutter des Kronprinzen, hatte nicht teilgenommen. Auch seine Witwe nicht, die Kronprinzessin Stephanie. Warum? Die amtliche *Wiener Zeitung* verlautbarte, daß der Schock die Gesundheit der erlauchten Damen angegriffen habe. Ihre Ärzte hätten ihnen die Teilnahme verboten. Weder Loschek noch der alte Nehammer, Rudolfs engste Vertraute unter den Dienern, waren im Trauerzug gewesen. In den Zeitungen wurde erklärt, Loschek leide an einem Nackengeschwür und beide hätte der Gram an der Teilnahme gehindert. Aber Bratfisch, der an Robustheit seinem Kaiser kaum nachstand – wo war er?

Und noch eine andere auffällige Abwesenheit, von weit größerem offiziellen Gewicht, hatte es gegeben. Der Kardinalerzbischof von Ungarn war nicht gekommen. Und er war keineswegs die einzige Lücke in den Rängen des hohen Klerus. Papst Leo XIII. hatte die kirchliche Beisetzung gebilligt und auch ein Kondolenztelegramm geschickt. Bei dem feierlichen Requiem jedoch, das für den Kronprinzen am Tag der Beisetzung in Rom in der Kirche Santa Maria dell'Anima zelebriert wurde, war Kardinal Rampolla ferngeblieben.

Die österreichischen Zeitungen schwiegen sich darüber aus, und doch wußte es am nächsten Morgen die ganze Stadt. In Wien erfuhr man auch bald, daß in Trient in Südtirol die Totenmesse nur in einer verkürzten Form gelesen worden war; daß in Meran ein widerspenstiger Priester versucht hatte, am Beisetzungstag die Türen seiner Kirche geschlossen zu halten; daß in Linz nur die Glocken der protestantischen Kirchen zu Rudolfs Gedenken geläutet hatten; und daß sogar in Ischl, dem Lieblingsurlaubsort des Kaisers, der Pfarrer verboten hatte, die Glocken während der Beisetzung des Kronprinzen zu läuten.

Freilich hielten viele Kleriker Rudolf nicht ganz grundlos für einen Radikalen, für einen Ungläubigen aus dem Kaiserhaus, der ein heidnisches Ende gefunden hatte. Sein offizielles Andenken aber war nun Eigentum des Kaisers. Warum sollte man sich an diesem Eigentum vergehen – und schon gar als Kardinal? War Rudolfs Leben so unentschuldbar gewesen? Oder sein Tod? Irgend etwas schien zwischen Kirche und Krone nicht mehr zu stimmen. Diese beiden hatten die Jahrhunderte habsburgischer Größe gestaltet. Gemeinsam hatten sie den grauen Alltag der Wirklichkeit mit einer von oben gebilligten Phantasie überdeckt, die zugleich lindernd und erlösend gewesen war. Nun hatte sich ein Keil zwischen sie geschoben. Die Hoffnung auf die Zukunft war zu einem geschminkten Kadaver in der Gruft geworden. Ein tiefer Riß lief durch eine der Grundlagen des Reiches. Die Stadt schauderte.

»Ich habe in Wien die tragischsten Katastrophen durchlebt«, schrieb Eduard Hanslick, der tonangebende Musikkritiker der *Neuen Freien Presse.* »Ich habe Revolutionen, den Verlust von Ländereien, mörderische Verheerungen durch Hochwasser und Feuer erlebt – doch nichts von alledem läßt sich mit dem Schrecken des 30. Jänners vergleichen... Die trostlose, verzweifelte Unruhe, von der die gesamte Bevölkerung ergriffen wurde, ist unbeschreiblich...«

Und doch versuchte man allmählich wenigstens den Schein normalen Lebens wiederherzustellen. Am 10. Februar nahm das Burgtheater seine Vorstellungen wieder auf. Die Wahl des Stückes für die Wiedereröffnung war nicht eben glücklich; man gab Grillparzers *Sappho,* eine Tragödie, in der sorgfältig geplanter Selbstmord eine wesentliche Rolle spielt – also genau das Thema, das aus dem Melodrama Rudolfs herauszuhalten die Regierung sich so sehr bemüht hatte.

Am selben Tag wurde ein offizielles Porträt von Erzherzog Franz Ferdinand, dem Neffen Kaiser Franz Josephs, veröffentlicht. Viele

Zeitungen legten es ihren Ausgaben bei. Franz Ferdinands Vater, der nächstälteste Bruder des Kaisers, stand nach habsburgischem Familienrecht nun dem Thron am nächsten. Noch hatte er seinen Anspruch nicht öffentlich auf den Sohn übertragen. Doch deutete die Herausgabe des Porträts einen solchen Schritt an wie auch die Verlautbarung, der Kaiser hätte Franz Ferdinand in einer langen Audienz empfangen. Inoffiziell war der junge Erzherzog der neue Thronfolger.

Wer aber war dieser Franz Ferdinand? Mit dem Hofklatsch Vertraute sprachen von seinen schwachen Lungen, seinem aufbrausenden Temperament, seiner kirchenfreundlichen Einstellung. Das *Wiener Tagblatt* veröffentlichte nicht nur sein Bild, sondern auch einen Leitartikel über das Schicksal der großen liberalen Prinzen Europas: Das Hinscheiden des fortschrittlichen Kaisers Friedrich, der nur neunzig Tage regierte, hatte Kaiser Wilhelm an die Macht gebracht. Und nun hatte die Tragödie Rudolfs in Österreich Franz Ferdinand in die erste Reihe gerückt. »Die Nemesis scheint eben jene Männer zu verfolgen, die nicht nur durch ihre Geburt, sondern auch durch ihre Befähigung zum Regieren prädestiniert sind...«

Diese Nemesis schwebte über den Dächern Wiens. Am 11. Februar reisten Franz Joseph, seine Kaiserin und sein ganzer Hof auf unbestimmte Zeit nach Budapest. Sicherlich, dieser Besuch war schon lange vor Mayerling geplant, und die politische Lage in Ungarn machte ihn auch dringend nötig. Und dennoch: die Reichs-Haupt- und Residenzstadt fühlte sich verlassen. Noch in der gleichen Woche fuhr Erzherzog Ludwig Viktor auf sein Schloß Kleßheim bei Salzburg. Erzherzog Karl Ludwig begab sich zur Kur nach Meran. Erzherzog Albrecht mußte in Heeresangelegenheiten nach Arco, wo er mit Erzherzog Karl Salvator zusammentraf. Erzherzog Eugen hielt sich aus irgendeinem längerdauernden offiziellen Anlaß in Olmütz in Böhmen auf. Franz Ferdinand, der De-facto-Thronfolger, kehrte zu seiner Garnison in Prag zurück, und die Kronprinzessin-Witwe Stephanie (wie sie seit Rudolfs Tod offiziell genannt wurde) mußte sich aus Gesundheitsrücksichten in die Adriasonne nach Schloß Miramare begeben. Die *Neue Freie Presse* faßte all diese Reisen in einem einzigen, lakonischen Satz zusammen: »Zum ersten Mal sind in dieser Saison so gut wie keine Mitglieder des Kaiserhauses in Wien anwesend.«

Aber »diese Saison« war nicht länger *die* Saison. Der Karneval war gestorben. Die Ballsäle waren geschlossen, die großen Luster blieben dunkel, die Orchesterpodeste leer, die Walzer ungetanzt. Wozu also verweilen?

Viele Angehörige des Hochadels folgten dem Beispiel des Erzhauses. Tag für Tag mußten Luxus-Schlafwagen an die großen Expreßzüge angekuppelt werden, die vom Südbahnhof abfuhren. Die Abteile füllten sich mit Ihren Durchlauchten, den Fürsten Lobkowitz, den Esterházys, den Windischgrätz, mit ihren Koffern und ihrem Gefolge. Unter dem Titel »Flucht vor der Trauer« brachte das *Wiener Tagblatt* am 21. Februar einen Leitartikel dazu:

»...Nicht anders läßt sich der plötzliche Reisetrieb erklären und deuten, welcher die vornehmsten Kreise der Bevölkerung ergriffen, fast die gesammte Wiener Aristokratie dem Süden zugeführt hat... Daß sich die Herrschaften dort wohler befinden werden, als in der Heimatstadt an der blauen Donau, die ein so düsteres Saisongesicht zeigt, ist nicht zu bezweifeln. Aber hübscher hätte es sich vielleicht doch gemacht, wenn die Wiener Aristokratie etwas weniger an ihr ungestörtes Behagen und etwas mehr an die traurige Situation der Wiener Bevölkerung gedacht hätte... Die Wiener Bevölkerung wird schließlich neben all' den harten Schlägen, welche sie in der letzten Zeit betroffen, auch den Schmerz darüber verwinden, daß die Aristokratie Wien mitten in der Saison verlassen hat, aber sie wird dem Wiener Adel vielleicht nicht so bald und nicht so leicht seine ›Flucht vor der Trauer‹ vergessen können.«

Für die Wiener war der Kronprinz, um den hier getrauert wurde, noch immer Rudolf. Im Bewußtsein des Volkes waren dieser Name und diese Position so innig miteinander verwoben, daß selbst Trauerfeierlichkeiten von wahrhaft opernhaftem Gepränge sie nicht voneinander zu trennen vermochten. Es hieß nicht: *»Der Kronprinz ist tot – lang lebe der Kronprinz!«* Es hieß: *»Der Kronprinz ist tot...«* Stille. Leere. Die hohen Herrschaften setzen sich ab, die Maden gehen ans Werk. Und der kalte Wind bläst.

»Der Aschermittwoch des Karnevals 1889 fällt nicht auf den 6. März, wie's im Kalender steht«, hieß es in einem Wirtschaftskommentar, »der richtige Aschermittwoch des Karnevals 1889 ist der Schreckens- und Trauer-Mittwoch der vorigen Woche gewesen, der mit seiner furchtbaren Todesbotschaft aller karnevalistischen Lustbarkeit ein jähes Ende bereitete. Aschermittwoch am 30. Jänner – eines so kurzen Faschings wissen sich die ältesten Leute nicht zu erinnern. Daß dieser plötzliche Stillstand aller Faschingslustbarkeit – die selbstverständliche Folge des tragischen Ereignisses – von einschneidendster und weitreichendster Bedeutung für die Bevölkerung erscheint – wer möchte es leugnen...? Aber dieser moralische Verlust muß und wird mit der gleichen Selbstlosigkeit getragen werden, welche die Bevölkerung Wiens auch dem nicht geringen materiellen Verluste gegenüber bewährt, der mit dem plötzlichen Abbruch aller Festlichkeiten verknüpft ist... All' die hundertfältigen Vorbereitungen, Anschaffungen und Abmachungen, welche den Ballfesten vorausgehen, sind hinfällig geworden. Von dem Schaden, welchen die Besitzer der großen Ball-Etablissements erleiden, wollen wir gar nicht sprechen – dieser Schaden ist leichter zu ertragen und wettzumachen, als die Verluste, welche für eine Reihe von Geschäftszweigen, namentlich für die Mode-Ateliers und Galanteriewarenfirmen, welche mit der Herstellung der Damenspenden betraut zu werden pflegen, aus dem Stillstand des Faschings resultieren... Schwerer dürfte es den Ledergalanterie-Firmen fallen, die für eine Reihe von abgesagten Bällen angefertigten Damenspenden zur nächstjährigen Verwendung zu reserviren, denn es erscheinen da zumeist Moment-Ideen zur Ausführung gebracht, die eben nur für den Moment passen... Neben diesem mannigfaltigen Ausfall für Wiener Industrie und Gewerbe bedeutet der Stillstand des Faschings aber auch ein sehr bedeutendes Defizit für das Budget der öffentlichen Wohlthätigkeit... Solcher Lücken gibt's nun leider viele, da nicht nur die großen Wohlthätigkeitsfeste, wie die Bälle des Weißen und Rothen Kreuzes, der Eisenbahnball u.s.w., sondern auch die meisten der noch ausständigen Bezirks-Armenbälle nicht abgehalten werden...«

Für manche brachte die Katastrophe freilich Überarbeitung. Am 10. Februar wurden in einer Fabrik in Ottakring drei Näherinnen ohnmächtig. Sie hatten vierzehn Stunden lang ununterbrochen an der Nähmaschine gesessen, um Trauerkleidung anzufertigen. Für die Mehrzahl der Arbeitenden aber war es umgekehrt: Mayerling bedeutete weder hochbezahlte Überstunden noch ein parfümiertes Theater à la Grand Guignol – es bedeutete kein Essen für den morgigen Tag.

Am 16. Februar 1889 veröffentlichte Dr. Rainer von Reinöhl,

Professor für Nationalökonomie an der Universität, eine Statistik, aus der hervorging, daß zweihunderttausend der nicht ganz zwei Millionen Wiener unterhalb der Hungergrenze dahinvegetierten. Daß für die meisten der Wiener Arbeiter der Aufwand für die Gründung einer Familie der Anfang der Unterernährung war. Und daß der sogenannte Groß-Wien-Plan das Elend nur verschlimmern würde: Wenn die Arbeiterviertel außerhalb der Stadtgrenze eingemeindet würden, müßten deren Bewohner an die Stadt Wien Steuern zahlen und hätten dann noch weniger Geld für Nahrung.

Diese Studie basierte auf Zahlen, die vor Mayerling statistisch erhoben worden waren. Danach wurde die Situation noch schlimmer. Firmen, die durch das Ausbleiben des Faschingsgeschäftes schwer getroffen waren, schränkten ein und entließen – zumindest auf einige Zeit – einen Teil ihrer Arbeitskräfte. Die Reserven der Wohltätigkeitsorganisationen schmolzen dahin. Und um das Elend voll zu machen, fiel Mitte Februar die Temperatur auf den tiefsten Punkt in diesem Jahr, auf minus elf Grad.

In den verarmten Arbeiterbezirken wie Ottakring und Erdberg – Kandidaten für die Eingemeindung in Groß-Wien – zitterten Hunderte auf dem täglichen Weg zu den Wärmestuben. Diese wurden auf Staatskosten für die Mittellosen unterhalten, die entweder kein Dach über dem Kopf hatten oder aber sich kein Brennmaterial für ihre dürftige Bleibe leisten konnten. Doch die Wärmestuben waren bald überfüllt und mußten die Hälfte der Menschen, die zu ihren Türen drängten, wieder fortschicken.

Am 20. Februar wurde eine Frau vor Gericht gestellt, weil sie mit ihrem kleinen Sohn, vor Wind und Regen geschützt, in den Kanälen Wiens hauste, ganz nahe der wärmenden Jauche der Großstadt. Die Anklage lautete, sie hätte die Gesundheit ihres Kindes aufs Spiel gesetzt. Zu ihrer Verteidigung brachte sie vor, es hätte für sie keine andere Möglichkeit gegeben, ihr Kind vor dem Erfrierungstod zu bewahren. Der Richter sprach sie frei und verurteilte die Gesellschaft. Ergebnis: Mutter und Kind hatten die Freiheit, wieder in die Kälte hinauszugehen.

26

Franz Joseph, der nun in Budapest residierte, schien sein Gesicht abgewandt zu haben. Rudolf lag in seinem provisorischen Holzsarg. Die Aristokraten veranstalteten Hunderennen im sonnigen Abbazia. Nur das Volk blieb in der Stadt, um zu hungern, zu frieren und zu trauern. Manche wandten sich enttäuscht von Habsburg ab und Hohenzollern zu – nordwärts, nach Deutschland. Der Deutschnationalismus war als Gesinnung seit der Verurteilung Schönerers etwas befleckt. Dennoch erwies er sich, im Verborgenen wie in der Öffentlichkeit, als erstaunlich zählebig. In schlechten Zeiten konnte dieser Zündstoff unerwartet auflodern. Am 7. Februar wurde Hugo Wolf leicht angesengt.

An diesem Tag fand in Wien eines der ersten kulturellen Ereignisse nach Mayerling statt. Es war ein Liederabend und widersprach nicht der Trauer, denn sein Programm war nicht heiterer, sondern ernster Natur. Die Richard-Wagner-Gesellschaft hatte die Veranstaltung vor allem den Liedern Hugo Wolfs gewidmet. Solist war der großartige Bariton Ferdinand Jäger. Der junge Komponist saß selbst am Flügel, doch kaum in der freudigen Erregung, die »seinem« Abend angemessen gewesen wäre. Ein Streit mit seinem Verleger machte ihm Ärger, die Geheimhaltung seines Verhältnisses mit Melanie Köchert ermüdete ihn, und er war von der in der ganzen Stadt herrschenden Begräbnisstimmung deprimiert. Zu alledem hatte in der Wagner-Gesellschaft das unsinnige Gerücht die Runde gemacht, Hugo Wolf sei Jude.

So nahm er den Anfangsapplaus nur mit grimmigem Blick zur Kenntnis. Es hätte ihm aber auch nichts genützt, wäre er besserer Laune gewesen. Herr Jäger sang eben *Heimweh*, eine Vertonung eines Gedichts von Eichendorff. Als er an die Stelle kam, wo er »Grüß dich, Deutschland, aus Herzensgrund!« zu singen hatte, brach eine Ovation los. Dieser Jubel galt nicht Wolfs Musik. Er war eine rein politische Demonstration. Das Klatschen und das Trampeln wollten nicht enden. Schließlich mußte der Präsident der Gesellschaft sich erheben und die Störenfriede daran erinnern, daß das Lied ja noch nicht zu Ende sei. Herr Jäger begann noch einmal. Wieder wurde er an derselben Stelle von einer deutschnationalen Kundgebung unterbrochen. Wolf raffte fluchend seine Noten zusammen.

Völliges Chaos. Die Musikfreunde, die ohne politische Absicht gekommen waren, riefen nach der Polizei. Herr Jäger drohte zu gehen und hätte seine Drohung auch wahrgemacht, wären ihm die Teutonen nicht durch ihren Ausmarsch in geschlossener Formation zuvorgekommen.

In jenen eisigen Wochen machte sich die Gegenwart der Deutschnationalen an vielen Stellen bemerkbar. Ein *Kyffhäuser* genanntes alldeutsches Blatt druckte eine Warnung ab: Das Judentum müßte seine Machinationen einstellen; es verfüge nicht mehr über Beschützer in höchsten Stellen. Das gleiche Blatt hatte übrigens die Nachricht vom Tode des Kronprinzen nur unter »Vermischtes« gebracht.

Der junge Dr. Schnitzler hatte ähnlichen Ärger. Der Ball der Poliklinik hatte bereits stattgefunden, und das Ballkomitee traf sich in einem Gasthaus, um die Finanzlage zu besprechen. Ein Mitglied – der gleiche Kollege, der seinerzeit die Inserateneinschaltung in einem antisemitischen Blatt veranlaßt hatte und deshalb von Schnitzler zur Rede gestellt worden war – stand auf, um »diesen jüdischen Herrn« (damit war Schnitzler gemeint) eines argen Verstoßes während des Balls anzuklagen. Der jüdische Herr hatte die Unverschämtheit besessen, den Dirigenten des Ballorchesters um die Wiederholung eines Walzers zu bitten, statt ihn, wie programmgemäß vorgesehen, zu einer Quadrille übergehen zu lassen. Der Ankläger wurde immer heftiger und forderte schließlich vom »Angeklagten« eine formelle und demütige Entschuldigung. Überraschender noch als die Erbitterung, mit der die Anklage vorgebracht wurde, war die Abstimmung des Ballkomitees, als sich der jüdische Herr weigerte, kniefällig um Verzeihung zu bitten. Erst vor einem Monat hatten sie mit Arthur Schnitzler dafür gestimmt, dem voreiligen Antisemiten einen Verweis zu erteilen. Nun, in der Frage, ob Schnitzler sich entschuldigen müsse, fiel die Abstimmung fünf zu fünf aus. Der Vorsitzende entschied schließlich den Konflikt durch seine Stimme zugunsten des jüdischen Herrn, möglicherweise deshalb, weil dessen Vater Chef der Poliklinik war.

Es gab nun eine ganze Reihe mehr oder minder verschleierter Vorstöße. So hatten die deutschnationalen Abgeordneten im Parlament einen verklausulierten Gesetzesentwurf eingebracht, der es – ohne daß dies ausdrücklich gesagt wurde – für Juden sehr schwer gemacht hätte, ihren Namen zu ändern. Und aus dem Winterpalast in St. Petersburg – für Rudolf immer schon ein *bête noir* und überhaupt der am meisten antisemitische aller Höfe – kam seltsame Nachricht.

Offenbar hatte der Zar eine Verletzung der Etikette zugelassen, die sonst von allen gekrönten Häuptern Europas strikt eingehalten wurde. Kaum eine Woche nach der Beisetzung des österreichischen Kronprinzen hatte in der russischen Residenzstadt ein Hofball stattgefunden. Freilich war es ein »schwarzer Ball« gewesen. Der Zeremonienmeister hatte einen schwarzen Stab geschwenkt. Die Damen hatten in tiefdekolletierten schwarzen Roben mit langen schwarzen Schleppen getanzt. Das Dekor war schwarz gewesen, und lukullische Gerichte waren auf schwarzem Porzellan serviert worden. Die Zarin hatte eine Kappe aus Brillanten getragen, die im Kontrast zum Schwarz ihres Ballkleides fabelhaft zur Geltung gekommen war. Es war eine höchst pikante und beschwingte Festlichkeit gewesen. Einmal wirklich etwas anderes. Unter den Gästen war nur ein einziger Diplomat erschienen. Andere hatte man gar nicht eingeladen. Dieser eine war der Botschafter Seiner Deutschen Majestät des Königs von Preußen.

Zu dieser Zeit hatte das Wort *Mayerling* bereits auf der ganzen Welt zu irrlichtern begonnen. Im Ausland rief es ein Prickeln und Erregung hervor. In Wien hatte es eher die Wirkung einer verborgenen Höllenmaschine, von der man nichts wußte, als daß sie aus purem Gold gefertigt war. Von Zeit zu Zeit versuchte die Stadt das unheimliche Rätsel abzuschütteln, das ihre Straßen unterwühlte. Gerüchte waren im Umlauf, die eine rationale Erklärung versprachen. Einmal wurde verbreitet, Johann Pfeifer, »König der Vögel«, hätte seine Papageien die Wahrheit über das, was im Jagdschloß von Mayerling geschehen war, erzählen hören. Am Schottenring gab es einen Menschenauflauf. Die Polizei brachte den Mann und seinen trauerumflorten Käfig aufs Revier. Die Vögel kreischten aber nur aufgeschreckt vor sich hin, und der »König« verlor seinen sonst immer so bewunderten Humor. Die Verwirrung bestand fort.

In der zweiten Februarwoche kutschierte ein Monsignore Luigi Galimberti allein nach Mayerling hinaus. Normalerweise wurde niemandem in das Gut Einlaß gewährt. Wachen hielten alle Tore verschlossen. Aber der Monsignore war der päpstliche Nuntius am Wiener Hof. Er mußte eingelassen werden.

Im Jagdschloß war der Beauftragte des Obersthofmarschallamtes, Dr. Heinrich Slatin, immer noch damit beschäftigt, für den Kaiser, der als Rudolfs Testamentsvollstrecker eingesetzt war, ein Verzeichnis aller Besitztümer und Wertobjekte zusammenzustellen. Slatin mußte seine Arbeit unterbrechen, als der Nuntius, seine Korpulenz elegant bedeckt und die Hände gefaltet, eintrat. Da er nicht Deutsch sprach, mußten sich die beiden in einem Kauderwelsch von Italienisch und Latein unterhalten. Der Nuntius überbrachte den Segen des Heiligen Stuhls und verlieh dann dem Wunsch Ausdruck, all diese »unglückseligen Örtlichkeiten« mit demütigem Gebet zu heiligen. Er bat, man möge ihm die Örtlichkeiten zeigen und ihm auch den Hergang dieser höchst bedauerlichen Tragödie erklären. Vor allem wollte er dort beten, wo die Kugeln eingeschlagen hatten, nachdem sie das arme, sterbliche Fleisch durchdrungen hatten. »Quam multi globuli?« fragte er in seinem Kirchenlatein. »Wieviele Kugeln?«

Beinahe zu spät erkannte Dr. Slatin, worauf das hinaus wollte: In wohltönender Rede und fromm wurde ihm da eine Falle gestellt. Gab er zu, es habe sich um mehr als ein Geschoß gehandelt, so ließ er damit die Möglichkeit mehr als eines Todesfalles – und damit auch des Mordes an Mary Vetsera – zu. In seinen nach seinem Tod veröffentlichten Memoiren schrieb Slatin: »Ich hatte den Revolver nie in der Hand gehabt, und konnte daher unbedenklich antworten: ›Nescio‹. Andernfalls wäre ich dem sehr jovialen, aber pfiffigen Kirchenfürsten sicher in die Falle gegangen.«

Seinem Charakter entsprechend war Johannes Brahms in seiner Wißbegierde über Mayerling direkter. Aber untypisch für den normalerweise kühlen Norddeutschen war die Verstörtheit über diesen Selbstmord. Er nahm sich sogar von seinen Proben mit Joachim frei. Wegen Mayerling mußte die Premiere seiner Dritten Sonate für Violine und Klavier ohnehin verschoben werden. In der Zwischenzeit richtete er an seinen Verleger in Berlin einen völlig uncharakteristisch erschütterten Brief: »Der alte Spruch, ›alles sei schon einmal dagewesen‹, gilt nun nichts mehr. Es ist neu, wie Kaiser und Könige sich selbst töten. Sie explodieren, sie ertrinken [eine Anspielung auf König Ludwig von Bayern], sie legen Hand an sich selbst. Und nun zu alledem noch unsere kaiserliche Tragödie... Würden Sie mir Zeitungen von jenseits der Grenze schicken – aber in einem Umschlag, wenn ich bitten darf...«

Am anderen Ende der musikalischen und gefühlsmäßigen Skala erlitt Brahms' alter Gegenspieler den Schock noch weit intensiver. Anton Bruckner wurde von Mayerling nicht nur berührt. Er wurde davon verzehrt. An einem eisigen Morgen Mitte Februar klopfte jemand an der Türe von Bruckners jungem Musikerfreund Friedrich Eckstein. Draußen stand die Haushälterin des Meisters, die unvergleichliche und schwergeprüfte Kathi Kachelmayer. Sie brachte eine Nachricht. Professor Bruckner bildete sich ein, er müsse mit Herrn Eckstein eine Schlittenfahrt in den Wienerwald unternehmen, wenn Herr Eckstein bereit sei, mit ihm die Kosten zu teilen. Und nur deswegen mußte sie, Kathi Kachelmayer, zu dieser unchristlichen Zeit durch die kalten Straßen hetzen! Was sagte Herr Eckstein zu so einer ausgefallenen Idee? Der Herr Professor wollte, in seiner üblichen impulsiven Art, sofort Bescheid haben.

Herr Eckstein besaß nicht nur einen reichen Vater, sondern auch bedingungslose Hochachtung vor dem Genius des Meisters. Er war einer von Bruckners sehr wenigen echten Freunden. Eineinhalb Stunden später bestiegen die beiden am Südbahnhof den Zug. Bruckner war wie gewöhnlich in sein Lodencape gehüllt und hatte einen breitkrempigen Hut auf. Er zerrte immer wieder an seinem riesigen Schal und rief ein über das andere Mal aus, wie herrlich doch der frische Schnee aussähe und wie großartig die Landschaft dann weiter drinnen in den Wäldern sein würde. In Baden stiegen sie aus. Hier machte Bruckner viel Aufhebens bei der Wahl des richtigen Pferdes und eines geeigneten Schlittens, und erst als er dem Kutscher Stift Heiligenkreuz als Ziel der Fahrt nannte, dämmerte Friedrich Eckstein, was der Grund für die ganze Aufregung war.

»Bruckner war die ganze Zeit über schweigsam, in sich gekehrt und ganz dem Zauber der Winterlandschaft hingegeben. Erst nach längerer Zeit begann er zu reden und bald konnte ich bemerken, wie seine Gedanken sich allmählich wieder jenem Gegenstande zuzuwenden begannen, der ihn die letzten Tage so ganz beschäftigt hatte: der ganz unerwartete Tod des Kronprinzen Rudolf, die Katastrophe von Mayerling.

War es doch kaum eine Woche her, daß sich alle diese furchtbaren Dinge zugetragen hatten, die Bruckner die ganze Zeit über mit tiefem Schrecken erfüllt hatten. Nun begann er wieder einmal, wohl zum hundertsten Male, mit mir über diese Ereignisse zu reden und mich um meine Ansicht zu befragen. Schließlich eröffnete er mir, der eigentliche Zweck der heutigen Schlittenfahrt sei für ihn nicht so sehr das Bedürfnis, endlich wieder einmal in frischer Luft zu sein und die Winterlandschaft zu genießen, als vielmehr sein unstillbares, übermächtiges Verlangen, den Schauplatz aller dieser Greuel zu besuchen, die Örtlichkeiten genau kennenzulernen und womöglich von einzelnen der dort lebenden Persönlichkeiten Näheres über den Hergang dieser ungeheuerlichen Ereignisse zu erfahren. Und darum habe er beschlossen, vorerst einmal nach dem uralten Zisterzienserstift Heiligenkreuz zu fahren und zu versuchen, ob er nicht von einzelnen Ordensbrüdern oder vielleicht sogar von dem ihm persönlich befreundeten Abt, von dem es hieß, er habe damals zu mitternächtiger Stunde die Leiche eingesegnet, Näheres über die Geschehnisse erfahren könnte. So näherten wir uns denn, dem Laufe des Gebirgsbaches entgegen, an einem mächtigen, weithin glühenden und rauchenden Kalkofen vorbei, dem an der Kreuzung mehrerer Waldwege gelegenen Stift, wo wir den Schlitten in einem Wirtshause einstellten und ein höchst bescheidenes Mittagessen einnahmen.

Beim Betreten der uns seit langem vertrauten Klostergebäude, der uralten Kreuzgänge und Höfe in romantisch-gotischem Stil, überkam uns wieder einmal das Gefühl tiefer Beschaulichkeit und Sammlung. Bruckner bat einen Klosterbruder, ihn bei dem Abt anzumelden und zu fragen, wann er seinen Besuch machen könne, worauf er sich nach der gegenüberliegenden Kirche begab. Ich selbst benützte die Gelegenheit, um den mir persönlich bekannten Bibliothekar des Stiftes, den jungen Frater Johannes, aufzusuchen, der mich herzlich begrüßte und mir in der gewaltigen Bibliothek eine Anzahl erlesener Inkunabeln, Codices und anderer Kostbarkeiten zeigte.

Ein Diener erschien, um zu melden, daß Professor Bruckner mich in dem Kreuzgang erwartete, um mit mir zusammen dem Abt seine Aufwartung zu machen. Bruckner wurde mit inniger Ehrerbietung empfangen und stellte sich scherzend als seinen ›getreuen Famulus‹ und Schüler ›Samiel hilf!‹ vor. Wir wurden in dem gemütlichen, angenehm warmen Raum zum Sitzen genötigt und bald entspann sich ein Gespräch allgemeiner Art: von dem Ernst der Zeit, von gewissen kirchlichen Angelegenheiten, den Wiener Musikzuständen und manchen anderen Dingen; keine Silbe über den Tod des Kronprinzen und die Katastrophe von Mayerling. Bruckner begann, sichtlich ungeduldig zu werden, und ich sah den Augenblick kommen, wo er von dieser diplomatischen Konversation genug haben werde. Richtig platzte er denn unversehens mit der Bitte heraus, ob ihm der Abt nicht über die Vorfälle jener kritischen Stunden in Mayerling Näheres mitteilen wolle?

Der so in seiner Rede Unterbrochene schien mit liebenswürdigem Lächeln die Frage zu überhören; aber Bruckner ließ nicht locker und wurde immer dringender. Schließlich entschloß sich der in die Enge getriebene Priester doch zu einer ernsthaften Antwort: Er habe wohl damals unter ganz ungewöhnlichen Umständen und zu einer ungewöhnlichen Stunde eine Leiche eingesegnet, sei aber von all diesen Ereignissen noch immer so tief erschüttert, daß es ihm ganz unmöglich sei, darüber zu reden. Auch wäre dies ja eine gröbliche Verletzung seiner beschworenen Schweigepflicht.

Bruckner, sehr enttäuscht, gab es nun auf, weiter in den Abt zu dringen; so kam das Gespräch wieder in seine früheren Bahnen und wir wurden nach einiger Zeit mit freundschaftlichen Beteuerungen entlassen, nicht ohne daß der Abt seinen Gast gebeten hätte, vor seiner Rückkehr nach Wien in der Kirche zum Abendsegen die große Orgel zu spielen. Der Meister zeigte sich gerne dazu bereit und so hatte ich bald darauf wieder einmal das Glück, ihn spielen zu hören, wie er, inmitten tiefster Waldesstille, dieses ehrwürdige, gewaltige Instrument erbrausen ließ. Der Stiftsorganist, Professor Josef Finck, ein vortrefflicher Musiker, der einst am Wiener Konservatorium Bruckners Schüler gewesen, begab sich mit dem Meister auf die Orgelempore, um für ihn die Register zu ziehen. Bruckner phantasierte längere Zeit über ein Choralthema, das ihn zu jener Zeit gerade beschäftigte, und er wußte dieser so einfachen Melodie die ergreifendsten Klänge abzugewinnen.

Es mochte gegen sechs Uhr sein, als wir wieder unsere Schlitten bestiegen. Zu meiner Überraschung gab Bruckner dem Kutscher den Auftrag, nicht zurück nach Baden, sondern vorerst nach Mayerling hinüberzufahren, das wir nach einer wundervollen Fahrt durch die in tiefe Finsternis gehüllten bewaldeten Schluchten bald erreichten. Ganz im stillen hatte Bruckner gehofft, es werde ihm doch gelingen, den einen oder den anderen Einwohner zum Sprechen zu bringen und den Schauplatz jener mörderischen Ereignisse genau besichtigen zu können. Aber auch hier sollte seiner eine arge Enttäuschung harren. Das in tiefster Abgeschiedenheit gelegene Jagdschloß war ganz im Dunkel, alle Eingänge fest geschlossen und verrammelt, weit und breit kein menschliches Wesen zu erblicken. Wir stiegen aus dem Gefährt, um das Schloß genauer betrachten zu können, aber nichts zeigte sich. Als wir schließlich das Gebäude abschritten, gewahrten wir an einem der letzten Fenster einen schwachen Lichtschein, der aus einem zur ebenen Erde gelegenen Raum zu kommen schien. Drinnen erblickten wir einige Nonnen mit tiefschwarzen Schleiern, die bei dem rötlich flackernden Kerzenlicht lautlos in ihren Brevieren lasen und Gebete murmelten. Der unvermutete Anblick war so schaurig, daß Bruckner mich tief erschrokken heftig am Arm faßte. Nun war es klar, daß wir hier nichts mehr zu suchen hatten und daß uns nichts übrig blieb, als unverrichteter Dinge umzukehren.

Wortlos, im Banne tiefen Schweigens, wurde die Fahrt nach Heiligenkreuz zurückgelegt. Dort machten wir noch einmal halt, um uns zu erwärmen und zu stärken. In dem romanischen Gewölbe des Stiftskellers trafen wir, um den mächtigen Eichentisch versammelt, eine Anzahl von Mönchen in ihren unförmig groben, weißen Kutten bei einem Glase heimischen Weines. Der köstliche Trunk, der uns kredenzt wurde, verscheuchte bald die Nachtgespenster...«

Lang blieben sie nicht verscheucht. Wieder in Wien, stand Bruckner lange vor der Hofburg und zählte immer wieder ihre vielen Hunderte von Fenstern. Daheim versuchte er, den Brief seines Freundes August Göllerich in Regensburg zu finden. In diesem Brief hatte sein Freund ihm den Wunsch erfüllt, die genaue Zahl der Verzierungen am Regensburger Rathaus – Türmchen, Wetterfahnen, Wasserspeier und so weiter – zu ermitteln. Wieder einmal war Anton Bruckner ein Opfer seiner Zählmanie, wie manchmal, wenn ihm etwas schwer auf der Seele lag: das Bedürfnis, ein riesiges, gestaltloses Verhängnis zu ordnen, zu strukturieren und dadurch zu bannen.

27

Die ganze Stadt war zu einem Sammelbecken von Krampf und Verirrung geworden, die ihren Mittelpunkt in dem eben erst beigesetzten Leichnam in der Kapuzinergruft hatte. Trotz der herrschenden Kälte wurden die Menschenschlangen vor dem Eingang zur Krypta täglich länger. Mit beinahe stündlicher Regelmäßigkeit wurden auf Bahren Frauen herausgetragen, die vor Rudolfs Sarg ohnmächtig geworden waren. Eine Delegation von Zigeunern kam angereist, um einen gewaltigen Kranz niederzulegen, mit der Aufschrift *Oh, großer Prinz! Unsere Zithern werden um Dich trauern!* Am gleichen Tag verschwanden die Goldblätter vom riesigen Kranz, den die französische Presse gestiftet hatte. Der Witwe Rosalia Franzl wurde, während sie am Sarg betete, ihr Geldtäschchen mit den Ersparnissen eines ganzen Jahres gestohlen.

Bauern aus Dalmatien und aus Tirol taumelten todmüde zu Fuß in die Stadt in der Hoffnung, sie würden noch zur Beisetzung zurechtkommen. Einige von ihnen hielten die Börse für die Hofburg. Das war nicht weiter verwunderlich, denn in der alten Hofburg regte sich nichts. Die Börse aber, eine Neo-Renaissance-Pracht auf der Ringstraße (schräg gegenüber von Freuds Wohnung), wimmelte von Herren mit Zylindern in Trauerkleidung. Mit nachdenklichen Mienen sorgten sie für ein ständiges Steigen der Kurse.

Schon waren Wochen seit Rudolfs Tod vergangen, aber die grotesken Zwischenfälle wollten kein Ende nehmen. Der Kaiser in Peking hatte eine ganz besondere chinesische Begräbnisflagge expreß nach Wien geschickt, und der chinesische Botschafter ließ sich nicht davon abbringen, höchstpersönlich auf das Dach des Hotel Imperial hinaufzusteigen, um sie aufzuziehen. Beinahe wäre er dabei abgestürzt. Innerhalb von zwei Stunden hatte der Wind die Flagge losgerissen; sie schwebte wie ein grellbunter Adler über den Straßen. Bald leisteten ihr viele schwarze Drachen am Himmel Gesellschaft, denn viele der üblichen Trauerfahnen hatten sich gleichfalls losgerissen.

Und die Selbstmord-Saison in Wien, die eine Weile wie aus heiliger Scheu vor dem allerhöchsten Selbstmörder eine Pause gemacht hatte, setzte nun wieder ein. Tatsächlich startete sie mit einer geradezu wetteifernden Üppigkeit. Am 8. Februar kletterte ein Bahnangestellter namens Franz Caspar in einen riesigen Kupferkessel, der im Hof des Technologischen Gewerbemuseums aufgestellt war. Nicht ein Tropfen Flüssigkeit konnte aus diesem Gefäß sickern. Darin schnitt sich Franz Caspar die Pulsadern auf und auch noch die Kehle durch. Als man ihn fand, konnten die Ärzte nicht feststellen, woran er gestorben war: an seinen Wunden oder ertrunken im eigenen Blut.

Zwei Tage später bereitete der Juweliergehilfe Joseph Enderle für sich und seine fünf Kinder einen verschwenderischen Sonntagnachmittagstee: Kaffee, Torte, kleine Kuchen, Schlagsahne, Lebkuchen – Dinge also, die er sich bei weitem nicht leisten konnte. In der Nacht zum Montag waren alle sechs tot. Herr Enderle hatte etwas Strychnin in den Kaffee getan.

Wieder zwei Tage später erschoß sich ein Soldat mit seinem Gewehr. Das wäre an sich nicht ungewöhnlich gewesen, besonders da er seine schwere Schußverletzung überlebte. Aber er hatte den Selbstmordversuch unternommen, während er vor dem Laxenburger Schloß, der früheren Sommerresidenz Rudolfs, Wache stand.

Bald geschahen auch noch andere Dinge, die erkennen ließen, wie tief das Schicksal des Kronprinzen die Phantasie junger Männer beeindruckt hatte. Einer von ihnen war David Mosé, ein hochbegabter achtzehnjähriger Kunststudent. Er verschaffte sich die Erlaubnis, die Aufbahrung des Kronprinzen in der Hofburgkapelle zeichnen zu dürfen. Seine Zeichnung gelangte zu Allerhöchster Kenntnis, sie gefiel dem Kaiser, und für den Betrag von zwanzig Golddukaten erwarb das Obersthofmeisteramt die Reproduktionsrechte. Mosé holte sich sein Honorar beim Hofzahlmeister ab. Am Heimweg – er wohnte in der Berggasse Nr. 22 – verfiel er plötzlich in Wahnsinn. Den Passanten auf der Ringstraße schrie er seinen Namen und den seiner Eltern zu, und »Mayerling«. Ein Krankenwagen brachte ihn fort.

Ein anderer Maler, Georg Hartmann, stand am Beginn einer erfolgreichen Karriere. Er erhielt regelmäßig Aufträge aus den höchsten Adelskreisen. Die Nachricht vom Tod des Kronprinzen jedoch rief bei ihm einen Nervenzusammenbruch hervor. Er verließ sein Bett nicht mehr. Zu Freunden, die ihn besuchten, sagte er nur den einen Satz: »Dreißig Jahre bin ich auch alt... Dreißig Jahre bin ich auch alt...« Nach einer Woche trat er wieder an seine Staffelei. Aber ein halbvollendetes Landschaftsbild änderte er in das Porträt eines aufgebahrten jungen Mannes um. Dann, innerhalb einer Woche, versetzte er sich einen Stich mit einer Schere, schnitt sich mit einem Rasiermesser und sprang aus einem Fenster des dritten Stockwerks. Am 16. Februar wurde er in die psychiatrische Universitätsklinik zu Professor Meynert gebracht.

Dies war die Klinik, zu der man Dr. Freud als Arzt nicht zugelassen hatte. Im Jahr 1889 hatte sich Freud noch weiter von der neurologischen Auffassung seines alten Lehrers Meynert entfernt. Und er war nicht der Mann, eine solche Entfernung oder Divergenz zu verbergen. Er besaß das innere Rüstzeug, sowohl die Rückschläge als auch die Triumphe des Außenseiters zu verkraften.

Wenn es aber um das Haus Habsburg ging, war er kein Einzelgänger. So wie die meisten seiner Zeitgenossen fand auch er sich vom kaiserlichen Charisma berührt. Es war für ihn nicht ohne Bedeutung, daß seine Mutter es bei der Übertragung ihres Geburtstages vom mosaischen zum christlichen Kalender so eingerichtet hatte, daß dieser auf den 18. August – also auf Kaisers Geburtstag – fiel. Freud übertrug seine Habsburgerverehrung auch auf seine Kinder. Sein Sohn Martin erinnerte sich an liebevolle Geschichten, die sein Vater vom Kaiser erzählt hatte, und berichtete später: »Wir Freud-Kinder waren alle eingefleischte Monarchisten, begeistert, so viel als möglich vom Leben bei Hof zu sehen und zu hören. Wir waren immer fasziniert, einen Hofwagen zu sehen, und wir konnten die Bedeutung des jeweiligen Insassen haargenau an der Farbe der hohen Räder und an dem Winkel erkennen, in dem der prächtig livrierte Kutscher die Peitsche hielt.«

Ernest Jones, der Verfasser der grundlegenden Freud-Biographie, erzählt, Freud sei durch den Ertrinkungstod König Ludwigs von Bayern im Jahr 1886 »sehr schockiert« gewesen. Selbst der Tod eines weiter entfernten Herrschers wie Alfonsos XII. von Spanien im Jahr 1885 machte (in Jones' Worten) »einen tiefen Eindruck«. Doch ärgerte sich Freud offenbar darüber, daß ihm diese Dinge unter die Haut gingen: »Die vollkommene Unsinnigkeit des erblichen Systems läßt sich daran erkennen, daß ein ganzes Land wegen des Todes einer Person in Aufregung gerät.«

Was also hatte Dr. Freud zum Selbstmord des Kronprinzen zu sagen, dessen Appartements nur fünfzehn Minuten von Freuds Wohnung entfernt lagen? Was bedeutete ihm diese an tiefenpsychologischen Aspekten so reiche Katastrophe? Was dachte er, der auf kaiserliche Symbole, Insignien und Anekdoten so unvermeidlich reagierte, über Mayerling?

Gedruckt nichts, rein gar nichts. In keinem seiner Werke findet sich auch nur eine Silbe des Kommentars. Nicht ein Wort darüber in irgendeinem Artikel, einer Monographie, einem veröffentlichten Brief oder auch nur in einem von anderen aufgezeichneten Gespräch.

An sich wäre das eine bemerkenswerte Leistung an Diskretion und Zurückhaltung – *wenn nicht.* Wenn nicht das von Freud in Schweigen gehüllte Thema ungenannt, aber doch nicht geschickt genug getarnt und deshalb unverkennbar einen gewaltigen Raum in der Arbeit einnähme, die den jungen Dr. Freud zur Zeit von Mayerling, aber auch davor und danach, beschäftigte: die Studie über die Ursachen von Lähmungen, die er auf Französisch schrieb und immer wieder umschrieb.

Die Arbeit war streng wissenschaftlich, in karger, präziser Fachsprache abgefaßt – und doch kann man in ihr ein unheimliches Echo aus dem abgelegenen Jagdschloß im südlichen Wienerwald mitschwingen hören. So etwa befaßt sich die Studie eingehend mit den hirnpathologischen Unterschieden zwischen organischen und hysterischen Lähmungen. Hysterie, heißt es da, erzeuge eine sogenannte »funktionelle Läsion, die wohl tatsächlich eine Läsion ist, von der jedoch nach dem Tode keine Spur mehr gefunden werden kann«.

»Ich werde nun ein geeignetes Beispiel geben«, schrieb Freud. »Ich bitte nur um Erlaubnis, mich nun auf das Gebiet der Psychologie zu begeben – was sich auch kaum vermeiden läßt, wenn man von Hysterie spricht... Ich möchte mit einigen Beispielen beginnen, die aus dem gesellschaftlichen Leben entlehnt sind. Man erzählt etwa einen Witz von einem treuen Untertanen, der sich die Hand nicht mehr wusch, weil sein Souverän sie einmal berührt hatte. Die Beziehung dieser Hand zur Vorstellung des Königs schien für das Seelenleben dieses Menschen so wichtig, daß er sich weigerte, die Hand in irgendeinen anderen Konnex treten zu lassen... Wilde Stämme des Altertums, die nach dem Tode ihres Anführers das Pferd, die Waffen, ja sogar die Frauen des Toten mit seinem Leib verbrannten, gehorchten der gleichen Vorstellung, daß nach ihm niemand mehr sein intimstes und wichtigstes Eigentum berühren sollte.«

In der gleichen Weise, schrieb Freud, ist ein hysterisch gelähmter Arm »bewußten Assoziationen und Impulsen nicht zugänglich, weil... [er] mit der Erinnerung des Erlebnisses, des Traumas getränkt ist, das die Lähmung hervorgerufen hat.«

Und als wären die Implikationen dieser Feststellung nicht allein schon stark genug, geht Freud dann zu einer Erörterung über, deren Terminologie auf die psychischen Folgen des Mayerling-Schocks ausgezeichnet paßt. Er sprach von einem »Überschuß«-Gefühl, das ein Ereignis durch »unterbewußte Assoziationen« hervorbringen kann. Dieser Überschuß kann »abreagiert«, also sozusagen entladen werden. »Ist der Patient nicht willens oder nicht in der Lage, sich dieses Überschusses zu entledigen, gewinnt die Erinnerung der Eindrücke die Bedeutung eines Traumas und wird zur Ursache bleibender hysterischer Symptome.«

Hier verwendet Freud zum ersten Mal das Wort »unterbewußt«. Zum ersten Mal bedient er sich auch der entscheidenden Prinzipien der Verdrängung und Abreaktion. Zum ersten Mal verwendet er Beispiele aus dem Bereich der Anthropologie, um seine Gedanken auszusprechen. Zum ersten Mal entfesselt er hier seine Intuition; die zugleich enzyklopädisch, heterodox und spontan war und von neurologischem Fachwissen am Anfang der Studie ihren Bogen bis zu »Beispielen aus dem gesellschaftlichen Leben« am Ende spannt.

Diese Arbeit, zusammen mit dem unterlegten Text von Mayerling, bildet den Urgrund der Psychoanalyse. Mehr noch: es ist ohne weiteres möglich, daß Freud sich durch die »Abreaktion«, die diese Arbeit bedeutete, selbst psychisch gegen die Dämonen wappnete, die seit dem 30. Januar die Straßen Wiens durchstreiften. Es gibt eben eine Seelentherapie, die das Privileg des schöpferischen Menschen ist. Freud reagierte das Trauma von Mayerling ab, indem er es als Baustein einer Erkenntnis verwendete – eben der Erkenntnis der »Abreaktion«. Und als es dann darum ging, diese Arbeit zu veröffentlichen, verdrängte er die Abreaktion. »Teils aus Zufalls-, teils aus persönlichen Gründen«, wie Freud schrieb, ohne diese Gründe je näher zu definieren, erschien seine Abhandlung erst im Jahre 1893.

Zwei Wochen nach dem Tod des Kronprinzen entschloß sich Kaiser Franz Joseph zu einer Reihe von Schritten, die bewiesen, wie genau Dr. Freud den Fall Mayerling analysiert hatte und nebenbei, ein wie guter Spion Anton Bruckner war.

Rudolf hatte das Jagdgut testamentarisch seiner kleinen Tochter Elisabeth vermacht. Der Kaiser verlor keine Zeit und kaufte ihr den Besitz in aller Stille irgendwann Mitte Februar ab. Wenige Tage später wurde die Kommission des Obersthofmarschallamtes, die in Mayerling immer noch das Inventar aufnahm, wieder in ihrer Arbeit gestört. Diesmal war es nicht der päpstliche Nuntius, sondern eine andere geistliche Person: Maria Euphrasia Kaufmann, Priorin des Ordens der Unbeschuhten Karmeliterinnen in Baumgarten bei Wien. Sie wurde vom Baumeister Josef Schmalzhofer begleitet. Es sei der Befehl Seiner Majestät, erklärte Herr Schmalzhofer, an diesem Ort ein neues Karmeliterinnenkloster zu bauen. Deshalb habe er hier einige Vermessungen vorzunehmen. Und bald schon, noch ehe die ersten Bauarbeiter eingetroffen waren, begannen die Karmeliterinnen Mayerling zu übernehmen. Sie waren es gewesen, deren schwarzverschleierte Gestalten Anton Bruckner in jener kalten Winternacht wahrgenommen hatte. Er mag wohl unter den ersten Außenseitern gewesen sein, die um etwas wußten, das erst am 9. April bekanntgegeben wurde.

Der Baumeister hatte den Auftrag, das einstige Jagdschloß unter dem Kloster zu begraben. Die Wände des Schlafzimmers, in dem Rudolf geendet hatte, wurden niedergelegt und der Parkettboden herausgerissen. Die Wendeltreppe wurde gleichzeitig mit dem selten benutzten ehelichen Schlafzimmer, zu dem sie führte, demoliert. Vom Dach wurden alle Schornsteine entfernt. Das Äußere dieses Flügels wurde verändert und so erweitert, daß er als Klosterkirche dienen konnte, mit Altar, Sakristei und Seitenkapelle. Entsprechende bauliche Veränderungen im restlichen Gebäude ergaben das Dormitorium für die Nonnen, das Refektorium, Empfangsräume und so weiter. Selbst der Garten wurde umgestaltet und völlig neu bepflanzt. Alle Umfriedungen des Grundstückes wurden erhöht.

In der Stiftungsurkunde der Schenkung heißt es unter anderem: »Die Stiftung führt den Namen Kaiser Franz Joseph-Stiftung des Klosters der Karmeliterinnen in Mayerling... Insbesondere haben die Karmeliterinnen alltäglich für das Seelenheil weiland des Kronprinzen Erzherzog Rudolf zu beten.« Eine Kirche würde gebaut werden, wo der Kronprinz gestorben war, damit in den Worten des Leiters der Kommission des Obersthofmarschallamtes, »dieser Raum und der darüberliegende Luftraum nie mehr zu profanen Zwecken benützt werden könne«.

Wie hatte Freud doch in seiner Untersuchung geschrieben? In jener, an der er arbeitete, während das Kloster gebaut wurde? Wie hatte er den Zustand einer Hand beschrieben – also einer Zone, die »von einem König berührt« worden war, eines Fluchs, mit einem »Emotionsüberschuß« angereichert? So hatte er das doch erklärt: »Die Beziehung dieser Hand zur Vorstellung des Königs schien für das Seelenleben dieses Menschen so wichtig, daß er sich... weigerte, diese Hand in irgendeinen anderen Konnex treten zu lassen« (so daß sie nie wieder für gewöhnliche oder profane Zwecke verwendet werden konnte). Diese Zone ist »mit der Erinnerung des Erlebnisses, des Traumas getränkt, das die Lähmung hervorgerufen hat«.

Nur ein dünner Faden verband das neue Kloster mit der Welt. In einem Haus unweit des eigentlichen Klosters führten die geistlichen Schwestern ein Altersheim für Forstleute. Von dort bestand eine Telephonleitung zum Dorfpostamt in Alland. Nach einigen Monaten aber wurde sie unterbrochen wie ein Nerv, den die einsetzende Lähmung funktionsunfähig macht. Es dauerte nicht lange, so wurde auch das Altersheim einem anderen Schwesternorden übergeben. Die Unbeschuhten Karmeliterinnen kapselten sich ganz ab. Sie widmeten sich ausschließlich »dem Angedenken des Ereignisses«: in strengster klösterlicher Abgeschiedenheit, auf immer schwarz verschleiert, Vigilien haltend und täglich für Rudolf betend, Woche um Woche, Jahr um Jahr, Jahrzehnt um Jahrzehnt bis zum heutigen Tag.

Auf dem Tisch im Refektorium, vor dem Sitz der Priorin, lag ein runder Knochen mit zwei Höhlen, ganz wie der, den Rudolf auf seinem Schreibtisch liegen hatte. Ein Totenschädel.

Inzwischen hatte die Kronprinzessin-Witwe Stephanie Rudolfs »Junggesellenappartement« in der Hofburg ihren Gemächern einverleibt. Da die Einrichtung der meisten Räume dieses Appartements als »für sie unangemessen« erachtet wurde, wie es in dem betreffenden Hofdekret hieß, brachte man das Mobiliar in andere kaiserliche Residenzen, von wo es seinen Weg in die Residenzen verschiedener österreichisch-ungarischer Botschaften im Ausland fand – in Rom, Belgrad und anderen Städten. Hofkarossen zerstreuten alles, was noch von der Persönlichkeit des Kronprinzen geblieben war, in alle Winde. Der Palast mußte von diesen Erinnerungsstükken gereinigt werden.

Noch aber mußten andere Erinnerungen getilgt, andere Münder gestopft werden. Im eigenen und des Kaisers Namen verlieh Stephanie Dr. Widerhofer, der Zeuge der gruseligen Szene in Mayerling geworden war, den Eisernen Kronenorden Zweiter Klasse. Rudolfs Erster Obersthofmeister, Graf Bombelles, erhielt das Großkreuz; Rudolfs Kammerdiener Loschek das Goldene Verdienstkreuz und wurde überdies mit vollen Bezügen pensioniert. Auch die übrigen Angehörigen von Rudolfs engerem Hofstaat wurden durch Belohnungen, hohe Ehren oder Auszeichnungen auf immer zum Schweigen gebracht. Die Regimenter, die den Namen des Kronprinzen getragen hatten, bekamen neue Bezeichnungen.

Mit Ende Februar hatte man, was den Hof anlangte, den wahren Rudolf gründlich getilgt. Sein Andenken war verherrlicht und gleichzeitig gereinigt worden. »Mein lieber Bombelles«, schrieb Stephanie, vermutlich ganz ohne Sarkasmus, an einen Mann, der mit ihrer hoffnungslosen Ehe seit Jahren vertraut war. »Es ist mir eine liebe Pflicht, Ihnen hiemit den ältesten Säbel meines unvergeßlichen Gemahls zu übersenden. Bewahren Sie ihn als ein Andenken an meinen teuren Rudolf...«

28

Der Februar endete in Eis und Asche. Rudolf, die große Hoffnung auf eine Erneuerung Wiens, war hinweggefegt und mit ihm der Glanz der Saison. Über das kalte Straßenpflaster wehte der Hauch ausgebrannter Versprechen. Die Ringstraße proklamierte ihre Größe vor tränenblinden Augen und vor von Sorge tauben Ohren.

Doch immer noch versuchte die Stadt, sich zu fassen. Dazu half, daß das Wetter in der zweiten Februarhälfte hin und wieder milder und freundlicher wurde. Da und dort wurden Trauerfahnen eingerollt und weggeräumt. Mehrere Ballkomitees traten zusammen, um eine teilweise Wiederaufnahme des Faschings zu erwägen. Die Trauervorschriften mußten gegen Überlegungen betreffend Wohltätigkeit und gegen wirtschaftliche Notwendigkeit abgewogen werden.

Schwenders Colosseum, einer der größten Faschingsveranstalter Wiens mit seiner Damenkapelle, seinem Liebestunnel und seinem

Türkischen Kaffeehaus mit den berühmten Lebenden Bildern, hatte den Betrieb wieder aufgenommen. Der Alpenverein hielt tapfer seinen aufgeschobenen Ball ab, mit einem riesigen Gletscher, einem tosenden Wasserfall und einem Adler, der über einer frischgeschossenen Gemse auf einem Felsblock kreiste.

Diese Veranstaltungen waren nicht gut besucht. Bürgerlichen Kreisen saß das Grauen noch zu tief in den Knochen, um an solchen Lustbarkeiten teilzunehmen. Die Aristokratie aber war gar nicht in Wien. Ihre Gnaden, Durchlauchten und Hoheiten, die Lobkowitz, Esterházy, Schwarzenberg und so weiter, zogen es vor, den Fasching weit entfernt in den Schlössern auf ihren Besitzungen zu feiern.

Dennoch bemächtigte sich der Stadt eine Art dunkler, lichtscheuer Energie. Die Wiener begannen plötzlich die Straßen zu stehlen – zumindest symbolisch. In armen Bezirken wie Ottakring wurden während der Nacht Straßenschilder und Hausnummern abgeschraubt. Die Diebe verkauften sie an Altmetallhändler. Erst wenige Monate zuvor hatten die Schneider aus den dumpfigen, lichtarmen Fabriken und die arbeitslosen Schuster ihren letzten Gulden beim Heurigen vertrunken und dazu von dem Zauber der Donaustadt gesungen. Nun war die Legende in tausend Stücke zerborsten. Warum sollten sie nicht, was greifbar davon war, abmontieren und als Schrott verkaufen?

Vielleicht war alles, was man nicht stehlen und zu Geld machen konnte, sinnlos.

Wozu hast du gelebt, wozu hast du gelitten? forderte Gustav Mahlers Zweite im Jahr 1889 immer noch unvollendete Symphonie. Es war eine Frage, die Mahler sich selbst stellte – nicht in Wien und auch nicht in Budapest (wo seine Königliche Oper nach einer Trauerwoche für den Kronprinzen den Betrieb wieder aufgenommen hatte), sondern in seiner Heimatstadt Iglau. In Iglau saß er am Bett seines sterbenden Vaters.

Wozu lebst du? Auch der junge Schnitzler quälte sich mit diesem Thema ab, obwohl er einen ganz gesunden und reichen Vater hatte. Er hatte seine Jeanette, mit der er bis zum 28. Februar 433mal intim gewesen war. Er hatte noch andere Mädchen. Und nun stand sein Name auch noch unter einem Artikel in der angesehenen literarischen Zeitschrift *An der schönen blauen Donau*. Doch am 25. Februar schrieb er seiner Freundin Olga Waissnix mit einer Selbstironie, die weit tiefer geht als seine früheren und glutvolleren Verzweiflungsausbrüche:

»...Sonst, sehr verehrte gnädige Frau, geht es mir so gut und schlecht wie gewöhnlich. Der Geist der Medizin ist leicht zu fassen, also habe ich noch immer keine Patienten; der Lieder süßen Mund gab mir Apoll, folglich werd ich noch immer nicht im Burgtheater aufgeführt; das Leben ist der Güter höchstes nicht, was mich nicht hindert, weiter zu existieren...«

Es schien wenig Sinn zu haben, zu leben und alles immer wieder vergeblich zu versuchen. »Ich tauge für diese Gesellschaft nicht!« schleuderte Hugo Wolf einem Freund entgegen. Der Satz entstammte einem Brief, der eine einzige Verwünschung, ein Fluch auf eben jenes Streben nach Größe war, an dem Rudolf gescheitert war.

»Will ich berühmt werden? Ja, ich habe bis zu einem gewissen Grade danach gestrebt. Narretei! Wahnsinn! Dummheit! Als könnte die Befriedigung einfacher Eitelkeit einen für die vielfältigen Opfer, Sorgen, Infamien und Kränkungen entschädigen, die mit der Erreichung eines solchen Zieles verbunden sind! Zehntausend Teufel sollen mich auf der Stelle holen, wenn ich je wieder mein Hirn mit solchen Ängsten belaste! Der Teufel der Eitelkeit und des außerordentlichen Ehrgeizes kriegt mich nicht wieder beim Schopf zu fassen, darauf kannst Du Dich verlassen.«

Ein anderer Mann entledigte sich solcher Ängste und Sorgen sogar so weit, daß er auf seine Krone verzichtete. Am 6. März 1889 dankte König Milan, Österreichs Verbündeter in Serbien, ab. Er hatte keinen erkennbaren Grund. Nominell folgte ihm sein zwölfjähriger Sohn auf den Thron. Tatsächlich aber gelangte mit dieser Abdankung eine antiösterreichische Strömung an die Macht – der erste Wirbel eines Strudels, der nur eine Generation später die Doppelmonarchie in den Ersten Weltkrieg reißen sollte.*

Die Wirkung von Milans Handlung auf das Haus Habsburg war unmittelbarer und privater. Der Ex-König reiste nach Budapest, um dort Franz Joseph und Elisabeth zu berichten, warum er eigentlich die Bürde der Regierungsgewalt abgelegt hatte. Er bekannte dem

* Es war das Gegenstück der CIA in diesem neuen, österreichfeindlichen Serbien, das 1914 für die Ermordung von Rudolfs Nachfolger, des Erzherzog-Thronfolgers Franz Ferdinand, in Sarajewo verantwortlich war.

Herrscherpaar, daß die Vorgänge in Wien ihn bis zum Unerträglichen erregt und beunruhigt hätten. Er sei so deprimiert, daß er schon daran gedacht habe, auch seinem Leben ein Ende zu bereiten. Rudolfs Beispiel hatte ihn an seinem eigenen Verstand zweifeln lassen. Er wollte nicht als Selbstmörder auf dem Thron sterben.

Mehr brauchte Elisabeth nicht. Schon vor dem Eintreffen Milans in Budapest hatte ihre Neurasthenie sie auf einen Tiefpunkt gebracht. Die Gerüchte über ihren Zustand wurden immer düsterer, je häufiger sie auftauchten. Bei Hof sah man sich gezwungen, ein Dementi herauszugeben: Professor Krafft-Ebing, der große Grazer Psychiater, sei *nicht* an das Krankenbett der Kaiserin gerufen worden.

Was immer aber auch die Wahrheit sein mochte, eine allgemeine Geistesverwirrung und Zerrüttung sorgte dafür, daß Herr Professor Krafft-Ebing ausgelastet war. Das Ende des Faschings, Dienstag, der 4. März, war der traditionelle Tag für die Faschingsgala im Wiener Irrenhaus. Den leichteren Fällen war die Teilnahme gestattet. Meist kamen die Patienten in Kostümen, die sie selbst angefertigt hatten. In diesem Jahr schien das Drama von Mayerling eine ganze Horde blutrünstiger Erscheinungen hervorgebracht zu haben. Es wimmelte nur so von Scharfrichtern, Kannibalen, Blaubärten und Jack-the-Rippers, die alle wie wahnsinnig zu den Rhythmen einer gleichfalls aus Patienten zusammengesetzten Kapelle herumhüpften: Sie spielten Walzer auf Instrumenten aus Papiermaché. Der gesamte Ärztestab der Anstalt hatte sich unter die Patienten gemengt, um die Fröhlichkeit sozusagen unter Kontrolle zu haben. Auch Krafft-Ebing befand sich darunter, der eben erst auf den Lehrstuhl für Psychiatrie berufen worden war, den er ab dem Wintersemester übernehmen würde.

Das Leben, das in die Stadt zurückflutete, war entweder verrückt oder flirtete mit dem Tod. Der Fiakerball, der Anfang März stattfand, zog stets nicht nur Angehörige dieses Berufsstandes, sondern auch viele junge Adelige an, die mit diesen liederlichen und ordinären Kutschern einen Kult trieben. In diesem Jahr vermochte der Blumensaal die andrängende Menschenmenge gar nicht zu fassen. Aber sie waren nicht gekommen, um zu essen, zu trinken und zu flirten wie in anderen Jahren, sie kamen, um zu hören. Sie waren vor allem gekommen, um einen bestimmten Mann zu hören. Geduldig spendeten sie verschiedenen Gesangsstars des Fiakergewerbes mit

Spitznamen wie »der Hungerl« oder »der Schuster-Franz« Beifall. Dann kam endlich der Augenblick, auf den jeder gewartet hatte.

In seinem besten Frack bestieg Bratfisch das Podium. Er war so sehr gewohnt, seine Vorstellung vom Kutschbock aus zu geben, daß er sich einen Stuhl unterschob, auf dem er dann wie oben auf dem Kutschbock seines Fiakers thronte. Er begann zu singen und zu pfeifen – die Lieblingslieder seines Publikums und seine eigenen, vor allem aber die seines toten Herrn. Ein Wienerlied vor allem mußte er auf allgemeinen Wunsch immer wieder singen. Es endete mit dem Refrain: »Wo bleibt die alte Zeit und die G'müthlichkeit? Pfiat di Gott, mein schönes Wien!« Die Menschenmenge applaudierte und weinte gemeinsam, Bäckergehilfen in ihren ausgeborgten Abendanzügen oft Wange an nasser Wange mit blaublütigen Playboys in Frack und Seidenschal.

Je weiter der März fortschritt, desto grimmiger wurde die Düsterkeit der Stadt. Um die Mitte des Monats war Bratfisch nicht mehr nur untröstlich, sondern auch wütend – wütend genug, um bei Gericht zu klagen.

Ein antisemitisches Wiener Blatt hatte einen Artikel veröffentlicht, in dem behauptet wurde, »daß der Fiaker Bratfisch anläßlich einer... Auktion von Antiquitäten, die er von hoher Persönlichkeit erhalten hat, sich unehrenhafte Handlungen zu Schulden hat kommen lassen«. Gleichzeitig richtete ein gewisser Johann Hartmann ein Schreiben an die Genossenschaft der Wiener Fiaker, in dem er ähnliche Anwürfe gegen Bratfisch erhob:

»In seiner (?) hat er mit zwei Juden ihre Waare als Geschenke von (folgt der Name der Persönlichkeit) um riesig hohe Preise verkauft. Die Juden im Nebenzimmer, welche, da sie sahen, daß ihre Waare reißenden Absatz, noch mehr herbeischleppten und ebenfalls an den Mann brachten; dann theilten alle Drei lachend den Erlös der Betrogenen...« Bratfisch strengte daraufhin einen Ehrenbeleidigungsprozeß gegen Hartmann, aber auch gegen das betreffende antisemitische Hetzblatt an.

Unter all den Häßlichkeiten dieses März wurde der Antisemitismus zum dominanten Akkord. Am 18. des Monats überbordete er auch in die Wiener Gemeinderatswahlen. Dr. Karl Lueger, der aufsteigende junge Judenhetzer, der Abgeordneter zum Parlament war, hatte in seinem Heimatbezirk Margareten ganze Kolonnen junger

Rowdys eingesetzt. Diese hatten es besonders auf Wähler abgesehen, von denen bekannt war, daß sie ihre Stimme den Liberalen geben würden. »Pfui!... Jud!... Judenknecht!... Nieder mit den Juden!« brüllten sie lauthals, um ihre stimmberechtigten Mitbürger einzuschüchtern und zu vertreiben; und tatsächlich gewannen die Kandidaten Luegers nicht nur in Margareten, sondern auch in anderen Bezirken.

Wie meist waren schwere Zeiten gute Zeiten für einen Demagogen – in diesem Falle für Lueger. Und die Zeiten waren in diesen Märzwochen schlecht genug. Streit und Hader nahmen überall zu. Man klagte darüber, daß die Stadt die Steuerlast nicht mehr tragen könne und die sozialen Ausgaben jedes vertretbare Maß überschritten hätten. Konkurse und Ausgleichsverfahren wurden von Tag zu Tag häufiger. Die *Neue Freie Presse* brachte auf ihrer Titelseite eine Statistik mit scheelem Blick nach Osten: Budapest, obwohl eine kleinere und weniger bedeutende Stadt, ermöglichte ihren Einwohnern für jedes Backhendl, das die Wiener verzehrten, drei Paprikahühner zu essen.

Das war kein Spaß. Für den Wiener Bürger war das Backhuhn der »Vogel der Zufriedenheit«, sozusagen eine symbolische Tierart, die nun vom Aussterben bedroht schien. Kein Wunder, daß in den Straßen ein böses Zischen zu hören war. Ein neues, häßliches Geräusch entlang den Straßenbahnschienen.

Noch vor wenigen Monaten waren die Pferdetrambahnen der Stadt rollende Salons gewesen. Sobald man eingestiegen war, verbeugte sich der Kondukteur und wünschte dem Gnädigen Herrn einen guten Tag. Dann fragte er höflich, ob der Gnädige Herr vielleicht einer Karte bedürfe. Man sagte, ja, man wäre glücklich, wenn man eine hätte. Der gute Mann reichte einem die Fahrkarte mit der grandiosen Geste eines Haushofmeisters. Dafür erhielt er nicht nur das Geld, sondern auch ein Trinkgeld, das mit ebenso höfischer Geste gereicht wurde. Der Kondukteur machte eine elegante Verbeugung und dankte dem Gnädigen Herrn, und man verbeugte sich nur um eine Spur weniger tief und machte eine Handbewegung, die andeuten sollte, daß dieser Ausdruck der Dankbarkeit, wenngleich übertrieben, so doch als angenehm empfunden wurde.

Nun aber war es in den Straßenbahnen eher mißmutig geworden. Der Tramway-Conducteurs-Ball war schlecht besucht und folglich ein finanzieller Mißerfolg. Dafür aber war während des Monats

März eine Reihe von mitternächtlichen Zusammenkünften von Straßenbahnfahrern und Schaffnern von einer immer größeren, wütenden Menge gut besucht. Ihre Anführer sagten, sie hätten nun endgültig genug. Genug von Firmenvorschriften, nach denen Fahrer diszipliniert wurden, wenn sie die Strecke von Währing bis zum Prater nicht in siebenundvierzig Minuten schaffen konnten – eine Regel übrigens, die keine Rücksicht darauf nahm, daß die Straßenbahn oft durch Leichenzüge oder sperrige Lastwagen aufgehalten wurde. Sie hatten auch übergenug von einem vierzehnstündigen Tag harter Arbeit und dauernder erniedrigender Kriecherei, um ein paar Kreuzer Trinkgeld zu ergattern. Sie wollten mehr als einen Hungerlohn und mehr als nur eine halbe Stunde Mittagspause. Und all das wollten sie sofort.

Die Straßenbahngesellschaft speiste sie mit ausweichenden Erklärungen ab. Daraufhin gab es in der Remise in der Kronprinz-Rudolf-Straße Krach. Streikposten schlugen mit Keulen auf Nichtstreikende ein, die die Hallen betreten wollten. Man rief die Polizei, die »Grüne Minna« rückte an, und Verhaftungen wurden vorgenommen. Dennoch mußte auf einer Reihe von Linien der Betrieb eingestellt werden.

Das war aber nur der Anfang eines Frühlings, der noch weit schlimmer zu werden versprach. Von Rudolfs immer noch provisorischem Sarg in der Kapuzinergruft wurden dauernd kostbare Dekorationsstücke gestohlen. So verschwanden Mitte März plötzlich sieben silberne Blätter des großen Lorbeerkranzes. Verbrecherhände entweihten aber noch etwas anderes, das der Stadt am Herzen lag – nämlich ihren Wein. Diebe erbrachen immer wieder die Waggons der Züge, in denen das kostbare Naß nach Wien gebracht wurde, entleerten die Fässer zur Hälfte in ihre eigenen Gebinde und füllten sie dann mit Wasser wieder auf.

Am Aschermittwoch fanden auf einem Friedhof spielende Kinder den ausgegrabenen Leichnam einer alten Frau. Die Brüste hatte jemand abgeschnitten. Man nahm an, daß der Täter selbst Opfer irgendeines wirren Aberglaubens geworden sei. Und all der Spuk und Jammer setzte sich in die Fastenzeit hinein fort. Solche Gefühle wohnten auch in der Seele höchst kultivierter junger Herren.

Arthur Schnitzler äußerte sich am 19. März in seinem Tagebuch unzufrieden über eine seiner Damenbekanntschaften, die ihn durch ihre geschmacklose Toilette enttäuscht und gelangweilt hatte, und erwähnte auch, daß ihn nun auch seine getreue Jeanette langweile und er sich nach Abwechslung – irgendeiner Abwechslung, und sei es eine käufliche Frau – sehne. Dennoch verzeichnet er in seinem Tagebuch, daß er bis Ende März mit Jeanette nicht weniger als 465mal einen Höhepunkt der Liebeslust erlebt hatte.

Eine gewisse fiebrige Ungeduld, Verhärtung der Gefühle und Heftigkeit, um nicht zu sagen Brutalität, schwelte selbst in den sogenannten besseren Kreisen. Es war im März, daß zwei von Schnitzlers Freunden, beide der *haute bourgeoisie* zugehörig, einen Fechtkampf untereinander austrugen, der schließlich immer hitziger wurde und tödliche Folgen hatte.

»... am 13. März war dem Meisterfechter unter meinen Freunden, Max Friedmann, das Unglück begegnet«, schrieb Schnitzler, »einen guten Freund bei einer Fechtübung mittels eines Degenstichs, der durch das Drahtgitter der Maske ins Auge drang, auf der Stelle zu töten. Wir verkehrten damals ziemlich viel miteinander, besuchten insbesondere öfters gemeinsam Vergnügungslokale und Maskenbälle..., und so erachtete ich es als eine Art Verpflichtung, am Tag nach dem Unfall mich teilnahmsvoll bei ihm einzufinden. Es berührte mich nun sonderbar, wie Max in den Gesprächen nicht nur mit mir, sondern auch mit den anderen Freunden, fast ohne seines unschuldigen Opfers zu gedenken, ausschließlich mit der Frage beschäftigt war, ob ihm die Gerichte etwas anhaben könnten oder nicht... tatsächlich wurde die Untersuchung mangels jeden strafbaren Tatbestandes schon nach wenigen Tagen eingestellt; – und früher, als wir es für möglich gehalten, fand sich unser Freund Max wieder auf dem Fechtboden ein, um seine Übungen fortzusetzen.«

Die Zeitungsberichte über diesen Unglücksfall berührten auch Bruckner, der zwar keinen der Betroffenen kannte, dafür aber ein fast morbides Interesse am Tod und an ungewöhnlichen Todesfällen hatte. Seine Nichte war gerade gestorben, und so schrieb er am 14. März einige Zeilen an seine Schwester, denen er zwanzig Gulden als Beitrag zu den Beerdigungskosten beischloß. Ohne jedwede logische Verbindung zum Wortlaut seines Schreibens fügte er als Nachschrift an: »P. S.: Gestern wurde ein junger Offizier aus sehr reichem Bürgerhause bei einer Fechtübung erstochen.«

Seine Jenseitsbezogenheit nahm Bruckner keineswegs von der

Aggressivität um ihn herum aus. Er und das kleine Häufchen seiner Getreuen schlugen sich in Abwehr- und Rückzugsgefechten mit dem Erzfeind Brahms und mit dessen gefürchtetem Artilleriegeneral Hanslick. In diesen rauhen, kriegerischen Tagen versuchten die bis dahin meist unterlegenen Brucknerianer sogar, zum Gegenangriff überzugehen. Ende Februar brachte ihr Leibblatt, die *Wiener Allgemeine Zeitung*, eine ätzende Kritik über einen Liederabend des Feindes: »... es liegt die Schuld nur an dem Componisten, dem es an Genieblitzen wahrlich nicht fehlt, der aber sehr häufig auch ohne wirkliche Inspiration zum Notenpapier greift... Ungeachtet der persönlichen Mitwirkung von Brahms... war die Aufnahme ziemlich kühl; nur 3 oder 4 Nummern sprachen wirklich an.... Vor einiger Zeit war schwarz auf weiß in einem hochangesehenen Blatte zu lesen, daß die ›Zigeunerlieder‹ vom Himmel gefallen seien. Dieses meteorologische Ereigniß ist nicht so beglaubigt, wie das merkwürdigere, daß bei der Vorführung jener Lieder im Saale Bösendorfer die meisten Zuhörer aus den – Wolken fielen.«

Einige Wochen später standen wieder die *Zigeunerlieder* auf dem Programm, diesmal im Großen Musikvereinssaal, und wieder griff die *Wiener Allgemeine Zeitung* den großen Brahms tapfer an. In einer anderen Besprechung auf der gleichen Seite aber konnte man lesen: »Unser berühmter vaterländischer Componist Bruckner hat in der letzten Zeit seine neunte Symphonie, ... derart gefördert, daß dieselbe in der nächsten Saison für die Aufführung bereit liegen dürfte. Der erste Satz und das Scherzo sind fast gänzlich fertig; der zweite Satz, eine Serenade, ist bereits skizziert. Der Meister bezeichnet seine neunte Symphonie als diejenige, welche ihm am meisten Freude machen dürfte. Die neue Symphonie dürfte natürlich wieder im Auslande zur ersten Aufführung gelangen. So ergeht es allen unseren einheimischen Componisten, deren man sich bei uns erst dann erinnert, wenn sie im Auslande Anwerth gefunden haben.«

Freud, der sozusagen nur um die Ecke von Bruckner wohnte, war weit jünger und verfügte noch über weit geringere Erfahrung darin, ein Prophet zu sein, den man im eigenen Vaterlande nicht schätzte. In diesem Frühling aber ließ auch er sich auf eine Auseinandersetzung ein – und zwar mit vollem Einsatz.

Hierfür nahm er sich sogar die Zeit von seinem Studium der Hysterie. Er mußte nun endlich Theodor Meynert gegenüber eine feste, eigenständige Haltung einnehmen. Seine Opposition war gewagt und – um ein damals noch nicht geprägtes Wort zu verwenden – ödipal. Hofrat Professor Meynert war nicht nur der Gründer der Wiener Psychiatrischen Klinik und einer der führenden Fachärzte für Geisteskrankheiten seiner Zeit; nicht nur ein Mann von umfassender Bildung und fortschrittlichem politischen Denken (Klaviervirtuosen spielten in seinem Salon Mozart, und er selbst hatte Gedichte über die Französische Revolution verfaßt); nicht nur ein mächtiger Faktor an der Universität und einer ihrer bewundertsten Vortragenden; darüber hinaus hatte er Freud auch noch sehr früh und sehr tief beeindruckt. In Freuds eigenen Worten war Meynert »das brillanteste Genie, dem ich je begegnet bin« und »stimulierender als eine ganze Gruppe Freunde«.

Und just diesen Mann wagte der junge Dr. Freud sich nun zum Feind zu machen. Im Jahr 1889 kam es zum Eklat, doch der Konflikt war schon seit vielen Monaten gewachsen. Von 1885 bis 1886 war Freud mit einem Stipendium nach Paris gegangen, um dort unter Charcot zu studieren. Als er zurückkehrte, war er freudig erregt über die Möglichkeit, die die Hypnose nicht nur als Therapie, sondern auch als Diagnosehilfe bot, und die es gestattete, den psychischen Ursprung neurotischer Störungen freizulegen. Nach Meynerts Ansicht aber führte die Hypnose nur »eine künstliche Form einer Gemütsveränderung« herbei. Er hielt es für ein Unglück, sollte sich »diese psychische Epidemie unter der Ärzteschaft« ausbreiten.

Fast wie ein Befehlsverweigerer hatte Freud für ihre Verbreitung gesorgt. Selbst nach Meynerts mahnenden Worten hatte er es nicht aufgegeben, mit Hypnose zu arbeiten und für diese öffentlich einzutreten. Und noch auf einem anderen Gebiet hatte er sich als Häretiker erwiesen: Er hatte die Hysterie als ein Leiden behandelt, das sich keineswegs nur auf Frauen beschränkte und das sich so verhielt, »als gäbe es keine Anatomie«. Für Meynert war dies völliger Unsinn. Hysterie sei ein rein weibliches Phänomen (schließlich war ja *hystera* das griechische Wort für Gebärmutter), das durch Nervenschädigungen verursacht werde. Ärzte mit Theorien wie Freud näherten sich nach Meynerts Auffassung gefährlich der Quacksalberei.

Lange hatte Freud diese Anfeindungen schweigend ertragen,

doch selbst ein stummer Ungehorsam hatte ihn von allen Forschungsmöglichkeiten ausgeschlossen, auf die Meynert Einfluß besaß. Man hatte ihn gezwungen, seine ohnedies wenigen Vorlesungen an der Universität auf Anatomie zu beschränken, und an der Psychiatrischen Klinik hatte er keine Chance. Seine Arbeit an Kassowitz' Institut für Kinderheilkunde, das klein und ohne Verbindung zur Universität war, kam tatsächlich einer Verbannung gleich.

In diesem Frühjahr 1889 wurde die Situation nun – wie viele andere in Wien – von Verbitterung durchsetzt. Vor einem Forum der Wiener Ärzteschaft sprach Meynert von seinem früheren Schüler Freud als von einem »bloßen Hypnotiseur«.

In dem »Frühling der Unzufriedenheit«, der auf die Geschehnisse in Mayerling gefolgt war, beschloß Freud nun zurückzuschlagen, und zwar in Form einer Veröffentlichung. Eben hatte ihn die Redaktion der *Wiener Medizinischen Wochenschriften* gebeten, ein Buch über Hypnose zu besprechen. Damit hatte er den idealen Rahmen. Freud machte sich mit so großer Verbitterung an die Arbeit, als durch die Umstände gerechtfertigt schien, aber auch mit der Klugheit und Umsicht, die die hervorragende Position seines Gegners erforderte.

In seiner Besprechung gab Freud offen zu, daß sich unter den Gegnern der Hypnose Männer von so gewichtiger Autorität wie Hofrat Professor Dr. Meynert befänden, und zeigte sich auch dahingehend einsichtig, daß es für die meisten Menschen beinahe undenkbar sei, daß ein Mann, der über so große Erfahrung auf gewissen Gebieten der Neuropathologie verfügte und sich auch sonst so scharfsinnig gezeigt hatte wie Hofrat Professor Meynert, für irgendein anderes Gebiet der Wissenschaft *keine* Qualifikationen besitzen könnte. Auch räumte Freud ein, die Achtung vor menschlicher Größe, vor allem aber vor intellektueller Größe, sei eine der wertvollsten Eigenschaften der menschlichen Natur. Und nun ging er zum Angriff über: Wichtiger aber noch als diese Form des Respekts sei die Achtung vor Tatsachen. Man müsse sich nicht fürchten, dieser Achtung öffentlich Ausdruck zu verleihen, wenn man bereit sei, den eigenen Autoritätsglauben zugunsten der eigenen Urteilskraft und eigener, durch deren Anwendung gewonnener Erkenntnisse aus dem Studium erwiesener Tatsachen zurückzustellen...

Es sei, fuhr Freud fort, angemessen, gegenüber der häufigen Intoleranz großer Männer eine gewisse Rücksicht zu üben. Er wolle daher nicht darauf eingehen, aus welchen Gründen Hofrat Professor Meynert ihn angegriffen habe; er wolle jedoch darauf hinweisen, daß er sich als Zielscheibe solcher Angriffe in guter Gesellschaft befände – so etwa in der des Autors des hier besprochenen Werkes, Dr. August Forel. Doktor Forel war immerhin ein hochangesehener Hirnanatom und hielt die Hypnose doch für mehr als »ein Stück Unsinn«, um sich eines Ausdrucks aus dem Vokabular von Hofrat Meynert zu bedienen...

Da sich diese Besprechung mit dem Werk Forels durchaus positiv befasse, fuhr Freud fort, würde Hofrat Meynert vermutlich noch weiter in seinem Urteil bestärkt, er, Freud, sei aus der Sündenstadt Paris im Zustand völliger Verworfenheit zurückgekehrt. In einem Punkt allerdings sähe er, Freud, sich genötigt, Meynert zu berichtigen, nämlich was dessen kürzlich formulierte Definition Freuds als »einem hiesigen Hypnotiseur« anlangte. Durch diese könne der Eindruck hervorgerufen werden, daß er nichts anderes täte, als seine Patienten zu hypnotisieren. In Wahrheit aber sei der Verfasser der vorliegenden Besprechung »ein hiesiger Nervenspezialist«, der sich *aller* Behandlungsmethoden bediene, wenn Herr Hofrat Meynert so liebenswürdig sein wollte, das zuzugestehen...

»Wo bleibt die alte Zeit?« hatte Bratfisch gesungen, »und die G'müthlichkeit?«

Einer wußte, wo sie war. Er gehörte zu den wenigen, die es noch immer verstanden, auch angesichts der rastlosen, nervösen Neuzeit, angesichts der Zeit der unbequemen Wahrheiten und des Todes ein altmodisches Lächeln auf die Lippen seiner Zuhörer zu zaubern. Dieser Mann war Johann Pfeifer, »König der Vögel«. Er gab seine Vorstellungen immer noch am Schottenring, einige Schritte von Freuds Wohnhaus entfernt. Nur die Art seiner Vorstellungen hatte sich geändert. Nach Mayerling führte er keine Stücke mehr mit Papageien als Darsteller auf – das Publikum war mit seinen Münzen nicht mehr so freigiebig. Jetzt ließ er jedem zahlenden Kunden, wie seinerzeit zu Neujahr, durch seine Vögel von einem Brett einen Umschlag mit einem Horoskop bringen. Er verstand es, jede der Voraussagen witzig zu interpretieren. Und seine Klientel schätzte das. Die Wiener lieben es, zumindest einen Witz schützend zwischen sich und die Zukunft zu schieben.

Pfeifers Problem lag in der geringen Zahl der Passanten. Im März 1889 lud die Ringstraße nicht zu gemächlichen Spaziergängen ein. Die Stimmung blieb schlecht, das Wetter trostlos. Am Ende des Tages reichte das Häufchen Kleingeld, das der »König« eingenommen hatte, immer noch nicht aus, um seine fünfköpfige Familie und die sieben Vögel zu ernähren.

Dennoch gab der »König« weder seine Fröhlichkeit noch seinen gewohnten Standplatz an der Ringstraße auf. Nur arbeitete er nun auch bei Nacht. Gegen Ende Februar begann er in Gastwirtschaften aufzutauchen. Er gab komische Darstellungen von Napoleon beim Besuch eines Wiener Kaffeehauses oder von Friedrich dem Großen mit einer Zigeunerfiedel zum besten. Er verteilte selbstverfertigte Imitationen von Fünfzig-Gulden-Noten, auf denen man lesen konnte: *Eine Strafe von fünfzig Gulden für alle, die sich meine Vorstellung nicht ansehen*. Wenn auch das noch nicht genug Geld einbrachte, suchte er sich unter den Gasthausbesuchern Hundebesitzer aus und brachte ihren Lieblingen lustige Kunststücke bei. Er führte mit seinen Händen Schattenspiele komischer Opern auf; und nach einem solchen langen Abend Anfang März ging er pfeifend heim; stieg in der Castellezgasse in den dritten Stock hoch, ging auf Zehenspitzen an seiner Familie vorbei, deren gefiederte und ungefiederte Mitglieder in der winzigen Wohnung zusammengepfercht schliefen; öffnete das einzige Fenster und sprang hinaus.

Als man ihn später auf dem Pflaster fand, hielt er immer noch den Karton mit den Masken umklammert. Darauf stand in goldenen Lettern: ERNST IST DAS LEBEN – HEITER DIE KUNST. WIENER SPEZIALITÄTEN.

Seine Beerdigung war großartig – wahrlich eine schöne Leich', wie man in Wien eindrucksvolle Bestattungsfeierlichkeiten zu nennen pflegt. Die meisten Tageszeitungen erwähnten seinen Tod. Die Stadt, die ihm keine Lebensmöglichkeit geboten hatte, überhäufte den Toten mit warmherzigen Nachrufen und sorgte für zahlreiche Gesellschaft auf seinem letzten Weg. Immerhin hatte er zur Ringstraße gehört, war eines ihrer charmantesten Wahrzeichen gewesen – und das erste, das unterging. Der Polizist, der an Pfeifers Ecke den Dienst versehen hatte, schloß sich dem Leichenzug an, und auch der Briefträger, der Dienstmann und der Maronibrater durften nicht fehlen; selbstverständlich kamen auch die Weinliebhaber, deren Stammgasthäuser Pfeifer nachts oft besucht hatte.

Nachdem man ihn zur letzten Ruhe gebettet hatte, kehrten sie alle in ihre Gastwirtschaft zurück, und in ihrer Phantasie wurde der Tote tatsächlich zur »schönen Leich'«. Irgendwie war er der Ausgleich zu jenem anderen beunruhigenden, tragischen Leichnam, der immer noch in einem Holzsarg in der Kapuzinergruft lag. Rudolf hatte die schimmernde Erwartung von Größe heraufbeschworen, nur um sie letztlich in schwarze Verwirrung aufzulösen. Johann Pfeifer, König der Vögel, hatte nie mehr geboten als Ablenkung für den Augenblick, und in einem Augenblick war er – das schien logisch – von der Bildfläche verschwunden. Er erinnerte die Wiener an eine ihrer Spezialitäten: Die Kunst, das Leben nicht ernst zu nehmen.

29

In gewisser Hinsicht stellte Johann Pfeifers »schöne Leich'« einen Wendepunkt dar. In der gleichen Woche, Mitte März, erschien Ministerpräsident Graf Taaffe im Parlament und erklärte, er habe die Politik seiner Regierung niemals als »Fortwursteln« bezeichnet. Ganz im Gegenteil: er würde diese Politik vielmehr als ein »Durchfretten« charakterisieren. Er sagte dies mit todernstem Gesichtsausdruck und verdächtig zuckenden Schnurrbartspitzen – eine wahre Meisterleistung österreichischen Polit-Kabaretts. Seine Erklärung signalisierte gewissermaßen das Ende der Staatstrauer.

Man begann zu hoffen, daß Mayerling letzten Endes doch kein weltbewegendes Unglück gewesen sei. Die Bürger Wiens konnten allmählich wieder Gedanken an Mißstände außerhalb ihrer Grenzen verschwenden. In London zum Beispiel zitterte man noch immer vor Jack the Ripper. In Paris verwandelte sich General Boulanger immer schneller von einem neuen Napoleon zu einem katastrophalen Großtuer.

Und ein Zwischenfall in Rußland ließ den Antisemitismus Wiens vergleichsweise als geringfügiges Vergehen erscheinen. Adolf Ritter von Sonnenthal, der einzigartige Darsteller klassischer Heldengestalten am Wiener Burgtheater, der Inbegriff weltmännischer Eleganz in den Augen der Wiener, jener Sonnenthal, den Kaiser Franz Joseph in seinen Briefen an Frau Schratt »Jupiter« genannt hatte –

dieser große Österreicher entging bei einem Gastspiel in Riga nur um ein Haar der Verhaftung durch die zaristische Polizei! Wie konnte das geschehen? Er hatte es verabsäumt, um eine Sondergenehmigung anzusuchen, deren alle ausländischen »Israeliten« bedurften, um sich auf geheiligtem russischen Boden aufhalten zu dürfen. Nur ein offizieller Protest des k. u. k. Botschafters am Hof zu Petersburg rettete Sonnenthal davor, über die Grenze abgeschoben zu werden.

Dieser Zwischenfall half Wien, etwas von seiner Selbstachtung zurückzugewinnen. Das feudale Gepränge Österreichs mochte dem Rußlands gleichkommen; und dennoch war die Doppelmonarchie – trotz Lueger und Schönerer – demokratisch genug, sich für ihren »jüdischen Jupiter« voll einzusetzen.

Allmählich gewannen die Wiener das berauschende Gefühl ihrer Einzigartigkeit zurück. Gegen Ende März wurde sogar das Wetter milder. Fast über Nacht verwandelte sich der Wienerwald in noch hie und da schneeflockige Wellen zartesten Grüns. Birken, Weiden und Pappeln schoben winzige Blätter hervor, und Palmkätzchen perlten silbergrau über die Hänge. Während einer Streikpause fuhren die Straßenbahnen nun wieder und trugen Tausende Wiener hinaus in den Frühling vor den Toren der Stadt. Und die Armen, von denen die meisten in den Außenbezirken wohnten, bedurften nur selten eines Transportmittels. Viele von ihnen entdeckten wieder einmal, daß es nur wenige Schritte von den dumpfigen Mietskasernen in die Frische des Waldes waren. Kaum hatten Schulen und Fabriken ihre Pforten geschlossen, setzte schon der Wettlauf zu den Hügeln des Wienerwaldes ein – zum Kahlenberg, Leopoldsberg und Kobenzl –, zu den Wiesen, der Freiheit und den Blumen. Alle ließen es sich wohl sein und pflückten Sträuße. Bald war der Großstadtschmutz Zehntausender Fensterbretter von Büscheln Leberblümchen, Himmelsschlüsseln, Schneeglöckchen, Krokus und Flieder, von Duft und Blütenblättern überdeckt. Am Sonntag nahmen die einfachen Menschen der Stadt ihr Sonnenbad, machten Spaziergänge, tranken in schattigen Wirtshausgärten ein Viertel Wein. Rings um sie sproß und blühte es in den Weingärten, und das junge Laub flüsterte im sanften Wind. Welche andere Stadt konnte ihren Unterprivilegierten auf so einfache Weise Trost bringen?

Und wo sonst sah man den Adel so stilvoll und elegant von seiner Pflichtvergessenheit zurückkehren? Für sie war Mayerling mit seiner Düsterkeit vorüber. Die Kälte war vergangen. Der Turf der Freudenau lockte die Esterházys und die Schwarzenbergs. Seine Hoheit mußten sich um seine einjährigen Pferde kümmern; Ihre Hoheit ihre Frühlingsgarderobe erneuern. Schließlich kam ja bald der erste Mai mit seinem Blumenkorso im Prater. Jeden Tag wurden auf einem anderen Stadtpalais wappengeschmückte Fahnen hochgezogen und zeigten an, daß die Hoheiten und Exzellenzen nun wieder anwesend waren. Das erste gesellschaftliche Ereignis des Frühlings, eine von Fürstin Pauline Metternich veranstaltete Rollschuh-Gala, war ein großartiger Erfolg.

An der Oberfläche wurde Wien geschmückt und geglättet. Sicherlich, Rudolf war nicht mehr. Aber das Leben ging weiter, und die Wirtschaft stabilisierte sich. An der Börse herrschte Hochbetrieb, und die Zinssätze hielten sich beruhigend in Grenzen. Genaugenommen hatte der Tod dieses engagierten, unrealistischen Liberalen eine gewisse Atmosphäre der Unsicherheit und radikaler Eigenwilligkeit beseitigt. Vielleicht durfte man nun wieder ein wenig hoffen.

Und in den Kulissen stand schon jemand bereit, die letzten Reste von Trauer und Dumpfheit zu beseitigen. Theodor Herzl machte sich daran, die ganze Stadt in angenehm erregenden Aufruhr zu versetzen. Zum erstenmal bewies er nun sein Geschick, die Öffentlichkeit anzufeuern und ihre Aufmerksamkeit zu erregen. Der Mann, dem es im nächsten Jahrzehnt gelingen sollte, die Augen der Welt auf den Zionismus zu lenken, lernte im März 1889, die Neugier der Wiener zu reizen. Nicht etwa, um den Juden der Welt eine Heimat zu geben, sondern um zahlendes Publikum an die Theaterkasse zu locken.

Die Komödie, die Herzl mit Hugo Wittmann geschrieben hatte, war nun von allen lasziven Anspielungen auf Schlafwagencoupés gereinigt und näherte sich ihrer Aufführung. Die Proben am Burgtheater begannen gerade, als man dort wieder einmal Ibsen und seine »Problemstücke« abgelehnt hatte. Vom literarischen Standpunkt aus gesehen war die Entscheidung der Burgtheaterdirektion ein Verbrechen; gesellschaftspsychologisch dagegen war sie äußerst glücklich getroffen. Wien brauchte dringend irgendeinen gefahrlosen, undramatischen Nervenkitzel. Konnte dieser nicht in Form eines Stückes wie etwa die Posse *Wilddiebe* gefunden werden, noch dazu, wenn der Autor ein großes Fragezeichen war? Herzl erkannte sehr rasch, daß die Stadt, die immer noch an dem großen, schlimmen Rätsel litt, sich mit Freuden durch eine saftige kleine Mystifikation kurieren lassen würde.

»Wir sind fest entschlossen«, schrieb Herzl im eigenen und im Namen seines Mitautors an den Direktor des Burgtheaters, »uns selbst nach einer erfolgreichen Aufführung (die Gott geben möge) nicht zu deklarieren. Erst wenn das Stück auch im Ausland Erfolg hat, werden wir aus den mystischen Wolken hervortreten.«

Und bald schon gelang es Herzl durch sein Public-Relations-Talent, eine Atmosphäre der Spannung und allgemeinen Neugier zu schaffen. Freilich hatten er und sein Partner eine besonders günstige Ausgangsposition. Wittmann leitete die Kulturnachrichten der *Neuen Freien Presse* (die Kritiker hatte er allerdings nicht in der Hand), und auch Herzl hatte in diesem Blatt ein gewichtiges Wort mitzureden. Außerdem war Herzl vor kurzem Feuilletonredakteur bei der *Wiener Allgemeinen Zeitung* geworden. Ihm stand also in eigener Sache einiges zu Gebote. Wichtig aber war, die Leserschaft nicht ahnen zu lassen, wo all diese die Neugier anstachelnden Nachrichten, all diese faszinierenden Andeutungen ihren Ursprung hatten.

»Wir erhielten die folgende Nachricht aus Berlin«, war am 7. März in der *Neuen Freien Presse* zu lesen. »Eine neue Komödie, ein Werk von besonderem Interesse, wird dort am Deutschen Theater bald seine Premiere haben. *Wilddiebe* heißt das Schauspiel, das in den vergangenen Wochen in literarischen Kreisen eine gewisse Aufregung verursacht hat. Wie allgemein bekannt, wurde es dem Burgtheater per Post von Berlin anonym eingereicht, doch schon der erste Blick auf das Manuskript beseitigte das Mißtrauen, das man sonst anonymen Stücken meist entgegenbringt. Das Werk wurde in Wien sofort angenommen, und die Rollen sind bereits verteilt. Wir stehen kurz vor der Premiere, und man fragt sich voll Neugierde, wer wohl der Autor sein möge…«

Während der folgenden Tage streuten sowohl die *Neue Freie Presse* als auch die *Wiener Allgemeine Zeitung* Nachrichten über die voraussichtliche Besetzung der *Wilddiebe* in ihre Spalten, wobei sie darauf hinwiesen, daß Vertreter der Burgtheaterelite wie Adolf von Sonnenthal (der »jüdische Jupiter«) und Hugo Thimig in den Hauptrollen zu sehen sein würden. Der Name des Autors aber blieb nach wie vor ein Geheimnis. Nun konnte man in den Kaffeehäusern und bei Tee-Einladungen in den feinen Salons endlich über ein Rätsel tuscheln, das zur Abwechslung einmal nicht unheimlich und makaber war. Herzl & Co. süßten und würzten es noch zusätzlich.

Am 14. März gab es wieder Nachrichten über ein im Ausland bestehendes Interesse nicht nur an dem Stück, sondern auch an seiner rätselhaften Urheberschaft. Am 17. März veröffentlichte Herzl lässig und unter seinem eigenen Namen eine kurze Gedankenspielerei über den Reiz und die gelegentlichen Enttäuschungen des Literatenlebens. Am 19. März hatte das Stück vor ausverkauftem Haus Premiere.

»Ist es ein Erfolg? Ist es keiner?« schrieb Herzl am folgenden Tag an den Direktor des Burgtheaters, der inzwischen eingeweiht war. »Wir Anonymen wissen es selber nicht recht.«

Die Kritiker wußten es und waren in ihrer Meinung beinahe einig. »Im Burgtheater gelangte gestern das vielbesprochene, anonym angekündigte Lustspiel ›Wilddiebe‹ zur ersten Aufführung«, schrieb der Kritiker der *Wiener Allgemeinen Zeitung*, Herzls eigenem Blatt. »Die wegen der Urheberschaft in der Öffentlichkeit hervorgerufene Bewegung erwies sich ebensowenig als gerechtfertigt, wie die Eile, mit welcher die Direction das Stück zur Aufführung brachte. Dasselbe ist wohl mit großer Gewandtheit gemacht und stellenweise recht effectvoll behandelt; allein es trägt zum Theil einen derb possenhaften, dem Burgtheater durchaus nicht angemessenen Charakter an sich und verräth die bedenklichsten Anleihen bei sehr bekannten französischen Bühnenwerken. Director Förster hat sich sicherlich nur als ehemaliger Schauspieler leichten Herzens entschließen können, das literarisch werthlose Stück vorzuführen.«

Die *Neue Freie Presse* besprach *Wilddiebe* nicht nur in der gleichen Ausgabe, sondern sogar auf der gleichen Seite mit einem Feuilleton von Hugo Wittmann (über die Memoiren eines ehemaligen amerikanischen Botschafters in Wien). »Zu breit«, schrieb der Besprecher zunächst, tat aber dann für seinen Kollegen von der Presse, was er nur konnte: »Es ist... kein Lustspiel, sondern eine Posse...«

»Kennen Sie Frau Baumgartner? Oder Herrn Paul von Schönthan? Oder Hugo Wittmann oder Hans Olden oder Theodor Herzl oder Hugo Lubliner...?« fragte das *Salonblatt* seine Leser. »Diese alle und noch eine Menge anderer bekannte und unbekannte Namen wurden mit dem Lustspiele ›Wilddiebe‹ in Verbindung gebracht, das dieser Tage im Burgtheater zur ersten Aufführung gelangte. Wenn man annimmt, daß der Autor dieses Stückes durch Verschweigung seines Namens das Interesse des Publikums spannen wollte, so ist man, glaube ich, im Irrthum. Im Gegentheile! Ich bin der Ansicht, daß der Verfasser der ›Wilddiebe‹ froh gewesen wäre, wenn von seinem Stücke im Vorhinein gar nicht gesprochen worden wäre und daß er der Hetzjagd nach seinem Namen nur mit gemischten Gefühlen folgte. Wer die ›Wilddiebe‹ gesehen hat, der wird mir beistimmen; denn das ist kein Stück von so großer literarischer Bedeutung, daß es eine besondere Aufmerksamkeit verdiente, besondere Erwartungen rechtfertigen könnte... Viel Ehre wird er allerdings, auch wenn er sich jetzt nennt, nicht einheimsen, aber – nach dem hiesigen Erfolge zu urtheilen – viel Gold und das ist auch etwas werth!«

Das *Salonblatt* sollte recht behalten – und doch auch wieder nicht. Was das Gold anlangt, hatte es eindeutig recht; das Stück *Wilddiebe* wurde vor vollen Häusern gespielt. Was aber »die gemischten Gefühle« des »Autors« über die Jagd nach »seinem« Namen anlangte, da irrte es, denn Herzl und Wittmann fachten die Flammen immer weiter an.

Das erforderte aber unter den gegebenen Umständen besonderes Geschick. Die Premiere traf zeitlich mit jenen Gemeinderatswahlen zusammen, bei denen es in erster Linie um das Für und Wider des Antisemitismus ging, eine heiße Kontroverse. Herzl & Co. mußten also ihren Platz in den Spalten der Zeitungen im Kampf gegen die Judenfrage behaupten.

Dennoch hielten sich in dieser Hinsicht die *Wilddiebe* gut. So etwa berichtete die *Wiener Allgemeine Zeitung* über die von Dr. Karl Lueger eher rauh und doch erfolgreich geführte Wahlkampagne zugunsten seiner judenfeindlichen Christlichsozialen Partei. Mehr Platz – und sogar auf der gleichen Seite – aber wurde einem Feuilleton von Herzls bestem Freund und Vertrauten Heinrich Kana zugestanden. Es trug den Titel »Wie ich den Verfasser der *Wilddiebe* auffand« und begann so:

»Schon seit einigen Tagen hatte sich die krankhafte Neugierde, den Namen des Verfassers der ›Wilddiebe‹ zu erfahren, auch in unserem Bureau immer heftiger geäußert. Heute um 9 Uhr Morgens betrat der Chef-Redacteur mein Zimmer, ging direct auf mich zu und sagte mit einer vor Aufregung bebenden Stimme: ›Sie werden vor Schluß des Blattes den Verfasser des Stückes entdecken.‹ ... (Ich) machte mich auf den Weg zum Burgtheater. Zu meinem Erstaunen fand ich den Platz vor dem Burgtheater... von einer großen Menschenmenge erfüllt. Es gelang mit bald, zu constatiren, daß das lauter Leute waren, die für den Verfasser der ›Wilddiebe‹ gehalten wurden. Alle diese Herren, Damen und Kinder thaten so, als ob sie eine gewaltige innere Erregung bekämpfen müßten.« Dann berichtet der Autor des Artikels, wie er das Theater betrat, wo ihm ein Billeteur erzählte, das Manuskript sei von einem Mann mit blondem Vollbart und etwas aufgestülpter Nase eingereicht worden; er heiße Johann Nepomuk Hawranek und wohne in der Johannesgasse. »Einen Augenblick später war ich die Treppe hinuntergeeilt und hatte einen Fiaker herbeigerufen. Bevor ich jedoch einstieg, hielt ich mich für verpflichtet, den versammelten Schriftstellern zuzurufen: ›Meine Herren! Keiner von Ihnen hat das Manuscript der ›Wilddiebe‹ beim Burgtheater eingereicht!‹ Welche Wirkung diese Worte auf die Menge ausübte, kann ich nicht angeben. Ich hörte nur einen Augenblick lang einen ungeheuren Lärm. Der Fiaker entführte mich in rasender Eile.«

Der Tumult wollte sich nicht legen. Bei den Gemeinderatswahlen erzielten Konservative, Klerikale und Antisemiten Stimmengewinne auf Kosten der Liberalen; und gleichzeitig wollte das Geraune und Gemunkel um Herzls *Wilddiebe* nicht abreißen. Am 5. April berichtete die *Neue Freie Presse* auf ihrer Kulturseite, ein gewisser Herr Kadelsburg vom Deutschen Theater in Berlin sei »mit größter Sicherheit« als Autor der *Wilddiebe* genannt worden. Am 9. April druckte dann die *Neue Freie Presse* Herrn Kadelsburgs kategorisches Dementi. Die Neugier stieg wieder und mit ihr die Einnahmen aus dem Kartenverkauf. Die Wiener waren dankbar dafür, nun an so amüsanten Dingen herumrätseln zu dürfen – und nicht mehr an jenen anderen, düsteren Ereignissen.

Selbst Olga Waissnix, Arthur Schnitzlers kokett-charmante Brieffreundin, wurde von der Welle der Zeit erfaßt. Meist versuchte sie, den jungen Arzt und Intellektuellen durch ihre fundierte Bildung zu beeindrucken; Ende März aber schickte sie ihm eine Visitenkarte, die einen einzigen Satz enthielt: »Haben Sie vielleicht die Wilddiebe geschrieben?«, und der arme Schnitzler mußte antworten: »Nein, gnädige Frau, wie so viele andere Stücke habe ich auch die Wilddiebe nicht geschrieben. Ja noch nicht einmal gesehen.«

Jedermann sonst aber besuchte das Stück, oder beabsichtigte es wenigstens zu tun. Die direkte und indirekte Werbung hielt an. Am 14. April machte sich Herzl in einem Feuilleton in der *Wiener Allgemeinen Zeitung* recht unbekümmert über Paul Déroulède her, der einen großen Wirbel inszeniert hatte, um seinen Band ultramilitaristischer Verse in Frankreich zu einem Bestseller zu machen.

»Nein, diese Refrains werden nicht auf die anderen Zeiten kommen«, schrieb Herzl. »Es fehlt der große Athemzug, der urwüchsige Groll. Die Marseillaisen entstehen anders, werden nicht ausgeklügelt und getäfelt. ... Was wird aber von dem Junker Paul bleiben? Nicht viel – höchstens sein Name. Er hat eine Zeitlang von sich reden gemacht, wie andere Künstler der Reclame, ... sein Volk wird von ihm zur Tagesordnung der gesunden Vernunft übergehen, mag er auch immerwährend so dastehen wie bisher ...«

Herzl wußte, was er da anprangerte. Schließlich verstand er sich selbst nur zu gut auf diese Kunst und sollte sie später sogar in den Dienst einer großen Idee stellen. Als die Affäre Dreyfus ihm im Jahr 1895 seine eigene jüdische Identität gewaltsam zu Bewußtsein brachte – er selbst war damals bereits Pariser Korrespondent der *Neuen Freien Presse* –, sollte der Ruf, der an ihn erging, ihn gut vorbereitet finden. Er wußte, wie man die uralte Sehnsucht der Juden nach Zion mobilisieren und politisch einsetzen mußte. Nur ein Herzl vermochte es, diesem Streben auch ein zeitgemäßes elegantes Kleid zu verleihen. Als Wiener Meister des guten Tons bestand er darauf, daß alle Delegierten zum Ersten Zionistenkongreß im Jahre 1897 in Frack und Zylinder erschienen, um die Journalisten und Fotoreporter entsprechend zu beeindrucken. Herzl führte sein Volk in jener beinahe christlichen Würde nach Jerusalem, die ihn der zeitweise Verlust der Selbstachtung als Jude im Wien Schönerers und Luegers gelehrt hatte. Ehe er sich an die Spitze stellte, galt der Zionismus als ein schmieriger Getto-Zelotismus. Herzls geniale Hand für »Public Relations« aber gab dem Zionismus das Ansehen einer großen internationalen Bewegung.

In diesen Tagen aber schätzte man am Burgtheater einen Bühnenautor, der es verstand, »auf eine Weile im Gespräch zu sein«. Während der ganzen Spielzeit standen die *Wilddiebe* immer wieder auf dem Spielplan. Bald ließ die Direktion des Burgtheaters Herzl auch wissen, daß man die Erstaufführung seines einaktigen Lustspiels *Der Flüchtling* für Mai angesetzt habe. Diesmal sollte das Stück unter seinem eigenen Namen aufgeführt werden. Herzl hatte erfüllt, was er seinem Freund Schnitzler gegenüber geschworen hatte. Er war am neuen Burgtheater schon in dessen erster Saison arriviert. Nun besaß er nicht nur das Prestige, sondern auch die finanziellen Mittel, um endgültig Hochzeitspläne zu schmieden. Im Juni würde er endlich einen Goldreif über einen jener seidenglänzenden Finger streifen, die es als erste in Wien gewagt hatten, lackierte Nägel zu zeigen – die Finger seiner geliebten Julie.

Eine rosige Stimmung schien, gleichsam wie ein Hautausschlag, in einem Österreich auszubrechen, das erst vor kurzer Zeit aus Klagen und Trauer aufgetaucht war. Ein langer, erfrischender Aprilregen half Johann Strauß, seine depressive Phase zu überwinden. In einem Anfall von Optimismus beschloß er, diesmal früher als in anderen Jahren auf seinen Landsitz Schönau im Wienerwald zu übersiedeln, um dort zum entscheidenden Angriff auf seine einzige Oper anzusetzen.

Auch Gustav Klimt schüttelte den Trübsinn ab, der ihn nach Fertigstellung der Fresken im neuen Burgtheater überkommen hatte. Nicht etwa, um sich nun erneut in schöpferische Arbeit zu stürzen, nein, sondern um »nach Triest zu gehen«. Das heißt, er nahm seine sogenannten Rauf-Wanderungen auf der Triester Straße wieder auf, die durch eher rauhe Arbeiterviertel südwärts führte. Gemeinsam mit Freunden zog er durch den Frühjahrsschlamm der Straße und hielt nach Pferden Ausschau, die steckengeblieben oder ins Straucheln gekommen waren, und nach Kutschern, die brutal mit der Peitsche auf sie losgingen. Die schrie Klimt dann an und befahl ihnen, mit der Tierschinderei sofort aufzuhören, die Kutscher schimpften zurück, ein Wort ergab das andere, und bald flogen die Fäuste. Nicht immer behielt Klimts Partei die Oberhand, aber jedenfalls war so eine Rauferei ein prächtiges Mittel gegen die Langeweile und den Müßiggang des Frühlings.

In Budapest hatte sich nun Gustav Mahler als Dirigent der dortigen Hofoper so gründlich und erfolgreich gegen alle magyarischen Ränke behauptet, daß ihm sogar die Zeitungen in Wien Beifall zu zollen begannen. Selbst der sonst so gefürchtete Musikpapst Hanslick mußte in der *Neuen Freien Presse* zugeben: »... Direktor Mahler [hat] durch unerschütterliche Energie und rastlose Arbeit das unmöglich Scheinende zur Wahrheit gemacht.«

Auch Franz Joseph konnte in Budapest einen längst schon fälligen Sieg für sich buchen. Er hatte die ungarische Hauptstadt nicht nur aufgesucht, um sich vom Tod seines Sohnes zu distanzieren, sondern um mitzuhelfen, einen Gesetzentwurf im Budapester Parlament durchzubringen, nämlich jenen, bei dem es um die Beibehaltung des Deutschen als einigender Kommandosprache in der ganzen vielsprachigen Monarchie ging. Nach wochenlangen Verhandlungen und Demonstrationen beschloß das Parlament endlich am 3. April dieses Gesetz. Ein neues Ministerium wurde gebildet, das sowohl den ungarischen Nationalisten als auch der Krone genehm war, und so beendete Franz Joseph dankbar eine für ihn langwierige und mühselige Arbeit.

Inzwischen war auch Elisabeth, seine Kaiserin, allmählich wieder von ihrer Depression nach Rudolfs Tod genesen. Die Ärzte erklärten sie für hinlänglich wiederhergestellt, um einige Wochen in Ischl zu verbringen. Franz Joseph begleitete sie und traf dort – nach zwei Monaten der Trennung – seine geliebte Frau Schratt. Er trug ein geheimes, neues Testament bei sich, in dem er der Schauspielerin und ihrem Sohn einen ansehnlichen Betrag hinterließ. Franz Joseph hatte schon lange den Wunsch gehegt, seine Seelenfreundin zu versorgen, hatte aber bisher gezögert. Nun hatte er den Schritt gewagt, sozusagen um sich dafür zu belohnen, daß er eine schwere Zeit durchlebt und durchlitten hatte.*

Selbst Dr. Sigmund Freud schien nun eine lange Durststrecke überwunden zu haben. Inzwischen fühlte er sich in dem engen Gespinst seiner Isolierung schon beinahe heimisch, die durch seine Schriften über Hysterie und Hypnose nicht größer werden konnte. Als er aber am 15. April die *Neue Freie Presse* aufschlug, erlebte er eine Überraschung. Hier fand sich – zum erstenmal in seinem Leben – sein Name auf der Wissenschaftsseite. Wiens führende Tageszeitung widmete der Besprechung von Freuds deutscher Übersetzung von Hyppolite Bernheims Studie über die Hypnose, *De la Suggestion*, beinahe eine ganze Seite! Der Rezensent hob vor allem das »wohlausgewogene und feinfühlige« Vorwort Freuds hervor. Anerkennung dieser Art war für Freud völlig neu und berauschend. Wichtiger noch war aber der wohlwollende Ton des theoretischen

* Franz Joseph sollte später dieses Testament noch einmal abändern. Frau Schratt ist in seinem endgültigen Testament mit keinem Wort erwähnt, da sie schon während der letzten Jahre Franz Josephs von ihm – gleichermaßen diskret und großzügig – bedacht worden war.

Teiles der Besprechung: Der Autor äußerte sich positiv über die neuen Ansätze auf dem Gebiete der Psychiatrie. Freilich blieben Freuds Lieblingsgebiete – Hypnose, Verdrängung, Hysterie und Suggestion – an der Universität verpönte Themen. Doch daß sich nun die *Neue Freie Presse* ernsthaft mit ihnen auseinandersetzte, verlieh diesen Forschungsbereichen wenigstens auf eine Weile ein gewisses Ansehen.

Auch anderen brachte dieser Frühling in Wien eine freundlichere und positivere Strömung. So etwa war man bei der Richard-Wagner-Gesellschaft bemüht, die Brüskierung Hugo Wolfs vom Februar an dem jungen Komponisten gutzumachen. Ende März gelangten seine Mörike-Lieder dort zu einer begeistert umjubelten Aufführung. Dingen, denen er erst vor wenigen Wochen abgeschworen hatte, nämlich Eitelkeit und gesellschaftliche Anerkennung, gab sich Wolf nun wieder ganz hin. Auch anderen, vertrauten Versuchungen wollte er nicht widerstehen. Mit Eintritt der schönen Jahreszeit öffneten die Köcherts wieder ihre Villa in Rinnbach und erleichterten es ihm dadurch, wieder heimlich mit der Dame des Hauses zusammenzutreffen.

Das freudigste Ereignis der Wiener Musikwelt aber fand an einem Aprilabend im Restaurant »Zum Roten Igel« satt. Dort erschien um sieben Uhr abends Anton Bruckner in Begleitung von zwei Freunden. Die Kellner staunten. Für gewöhnlich aß der bäuerliche Meister anderswo, meist im Restaurant »Zur Kugel« Am Hof. Das war aber erst der Anfang: Wenige Minuten später kam eiligen Schrittes Johannes Brahms, im vollen Prunk seines Ruhmes und Patriarchenbartes und mit einem Gefolge von drei Mann. Nach einer etwas steifen und förmlichen Begrüßung nahm er Bruckner gegenüber am Ende eines langen Tisches Platz. Obwohl dies sein Stammlokal war, dessen Speisenfolge er längst auswendig kannte, verlangte Brahms, man möge ihm die Speisekarte bringen – und zwar rasch! Bruckner versuchte, es ihm gleichzutun, und rief in oberösterreichischer Mundart einen ähnlichen Befehl.

Schier endlose Minuten lang studierten dann die beiden Meister der Töne stirnrunzelnd die Karte. Gemeinsame Freunde hatten dieses »Versöhnungsmahl« geplant. Anscheinend aber bahnte sich eine Katastrophe an. Dann aber riefen die beiden großen Männer in der gleichen Sekunde dem Kellner gleichzeitig die gleiche Bestellung zu: *»Einen Schweinsbraten mit Sauerkraut!«*

Der Bann war gebrochen, erleichtertes Lachen erscholl rings um den Tisch. Und nun geschah das scheinbar Unmögliche: Liebenswürdigkeit zwischen den Unversöhnlichen, ein fast freundschaftliches Geplauder über Pilsner und die Freuden der Wiener Küche. Freilich überdauerte diese gelöste Stimmung kaum den einen Abend. Aber für die Zeit des Mahles fand die Muse Frieden.

Eine Harmonie, die länger anhielt, obwohl sie weit schwieriger zu erreichen war, stellte sich am 7. April auf dem Pferderennplatz in der Freudenau ein. Es war der erste Tag der Frühjahrsrennen. Die Wiener Gesellschaft zeigte, daß es ihr blendend gelungen war, all die Schatten des vergangenen Winters zu überwinden.

An diesem Sonntag war das schöne Wetter plötzlich wieder vorbei. Die Sportfreunde fanden den Rasen vom Regen der vergangenen Nacht aufgeweicht, der Himmel war grau in grau und die Rennbahn schlammig. Dennoch waren die Tribünen sehr gut besetzt und die Kleidung der Besucher prächtig. Immer noch bestand beschränkte Trauer, doch die Damen hatten es verstanden, auch mit Schwarz Wunder zu wirken. Sie hatten mit schweren Seiden und Moiré Farbe-in-Farbe-Muster zustande gebracht und spielten mit faszinierenden Oberflächeneffekten von leuchtendglänzendem zu samtigmattem Schwarz. Sie bezauberten die Modeberichterstatter mit der Zobelverbrämung ihrer zierlich geschnittenen grauen Jakken.

Selbstverständlich waren die Apponyis erschienen und auch die Familien Lobkowitz und Hohenlohe, die Larischs und der Herzog von Braganza, die Esterházys, die Károlyis (die wieder einmal ein großartiges Pferd im Rennen hatten) und überhaupt so gut wie die ganze Mitgliedschaft des Jockey Clubs. »Die Vorgänge des Tages und gar manche gesellschaftliche Ereignisse«, schrieb die *Wiener Allgemeine Zeitung* augenzwinkernd, »die sich der öffentlichen Discussion entziehen, bilden in den Logen Anlaß zu interessanten und anregenden Gesprächen. Es fehlt nicht an Pikanterien, jeder Renntag ist eigentlich auch ein gesellschaftliches Ereigniß.«

Es braucht nicht betont zu werden, daß alle Augen an der Loge hafteten, in der für gewöhnlich Alexander Baltazzi, sein Bruder Aristide und deren Nichte, die allgemein als der »Turf-Engel« bekannte Baronesse Mary Vetsera, zu sitzen pflegten. Zunächst blieb die Loge leer. Dann aber, noch eine ganze Weile vor dem ersten Rennen, erschienen die Herren Baltazzi in Cut und Zylinder, wie es einer Derby-Gewinner-Familie zukam. Der Turf-Engel befand sich nicht unter ihnen. Erst vor acht Wochen hatte Alexander Baltazzi einen Besenstiel zwischen den Körper des Mädchens und ihr Kleid geschoben, damit die Leiche auf ihrer nächtlichen Fahrt aus Mayerling aufrecht sitzen blieb.

Heute lag das alles schon so weit zurück, daß es vielleicht gar nie geschehen war. Heute hoben die Brüder Baltazzi ihre Zylinder grüßend vor dem Fürsten Schwarzenberg, verneigten sich vor Erzherzog Leopold Salvator und küßten der Fürstin Metternich und den beiden hübschen Komtessen Hoyos die Hände. Es ergaben sich »pikante Zwischenspiele«, Gespräche plätscherten lebhaft in den Logen, Ferngläser wurden an flirtende Augen gehoben und dann wieder auf bebende Busen gesenkt, die Glocke läutete, die Rennpferde versammelten sich auf dem Rasen, man drängte sich an den Wettschaltern, der Totalisator spie schnatternd Chancen aus, der Startschuß dröhnte, Hufe donnerten über die schlammige Rennbahn, Hoheiten sprangen auf und standen auf ihren Sitzen, Baronessen schwangen schwarze Sonnenschirme in gezierter Leidenschaft... und Graf Albert (Ali) Károlyis »Sophist« wurde im Handicap über 1600 Meter Zweiter.

Die Rennsaison hatte begonnen – elegant wie immer.

30

Mayerling war nie geschehen – und geschah doch weiter. Fünf Tage vor Beginn der Rennsaison schlug ein Beamter des Obersthofmarschallamtes das Sterberegister der Pfarre Alland auf und trug den Namen Marie Alexandrine Baronesse Vetsera ein. Diese Eintragung wurde in aller Stille und mit großer Verspätung gemacht. Und in der gleichen Woche, in der Nacht vor dem offiziellen Beginn der Rennsaison, fand eine von Kandelabern beleuchtete Auferstehung in der Kapuzinergruft statt. Mitglieder von Rudolfs schon vor Monaten aufgelöstem Hofstaat versammelten sich wieder in voller Livree oder Uniform. Sie beobachteten den Vorgang schweigend. Der Holzsarg, in dem ihr Herr ruhte, wurde in ein prächtiges metallenes Gewand gehoben. Zwischen den Särgen von Kaiserin Maria Theresia und Kaiser Maximilian von Mexiko stand nun der Spätrenaissance-Sarkophag, geschmückt mit von Lorbeer umkränzten Löwenhäuptern, mit dem persönlichen Wappenschild des Kronprinzen und der Inschrift: *Rudolphus Princeps Hereditarius Imperii Austriae, Regni Hungariae etcetera... etcetera...*

Während Arbeiter den Deckel verlöteten und so auf alle Zeiten versiegelten, hatte der Hofstaat Haltung angenommen; die Kapuzinermönche flüsterten Gebete; die Kerzen rauchten; die Lötflammen zischten. Dann gingen sie alle. Rudolf war zu einem Ausstellungsstück für Touristen geworden.

Das heißt: der offizielle Rudolf. Der inoffizielle war ein Schatten, der die Stufen der Krypta emporstieg und auf der ganzen Welt für Millionen von Menschen zu tausend verschiedenen Dingen wurde.

Seine schlanke Gestalt begann hier und dort durch die Länder der Monarchie zu schweben, ja zeigte sich sogar jenseits ihrer Grenzen. Schon zu Lebzeiten war er beinahe eine Legende gewesen. Jetzt aber, im Tod, wurde er Vision, Mythos, flüchtige Chimäre und sich hartnäckig haltende Fabel. Man sah ihn mit einer traumschönen, blonden *Principessa* am Fenster eines Campanile in Florenz. Lakaien flüsterten, die Jesuiten hielten ihn in einem mit roter Seide ausgeschlagenen Gefängnis tief unter der Hofburg in Wien verborgen. Weinhauer in der Wachau hörten ihn vom Burgfried der Ruine Dürnstein rufen, wo vor siebenhundert Jahren Richard Löwenherz gefangen gewesen war. In Galizien erzählten Bauern, sie wären ihm in seltsamer Verkleidung begegnet, und er schicke sich an, das Volk aus seiner Not zu befreien. Ungarische Schäfer sahen ihn immer wieder über die Pußta galoppieren, ein Skelett zu Pferd, mit Husarentschako und Umhang, ein rasendes Gespenst, das einst, am Tage der Erlösung, wieder Fleisch werden würde.

Die fortschrittlichen Bürger der Monarchie freilich träumten von einem anderen Rudolf. Sie waren besessen von der Fata Morgana dessen, was hätte sein können. Hätte Rudolf lange genug gelebt, um selbst gekrönt zu werden... hätte man doch wenigstens bei den zuständigen Stellen des Reiches auf ihn gehört... wie hätte sich das Schicksal Österreichs verändert! Vielleicht hätte er Österreich von seinem unglücklichen Bündnis mit Preußen weg und zu einer Verbindung mit Frankreich und England zu lenken vermocht; weg von all der grotesken Prahlerei des Deutschen Kaisers und hin zu Demokratie, Industriebürgertum und Vernunft; weg auch von den internen Streitigkeiten, die der Kronprinz besser zu schlichten vermocht hätte als die meisten anderen Habsburger; weg aber auch letztlich von den nationalistischen Spannungen und Rivalitäten des Balkans, die schließlich mit den Pistolenschüssen von Sarajewo das Signal zum Beginn des Ersten Weltkriegs gaben.

All das hätte er vielleicht vermocht, *wenn*. Doch dieses *wenn* hatte auch eine Kehrseite. Wie, wenn sein früher Tod Rudolf einen Nimbus verlieh, den er durch sein Weiterleben nie hätte rechtfertigen können? Franz Joseph starb erst im Jahr 1916. Wie hätte wohl der Sohn die Bürde der Langlebigkeit seines Vaters ertragen können – die Last, noch weitere siebenundzwanzig Jahre der nicht auf den Thron nachfolgende Thronfolger zu sein?

Und wichtiger noch: wäre Rudolf imstande gewesen, die widrigen Geschicke zu überwinden, die sich just an jene Strömung hefteten, deren Vorkämpfer er war?

Diese Strömung – der Liberalismus – hatte schon gegen Ende von Rudolfs Leben Entartungserscheinungen gezeigt. Die liberalen Intellektuellen hatten den großen Traum des neunzehnten Jahrhunderts von Gleichheit und Wohlstand geträumt. Gesteigerte Produktion sollte gesteigerte Konsumfülle für alle bringen. Die Demokratie sollte Freiheit und Menschenrechte zum Gemeingut machen. Die Wissenschaft schließlich sollte neue Technologien und größeres Wissen bringen. Das jedenfalls war das Versprechen. Was aber entstand in Wirklichkeit? Eine neue, völlig entwurzelte Armut und neuer, ebenso wurzelloser Reichtum; eine neue Form innerer und äußerer Bedürfnisse, neuer Neid, neuer Zweifel und eine völlig neue, wütende Verwirrung.

Und es war verwirrend, denn die Sache der Liberalen war schließlich die Sache des »Fortschritts« an sich. Selbst ihre gescheitesten Vorkämpfer sahen in den Problemen des Liberalismus nur das Werk von Feinden und reaktionären Neidern, nicht aber die unheilvolle Frucht einer inneren Dynamik. Wie die meisten progressiven Liberalen hatte Rudolf gehofft, die Sache des Liberalismus mittels seiner eigenen Werkzeuge zu retten. Aber eben diese – die Abstraktionen der Technologie, die Forderungen eines zentralistischen Effizienzdenkens, der absolute Ehrgeiz, der in der absoluten Freiheit bereits im Keim enthalten ist –, all das beeinträchtigte ein wirklich lebenswertes Leben. Das fraß an der gesicherten gesellschaftlichen Nische, den warmherzigen Kleinigkeiten des Alltags, den allzu menschlichen Eigenheiten. Alles, was provinziell, heimelig, persönlich und privat gewesen war, mußte der Dampfwalze zum Opfer fallen, die sich zur fortschrittlichen, modernen Größe hin den Weg bahnte.

Was wurde aus dem böhmischen Schneider, dessen kleine, unordentliche Werkstätte einer supermodernen Fabrik weichen mußte? Er bekam Schichtarbeit in der Fabrik. Wahrscheinlich arbeitete er kürzer, bekam höheren Lohn. Früher aber hatte er die Bedürfnisse individueller Menschen befriedigt. Jetzt war er der namenlose Sklave von Maschinen ohne Gesicht. Da er ihnen keine Werkstätte vererben konnte, schickte er seine Söhne nach Wien. Dort wurde sein ungebildeter, wegen seiner Arbeitslosigkeit verzweifelter Sohn einer von Luegers Antisemiten, während sein zweiter, begabter Sohn Lehrer und panslawistischer Fanatiker wurde.

Die industrielle Blüte, in die Rudolf so große Hoffnung gesetzt hatte, bedeutete letzten Endes die Zerstörung von Millionen von Heimstätten. Und deren ehemalige Bewohner, die nun ihr Gefühl für ein eigenes Heim verloren hatten, versuchten, es – in der nächsten Generation – als Nationalisten zu finden, die nach der Errettung ihrer Rasse schrien. In besessener und künstlicher Größe versuchten sie, die trauliche Gemeinsamkeit wiederzufinden, die bereits untergegangen war.

Hatte Rudolf die Folgen des Liberalismus nicht verstanden, so mißverstanden wieder andere seine Zeitgenossen in der liberalen Avantgarde. Der Kaiser, der seinen eigenen Thronerben scheitern ließ, folgte dem gleichen Impuls wie der etablierte Universitätsprofessor, der sich weigerte, Freud zur Kenntnis zu nehmen; oder wie der Konzertmanager, der Gustav Mahler immer wieder ablehnte; der Theaterdirektor, der Arthur Schnitzlers *Reigen* nicht aufführte oder der Galeriebesitzer, der Klimt nicht mehr ausstellte, nachdem dieser zu sich selbst und seiner eigenständigen Malerei gefunden hatte. Jeder dieser »Schiedsrichter« meinte, wie auch Franz Joseph, er verteidige erprobte, gediegene Werte gegen zerstörerische Neuerungen.

In Wahrheit verhielt es sich freilich anders: diese »Zerstörer« machten nur eine Not hörbar, sichtbar oder denkbar, die bereits bestand und sich mit dem Vormarsch der abendländischen Kultur nur noch vertiefte. Ihre Neuerungen waren nichts anderes als Meldungen erlittener Verluste oder nostalgischer Träume vom Wiedererstehen dieser Werte. Die Angst in Mahlers sich gewaltig aufbäumender Musik griff in den existentiellen Urgrund menschlichen Seins. Freud wies den Weg zur präpuritanischen Libido, und Herzl rief zur Rückkehr in das Land, wo Milch und Honig fließt. Klimt ließ in seinen seltsam verschlungenen Frauenakten uralte orientalische Fülle anklingen. Bruckner suchte nach der unverdorbenen Frische, die im Volk und im Glauben verborgen lag.

All diese Talente standen im Dienste der Aussage von etwas, das als erstes in Wien zur Reife gelangte: etwas Wesentliches und Jugendgrünes war nun golden, krank und versteinert geworden.

»Nervosität – das ist die moderne Krankheit«, schrieb das *Tagblatt* in diesem Frühling, »das ist die Krankheit des Jahrhunderts... Man lebt nur noch äußerlich, weil man von dem inneren Leben, weil man vom Denken, Glauben und Forschen, von dem Suchen nach Wahrheit, von dem Erstreben eines Ideals nichts mehr erwartet. Das innere Leben ist tot, das innere, das geistige Auge erloschen. Aber außen ist Glanz und Herrlichkeit...«

Nur in Wien konnte eine führende liberale Tageszeitung einen Artikel auf der Titelseite den Nerven widmen. Nur in Wien hatte das Bürgertum, dieser Tragpfeiler der Moderne, ein psychisch so wenig robustes Naturell. Hier ergriff es weit rascher als in anderen Weltstädten Angst und Überdruß vor den Maschinen und entpersönlichenden Rationalisierungsmethoden, die es selbst hervorgebracht hatte. Und hier auch wurde das Bürgertum besonders rasch nervös und unsicher, wenn Künstler und Denker in der Malaise zu wühlen und sie schließlich zu durchleuchten begannen. In Wien konnte ein allgemein anerkannter und berühmter Nervenarzt wie Theodor Meynert öffentlich anprangern. Freuds Entdeckung der männlichen Hysterie sei *per definitionem* ein Unsinn, nur um dann auf dem Totenbett im Jahr 1891 Freud bekennen zu müssen, er, Meynert, habe sich nur deshalb gegen dieses Konzept so verzweifelt gewehrt, weil er selbst der klassische Fall eines männlichen Hysterikers gewesen sei.

In Wien hatte der Mittelstand nicht die sprichwörtlich dicke Haut des Bürgertums, die sie, wenigstens noch eine Zeitlang, vom rauhen Hauch der Zukunft geschützt hätte. In den Straßen dieser Stadt lagen Nerven offen und verwundbar zutage und waren voll prophetischer Neuralgie. Zukunftsangst fand hier hellseherischen Ausdruck, führte aber gleichzeitig zu fast pathologischem Widerwilwillen. Hier stand das barocke Krankenhaus, in dem das zwanzigste Jahrhundert zur Welt kam. Von allen Hauptstädten der westlichen Welt war es just *Alt*-Wien, das die Botschaft von der Krise des Neuen Menschen in alle Welt hinaussandte.

Und durch dieses seltsame Paradoxon gelangte Wien doch noch zu Größe. Es brachte die Genies hervor, die die Parzivalswunde der Moderne voraussagten. Und selbst Rudolf wurde in diesem Sinne schließlich ein tragischer, doch wesentlicher Vorläufer. Er war der Vorbote einer Entfremdung, die in der Jugend unserer Tage allgemein verbreitet ist. Ihn überschattete sein Vater Franz Joseph, eine Bilderbuch-Inkarnation des Establishment. Heutzutage hat man »den Kaiser« in ein System eingespeichert, das bereit ist, seinen Kindern herrschaftliche Vorrechte und volle sexuelle Freizügigkeit zu gewähren, das aber bei alledem sich jeder echten und essentiellen Erneuerung hartnäckig widersetzt. In der heutigen westlichen Gesellschaft scheint die Jugend oft eine ganze Generation von Rudolfs zu sein: theoretisch frei und von Glanz umgeben, tatsächlich aber von frustrierender Machtlosigkeit; voll unverhohlener Skepsis und doch nicht imstande, selbst etwas zu errichten, an dem alle Skepsis verstummt, frei, sich selbst als uneingeschränkte Individuen zu sehen, ohne jedoch je zu wahrer Individualität und Ich-Verwirklichung zu gelangen; frei, der Lust bis zum Überdruß zu huldigen; frei, für ihre Sinne und Ideale absolute Forderungen zu stellen, um letztlich von beiden immer wieder im Stich gelassen zu werden, gleichzeitig verwöhnt und unglücklich; frei, die Tiefen intellektueller Frustration bis zur Neige auszukosten.

Die Schüsse im Wienerwald fielen im Jahr 1889. Heute und alle Tage krümmen sich bereits Tausende von nervösen Zeigefingern um die Abzüge Tausender Pistolen. Jedesmal, wenn wir heute von einem seltsamen Todesfall eines Menschen »aus gutem Hause« hören, hören wir von einem neuen Mayerling.

Im Frühling des Jahres 1889 schien all das das Gewissen der Wiener nicht zu belasten. Alles schwellte und blühte Ostern entgegen. In der zweiten Aprilwoche verzeichnete Dr. Schnitzler trotz allem Überdruß in seinem Tagebuch den 474. Geschlechtsakt mit seinem »süßen Mädel« Jeanette. Am Kahlenberg staubten die Gasthausbesitzer die Tische ab und kehrten die Terrassen, von denen aus man über die Weingärten hinweg weit in die herrliche Stadt hinein sehen konnte. Am Gipfel des Berges waren Feuerwerkskünstler an der Arbeit. Sie bereiteten Feuerwerk in vier Sätzen, auf dessen Höhepunkt ein staatlich mit Zinnen bewehrter Pulverturm hoch oben in den Plejaden in tausend feurige Funken zerbersten würde.

Wieder war der Zuckerpreis gestiegen. Aber das spielte keine Rolle; die Stadt dachte nur noch an das Osterfest, dieses große Welttheater der Auferstehung. Es gab nicht einen Zweig im ganzen Wienerwald, der nicht neue junge Blätter trieb. Vielleicht war nichts unwiederbringlich, nicht einmal der Kronprinz. Sein Geist war überall, seine Legenden umspannten das Reich. Manche glaubten sogar, Rudolf würde als Kind zur Osterzeit wiedergeboren werden.

Am Samstag, den 20. April – am Tag vor Ostern –, sang man um vier Uhr nachmittags in der Hofburgkapelle, nur wenige Meter von Rudolfs altem Junggesellenappartement, Mozarts *Te Deum*. Professor Anton Bruckner entlockte der Orgel gewaltige Akkorde und fromme Harmonien zur Feier der kommenden Auferstehung. Während die erhabenen Töne unter der Hand des Meisters in die Spitzgewölbe stiegen, war in Braunau, in Bruckners heimatlichem Oberösterreich, ein ganz anderer Ton zu hören. Es war der dünne, schrille Schrei eines Neugeborenen, das an diesem Nachmittag zur Welt gekommen war. Alois und Klara Hitler waren die Eltern. Sie gaben ihrem Kleinen den Namen Adolf.

Nachwort

Dieses Buch hebt einen Abschnitt aus dem Leben Wiens heraus: von Juli 1888 bis April 1889. Eine begrenzte Zeitspanne – aber Geschichtsschreibung heißt immer der Unendlichkeit Grenzen setzen. Es schien mir, als könnte ich durch die Beschränkung auf einen kurzen Zeitraum um so mehr von seinen Hintergründen, seinen Einzelheiten und seinem charakteristischen Alltagsgeschehen erfassen. In diesem Alltagsgeschehen versuchte ich, den Puls der Stadt zu erfühlen. Ich habe versucht, einem lokalen Beben nachzuspüren, das an einer Biegung der Donau begann, dann über die ganze Welt widerhallte, um donnernd in unser Jahrhundert hereinzubrechen.

Warum gerade diese zehn Monate? Weil sie für mich eine Zäsur bedeuten, von der aus der westlich-liberale Fortschrittsraum von Zerfall und innerem Versagen gezeichnet ist – wiewohl noch selbst die unheilvollen Wetterzeichen dieses Verfalls vom Genius überstrahlt sind. Mich faszinierten der Zusammenhang, aber auch die Hintergründe einer Reihe von Geschehnissen. Eines davon wird in meinem Buch gar nicht erwähnt, doch will ich hier davon sprechen.

Eines Morgens im Herbst 1888 rückte ein dreiundzwanzigjähriger Feinmechaniker und Werkzeugmacher namens Bernhard Mandelbaum die letzte Drehbank an ihren Platz im Keller eines Hauses in einem der Außenbezirke von Wien und eröffnete eine Fabrik für Modeschmuck. Ich bin Bernhard Mandelbaums Enkel. Die ganze Szene dieses Herbsttages stand mir schon als Kind immer vor Augen, wenn ich auf den Briefkopf der Firma meines Vaters sah: *Bernhard Mandelbaum & Sohn. Gegründet 1888.*

Gegründet 1888. Hinter diesen Worten verbarg sich beinahe ein Wunder. Bis in die dreißiger Jahre des zwanzigsten Jahrhunderts war die Fabrik wenig mehr als ein guter Mittelbetrieb geworden, doch unter *Bernhard* hatte sie sich im Ersten Weltkrieg gut gehalten. Unter dem *Sohn* aber blieb sie sogar während der schweren Jahre der Weltwirtschaftskrise erfolgreich und aktiv. Fünfzig Jahre lang war sie der Stolz, der Angelpunkt des Lebens unserer Familie. Wie nur hatte mein Großvater es im Jahr 1888 zustande gebracht, sie sozusagen aus dem Nichts hervorzuzaubern?

Später, in der Schule, lernte ich dann, daß dieses Wunder im Grunde recht alltäglich war. Man lehrte uns, daß man in Wien die Jahrzehnte nach 1850 die *Gründerzeit* nannte. In diesem Zeitabschnitt hatte das alte Kaiserreich den Traumbogen der Ringstraße hervorgebracht. Andere Österreicher wieder, Bürgerliche oder Grafen, doch alle großen Neuerer, hatten die Bahnlinien vorangetrieben und die Fabrikschlote in den Himmel wachsen lassen, die das barocke Reich – beinahe – zu einem modernen Staat gemacht hatten.

Mein Großvater freilich war nur am Rande dieser großen Entwicklung tätig. Für mich jedoch blieb er ein mutiger Gründer unter Gründern. Später wurde ich Amerikaner und Schriftsteller, und meine Sicht des Ganzen veränderte sich. Ich sah den jungen Bernhard Mandelbaum im Hintergrund seiner wahrhaft großen Zeitgenossen: jener Menschen, die zwar keine Großunternehmen, jedoch das Klima ihrer Zeit hervorbringen; Männer, die schon vor neunzig Jahren das geistige und emotionelle Weben unserer heutigen Seelenlage formten; Männer, die vielleicht einst meinem Großvater auf den Bürgersteigen eines Wiens begegneten, das heute nur noch durch den grauen Seidenschleier der Nostalgie wahrzunehmen ist – eine Stadt hinter dem Spiegel der Zeit: gleißend, glitzernd, uns oft bis in den Traum verfolgend und unwiederbringlich verloren.

Habe ich auf diesen Seiten für meinen Großvater einen zu aufwendigen Rahmen geschaffen? Er war kein Walzerkönig, kein Philosoph, kein Industriemagnat. Aus Galizien kam er in die Reichs-Haupt- und Residenzstadt, um einen durchaus nicht grandiosen Wunschtraum zu verwirklichen. Er wollte mit seiner Fabrik eine einträgliche, gesicherte und überdauernde Basis gründen, auf der sich in bescheidenem Maßstab eine Dynastie aufbauen ließ.

Und hier bin nun ich, blicke statt auf die Donau auf den Hudson River hinaus und schreibe in einer Sprache, die er nicht kannte, und unter einem Namen, den er nie und nimmer erkennen würde.

In unserer Welt – das versucht dieses Buch darzutun – wandelt sich Erfolg letzten Endes zu Ironie. Und doch hoffe ich, daß es meinem Großvater vergönnt ist, sich mit seinem bescheidenen posthumen Erfolg zu den großen Gründern des Jahres 1888 zu gesellen. Diese Seiten sind Saat von seiner Saat. Wenn ihm und mir ein wenig Glück beschieden ist, werden sie dazu beitragen, das Dunkel der Zeit, durch die wir treiben, etwas aufzuhellen. F. M.

Danksagung

Marcia Colman Morton hatte sowohl an den Recherchen wie auch an der Gestaltung dieses Buches entscheidenden Anteil. Mir fehlen die Worte, um ihr für ihre Mitarbeit, aber auch für ihre angesichts der Schwierigkeiten oft fast unbegreifliche tapfere Fröhlichkeit ausreichend zu danken.

Freilich haben mir auch viele andere geholfen. In der Österreichischen Nationalbibliothek in Wien hat mir Herr Hofrat Dr. Franz Steininger alle Wege geebnet. Herr Dr. Hermann Frodl war bei der Auffindung und Beschaffung von Faktenmaterial unwahrscheinlich findig und prompt. Professor Dr. Franz Grasberger und Dr. Günther Brosche von der Musikabteilung der Österreichischen Nationalbibliothek waren gleichermaßen hilfreich wie Herr Professor Dr. Otto Mazal von der Handschriftensammlung, Dr. Kurt Broer von der Österreichischen Fremdenverkehrswerbung und Frau Dr. Anna Benda vom Österreichischen Haus-, Hof- und Staatsarchiv.

Eine Reihe österreichischer Diplomaten stand mir mit wertvollem Rat und mit der Herstellung wichtiger Kontakte zur Seite. Hier möchte ich vor allem Herrn Botschafter Dr. Peter Jankowitsch (zuerst bei den Vereinten Nationen, New York, jetzt Paris), Herrn Generalkonsul Dr. Thomas Nowotny in New York sowie Dr. Peter Marboe und Dr. Erich Fenkhart im Konsulat in New York danken. Auch dem Leiter des Österreichischen Kulturinstituts in New York, Dr. Fritz Cocron, seiner Stellvertreterin, Frau Gertrude Kothanek, sowie der unermüdlichen Bibliothekarin, Frau Friederike Zeitelhofer, möchte ich meinen Dank aussprechen.

Sehr zu Dank verpflichtet bin ich Herrn Professor Heinrich Schnitzler und Frau Therese Nickl, die mir den Zugang zu den Tagebüchern Arthur Schnitzlers eröffnet und mir wertvolle Hinweise über Schnitzler gegeben haben.

Mit seinen Essays und privaten Hinweisen hat mir Professor Dr. Friedrich Hacker aus Beverly Hills und Wien ganz besonders geholfen. Er hat mich auch mit Frau Dr. Anna Freud bekannt gemacht, der ich für ihre freundliche Zusammenarbeit ergebenst Dank sagen möchte. Herr Hans Lobner vom Sigmund-Freud-Haus in Wien hat mir verläßlich alles von mir Erbetene beschafft.

Und noch vielen anderen möchte ich danken: So Herrn Professor Ernst Haeusserman, dem Direktor des Theaters in der Josefstadt in Wien, dafür, daß er mir gegenüber nicht nur sein enzyklopädisches Wissen, sondern auch seinen scharfsinnigen Wiener Humor unter Beweis stellte; Dr. Wolfgang Kraus, dem Leiter der Österreichischen Gesellschaft für Literatur, und seinem Mitarbeiter Dr. Günther Frühwirth für ihre vielseitige Informationsfindung; Herrn Dr. Gottfried Heindl von der Österreichischen Bundestheaterverwaltung dafür, daß er sein tiefes Wissen über Viennensia, aber auch seinen Anekdotenschatz mit mir geteilt hat; Frau Professor Hilde Spiel, die mir ihre literarischen Erkenntnisse und Einsichten eröffnet hat; Herrn Thomas Weyr (New York und Wien) sowie Traudl und Erich Lessing für die Bücher, die sie mir geliehen haben; und auch André Heller, der mir seine reichhaltige Viennensia-Bibliothek zur Verfügung gestellt hat, ebenso Herrn Professor Georg Eisler für seine großartige fachliche Beratung.

In New York hat mir Dr. Erika Freeman erlaubt, ihre umfassende psychoanalytische Bibliothek zu plündern; ihre Fähigkeiten als Analytikerin, aber auch als Gesellschaftskritikerin und -interpretin haben mir sehr geholfen. Wertvolle Hilfe kam auch von Frau Sylvia Landress, der Leiterin des Zionistischen Archivs des Theodor-Herzl-Instituts. Georg Marek war mir überaus hilfreich – und nicht nur durch die von ihm veröffentlichten Werke. Er hat mir gestattet, mich auf seine Bibliothek und den vollen Umfang seines bedeutenden Wissens zu stützen.

Schließlich möchte ich auch noch Peter Davison danken, dem Direktor der Atlantic Monthly Press, sowohl für seinen verlegerischen Scharfsinn als auch für das Vertrauen, das er in dieses literarische Unterfangen gesetzt hat. Er ist mir bei meiner Arbeit großartig zur Seite gestanden.

F. M.

Bibliographie

BÜCHER

Apponyi, Albert, The Memoirs of Count Apponyi, New York 1935.

Barea, Ilsa, Vienna, New York 1966.

Beatty-Kingston, William, A Wanderer's Notes, Band 1, London 1888.

Bloch, Josef Samuel, Erinnerungen aus meinem Leben, Wien 1922.

Chiavacci, Vinzenz, Aus dem Kleinleben einer Großstadt; Wiener Genrebilder, Wien 1884.

Crankshaw, Edward, Der Niedergang des Hauses Habsburg, Wien 1967.

Die österreichisch-ungarische Monarchie in Wort und Bild, 24 Bände, Wien 1886–1902.

Eisenberg, Ludwig, und Groner, Richard, Das geistige Wien: Künstler- und Schriftsteller-Lexikon, Wien 1890.

Elmayer-Vestenbrugg, Rudolf, Georg Ritter von Schönerer, München 1936.

Friedländer, Otto, Letzter Glanz der Märchenstadt, Wien 1969.

Friedländer, Otto, Wolken drohen über Wien, Wien 1949.

Gainham, Sarah, The Habsburg Twilight: Tales from Vienna, London 1979.

Greve, Ludwig, und Volke, Werner, Jugend in Wien: Literatur um 1900, in: Katalog des Schiller-Nationalmuseums, München 1974.

Groner, Richard, und Czeike, Felix, Wien wie es war, Wien 1965.

Hanslick, Eduard, Aus meinem Leben, Berlin 1894.

Hennings, Fred, Ringstraßensymphonie, 3 Bände, Wien 1963/64.

Hennings, Fred, Solange er lebt, 5 Bände, Wien 1968–1971.

Hitler, Adolf, Mein Kampf, Berlin 1938.

Höfler, Rudolf, Der schriftliche Verkehr des Offiziers und Militärbeamten, Wien 1909.

Janik, Allan, und Toulmin, Stephen, Wittgenstein's Vienna, New York 1973.

Jászi, Oscar, The Dissolution of the Habsburg Monarchy, Chicago 1971.

Jenks, William A., Austria under the Iron Ring 1879–1893, Charlottesville, Virginia, 1965.

Johnston, William M., Österreichische Kultur- und Geistesgeschichte, Wien 1974.

Kann, Robert A., Das Nationalitätenproblem der Habsburgermonarchie, 2 Bände, Graz – Köln 1964.
Lehmanns Allgemeiner Wiener Wohnungsanzeiger, Wien 1888, 1889, 1890.
Lesky, Erna, Die Wiener Medizinische Schule im 19. Jahrhundert, Graz 1865.
MacCartney, C. A., The Habsburg Empire, 1790–1918, London 1969.
MacGrath, William J., Dionysian Art and Populist Politics in Austria, New Haven, Conn., 1974.
Marek, George, The Eagles Die, New York 1968.
Mayer, Sigmund, Ein jüdischer Kaufmann, 1831–1911: Lebenserinnerungen, Leipzig 1911.
Mayer, Sigmund, Die Wiener Juden – 1800 bis 1900, Wien 1918.
Mazakarini, Leopold, Historische Adressen – Wien, Wien 1973.
Mikulas, Karl (Hg.), Ewiges Wien – Ein Band schönster Wiener Lieder, Berlin o.J.
Österreich-Lexikon, Wien 1966.
Palmer, Francis H. E., Austro-Hungarian Life in Town and Country, New York 1903.
Patai, Josef, Star Over Jordan, New York 1946.
Perfahl, Jost (Hg.), Wien-Chronik, Salzburg 1961.
Powell, Nicolas, The Sacred Spring, Greenwich, Conn., 1974.
Pulzer, Peter G. J., The Rise of Political Anti-Semitism in Germany and Austria, New York 1964.
Ritschel, Karl-Heinz, Stichwort Österreich, Wien 1978.
Schierbrand, Wolf von, Austria-Hungary: Polyglot Empire, New York 1917.
Schlögl, Friedrich, und Karmel, Franz (Hg.), Wiener Skizzen, Wien 1946.
Smith, Bradley F., Adolf Hitler: His Family, Childhood and Youth, Stanford 1967.
Spitzer, Daniel, Wiener Spaziergänge, Wien 1886.
Spitzer, Daniel, Letzte Wiener Spaziergänge, Wien 1894.
Spitzer, Daniel, Hereinspaziert ins alte Wien, Wien 1967.
Steed, Henry Wickham, The Habsburg Monarchy, London 1913.
Stewart, Desmond, Theodor Herzl, New York 1974.
Suttner, Bertha von, Memoiren, Bremen 1965.
Unger, Imanuel (Hg.), Theodor Herzl: der Wiener, Wien 1965.

Gustav Klimt

Dobai, Johannes, »Das Frühwerk Gustav Klimts«, Diss., Universität Wien 1958.
Giese, Herbert, »Franz Matsch – Leben und Werk«, Diss., Universität Wien 1976.

Guggenheim-Museum, Gustav Klimt und Egon Schiele, New York 1965.
Hanak, Anton, »Gustav Klimt – Die Triester Straße«, Der Wiener Kunstwanderer, Feb. 1934.
Nebehay, Christian, Gustav-Klimt-Dokumentation, Wien 1969.
Nebehay, Christian, Gustav Klimt – Sein Leben nach zeitgenössischen Berichten und Quellen, München 1976.
Novotny, Fritz, und Dobai, Johannes, Gustav Klimt, Salzburg 1967.
Pirchan, Emil, Gustav Klimt, Wien 1956.
Rochowanski, L. W., »Gustav Klimt – Intim: Ein Besuch bei Gustav Klimt«, Neues Wiener Journal, 13. Jan. 1929.

GUSTAV MAHLER

Blaukopf, Kurt, Gustav Mahler, Wien – München – Zürich, 2. Auflage 1969.
de la Grange, Henry-Louis, Mahler, New York 1973.
Mahler, Gustav, Briefe, Wien 1925.
Mahler-Werfel, Alma, Mein Leben, Frankfurt 1960.
Walter, Bruno, Gustav Mahler, New York 1958.
Wessling, Berndt W., Gustav Mahler, Hamburg 1974.

KRONPRINZ RUDOLF UND MAYERLING

Bücher

Barkeley, Richard, The Road to Mayerling, New York 1958.
Dobrowski, Raoul Ritter von (anon.), Rudolf, Kronprinz von Österreich-Ungarn als Forscher und Weidmann, Gedenkblätter, Wien 1889.
Egger-Fabritius, Friedrich, Kronprinz Erzherzog Rudolf von Österreich als Journalist und Schriftsteller, Dissertation, Universität Wien 1954.
Franzel, Emil, Kronprinzen-Mythos und Mayerling-Legenden, Wien 1973.
Hamann, Brigitte, Rudolf: Kronprinz und Rebell, Wien 1978.
Judtmann, Fritz, Mayerling: The Facts behind the Legend, London 1971.
Lonyay, Graf Carl, Rudolph, The Tragedy of Mayerling, New York 1949.
Mayerling: Der Polizeibericht – Nr. 1, Reservat 1889, Wien 1955.
Mitis, Oskar Freiherr von, und Wandruszka, Adam (Hg.), Das Leben des Kronprinzen Rudolf. Mit einem Anhang: Kronprinz Rudolf und Theodor Billroth, Wien 1971.
Polzer, Wilhelm, Licht über Mayerling, Graz 1954.
Richter, Werner, Kronprinz

Rudolf von Österreich, Zürich 1941.
Rudolf, Kronprinz, Der österreichische Adel und sein konstitutioneller Beruf. Mahnruf an die aristokratische Jugend, von einem Österreicher (anon.), München 1878.
Stephanie, Prinzessin von Belgien, Fürstin Lonyay, Ich sollte Kaiserin werden, Leipzig 1935.
Stockhausen, Juliana von, Im Schatten der Hofburg, Wien 1952.
Szeps, Julius (Hg.), Politische Briefe an einen Freund, 1882–1889, Wien 1922.
Vetsera, Baronin-Mutter Helene, Denkschrift: Das Drama von Mayerling, Reichenberg 1921.

ZEITSCHRIFTEN

Antonius, Dr. Fritz, »Kaiserhaus und Polizei«, Wochenausgabe, Neues Wiener Tagblatt, 20. Nov. 1926.
Bader, Emil, »Das überwachte Kaiserhaus«, Wochenausgabe, Neues Wiener Tagblatt, 24. Nov. 1923.
Binyon, Rudolph, »Mayerling«, Journal of Modern History, Juli 1975.
Broucek, Peter, »Kronprinz Rudolf und k. u. k. Oberstleutnant im Generalstab Steininger«, Mitteilungen des Österreichischen Staatsarchivs 26, 1973.
Fischer, Michael, »Wie Kronprinz Rudolf Mayerling erwarb«, Sonntagsbeilage, Neues Wiener Tagblatt, 5. Juli 1925.
Frischauer, Berthold, »Kronprinzenlegenden – aus meinen Erinnerungen an den verstorbenen Kronprinzen Rudolf«, Neue Freie Presse, 21. Aug. 1921.
Frischauer, Berthold, »Kronprinz Rudolf und Graf Taaffe – eine Erinnerung«, Neue Freie Presse, 23. April 1922.
Hummelberger, Walter, »Maria Caspar und Josef Bratfisch«, Mitteilungen des Österreichischen Staatsarchivs 19–20, 1963–1964.
Loschek, Johann, »Was ich von Mayerling weiß«, Sonntagsbeilage, Neues Wiener Tagblatt, 24. April 1932.
Niel, Dr. Alfred, »Nach Mayerling der Liebe wegen«, Die niederösterreichische Wirtschaft, 31. Jan. 1975.
Püchel, Rudolf, »Die letzten Stunden des Kronprinzen Rudolf in der Wiener Hofburg – Persönliche Erinnerungen an den 30. Jänner 1889«, Reichspost, Wien, 31. Jan. 1926.
Slatin, Heinrich, »Die Wahrheit über Mayerling. Der Tod des Kronprinzen Rudolf u. der Baronesse Mary Vetsera«, Neues Wiener Tagblatt, 15., 23. u. 30. Aug., 6. u. 13. Sept. 1931.

Sternberg, Graf Adalbert, »Das Martyrium der Baronin Vetsera. Die Nemesis von Mayerling«, Wiener Sonn- und Montags-Zeitung, 9. Febr. 1925.

Szeps, Julius, »Kronprinz und Journalist«, Neues Wiener Journal, 13. Jan., 2. u. 9. März 1924.

Zillinger, Eduard, »Streifzüge im verschneiten Wienerwald«, An der schönen blauen Donau, 15. März 1889.

Mayerling-Lloyd-Mitis-Sammlung, Microfilm, Washington, D.C., 1950, Kronprinz-Rudolf-Sammlung, Karton 1–22, Österreichisches Staatsarchiv, Wien.

Arthur Schnitzler

Schnitzler, Arthur, Gesammelte Werke, Berlin 1922.

Schnitzler, Arthur, Jugend in Wien, Wien – München – Zürich 1981.

Schnitzler, Arthur, Liebe, die starb vor der Zeit. Arthur Schnitzler und Olga Waissnix. Ein Briefwechsel, Wien – München – Zürich 1981.

Arnold Schönberg

»Arnold Schönberg«, Austrian Information Bulletin, New York, Bd. 29, Nr. 5, 1976.

Reich, Willi, Schönberg, Wien 1968.

Johann Strauss

Decsey, Ernst, Johann Strauß, Stuttgart 1922.

Fantel, Hans, The Waltz Kings, Father and Son, and Their Romantic Age, New York 1972.

Jaspert, Werner, Johann Strauß, sein Leben, sein Werk, Wien 1939.

Pahlen, Kurt, Johann Strauß – Die Walzerdynastie, München 1975.

Prawy, Marcel, Johann Strauß, Wien 1975.

Schnitzer, Ignatz, Meister Johann, Wien 1920.

Strauß, Johann, Johann Strauß schreibt Briefe, Berlin 1926.

Wechsberg, Joseph, The Waltz Emperors, New York 1973.

Weigel, Hans, Das kleine Walzerbuch, Salzburg 1965.

Hugo Wolf

Decsey, Ernst, Hugo Wolf – Das Leben und das Lied, Berlin 1921.

Ehrmann, Alfred von, Hugo Wolf – Sein Leben in Bildern, Leipzig 1937.

Hattingberg, Magda von, Hugo Wolf, Wien 1953.

Walker, Frank, Hugo Wolf, London 1968.

Werner, Heinrich, Hugo Wolf in Mayerling. Eine Idylle, Leipzig 1913.

Wolf, Hugo, Familienbriefe, Leipzig 1912.